Blue Book on the Development of Information Industry in China(2012)

中国电子信息产业发展

蓝皮书（2012）

中国电子信息产业发展研究院　编　著

主　编/罗　文

副主编/丁　颐　高宏玲　李　颋

中央文献出版社

图书在版编目（CIP）数据

中国电子信息产业发展蓝皮书 . 2012 / 中国电子信息产业发展研究院编 .
—北京：中央文献出版社，2012.10
ISBN 978-7-5073-3666-5

Ⅰ . ①中… Ⅱ . ①中… Ⅲ . ①电子信息产业－产业发展－
白皮书－中国－ 2012 Ⅳ . ① F49

中国版本图书馆 CIP 数据核字（2012）第 237249 号

中国电子信息产业发展蓝皮书（2012）

编　　者 / 中国电子信息产业发展研究院
责任编辑 / 张文和
装帧设计 / 佳艺堂

出版发行 / 中央文献出版社
地　　址 / 北京市西四北大街前毛家湾 1 号
邮　　编 / 100017
网　　址 / www.zywxpress.com
经　　销 / 新华书店
印　　刷 / 北京市艺辉印刷有限公司

787 毫米 ×1092 毫米　16 开　22.625　印张　380 千字
2012 年 12 月第 1 版　2012 年 12 月第 1 次印刷

ISBN 978-7-5073-3666-5　　定价：88.00 元

大力推进工业转型升级

（代序）

党的十八大会议是我国全面建成小康社会的关键性阶段召开的一次十分重要的会议。大会报告进一步明确了“工业化基本实现、信息化水平大幅提高”的目标任务，提出了促进工业化、信息化、城镇化、农业现代化四化同步发展的新要求，强调了加快形成新的经济发展方式的重大部署，为工业和信息化改革发展指明了方向，提出了明确要求。我们必须认真学习领会、全面抓好贯彻落实，坚定不移走中国特色新型工业化道路，促进工业和信息化又好又快发展。

新中国成立以来特别是改革开放30多年来，我国工业建设与发展取得举世瞩目的成就，总体规模大幅提升，综合实力不断增强，工业对国民经济增长的贡献率超过45%，制造业产出跃居世界第一。工业的发展为确立我国经济大国地位、增强国家综合实力和国际竞争力提供了强有力支撑。但同时，我们也必须清醒认识到，我国工业长期依靠高投入、高消耗，发展方式粗放、结构不合理、核心技术受制于人、资源环境约束强化、区域发展不平衡等深层次矛盾和问题突出，已进入到必须以转型升级促进工业和信息化又好又快发展的新阶段。我们要深入学习和贯彻落实十八大精神，紧密结合学习贯彻胡锦涛同志在中央政治局第三十三次集体学习时的重要讲话，紧密结合贯彻落实国务院颁布的《工业转型升级规划》，牢牢把握工业转型升级的中心任务，以科学发展为主题，以加快转变经济发展方式为主线，着力推进自主创新和深化改革开放，努力把工业发展建立在创新驱动、集约高效、环境友好、惠及民生、内生增长的基础上，不断增强工业核心竞争力和可持续发展能力。

一是着力促进工业经济平稳较快发展。发展是硬道理，是执政兴国的第一要务。工业是实体经济的主体和基础，特别是在当前严峻复杂的经济形势下，保持工业经济平稳较快发展尤为重要。要牢牢把握扩大内需这一战略基点，贯彻落实“四化同步发展”的要求，以推动城镇化、农业现代化为重点，改善供给结构，挖掘内需潜力。高度重视、大力培育发展信息消费等扩大内需新的增长点。积极打造国际竞争新优势，落实促进外贸稳定增长相关政策，稳步拓展海外市场。

二是加快建设现代工业发展新体系。要根据工业转型升级总体要求，围绕推动战略性新兴产业、先进制造业健康发展，加快传统产业转型升级，大力发展生产性服务业，瞄准重点领域和方向，集中力量尽快取得实质性突破。加强技术创新、技术改造，实施工业强基工程，推进质量品牌建设，促进产业转移和产业集聚，不断提高工业制造基础能力、新产品开发能力和品牌创建能力。特别是加快推动关键核心技术突破，大力培育发展战略性新兴产业和先进制造业，加快形成先导性、支柱性产业，促进全产业链整体升级。

三是大力推进信息化和工业化深度融合。两化融合是新型工业化道路的鲜明特征。要抓住新一轮科技革命的历史机遇，加强信息网络技术的广泛运用和全面覆盖，重点要大力推进信息化和工业化深度融合，加快研究和推动出台扶持政策措施，实施重点行业两化融合推进示范工程，深化信息技术在工业领域的集成应用，加快推动制造模式向数字化、网络化、智能化、服务化转变。同时，要加快建设下一代信息基础设施，实施“宽带中国”工程，推进三网融合，发展现代信息技术产业体系，健全网络与信息安全保障体系。

四是着力增强创新驱动发展新动力。当今时代，科技创新和技术进步已日益成为经济社会发展的主要驱动力。必须把加强创新能力建设摆在更加突出位置，着力提高原始创新、集成创新和引进消化吸收再创新能力，更加注重协同创新，充分发挥科技创新在工业转型升级中的战略支撑作用。推动科技和经济紧密结合，加快构建以企业为主体、市场为导向、产学研相结合的技术创新体系。依托国家科技重大专项及重大产业创新发展和应用示范工程，突破一批重大关键和核心技术，加快新技术新产品新工艺研发应用，加强技术集成和商业模式创新，提高科技成果转化和产业化能力。

五是加快推进工业绿色发展。建设生态文明，是关系人民福祉、关乎民族未来的长远大计。必须牢固树立生态文明理念，坚持节约资源和保护环境的基本国策，着力推进工业绿色发展、循环发展、低碳发展，努力建设美丽中国。要紧紧围绕建设资源节约型、环境友好型工业体系，进一步淘汰落后产能，推进工业节能降耗，加强节能减排共性关键技术和装备开发、示范与推广应用，促进清洁生产和污染治理，提高资源利用效率。发展循环经济和再制造产业，加强低碳技术研发、推广和产业化，提高工业经济可持续发展能力。

六是不断优化企业发展环境。企业是市场的主体。推动经济增长和发展方式转变，关键要激发企业的内在动力和活力。当前，中小企业特别是小型微型企业面临的困难增多，要以小型微型企业为重点，积极推动实行更加有利于实体经济特别是工业发展的政策措施，不断优化企业发展政策环境。要以深入贯彻国务院关于进一步支持小型微型企业健康发展的意见为重点，加大对小型微型企业发展的扶持。推进汽车、钢铁等重点行业兼并重组，协调推动实施大企业做优做强的政策措施，努力形成大企业顶天立地、中小企业铺天盖地，大中小企业相互竞争、互相促进、协调发展的格局。

推动工业转型升级是一项长期性、艰巨性的战略任务。我们使命光荣、责任重大。工业和信息化系统一定要进一步增强大局意识、使命意识和忧患意识，更加紧密地团结在以习近平同志为总书记的党中央周围，高举中国特色社会主义伟大旗帜，以邓小平理论、“三个代表”重要思想、科学发展观为指导，坚持走中国特色新型工业化道路，立足于不断提高发展的质量和效益上来，加快形成新的经济发展方式，努力实现从工业大国向工业强国转变，为全面建成小康社会、加快社会主义现代化进程做出新的更大的贡献。

工业和信息化部部长 苗圩

2012 年 11 月 21 日

前　言

改革开放以来，我国电子信息制造业选择了出口导向、规模扩张的发展道路，以结构调整为主线，经历了三大发展阶段。1978 年，随着全党中心工作向经济建设转移，电子工业率先军民结合，加快了以彩电为代表的消费电子产业发展，实施彩电国产化一条龙工程，带动产业整体升级发展，1981 年产值突破 100 亿元；上世纪 90 年代初，国家相继启动金桥、金卡、金关等系列信息化重大工程，带动以计算机为代表的投资类产品快速发展，同时彩电等消费类产品进一步普及，1992 年产值突破 1000 亿元；进入 21 世纪以来，产业抓住互联网和移动通信兴起的机遇，大力发展手机、软件及信息服务业，实现了由单一制造业向硬件制造、软件开发应用及信息服务等诸业并举的现代电子信息产业转变，于 2001 年迈过产值万亿元大关。2011 年，规模以上电子信息制造业产值已超过 7.5 万亿元，彩电、手机、计算机产量均居全球首位，电子制造业大国地位愈益凸显。

一

电子信息制造业是高新技术产业的典型代表，带动了全球经济结构调整和发展方式转变，正在促使人类生产生活方式发生深刻变革，其发达程度已成为衡量一个国家或地区核心竞争力水平和现代化程度的重要标志。对于我国而言，电子信息制造业是国民经济的战略性、基础性、先导性产业，是加快工业转型升级及信息化建设的技术支撑与物质基础，是保障国防建设和国家信息安全的重要基石，发挥着经济增长“倍增器”、发展方式“转换器”、产业升级“助推器”的重大作用，具体表现为以下几个方面。

第一，经济增长的重要引擎。电子信息制造业具备产业规模大、技术进步快及产业关联度强等重要特征，已成为推动我国经济增长的重要动力。2002 年至 2011 年，我国规模以上电子信息制造业销售收入从 1.3 万亿元增至 7.5 万亿元，年均增速

21.4%；实现利润从547.4亿元增至3300亿元，年均增速22.1%；实现税金从247.6亿元增至1245亿元，年均增速19.7%。

第二，拉动出口的强大动力。我国是全球最大的电子信息产品制造基地，计算机、彩电、手机等主要产品占全球产量40%以上，其中60%以上出口。2002–2011年，我国电子信息产品出口额年均增速达24.5%。2011年出口额达6612亿美元，占全国外贸出口总额的34.8%。

第三，吸纳就业的重要行业。电子信息制造业吸纳就业人数多，人才培训效果好，能够充分发挥我国在人力资源方面的比较优势。2002–2011年从业人数从322.8万人增至940万人，年均增速12.6%。其中2011年新增从业人数60万人，占全国城镇新增就业人口的4.9%。

第四，改善民生及扩大消费的有力抓手。日新月异的电子信息产品不断满足人民的物质和文化需求，成为提高人们生活品质的重要内容，为提高人民生活质量、带动消费结构升级、消除城乡数字鸿沟发挥了重要作用。目前，彩电、手机、计算机等产品已逐渐成为城镇居民的必需品，也是农村消费的重要增长点。2011年，全国手机用户数达到9.9亿户，手机普及率达73.6部/百人；城镇居民的彩电、计算机拥有率超过135台/百户和70台/百户。

第五，促进可持续发展的重要力量。从产业自身来看，电子信息制造业是典型的低能耗、低污染行业，“十一五”期间，我国电子信息制造业单位万元增加值能耗仅为国民经济平均水平的1/7，为工业平均水平的1/15。从带动效应来看，信息技术和产品的应用，能够有效改进传统行业的生产和管理流程，从而大幅减少资源和能源消耗，促进国民经济全行业的节能减排。

二

当前，我国电子信息制造业发展的内外部环境正在发生深刻变革，既为产业由大变强、转型升级提供了重要的战略机遇，也使产业面临着一些实质性制约和障碍，产业发展已进入攻坚克难的关键阶段。概括而言，在相当一段时期内，产业将主要面临以下形势。

第一，电子信息产业仍是全球竞争的战略重点。电子信息产业具有集聚创新资源与要素的特征，仍是当前全球创新最活跃、带动性最强、渗透性最广的领域。新一代信息技术正在步入加速成长期，带动产业格局深刻变革。金融危机以来，不仅美国、日本、欧盟等主要发达国家和地区纷纷将发展电子信息产业提升到国家战略高度，抢占未来技术和产业竞争制高点，巴西、俄罗斯、印度等国也着力发展电子信息产业，增长尤为迅速，竞争在全球范围更加激烈。

第二，融合创新推动产业格局发生重大变革。信息产业各行业边界逐渐模糊，信息通信技术在各类终端产品中应用日益广泛，云计算、物联网、移动互联网等新兴领域蓬勃发展。价值链重点环节发生转移，组装制造环节附加值日趋减少，国际领先企业纷纷立足内容及服务环节加快产业链整合，以争夺产业链主导权。制造业、软件业、运营业与内容服务业加速融合，新技术、新产品、新模式不断涌现，对传统产业体系带来猛烈冲击，推动产业格局发生重大变革，既为我国带来发展的新机遇、新空间，也使我国面临着新一轮技术及市场垄断的严峻挑战。

第三，工业转型升级催生新的产业增长点。在实现由传统工业化道路向新型工业化道路转变、促进工业结构整体优化升级的进程中，信息技术及产品在工业各领域及生产各环节持续深化应用，综合集成度不断提升，与汽车、船舶、机械装备、新型材料等产品加速融合，为产业发展创造了广阔的市场空间。同时，随着节能环保、高端装备制造、新能源汽车等战略性新兴产业的崛起，信息技术在经济和社会各领域将得到更为深入的应用，形成一批辐射范围广、带动作用强的新增长点，为产业持续稳定健康发展提供坚实保障。

第四，国内外市场环境机遇与挑战并存。国际市场规模稳步扩大，新产品、新应用不断涌现，产业发展空间更为广阔；国家信息化建设全面深化，城镇化进程持续加速，市场化程度不断提升，居民收入增长、内需扩张、消费结构升级和市场机制完善，为产业发展提供新动力、新方向。同时，产业发展也面临严峻挑战，人民币升值压力增大，生产成本持续上升，资源和环境承载力不断下降，周边国家和地区同质竞争日益激烈，国际贸易保护势力抬头，以知识产权、低碳环保、产品安全为代表的技术性贸易限制措施被广泛使用，对我国电子信息制造业持续稳定发展造成一定压力。

三

加快推动我国电子信息制造业由大变强和转型升级，是“十二五”乃至较长一段时期内重大而艰巨的任务。为完成这一任务，我们应当密切结合产业面临形势、深入把握产业发展规律，着力推进以下几项工作。

第一，继续做好国家科技重大专项的组织实施，集中力量突破核心关键技术。继续组织实施好“核高基”国家科技重大专项。加大技术改造专项资金投入力度，对高性能集成电路、新型显示、第三代移动通信设备、移动智能终端、高端服务器等关键领域重大项目给予重点支持。充分运用战略性新兴产业创新发展专项，继续针对高性能集成电路、新型显示等领域推进产业核心关键技术研发和产业化。以“强基工程”为核心，落实工业转型升级专项，促进基础电子跃升。组织实施信息技术产用合作专项，鼓励和支持工业企业采用安全可控信息技术、产品和系统。

第二，加快发展战略性新兴领域，着力培育新消费热点。以物联网、云计算、数字家庭、新一代移动通信、下一代互联网等战略性新兴领域为重点，以重大工程应用为带动，培育一批辐射面广、带动力强的新增长点。结合市场需求与技术趋势，围绕平板电脑、智能电视、智能手机等新型终端产品，加快推动整机升级换代。加快推进数字家庭应用示范工程，带动各类家庭智能终端发展。积极培育基于宽带的信息消费市场。

第三，坚持稳定出口，不断增强企业国际竞争力。巩固现有贸易伙伴关系，加大新兴贸易伙伴合作力度，持续优化出口贸易方式及产品结构，推动出口市场多元化，分散贸易风险。继续大力实施“走出去”战略，通过政策扶持等方式，鼓励有条件的骨干企业在海外设立分支机构、建立研发中心、拓宽市场渠道、扩大品牌影响。引导并鼓励企业积极应对“双反”及知识产权诉讼，进一步做好多晶硅、锂离子电池等敏感领域的贸易壁垒调查工作。

第四，多途径开拓内需消费市场，增强内生增长动力。推动更多扩内需政策出台，在实施平板电视、台式计算机、LED 灯节能补贴政策基础上扩大补贴产品品种，推进笔记本电脑、服务器等纳入补贴范围。推进实施太阳能光伏产品进入公共设施和家庭政策，支持拓展新疆、西藏、青海、甘肃等市场，研究离网光伏系统的应用方案，不断扩大内需市场。研究推进家电下乡延续政策。加快推动 4 号文细则出台，落实好集成电路产业政策。充分利用国内信息化、城镇化建设机遇，大力挖掘电子信息产品的行业应用市场，不断满足城乡消费者的多样化需求。

第五，推动企业做大做强，优化产业组织结构。围绕“十二五”规划重点领域，积极推动企业兼并重组，鼓励有条件的骨干企业开展海外兼并和技术收购，加快发展和形成一批国际竞争力强、产业链整合能力突出的跨国大公司。促进中小企业向“专、精、特、新”方向发展，完善大中小企业配套协作体系。促进产业链上下游各环节协同合作，引导建立互动机制，营造芯片、整机、系统共同发展的产业生态环境。

第六，优化产业空间布局，加快形成区域新增长极。继续发挥东部地区的辐射带动作用，增强珠三角、长三角、环渤海和福厦沿海等优势地区的集聚效应。支持中西部地区和东北等老工业基地立足自身优势，积极吸引国外投资，因地制宜地承接产业转移，提高在产业分工体系和价值链中的地位。形成东、中、西部优势互补、良性互动、特色突出、协调发展的产业格局，培育一批具有较强辐射带动作用的新型工业化产业示范基地，加快推动中西部地区形成新增长极。

第七，深化信息技术应用，服务经济社会发展。支持信息技术企业与传统工业企业开展多层次合作，推进信息技术和产品在工业各领域广泛应用，提升工业研发设计、生产制造、营销服务等环节的自动化、智能化和信息化水平，支持应用电子产品和系统的研发及产业化，切实推动信息化与工业化深度融合。推进信息技术和产品在交通、能源、水利、环保等领域的深度应用，加快国计民生重要领域基础设施智能化进程；大力推进信息技术和产品在医疗卫生、交通运输、文化教育、就业和社会保障等领域的广泛应用，提高公共服务水平。

第八，进一步加强国际交流与合作，提升国际化水平。鼓励有实力的企业积极参与国际标准化活动，在国际标准化组织中担任更多更重要的职务，积极提出国际标准提案，推动更多自主知识产权的技术标准成为国际标准。遵守世界贸易组织规则，认真履行相关承诺。加强与各方协调，推动《信息技术协议》的扩围。与相关部委联合组团参加政府 / 当局间半导体会议，积极提出方案，促进集成电路产业健康发展。继续加强与美、欧、俄等双边、多边对话，推动在物联网、云计算、智能交通、应用电子等新兴领域的交流，促进企业间合作。

四

基于对上述思考，赛迪智库研究编撰了《中国电子信息制造业发展蓝皮书(2012)》。本书从推动产业转型升级的角度出发，系统剖析了我国电子信息制造业发展的特点与问题，并根据当年产业发展情况，对产业运行、政策环境、行业特征、企业近况、重点区域和特色园区进行了全面阐述与展望。全书分为综合篇、政策篇、行业篇、企业篇、区域篇和园区篇共6个部分。

综合篇，从2011年我国电子信息制造业基本发展情况、整体发展特点、发展存在问题等角度展开分析，并研究探讨了2012年我国电子信息制造业发展趋势。

政策篇，对2011年我国电子信息制造业的政策环境进行分析，针对产业“十二五”发展规划、国务院4号文等2011年出台的重点政策进行解析，并对2012年产业政策趋势做出展望。

行业篇，选取计算机、通信设备、视听产品、集成电路、平板显示、太阳能光伏、LED、电子材料、元器件及仪器设备等重点行业进行专题分析，对各重点行业及细分领域在2011年的发展状况进行回顾，针对各行业发生的热点事件进行解析，并对2012年行业发展趋势做出展望。

企业篇，依托于行业篇选取的重点行业，在每个行业选取四到五家经营规模、技术水平、核心竞争力居于前列或富有特色的企业展开研究，主要分析企业在2011年的发展态势和重大战略举措。

区域篇，根据我国电子信息制造业发展态势，选取长三角、珠三角、环渤海、中西部等国内重点发展区域和新兴增长区域，对各区域的总体发展概况、主要产业布局和企业发展情况展开分析。

园区篇，结合已有的国家级电子信息产业园区和电子信息类新型工业化产业示范基地，在全国范围选取了北京、上海、天津、深圳等十五个重点电子信息产业园区，对园区创建背景及发展概况进行分析。

目前，我国电子信息制造业已进入攻坚克难的关键阶段，由大变强、转型升级的任务显得尤为迫切。面对世情、国情的深刻变化，面对全球产业分工和竞争格局剧烈变革带来的机遇和挑战，我们既要肯定过往实践中取得的发展成果和经验，更要正视积累形成的结构性矛盾和深层次问题，坚持贯彻落实科学发展观，开创产业发展的新局面、新气象！

目　录

CONTENTS

企 业 篇

区 域 篇

园 区 篇

综 合 篇

一、2011年我国电子信息产业基本发展情况

2011年是“十二五”的开局之年，我国电子信息产业已进入新的发展阶段，全年产业规模保持平稳增长，主要经济指标基本稳定。从逐月走势看，受2010年基数逐步走高影响，产业增速呈现前高后低、逐步放缓的趋势。受到外部经济环境影响，出口增速放缓幅度较大。

（一）产业规模增速逐步趋缓

2011年，我国规模以上电子信息制造业工业增加值累计同比增长15.9%，增速高于工业平均水平（13.9%）2.0个百分点，与2010年同期（16.9%）相比下降1.0个百分点；实现销售产值75445亿元，同比增长21.1%，低于2010年同期增速（25.5%）4.4个百分点。2011年，规模以上电子信息制造业从业人员940万人，比2010年新增60万人，占全国城镇新增就业人口的4.9%。

图1　2006年至2011年规模以上电子信息制造业工业增加值及增速

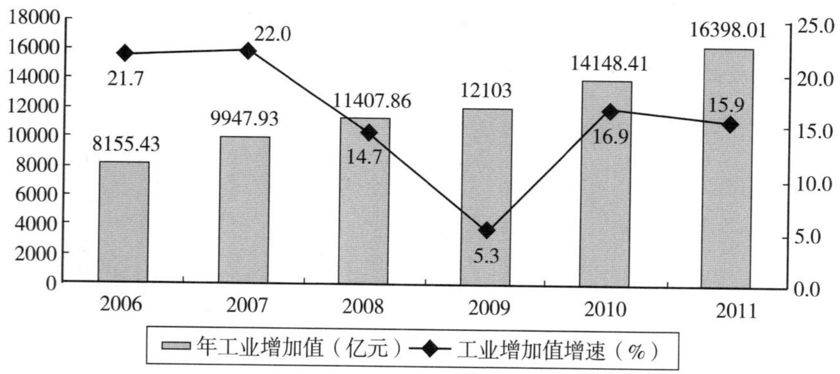

数据来源：工信部运行监测协调局，2012年3月

（二）经济效益波动较为明显

2011年，我国规模以上电子信息制造业实现销售收入74909亿元，同比增

长 17.1%，与 2010 年同期增速（24.6%）相比降低 7.5 个百分点；实现利润 3300 亿元，同比增长 16.8%，与 2010 年同期增速（57.7%）相比降低 40.9 个百分点；实现税金 1245 亿元，同比增长 31.0%，比 2010 年同期增速（43.1%）降低 12.1 个百分点；行业销售利润率 4.4%，比 2010 年同期（4.4%）持平。企业亏损问题依然严峻，全行业共有亏损企业 2497 家，同比增长 36.7%，相比 2010 年同期增速（–19.1%）提高 55.8 个百分点；企业亏损面达 16.6%，比 2010 年同期（18.8%）下降 2.2 个百分点；亏损企业亏损额同比增长 52.9%，相比 2010 年同期增速（–42.5%）提高 95.4 个百分点。

图2　2006年至2011年规模以上电子信息制造业销售收入及增速

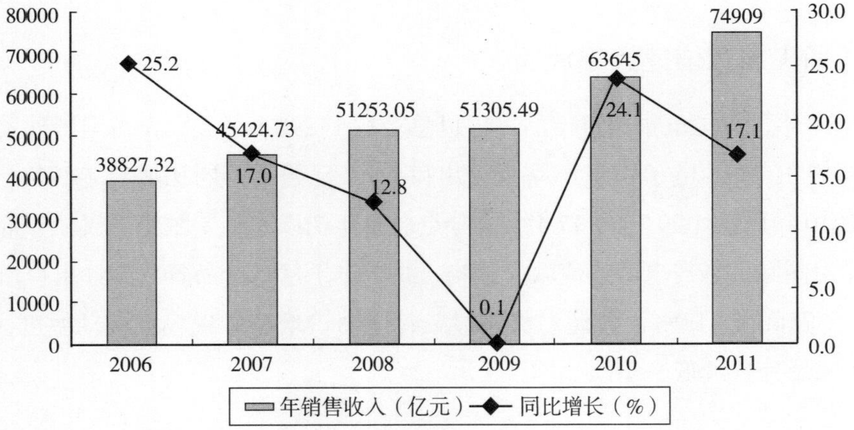

数据来源：工信部运行监测协调局，2012 年 3 月

（三）主要产品产量平稳增长

2011 年，全行业共生产集成电路 719.6 亿块，同比增长 10.3%；手机 113257.6 万台，同比增长 13.5%；彩色电视机 12231.4 万台，同比增长 3.4%，其中液晶电视占比 84.2%（10298.5 万台），同比增长 15.2%；微型计算机 32036.7 万台，同比增长 30.3%，其中笔记本电脑占比达 74.6%（23897.4 万台），同比增长 28.6%。彩电、手机、计算机等主要电子产品产量占全球出货量的比重分别达到 48.8%、70.6% 和 90.6%，均名列世界第一。

表 1　2011 年规模以上电子信息制造业主要产品产量

	单位	2011年	2010年	增速（%）
彩色电视机	万台	12231.4	11830.0	3.4
其中：液晶电视	万台	10298.5	8937.5	15.2
手机	万部	113257.6	99827.4	13.5
微型计算机	万台	32036.7	24584.5	30.3
其中：笔记本计算机	万台	23897.4	18584.1	28.6
集成电路	亿块	719.6	652.5	10.3
程控交换机	万线	3034.0	3133.2	–3.2

数据来源：工信部运行监测协调局，2012 年 3 月

（四）出口增速大幅放缓

2011 年，我国电子信息产品进出口总额达 11292.3 亿美元，占全国外贸进出口总额的 31.0%。电子信息产品累计出口 6612 亿美元，同比增长 11.9%，增速低于 2010 年同期（29.3%）17.4 个百分点。自年初以来，受欧美主权债务危机继续蔓延、国际市场需求持续疲软的影响，我国电子信息产品各月累计出口增速从 31.7% 一路降至 11.9%，放缓态势明显；月度出口增速呈现较大波动幅度，自 9 月份以来增速连续低于 10%。

图3　2006年至2011年电子信息产品出口额及增速

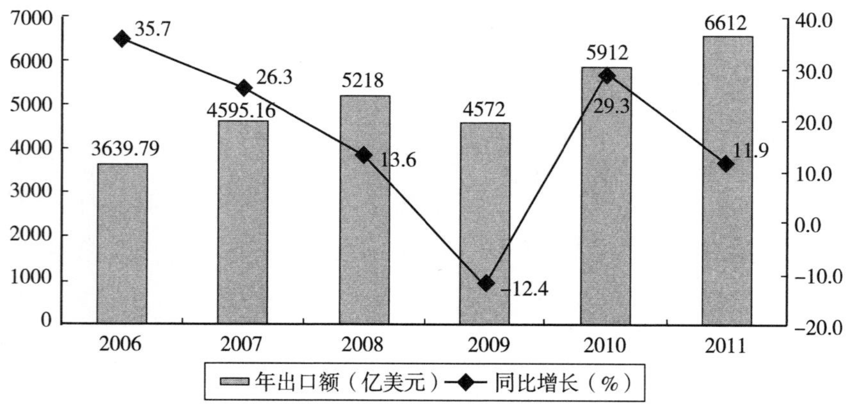

数据来源：工信部运行监测协调局，2012 年 3 月

（五）投资保持快速增长

2011 年 1–11 月，电子信息产业 500 万元以上项目累计完成投资 8183 亿元，同比增长 56%，增速高于 2010 年同期（43.6%）12.4 个百分点，高于同期工业投资增速（26.8%）29.2 个百分点。电子元、器件行业投资增速较高，分别同比增长 54.7% 和 44%，占全行业总投资的 43%，整机行业投资增长放缓，视听行业同比下降 8.6%，通信设备、计算机行业同比增长分别为 16.3% 和 32%。细分行业中，新能源电池行业投资最密集、增长最快，累计完成投资 1505 亿元，占全行业投资比重 18.4%，同比增长 111.7%；其次是光电子器件，投资同比增长 81.9%，占全行业投资比重 16%。

图4　2006年至2011年（1–11月）电子信息制造业固定资产投资额及增速

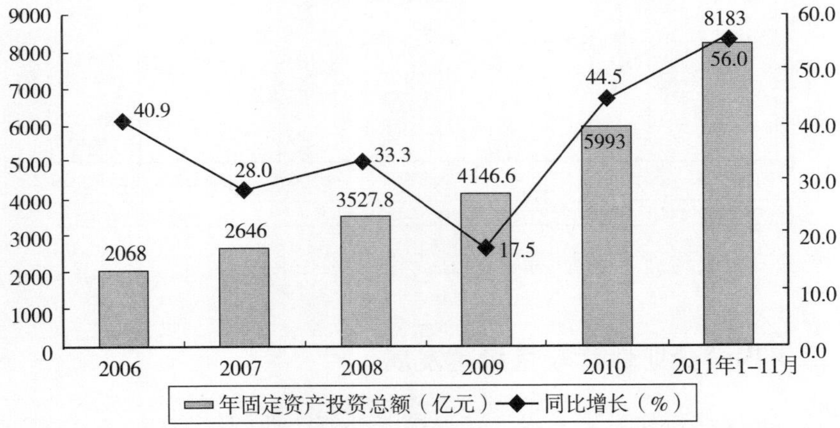

数据来源：工信部运行监测协调局，2012 年 3 月

二、2011 年我国电子信息产业整体发展特点

2011 年，面对国内外宏观经济环境的新趋势、新变化，我国电子信息产业加快结构调整步伐，产业链持续向高端延伸，本土企业实力不断增强，区域布局更趋合理，进一步突出了在国民经济发展中的地位与贡献，为工业转型升级与国民经济和社会的信息化建设提供了有力支撑。从产业经济运行层面来看，主要体现以下几个特点。

（一）器件及通信行业增势突出

2011 年，随着新型显示器件、LED、光伏产品的快速发展，作为基础行业的电子器件全年累计实现销售产值 11978.4 亿元、出口交货值 7461.6 亿元，分别同比增长 24.9% 和 18.2%，高出行业平均水平 3.8 和 4.3 个百分点。同时，智能手机等高端产品带动通信设备行业持续向好，全年通信设备行业累计实现销售产值 11825.4 亿元、出口交货值 5826.4 亿元，分别同比增长 25.8% 和 20.6%，高出全行业平均水平 4.7 和 6.7 个百分点。

图5　2011年电子信息制造领域主要行业销售产值、出口交货值及增速

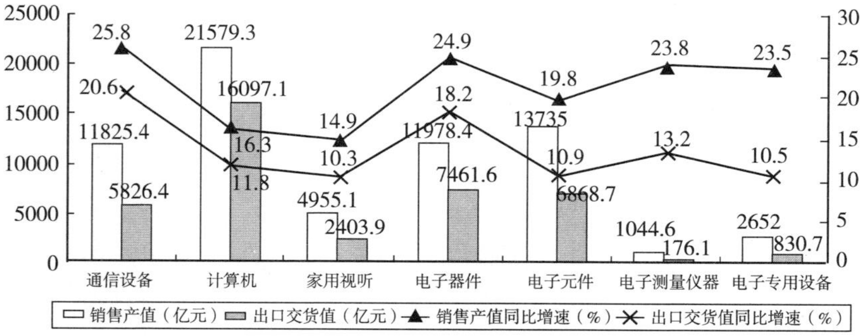

数据来源：工信部运行监测协调局，2012 年 3 月

（二）内资企业保持较快稳定发展

内资企业保持较快发展水平，普遍高于外资企业规模增速。2011 年，我国规模以上电子信息制造业的内资企业销售产值、出口交货值增速分别达到 31.1%

图6　2011年电子信息制造业不同性质企业销售产值累计增速对比

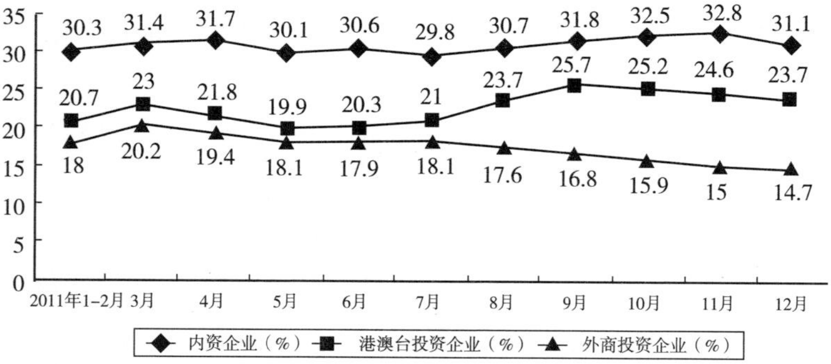

数据来源：工信部运行监测协调局，2012 年 3 月

和 16.4%，高出全行业平均水平 10 和 2.5 个百分点。以出口为主的外资企业发展相对较为低迷，2011 年，销售产值和出口交货值分别同比增长 17.4% 和 13.6%，低于全行业平均水平 3.7 和 0.3 个百分点，低于内资企业 13.7 和 2.8 个百分点。

（三）中西部地区有望形成新增长极

中西部地区电子信息产业规模增速较为突出，承接产业转移步伐不断加快。2011 年，中、西部地区规模以上电子信息制造业累计销售产值分别同比增长 63.1% 和 74.3%，高于全国平均增速 42 和 53.2 个百分点，其中四川、安徽、湖南、山西等地区增速均在 50% 以上，河南、重庆增速尤为突出，分别达 125.7% 和 219.2%。一方面，沿海地区的制造产能逐步开始转移，惠普、戴尔、联想、宏碁四大 PC 制造厂商甚至已在川渝地区形成全产业链布局，短期内即产生规模效应；另一方面，国家新型工业化产业示范基地工作的深入开展，也有力促进了中西部地区的产业集聚，加速拉动区域产业增长。

图7　2011年电子信息制造业东、中、西、东北区域发展态势对比

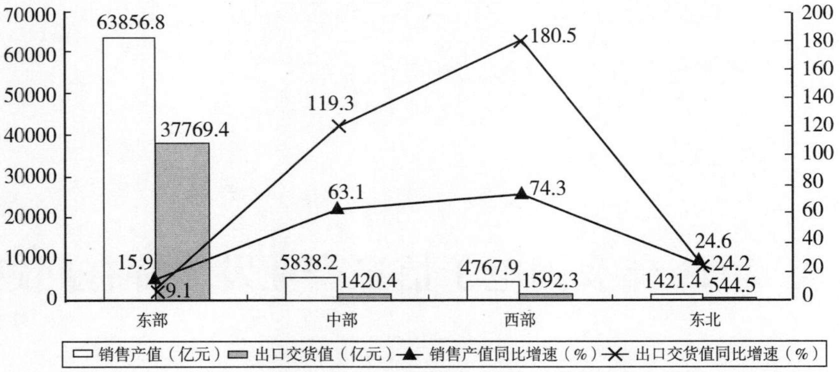

数据来源：工信部运行监测协调局，2012 年 3 月

（四）对不同国家、地区出口增速出现分化

受欧美经济形势低迷影响，我国对欧美主要发达国家出口形势不容乐观。2011 年，对美国和英国分别出口电子信息产品 1259.2 和 121.2 亿美元，增长 9.5% 和 0.7%，低于平均水平 2.4 和 11.2 个百分点；对德国、法国、波兰和西班牙等国出口额分别为 279.7、96.5、40.7 和 38.2 亿美元，下降 1.6%、5.5%、4.9% 和

16.0%，呈负增长态势。

对亚洲地区和新兴市场出口增长较快。对日本出口 455.6 亿美元，同比增长 16.2%; 对韩国出口 295.4 亿美元，同比增长 10.5%; 对中国香港地区出口 1597.5 亿美元，同比增长 15.5%; 对中国台湾地区出口 163.7 亿美元，同比增长 10.8%。此外，对巴西、俄罗斯等新兴市场国家出口快速增长，出口额分别为 101.5 和 79.0 亿美元，同比增长 17.0% 和 23.4%。

图8　2011年我国电子信息产品对主要国家、地区出口额及增速

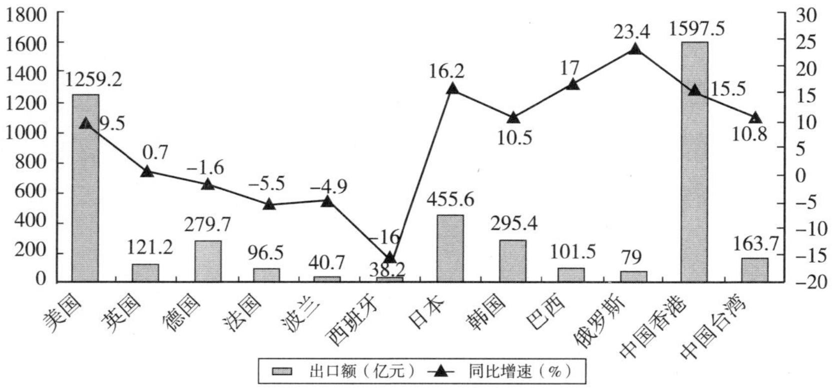

数据来源：工信部运行监测协调局，2012 年 3 月

三、2011 年我国电子信息产业发展存在问题

（一）新增长点极为缺乏的制约

“九五”期间，我国电子信息产业通过彩电和计算机的大规模生产，实现了年均 30% 的高速增长，直至受 21 世纪初的网络泡沫危机影响而跌落，之后又借互联网和移动通信大发展的良机，通过手机、计算机及配套产品的大规模制造重现高速增长，并于 2004 年达到了年度增长 46.6% 的峰值。产业每一次的高速增长，都必然会以某一类或某几类符合当时技术发展方向及市场需求的产品为依托和契机。

“十一五”以来，彩电、手机、计算机等整机产品的市场需求已趋稳定，难

以再度带动我国电子信息产业高速增长；同时，传统整机产品正面临着网络化、智能化、绿色化产品的挤占和替代，也不再代表技术前沿方向。受创新投入不足、资源配置分散、产业化进程缓慢等固有矛盾的影响，符合技术发展趋势、贴近市场需求、具有强有力带动作用的产业新增长点迟迟不能形成，大量产能依然集中在传统的加工制造环节，产业增速逐步趋缓已成必然。2012年，国际市场形势不容乐观，传统电子信息产品的出口将愈发艰难，缺乏强劲有力的产业新增长点，已成为阻碍产业持续快速发展的关键制约。

（二）“马太效应”逐步显现的挑战

移动互联网产业迅速兴起，占据市场垄断地位三十余年的Wintel体系加速瓦解，本应带给我国电子信息产业实现“赶超发展”的良好契机。但是，大型跨国IT企业在技术及资本领域的领先优势不容忽视，加之电子信息产业本身具有技术密集、资金密集的特性，不同企业在发展基础和资本积累上的差异会随着发展进程而逐渐扩大，最终导致企业间发展水平差距加大，产业发展的“马太效应”已逐步显现。

一方面，英特尔与微软等传统寡头企业凭借深厚的技术和资本积累，通过大量的研发投入（英特尔投资70亿美元研发32纳米工艺）、频繁的兼并收购，围绕产业新兴增长点扩张业务领域、设置技术壁垒、快速推出新型产品、提升市场竞争门槛，不断增加后发企业进入新兴领域的难度；另一方面，谷歌、ARM、苹果等新兴势力快速崛起，已占据专利的战略制高点，同时利用资本杠杆、产业联盟等手段，不断延伸与整合产业链，正在以“微软+ARM”和“英特尔+谷歌”等形式替代Wintel体系，有形成新一轮垄断和市场封锁之势。如何积极有效地应对新兴领域的新兴垄断势力，改变长期依附于发达国家之后的“跟随发展”模式，是我国电子信息产业在2012年乃至较长一段时期内所不得不面临的挑战。

（三）企业亏损情况严峻的矛盾

企业亏损较为严重是我国电子信息产业面临的严峻矛盾，其主要原因包括以下四点：一是电子信息产业亟待结构调整，大量企业仍在从事低附加值加工制造，特别是整机行业，利润率基本在3%以下，难以保证持续良好的经济效益；二是生产经营成本高企，CPI与PPI于2011年7月份双双到达峰值（6.5%和7.5%），且存在“剪刀差”现象，企业利润空间一再受到挤压；三是人民币升值预期强烈，对美元中间价自2011年初起一路下跌，对欧元中间价则是几经起伏，汇率波动给企业销售利润带来很大不确定性，也导致企业不敢接受国外订单或者只敢接受短期订单；四是企业规模普遍偏小，在贷款融资方面不具有“议价”优势，又正逢输入性通胀导致的银根紧缩，央行于2011年6次调高准备金率、3次加息，众多中小企业贷款无门，资金周转极为困难。

预计在2012年上半年，我国电子信息产业结构调整还不能得到明显成效，CPI和PPI虽会延续2011年8月以来的态势持续回落，但不会促使央行马上改变既定货币政策，企业亏损情况会依然较为严峻；到2012年下半年，一方面“十二五”产业规划中的各项重大工程和项目将逐步得以落实，一方面CPI和PPI有望同步降至5%以下，进而促使货币紧缩政策告一段落，融资环境有所改善，企业亏损情况或能有所好转。

四、2012年我国电子信息产业发展趋势展望

（一）“保增长”形势较为严峻

受欧美主权债务危机影响，全球经济将继续保持低速增长态势。据联合国有关机构最新预测，2012年世界经济增速仅为2.6%，比2011年和2010年分别低0.2和1.4个百分点。其中发达国家平均增长率为2.2%，美国为2.3%，欧元区为1.7%。虽然美国在2011年三季度达到GDP增速年内最高值2.5%后，有可能于2012年进入“温和”加速增长期，但欧元区经济增长长期走势仍不被看好，很可能于2012年上半年起陷入GDP增速“二次探底”。

受外向型发展模式制约，全球经济增长的低迷会对我国电子信息产业的出口造成较大压力，进而导致产业规模增速有所下降。在欧美经济增长乏力、市场需求疲软的影响下，自2011年1月份以来，我国电子信息产品月度出口增速总体呈现较大波动幅度，9月份后月度出口增速连续低于10%。对于电子信息制造业而言，2012年将面临着严峻的“保增长”形势。预计2012年电子信息产业增加值及销售产值增速将基本与2011年持平。

（二）新一代信息技术产业步入高速增长期

电子信息产业具有集聚创新资源与要素的特征，仍是当前全球创新最活跃、带动性最强、渗透性最广的领域。面对世界经济复苏进程仍有反复、国际金融危机影响余波未了、全球气候变暖压力增大等宏观环境的不利影响，各主要经济体已将发展电子信息产业作为快速带动经济增长、彻底走出危机阴影、积极促进节能减排的首要选择。美国、欧洲、日本等发达国家和地区纷纷出台相关战略，如美国的“全国无线网络计划”、欧盟的《物联网——欧洲行动计划》、英国的《数字英国》白皮书、日本的“i-Japan 战略”等。这些国家战略的共同点在于，均甚少涉及手机、PC 等传统领域，而是着眼未来，重点关注以移动互联网、云计算、物联网等为代表的新一代信息技术领域，以及由此产生的一系列商业模式创新，作为当前推动电子信息产业发展的主要引擎。

据预测，随着技术和运营模式的成熟，以及基础设施的完善，2012 年将进入新一代信息技术市场规模增长的高峰期。全球云计算市场规模将达 1280 亿美元，物联网市场规模将超过 1700 亿美元，移动互联网市场规模甚至会突破万亿美元。对于遭遇欧美经济低迷影响、传统电子信息产品出口波动的我国电子信息产业而言，新一代信息技术所呈现出的广阔市场前景，将为产业发展提供新方向、新途径、新模式。预计 2012 年我国云计算市场规模将在政府及企业的联合推动下超过 600 亿元，物联网市场规模将随着核心网络建设的逐步开展而超过 3200 亿元，移动互联网市场将随着移动智能终端的加速普及而超过 1000 亿元，新一代信息技术的整体市场发展潜力巨大。

（三）内销贡献率稳步提升

目前我国电子信息制造业内销贡献率已超过外销，未来仍有继续提升趋势。2011 年，规模以上电子信息制造业累计实现内销产值 34165 亿元，同比增长 31%，比行业总产值和累计出口交货值增速分别高出 9.9 和 17.1 个百分点，比 2010 年同期增速（13.9%）高出 17.1 个百分点，内外销对全行业增长的贡献率比达到 62:38。产业对外依存度为 54.7%，比 2010 年同期（58.2%）下降 3.5 个百分点。

国民经济与社会信息化建设的全面深化是推动内销贡献率持续提升的根本动力。目前，钢铁、化工、汽车、船舶、航空等主要行业大中型企业数字化设计工具普及率已超过 60%，关键工序数（自）控化率已超过 50%，制造技术和信息技术融合步伐不断加快。同时，信息技术在工业领域深度融合和渗透，汽车电子、机床电子、医疗电子、智能交通、金融电子等量大面广、拉动性强的产品及信息系统获得了迅速发展。2012年，国内信息化建设将按照《国民经济和社会发展第十二个五年规划纲要》《信息化发展规划（2011–2015年）》的总体部署和要求，以相应的行业规划为引导而加速推进。通过两化深度融合，我国电子信息产业将获得坚实有力的国内市场保障。

（四）国际竞争压力持续加剧

以延伸业务领域、强化产业链整合能力为目标，各大跨国IT巨头均围绕产业新兴增长点展开并购及战略合作。英特尔收购迈克菲安全软件和英飞凌无线芯片，积极应对移动互联网市场需求；苹果收购高速芯片设计公司Intrinsity，进一步提升移动设备处理器性能；谷歌斥资125亿美元收购摩托罗拉移动，立足操作系统的战略制高点实现产业链延伸，推动智能手机产业进入“三足鼎立”时代，同时与英特尔展开深度合作，将于2012年上半年推出搭载英特尔芯片的安卓操作系统手机，真正实现“芯片－系统－终端”的全产业链整合。

这表明电子信息产业的竞争已从单个产品或企业的竞争进入了全产业链竞争阶段，产业链整合及运营能力成为决定竞争成败的核心关键。国内电子信息产业一直存在企业规模较小且分散、产业集中度不高、产业链各环节缺乏互动的问题，2011年度电子百强企业数量占全行业比重仅为0.5%，销售收入过千亿元企业仅有4家（华为、中国电子、海尔、联想），芯片、整机、系统、应用等各环节厂商间基本没有合作关系，仅有极少数整机企业开始向产业链上游延伸。2012年，面对各跨国IT巨头更为频繁的兼并收购，以及由此在产业链各环节逐步确立的整体优势，我国电子信息产业的国际竞争压力会不断加剧。

政 策 篇

一、2011年我国电子信息产业政策环境分析

（一）国家高度关注新一代信息技术产业

2011年是我国战略性新兴产业稳步推进的重要一年，《国民经济和社会发展第十二个五年规划纲要》中明确指出，要培育发展战略性新兴产业，推动重点领域的跨越式发展，其中就包括了新一代信息技术产业，具体内容有：加快建设宽带、泛在、融合、安全的信息网络基础设施；推动新一代移动通信、下一代互联网核心设备和智能终端的研发及产业化；加快推进三网融合；促进物联网、云计算的研发和示范应用；着力发展集成电路、新型显示、高端软件、高端服务器等核心基础产业；加快基础设施智能化改造等。

物联网与云计算是国家政策重点关注的新兴领域。在物联网领域，2011年4月，财政部关于《物联网发展专项资金管理暂行办法》的通知出台，目的是规范物联网发展专项资金的管理，并促进中国物联网健康发展。5月，工业和信息化部与财政部联合发布《关于做好2011年物联网发展专项资金项目申报工作的通知》，正式启动2011年度物联网发展专项资金的申报工作，重点支持物联网关键核心技术及重点产品的研发和产业化，支持重点领域的应用示范和推广，有力助推我国物联网产业发展。在云计算领域，2011年10月，国家发展改革委联合工信部、财政部拨出15亿元人民币，作为国家战略性新兴产业云计算示范工程专项资金，重点推动国内云计算产业发展，扶持云计算领先企业，百度、阿里巴巴与腾讯等成为国家首批云计算示范企业。随着国家扶持及企业投入力度的进一步加大，我国云计算产业将逐步进入大规模应用阶段。

（二）电子信息产业“十二五”相关规划相继出台

2011年是“十二五”的开局之年，电子信息产业发展进入了攻坚克难的关键阶段。为有力推动电子信息产业完成调结构、转方式、增强产业核心竞争力、提升发展质量效益、由大变强根本任务，工业和信息化部在贯彻落实《国民经济和社会发展第十二个五年规划纲要》的基础上，牵头编制了《工业转型升级规划

（2011–2015 年）》、《国民经济和社会发展信息化发展规划（2011–2013 年）》、《信息产业“十二五”发展规划》等专项规划，以及《电子信息制造业“十二五”发展规划》、《集成电路产业“十二五”发展规划》和《太阳能光伏产业“十二五”发展规划》等行业规划，作为“十二五”期间电子信息产业发展的指导性文件。目前，各项规划文件正在陆续出台发布之中。

在规划重点方面，各项规划所侧重的维度和层面均有所不同，但从根本目标和任务来看，各项规划均是紧密围绕着“转型升级”的主线逻辑，确立了电子信息产业的发展重点和方向，主要包括基础电子产业跃升、整机产品价值链提升、重点应用电子产品三大工程。其中，基础电子的主要任务在于形成结构优化、配套完整的基础电子产业体系，实现产业跃升，包括集成电路、关键电子元器件和材料、新型平板显示、发光二极管（LED）等；整机产品的主要任务在于价值链提升，包括产品创新、模式创新和品牌建设三个方面，主要包括计算机与通信产品、家用视听产品等；应用电子的主要任务在于针对一批量大面广、带动性强的领域加大研发投入，突破关键技术，努力实现产业化，形成新的增长点，主要包括机床电子、汽车电子、医疗电子、电力电子、航空电子、船舶电子等。

（三）基础行业发展环境进一步成熟完善

2011 年是我国电子信息产业大力推行结构调整、全面转型升级的奠基之年，在行业结构、产品结构、区域结构、市场结构及内外资结构方面均取得了一定成效。其中，行业结构调整是国家政策关注的重点，主要集中在为基础行业营造良好的发展环境方面，以进一步夯实产业发展基础，增强产业核心竞争力，包括了集成电路、平板显示、太阳能光伏等领域。

在集成电路领域，2011 年 1 月 12 日国务院第 140 次常务会议研究通过了《进一步鼓励软件产业和集成电路产业发展的若干政策》，1 月 28 日以国发【2011】4 号文件正式发布，从财税、投融资、研究开发、进出口、人才、知识产权及市场等七大方面提出 31 条具体政策措施，加大了对集成电路产业的扶持力度。5 月，国家发展改革委与工业和信息化部联合印发了《关于 2011 年度集成电路产业研究与开发专项资金申报指南的通知》，为我国集成电路产业研究开发和产业化水平的进一步提升提供了有力支持。11 月，财政部和国家税务总局联合下发了《关于退还集成电路企业采购设备增值税期末留抵税额的通知》，惠及面包括 29 家国内大型集成电路企业，为我国集成电路产业做大做强做优提供了有利条件。

在平板显示领域，2011 年新实施的战略性新兴产业发展专项资金中已专门设立新型显示产业专项，为在新型平板显示技术和相关产品研发及产业化方面具有突出优势的国内企业提供资金支持。与此同时，《2010–2012 年平板显示产业发展规划》持续实施，国内平板显示市场需求不断增长；《关于新型显示器件生产企业进口物资税收政策的通知》也得到继续落实和完善，在国内新型平板显示企业的持续做大中发挥着有利作用。

在太阳能光伏领域，由工业和信息化部、国家发展改革委、环境保护部会同有关部门制定的《多晶硅行业准入条件》开始正式实施，相关部门组织行业专家对各省企业申报材料进行了符合性审查，检测机构也配合开展现场测评工作，目前第一批符合准入条件的企业已上网公示。这不仅有效遏制了多晶硅行业一度存在的低水平重复建设现象，促进了太阳能光伏产业的有序发展，也探索了从产品管理到行业管理的电子基础行业管理新模式。

二、2011 年我国电子信息产业重点政策解析

（一）电子信息制造业“十二五”相关规划解析

为贯彻落实《国民经济和社会发展第十二个五年规划纲要》，按照《工业转型升级发展规划（2011–2015 年）》、《信息化发展规划（2011–2015 年）》、《信息产业“十二五”发展规划》的总体部署和要求，工业和信息部分别制定了《电子信息制造业“十二五”发展规划》、《集成电路产业“十二五”发展规划》和《太阳能光伏产业“十二五”发展规划》等电子信息制造业相关规划，作为“十二五”期间电子信息产业发展的指导性文件。

1、规划编制意义

电子信息制造业是国民经济的战略性、基础性、先导性产业，是加快工业转型升级及国民经济和社会信息化建设的技术支撑与物质基础，是保障国防建设和国家信息安全的重要基石。“十二五”时期是我国坚持走新型工业化道路、加快转变经济发展方式、全面建设小康社会的关键时期，也是电子信息制造业调结构、

转方式、强化产业核心竞争力、提升发展质量效益的攻坚时期。同时，当前世界经济复苏进程仍有反复，国际金融危机影响余波未了，全球气候变暖压力增大，发展电子信息产业是各主要经济体带动经济增长、走出危机阴影、促进节能减排的首要战略选择。这既有力推动了新一代信息技术研发及产业化的蓬勃发展，也势必导致更为激烈的国际竞争。对于我国电子信息制造业而言，一定要认清形势、把握时机，以创新为引领，以应用为驱动，以融合为路径，紧抓历史机遇，积极应对挑战，明确发展方向及目标，持续增强产业核心竞争力，为工业转型升级及国民经济和社会的信息化建设提供有力支撑。

2、规划出台背景

在“十二五”时期，我国仍处于可以大有作为的重要战略机遇期，但工业发展的内外部环境发生深刻变化，既有国际金融危机带来的深刻影响，也有国内经济发展方式转变提出的紧迫要求。对于电子信息产业而言，主要面临以下形势。

第一，电子信息产业仍是全球竞争的战略重点。电子信息产业具有集聚创新资源与要素的特征，仍是当前全球创新最活跃、带动性最强、渗透性最广的领域。新一代信息技术正在步入加速成长期，带动产业格局深刻变革。金融危机以来，不仅美国、日本、欧盟等主要发达国家和地区纷纷将发展电子信息产业提升到国家战略高度，抢占未来技术和产业竞争制高点，巴西、俄罗斯、印度等国也着力发展电子信息产业，增长尤为迅速，竞争在全球范围内更加激烈。

第二,融合创新推动产业格局发生重大变革。信息产业各行业边界逐渐模糊，信息通信技术在各类终端产品中应用日益广泛，云计算、物联网、移动互联网等新兴领域蓬勃发展。价值链重点环节发生转移，组装制造环节附加值日趋减少，国际领先企业纷纷立足内容及服务环节加快产业链整合，以争夺产业链主导权。制造业、软件业、运营业与内容服务业加速融合，新技术、新产品、新模式不断涌现，对传统产业体系带来猛烈冲击，推动产业格局发生重大变革，既为我国带来发展的新机遇、新空间，也使我国面临着新一轮技术及市场垄断的严峻挑战。

第三，工业转型升级催生新的产业增长点。在实现由传统工业化道路向新型工业化道路转变、促进工业结构整体优化升级的进程中，信息技术及产品在工业各领域及生产各环节持续深化应用，综合集成度不断提升，与汽车、船舶、机械装备、新型材料等产品加速融合，为产业发展创造了广阔的市场空间。同时，随着节能环保、高端装备制造、新能源汽车等战略性新兴产业的崛起，信息技术在经济和社会各领域将得到更为深入的应用，形成一批辐射范围广、带动作用强的产业新增长点，为产业持续稳定健康发展提供坚实保障。

第四，国内外市场环境机遇与挑战并存。国际市场规模稳步扩大，新产品、新应用不断涌现，产业发展空间更为广阔；国家信息化建设全面深化，城镇化进程持续加速，市场化程度不断提升，居民收入增长、内需扩张、消费结构升级和市场机制完善，为产业发展提供新动力、新方向。同时，产业发展也面临严峻挑战，人民币升值压力增大，生产成本持续上升，资源和环境承载力不断下降，周边国家和地区同质竞争日益激烈，国际贸易保护势力抬头，以知识产权、低碳环保、产品安全为代表的技术性贸易限制措施被广泛使用，对我国电子信息制造业持续稳定发展造成一定的压力。

3、规划发展思路

“十二五”期间，我国电子信息制造业要按照《国民经济和社会发展第十二个五年规划纲要》、《工业转型升级规划（2011–2015年）》的总体部署和要求，深入贯彻落实科学发展观，以转型升级为主线，坚持创新引领、应用驱动、融合发展。突破重点领域核心关键技术，夯实产业发展基础，深化信息技术应用，推动军民结合，统筹内外需市场，优化产业布局，着力提升产业核心竞争力，持续引导产业向价值链高端延伸，推动产业由大变强，为加快工业转型升级及国民经济和社会信息化建设提供有力支撑。

其中，“转型升级，创新引领、应用驱动、融合发展”是推动产业发展中所需遵循的十六字方针。“转型升级”是发展主线，是指通过发展方式转变实现产业结构优化升级。这是产业克服矛盾、实现长远发展的主要依托，也是确定发展目标、安排发展重点等内容的主要着眼点；“创新引领”是转型升级的根本动力，强调要将原始创新、集成创新与消化吸收再创新相结合，从“跟随式”发展向创新引领式发展转变，完善产业创新体系，突破一批核心关键技术；“应用驱动”是转型升级的关键支撑,强调深化应用对产业发展的驱动作用,实现“以用兴业”，并发挥产业对工业转型升级和经济社会信息化的支撑作用；“融合发展”是转型升级的重要途径，强调抓住产业融合化的技术趋势，推动产业模式创新，包括产业链整合及资源优化重组、产业组织形态及商业模式创新，也包括军民融合式发展。

4、规划发展目标

结构目标："十二五"期间，我国规模以上电子信息制造业销售收入年均增速保持在10%左右，2015年超过10万亿元；工业增加值年均增长超过12%；电子信息制造业中的战略性新兴领域销售收入年均增长25%。稳步推进加工贸易转型升级，鼓励加工贸易企业延长产业链、提升产品附加值，一般贸易比重不断增加。显著增强骨干企业核心竞争力及自主品牌市场影响力，形成5到8家销售收入过千亿元的大型骨干企业，努力培育销售收入过5000亿元的大企业。打造一批具有国际影响力、特色鲜明、配套合理的新型工业化产业示范基地和产业园区。军民融合发展取得新进展。

创新目标：百强企业研发投入占销售收入比重超过5%；信息技术领域发明专利申请累计总量达到130万件左右；在集成电路、新型显示器件、关键元器件、重要电子材料及电子专用设备仪器等领域突破一批核心关键技术。集成电路产品满足国内市场需求近30%，芯片制造业规模生产技术达到12英寸、32/28纳米工艺；平板电视面板自给率80%以上；建立完善TD-LTE产业体系。

节能环保目标：显著提升计算机、电视机等整机产品能效；生产过程能源、资源消耗进一步降低，太阳能级多晶硅生产平均综合电耗低于120千瓦时/公斤，印制电路行业铜回收再利用率提高到80%以上、水回收再利用率提高至30%以上；有效控制铅、汞、镉等有毒有害物质使用；废弃电器电子产品回收处理和再利用率显著提高。

5、规划主要任务

增强产业核心竞争力、促进产业转型升级、实现产业由大变强是"十二五"时期电子信息产业发展的主要任务，具体可表现为八个方面。一是集中突破关键核心技术，全面提升产业核心竞争力。把握新一代信息技术重点方向及产业机遇，完善产业创新体系，集中创新资源，实现重点领域技术突破。二是着力发展战略性新兴领域，培育产业新增长点。统筹考虑市场需求和支撑条件，引领新兴产业发展，打造完整产业链，培育一批辐射面广、带动力强的新增长点。三是推动企业做大做强，构建合理分工体系。加大技术改造力度、引导兼并重组、增强产业链整合能力，提升大企业竞争力；同时，推动大企业与中小企业间合作机制建设。四是优化产业空间布局，加快形成区域新增长极。继续发挥东部地区的辐射带动作用，支持中西部地区承接产业有序转移，加快发展，形成优势互补的产业区域格局。五是统筹利用国内外市场资源，促进产业均衡发展。需要继续稳定国际市场，鼓励企业积极“走出去”，同时抓住国内市场机遇，健全内需带动机制。六是积极推进绿色制造，实现产业持续健康发展。构建产品全生命周期绿色化发展模式，加强技术开发和支撑服务体系建设，实现产业持续健康发展。七是深化信息技术应用，服务经济社会发展。加强产用结合、深化合作，改造和提升传统工业、发展应用电子、促进各领域信息技术融合应用，实现“以用兴业”。八是完善公共服务体系，优化产业发展环境。推动形成专业化、网络化、一体化的重点行业和重点区域的公共服务体系，提供多样化服务，实现资源共享。

6、规划发展重点

一是推动整机价值链提升，包括产品创新、模式创新、品牌建设三个方面。在产品创新方面，支持基于移动互联网业务的计算机与通信设备及终端创新，以及基于云计算的产品创新、技术创新和模式创新；支持高端服务器、网络存储系统等关键产品的研发和产业化，推动绿色智能数据中心关键设备及各类终端产品的研发与产业化；支持网络化、智能化、节能型数字电视产品和3D电视研发及产业化；支持多屏融合的数字家庭智能终端研发及产业化；推进下一代地面数字电视传输体系关键技术和系统技术研究，建设多业务平台；支持整机产品深度参与配套芯片研发及产业化。在模式创新方面，推动大型电子信息产品制造企业向服务领域延伸，加强设计、制造、服务融合互动，围绕核心价值环节促进产业链整合；抓住云计算、移动互联网等新兴应用快速发展契机，开拓增值服务，创新商业模式；健全产业公共服务体系，推进开放式运营平台、内容服务平台、网络服务平台、产品测试认证平台及知识产权服务平台建设。在品牌建设方面，支持数字视听、计算机和通信设备制造企业建设自主品牌，提升国产设备及终端的国际竞争力；引导企业加强产品质量管理，完善产品质量管理体系，提升品牌形象；鼓励企业加强国际战略合作，加快建设安全可控的市场渠道；制定知识产权战略，推动自主知识产权标准的产业化和国际化应用。

二是实施基础电子产业跃升工程。涉及集成电路、关键电子元器件和材料、新型平板显示、发光二极管（LED）、太阳能光伏等基础领域。在集成电路领域，突破高性能CPU、移动通信芯片、DSP等高端通用芯片，移动互联、数模混合、信息安全、数字电视、射频识别等量大面广芯片以及重点领域的专用芯片；持续支持12英寸先进工艺制造线的建设和8英寸/6英寸工艺制造线的改造升级；加快先进生产线和特色生产线工艺技术升级及产能扩充，提高先进封装工艺和测试水平；进一步完善产业链，增强刻蚀机、离子注入机、互联镀铜设备、外延炉、光刻匀胶显影设备等8–12英寸集成电路生产线关键设备、仪器和材料的自主开发和供给能力，支持大生产线规模应用；加快提升国家级集成电路研发公共服务平台水平和能力，组织多种形态的技术创新平台。在关键电子元器件和材料领域，重点支持微电子器件、光电子器件、MEMS器件、半导体功率器件、电力电子器件、RFID模块及器件、绿色电池、片式阻容感、机电组件、电声器件、智能传感器、印刷电路板产品的技术升级及设备工艺研发，有效支撑物联网发展；积极发展半导体材料、太阳能光伏材料、光电子材料，压电与声光材料、电子功能陶瓷、磁性材料、电池材料和传感器材料，以及用于支撑、装联和封装等使用的金属材料、非金属材料、高分子材料等。在新型平板显示领域，重点支持6代以上尺寸TFT–LCD显示面板关键技术和新工艺开发，实施玻璃基板等关键配套材料和核心生产设备产业化项目，完善配套产业链；突破PDP高光效技术（高能效、低成本）、高清晰度技术（3D、动态清晰度、超高清晰度）以及超薄技术，提高PDP产品性能；开展高迁移率TFT驱动基板技术开发，攻克OLED有机成膜、器件封装等关键工艺技术，攻克LTPS技术，加强关键材料及设备的国产化配套；围绕移动终端等需求，重点开发触摸屏功能、宽视角、高分辨率、轻薄节能的小尺寸显示产品；开展3D显示、电子纸、激光显示等新技术研发和产业化。在发光二极管（LED）领域，重点突破外延生长、芯片制造关键技术，提高外延片和高端芯片的国内供给能力；增强功率型LED器件封装能力，加大对封装结构设计、新封装材料、新工艺、荧光粉性能、散热机理的研究与开发；进一步完善产业链，加快实现国产MOCVD设备的量产，推进衬底材料、高纯MO源，高性能环氧树脂以及高效荧光粉等研发和产业化；加快检测平台建设，制定和完善LED相关标准，推进知识产权建设。在太阳能光伏领域，支持多晶硅行业节能降耗和高质、高效、低成本太阳能电池的产业化，鼓励新型太阳能电池和高质低成本多晶硅工艺技术研发；全面提升装备技术水平，突破平板式PECVD、全自动丝网印刷机、高效切割机等设备瓶颈。支持控制器、逆变器等配套部件和石墨、坩锅、电子浆料、TCO玻璃等配套材料的研发及产业化；支持多样化、宽领域的太阳能光伏应用，拓展离网应用市场和新兴并网市场。

三是加强信息技术应用，促进两化深度融合。在应用信息技术改造和提升传统产业方面，以研发设计、流程控制、企业管理、市场营销、人力资源开发等关键环节为突破口，支持信息技术企业与传统工业企业开展多层次的合作，提高工业自动化、智能化和管理现代化水平，提升设备的利用效率，促进资源节约型生产方式的形成。在推动信息技术在农业和社会领域中的广泛应用方面，加大信息技术在农业生产、经营、管理和服务各环节的应用，促进农业集成化信息管理，提高精准农业技术水平，提高农业生产效率；结合国家改善民生相关工程的实施，加强信息技术在交通运输、医疗卫生、文化教育、就业和社会保障等领域应用，带动电子信息产品及相关服务发展。在大力发展应用电子产品方面，针对工业控制、机床电子、汽车电子、医疗电子、金融电子、电力电子等量大面广、带动性强的应用电子领域，加大研发投入，突破关键技术，努力实现产业化，形成新的增长点。

7、规划保障措施

一是健全产业政策法规体系，完善产业发展环境。贯彻落实《国务院关于加快培育和发展战略性新兴产业的决定》（国发 [2010]32 号），围绕新一代信息技术产业重点领域，制定相关配套政策措施。加快出台《国务院关于印发 < 进一步鼓励软件产业和集成电路产业发展的若干政策 > 的通知》（国发 [2011]4 号）的实施细则。研究完善扶持平板显示产业发展的相关政策。落实《多晶硅产业准入条件》，加强对行业发展的指导。落实《废弃电器电子产品回收处理管理条例》，研究制定配套行业政策。完善促进信息技术推广应用的政策环境，推动安全可靠的软硬件产品开发和应用。进一步落实扩大内需政策，继续做好家电下乡、家电以旧换新工作，研究制定家电下乡后续政策措施，建设完善家电产品售后维修服务体系。推动制定国内光伏发电上网电价政策实施。积极推广 LED、OLED 节能照明产品。营造芯片、整机、系统互动的产业生态环境，推进电子专用设备首台套的应用和推广。

二是提高财政资金使用效率，增强产业创新能力。加大技术改造专项资金投入，对核心关键领域重大项目给予重点支持。加快实施“核心电子器件、高端通用芯片及基础软件产品”、“极大规模集成电路制造装备及成套工艺”、“新一代宽带无线移动通信网”等国家科技重大专项，进一步明确资金支持重点，加强产业链配套。充分利用电子信息产业发展基金等专项资金，支持产业核心关键技术研发和产业化，推进重点产品示范应用。加大对信息技术应用的资金支持力度，重点支持安全可靠信息技术及产品的行业应用。落实战略性新兴产业专项资金，细化电子信息领域资金使用方案。落实国家扶持中小企业的各项金融政策，支持金融机构为中小企业提供更多融资服务。

三是引导产业有序转移，促进区域协调发展。充分发挥行业管理部门、地方政府在产业转移和合作中的引导作用，以及市场在资源配置方面的基础性作用，加强规划、资源和市场的对接，研究制定电子信息制造业产业转移与合作的相关政策，建立健全“部省对接、协同推进”的合作机制。推动珠三角、长三角、环渤海和福厦沿海等优势地区向研发设计、服务等产业价值链高端延伸，发挥优势地区辐射带动作用；立足产业承接地区自身特色优势，统筹重大项目在中西部地区和东北等老工业基地的合理布局，引导产业有序转移。促进新型工业化产业示范基地和产业园区建设，促进区域协调发展。

四是推动企业兼并重组，优化产业组织结构。完善促进企业兼并重组的政策体系，以产业政策为引导、以产业发展的重点关键领域为切入点、以国家重大工程为带动，积极推动企业兼并重组取得显著进展。推动设立产业投资基金，重点关注重大生产力布局，鼓励龙头骨干企业开展海外兼并重组和技术收购。建立健全中小企业服务体系，培养一批“专、精、特、新”的中小企业，形成大中小企业优势互补、协调发展的产业组织体系。支持AVS、闪联、数字家庭、太阳能光伏、OLED等产业联盟发展，围绕移动互联网、云计算、物联网、半导体照明等新兴领域加强产业创新联盟建设。

五是实施知识产权战略和标准战略，提升产业竞争优势。全面落实《国家知识产权战略纲要》，引导企业将技术创新、知识产权保护、标准制定相结合，提升产业竞争优势。建设和完善电子信息领域知识产权公共服务平台，定期发布各重点领域知识产权态势，促进企业提高创造、保护、运用和管理知识产权的水平。加快建立电子信息产业知识产权预警机制，加强知识产权信息采集，及时发布知识产权相关报告，提升行业知识产权预警能力。加强电子信息领域标准化技术组织建设，继续以企业为主体制定标准，充分发挥标准化相关组织、相关协会、研究单位等各方面的作用，提高标准化工作水平。针对新一代信息技术产业发展，加快研究制定相应技术标准，增强标准服务产业发展的能力。加强重点领域军民标准资源共享建设，推动技术和标准的双向应用。推动更多的自主创新技术标准成为国际标准，提升在国际标准制定中的话语权。组织重点产品标准化试点示范，加强技术标准与检测认证的联动。

六是加强创新人才引进和培养，加快专业人才队伍建设。围绕规划确定的重点领域，制定电子信息制造业人才队伍中长期建设方案。争取国家人才发展重大项目对电子信息制造业人才队伍建设的支持。加快建设和发展职业培训机构，大力培养专业技术人才和行业信息技术应用人才，重点培养高水平复合型人才。以重大专项和重大工程为依托，建立相应的高端人才培育和引进机制。加强对企业特别是中小企业经营管理者培训，提高队伍整体素质。

（二）《进一步鼓励软件产业和集成电路产业发展的若干政策》解析

2011 年 1 月 12 日国务院第 140 次常务会议研究通过了《进一步鼓励软件产业和集成电路产业发展的若干政策》，1 月 28 日以国发【2011】4 号文件正式发布，从财税、投融资、研究开发、进出口、人才、知识产权及市场等七大方面提出 31 条具体政策措施，进一步加大了对集成电路产业的扶持力度，标志着集成电路产业发展环境的进一步成熟和完善。

1、4 号文出台的背景

为鼓励集成电路产业的发展，国务院在 2000 年制定发布了《鼓励软件产业和集成电路产业发展若干政策》（国发〔2000〕18 号）（以下简称“18 号文件”）。18 号文件第一章“政策目标”中即明确提出“经过 5 到 10 年的努力，国产集成电路产品能够满足国内市场大部分需求，同时进一步缩小与发达国家在开发和生产技术上的差距。”但如上所述，在快速增长的国内市场需求面前，在日趋激烈的国际集成电路产业竞争面前，这两大目标尚未如期实现。为进一步加快集成电路这一国家战略性、基础性产业的发展，实现国家制定的既定目标，国务院于 2011 年 1 月 28 日正式发布了《国务院关于印发进一步鼓励软件产业和集成电路产业发展若干政策的通知》（国发〔2011〕4 号）（以下简称“2011 4 号文件”），对集成电路产业给予进一步鼓励与扶持。

2、4 号文在集成电路领域的主要新政策

在财税政策方面，从增值税、营业税、企业所得税、进口关税、以及进口环节增值税等多个方面对集成电路企业给予了优惠。具体包括以下几个要点：一是明确将继续实施 18 号文件中“按 17%的法定税率征收增值税，对实际税负超过

3%的部分即征即退”的政策；二是对提供无形产品（设计服务、IP 核等）的集成电路设计企业给予免征营业税的优惠；三是对新办集成电路设计企业、集成电路线宽小于 0.8 微米（含）的集成电路生产企业，以及集成电路线宽小于 0.25 微米或投资额超过 80 亿元的集成电路生产企业，分别给予企业所得税“两免三减半”和“五免五减半”的优惠。且相对于高新技术企业享受“两免三减半”的条件——“自取得第一笔生产经营收入所属纳税年度起”，政策中“自获利年度起”的条件，对企业的实际意义更大；四是提出要对集成电路重大项目因集中采购产生短期内难以抵扣的增值税进项税额占用资金问题采用专项措施予以解决。专项措施可能会在对进口环节增值税“即征即退”、“先征后退”、“缓征”三种方式中选择其一，其中“即征即退”方式对企业最为有利；五是针对集成电路设计企业在境外代工芯片，在国内封装测试后再出口境外时，芯片入境时需缴纳进口环节增值税的情况，政策明确了“能够享受保税政策”，这对集成电路设计企业而言将带来很大便利；六是提出国家规划布局内的集成电路设计企业，可比照享受 18 号文件规定的“对国家规划布局内的重点软件企业，当年未享受免税优惠的减按 10% 的税率征收企业所得税”的优惠政策；七是政策明确了集成电路封装、测试、关键专用材料企业以及集成电路专用设备相关企业也可享受企业所得税的优惠；八是政策明确了所得税优惠的政策期限，以及文件给予的所得税优惠与其它优惠政策交叉式如何处理的问题等。

在投融资政策方面，从中央预算内投资、产业投资基金、银行贷款、以及企业自筹资金等多个角度对集成电路行业的融资活动给予鼓励。同时，积极鼓励集成电路企业的跨地区重组并购。投融资政策还有待有关部门、地方政府、以及金融机构的理解、细化和落实。

在研究开发政策方面，从加大国家重大科技专项的实施力度、支持国家各类研发机构的建设等方面对集成电路产业的研发给予支持。其中，2006 年国务院发布的《国家中长期科学和技术发展规划纲要（2006–2020 年）》（国发 [2005]44 号），纲要中确定并安排的“核心电子器件、高端通用芯片及基础软件产品”和“极大规模集成电路制造装备及成套工艺”两个重大专项（即 01 专项、02 专项），将是未来国家研发鼓励资金投向的重点。

在进出口政策方面，主要体现在为集成电路企业提供便利的进出口服务，鼓励企业建设国际营销网络和研发中心等，其中有两大要点值得注意：一是对临时进口的自用设备给予暂时进境监管并免征关税，这对于相关集成电路研发机构、特别是跨国公司在国内设立的研发中心，有显著的实际意义。二是考虑到集成电路相关设备、仪器对外部环境（温度、湿度等）要求极为严格，提前预约报检与通过，从而大大节省报检与通关时间，这对于保护昂贵的集成电路设备与仪器不受损害，有重要意义。

在人才政策方面，主要为完善人才收入分配机制、加强国内人才培养，以及引进海外高端人才等服务，其可能产生的影响主要包括以下两点：一是政策的颁布将对集成电路企业，特别是国有集成电路企业中推进期权、技术入股、股权、分红权等激励机制的改革起到积极的促进作用。二是预计国家将参照《教育部、国家计委关于批准有关高等学校试办示范性软件学院的通知》（教高 [2001]6 号）文件的内容，设立示范性微电子学院，并享受教高 [2001]6 号文件中相关政策。

在知识产权政策与市场政策方面，国家一方面鼓励集成电路企业对知识产权的取得与保护，同时也明确提出将对相关企业滥用知识产权的行为予以打击。就操作层面而言，当集成电路企业面对市场中的滥用知识产权保护、限制竞争以及滥用市场支配地位等不正当竞争行为时，可积极寻求法律与行政手段的帮助，保护自身的合法权益。

3、4 号文的主要特点

一是政策扶持力度更大。4 号文件明确提出，“继续实施国发 18 号文件明确的政策，相关政策与本政策不一致的，以本政策为准”，其中对集成电路产业的支持更由设计企业与生产企业延伸至封装、测试、设备、材料等产业链上下游企业，可见 4 号文件是 18 号文件的拓展与延伸。国家对集成电路产业的政策扶持力度不仅没有减弱，而且更进一步增强。

二是集成电路产业得到进一步强调。18 号文件共计 13 章，其中专门集成电路产业的内容仅有 1 章（第十二章），其余均为软件方面内容。4 号文件共计 8 章，各章内容对集成电路产业均有涉及。政策内容上，4 号文件全文共 34 条，其中与集成电路产业有关的政策达到 29 条，18 号文件全文中“软件”一词共计出现 106 次，“集成电路”一词仅出现 24 次，而在 4 号文件全文中，“软件”一词共出现 82 次，而“集成电路”一词出现频次已增加到 61 次。新政策中集成电路产业地位的提升由此可见一斑。

三是更加注重解决企业实际经营中遇到的不便与困难。经过 10 年发展，国内集成电路产业从小到大，并新建立了众多集成电路企业。这些企业在几年的发展中，积累了一定经验，也在日常生产经营中遇到了不少与集成电路产业特点相关的实际问题。4 号文件中对这些问题给予了针对性的解决办法。如项目建设中产生的短期内难以抵扣的增值税进项税额占用资金问题，集成电路设计企业进口料件的保税问题，软件企业和集成电路设计企业需要临时进口的自用设备的进口关税问题，质检、通关时长时间等待导致对集成电路相关设备、仪器造成不良影响的问题，以及文件给予的所得税优惠与其它优惠政策交叉式如何处理的问题等。

四是对政策的落实工作十分重视。“落实难”是 18 号文件执行过程中遇到的突出问题。国家已充分意识到这一问题，并在 4 号文件突出强调政策的细化与落实。18 号文件规定：“各地人民政府和国务院有关部门要根据《鼓励软件产业和集成电路产业发展的若干政策》的要求，抓紧研究制定相应的实施细则和配套政策，尽快组织实施。”4 号文件则进一步强调：“各地区、各有关部门要高度重视，加强组织领导和协调配合，抓紧制定实施细则和配套措施，切实抓好落实工作。发展改革委要会同有关部门及时跟踪了解政策执行情况，加强督促指导，确保取得实效”。新政策不仅强调要“高度重视”、“抓紧制定细则”、“切实落实”、“确保实效”，更明确了督促政策实施的具体部门，可说是极大的注重实效。

4、4 号文的主要意义

一是导向意义，坚定了产业发展的信心与决心。4 号文件的发布，表明了国家最高政府部门重点发展集成电路产业的决心。这对于广大集成电路企业，以及计划进入集成电路产业的企业而言，无疑坚定了其发展的信心与决心。“信心比黄金还要宝贵”，这一点在 18 号文件颁布后的 10 年中已经得到充分显现。未来 4 号文件还将继续起到国家政策对产业发展的导向作用。

二是传递意义，引起了各方的广泛关注与重视。4 号文件本身已明确要求“各地区、各有关部门要高度重视”，未来集成电路产业无疑将继续作为各级政府优先发展的产业受到重点扶持。同时，通过政府部门、产业界、投资机构，以及新闻界对文件的宣传，“集成电路产业大有可为”这一信息将传递到社会各界。未来 4 号文件对于产业发展外部环境的进一步优化将起到积极作用。

三是倍增意义，给予了行业急需的优惠与扶持。4 号文件已经在财税、投融资、研发、进出口、人才、知识产权保护、市场等多个方面，对集成电路产业给予了多项行业急需的优惠与扶持。借鉴 18 号文件的经验，有关部委正在制定的实施细则中，将在此基础上给予更多细节上优惠。同时，未来各地方政府出台的相应地方性政策中，还将有更加细致、更加优惠的内容，4 号文件的对产业扶持的倍增作用不言而喻。

（三）《关于退还集成电路企业采购设备增值税期末留抵税额的通知》解析

1、《通知》的出台背景

集成电路企业在采购设备时引起的增值税进项税额，向来是造成资金占用和资金链紧张的重要原因，为落实《国务院关于印发进一步鼓励软件产业和集成电路产业发展若干政策的通知》（国发 [2011]4 号）有关要求，解决部分集成电路企业采购设备引起的增值税进项税额占用资金问题，财政部、国税总局决定对集成电路重大项目企业因购进设备形成的增值税期末留抵税额予以退还，发布了《关于退还集成电路企业采购设备增值税期末留抵税额的通知》（简称《通知》），自 2011 年 11 月 1 日起执行。

2、《通知》的主要内容

《通知》主要包括四项内容。一是对国家批准的集成电路重大项目企业因购进设备形成的增值税期末留抵税额（以下称购进设备留抵税额）准予退还，购进的设备应属于《中华人民共和国增值税暂行条例实施细则》第二十一条第二款规定的固定资产范围。二是企业当期购进设备进项税额大于当期增值税纳税申报表“期末留抵税额”的，当期准予退还的购进设备留抵税额为期末留抵税额；企业当期购进设备进项税额小于当期增值税纳税申报表“期末留抵税额”的，当期准于退还的购进设备留抵税额为当期购进设备进项税额。“当期购进设备进项税额”则是指企业取得的按照现行规定允许在当期抵扣的增值税专用发票或海关进口增值税专用缴款书（限于 2009 年 1 月 1 日及以后开具的）上注明的增值税额。三是企业应于每月申报期结束后 10 个工作日内向主管税务机关申请退还购进设备留抵税额，主管税务机关接到企业申请后，应审核企业提供的增值税专用发票或海关进口增值税专用缴款书是否符合现行政策规定，其注明的设备名称与企业实际购进的设备是否一致，申请退还的购进设备留抵税额是否正确，审核无误后，由县（区、市）级主管税务机关审批。企业收到退税款项的当月，应将退税额从增值税进项税额中转出，未转出的要按照《中华人民共和国税收征收管理法》有关规定承担相应法律责任。当企业首次申请退还购进设备留抵税额时，可将2009年以来形成的购进设备留抵税额，按照上述规定一次性申请退还。四是退还的购进设备留抵税额由中央和地方按照现行增值税分享比例共同负担。

3、《通知》的主要意义

对集成电路重大项目企业因购进设备形成的增值税期末留抵税额予以退还，将有利于增加该类企业现金流，进而推动集成电路产业形成可持续发展。从《通知》所附的"国家批准的集成电路重大项目企业名单"中可以看出，享受退税待遇的企业主要是中芯国际、京东方、华虹NEC、华力微电子等大型企业，也包括英特尔、飞思卡尔等跨国巨头在中国的分部。这意味着集成电路行业集中度将进一步提升，优势企业会从政府获得更大的支持来提升技术水平和竞争力。这可能会拉开不同规模企业间的发展差距，给中小集成电路企业发展带来一定压力，但更多地是为做大做强做优集成电路骨干企业、集中优势资源获得技术突破提供了有利条件。这与集成电路产业"十二五"规划的重点内容是一脉相承的，集中力量、整合资源，攻破一批共性关键技术和重大产品是集成电路产业在目前最迫切需要解决的问题。特别对于国内集成电路企业而言，亟待获得稳定持续的政策支持，打造堪与国际半导体巨头相抗衡的"航空母舰"。

表2　国家批准的集成电路重大项目企业名单

序号	企业名称
1	中芯国际集成电路制造（北京）有限公司
2	北京京东方显示技术有限公司
3	中芯国际集成电路制造（天津）有限公司
4	飞思卡尔半导体（中国）有限公司
5	鄂尔多斯市源盛光电有限责任公司
6	英特尔半导体（大连）有限公司
7	上海华虹NEC电子有限公司
8	上海华力微电子有限公司
9	上海集成电路研发中心有限公司
10	上海先进半导体制造股份有限公司
11	台积电（中国）有限公司
12	中芯国际集成电路制造（上海）有限公司

（续表）

序号	企业名称
13	上海宏力半导体制造有限公司
14	日月光集成电路制造（中国）有限公司
15	南京中电熊猫液晶显示科技有限公司
16	和舰科技（苏州）有限公司
17	无锡华润上华科技有限公司
18	海力士半导体（中国）有限公司
19	友达光电（昆山）有限公司
20	苏州三星电子液晶显示科技有限公司
21	智瑞达科技（苏州）有限公司
22	苏州日月新半导体有限公司
23	合肥鑫晟光电科技有限公司
24	合肥京东方光电科技有限公司
25	厦门天马微电子有限公司
26	武汉新芯集成电路制造有限公司
27	乐金显示（中国）有限公司
28	深圳市华星光电技术有限公司
29	渝德科技（重庆）有限公司

三、2012年我国电子信息产业政策趋势展望

（一）新一代信息技术产业发展环境持续向好

加快发展新一代信息技术产业，培育新的增长点，将是电子信息产业在2012年乃至“十二五”期间的主要发展任务，也是产业政策的主要着力点所在。在物联网、云计算领域，产业政策将主要关注核心设备的研发和产业化，以及推广示范应用。在新型平板显示领域，产业政策将主要关注如何提升上游材料及专用生产设备的自主研发水平。在智能移动终端领域，产业政策将主要关注移动智能终端芯片、应用处理器、显示模块、操作系统等核心技术与产品的研发和产业化，不断提升“核心电子器件、高端通用芯片及基础软件产品”、“新一代宽带无

线移动通信网”国家科技重大专项以及电子信息产业发展基金等专项资金的投入效率。同时，为加快推进“芯片 – 系统 – 终端 – 应用”的垂直一体化整合，支持龙头企业开展并购也将是产业政策的主要关注焦点，以加强本土企业对智能移动终端产业链的掌控能力。

（二）电子信息产业“十二五”相关规划陆续落实

电子信息产业“十二五”相关规划中提出了整机产业价值链提升、基础电子产业跃升、加强信息技术应用等若干重大工程，并按行业领域、产业链环节及不同侧重点分解为多项任务。自 2011 年下半年起，规划中的各项任务即陆续开始实施，部分已获得初步成效。2012 年是电子信息产业“十二五”发展承上启下的一年，随着各项规划的相继出台，如何保障规划任务及目标的顺利完成将成为从中央到地方各级政府关注的重点。因此，电子信息产业政策在 2012 年将以做好顶层设计和全局规划为根本出发点，围绕产业发展的重点领域、主要任务和战略目标，不断健全完善自身体系，将核心关键技术突破、国内市场规范与开拓、生态环境优化、产业基地建设、公共服务体系构建等确定为政策扶持的重点导向，保障产业持续稳定健康发展，为“十二五”规划目标的实现营造良好环境。

（三）基础电子领域的产业政策体系继续健全完善

加快推动产业结构调整，继续夯实产业基础，不断提升产业核心竞争力是我国电子信息产业政策在 2012 年的重要任务。在集成电路领域，《国务院关于印发 < 进一步鼓励软件产业和集成电路产业发展的若干政策 > 的通知》（国发 [2011]4 号）的实施细则已在制定之中，在众多集成电路企业及相关行业协会的共同呼吁下，将加速出台步伐。同时，《集成电路免税进口自用生产性原材料、消耗品目录》将可能得到适时调整，以利于集成电路企业做大做强。在平板显示领域，各相关部门将对扶持新型平板显示产业发展的相关政策继续研究完善，特别是对于部分国内没有替代产品的重要进口设备、材料，有望继续保持现有税收优惠政策，对于平板成品的进口税率则有望上浮，以保护国内平板显示产业发展。在太阳能光伏领域，《多晶硅产业准入条件》将得到继续落实，以切实加强行业管理，推动行业节能减排，并引导地方政府坚决遏制低水平重复建设，促使太阳能光伏产业实现良性发展。

行 业 篇

一、计算机产业

（一）2011年计算机产业发展回顾

2011 年是“十二五”规划的开局之年，也是我国计算机产业回升调整的重要一年，受扩内需政策成效显现和新一代信息技术发展带动的共同作用，行业保持平稳运行，主要指标呈增长态势。受欧美主权债务危机影响，我国计算机产业对外贸易增速平稳，经济效益增速出现明显波动，新增固定资产投资高位回落。在国家政策和产业转移的影响下，产品结构调整深入，自主创新能力不断提高，实现了重点领域的技术突破，产业链向上延伸的趋势更加明显，企业、市场和区位布局出现新趋向，行业为推动信息化发展和促进两化融合发挥积极作用，在国民经济发展和全球产业布局中日益占据重要地位。

图9　2006-2011年我国计算机产业年销售收入及同比增速

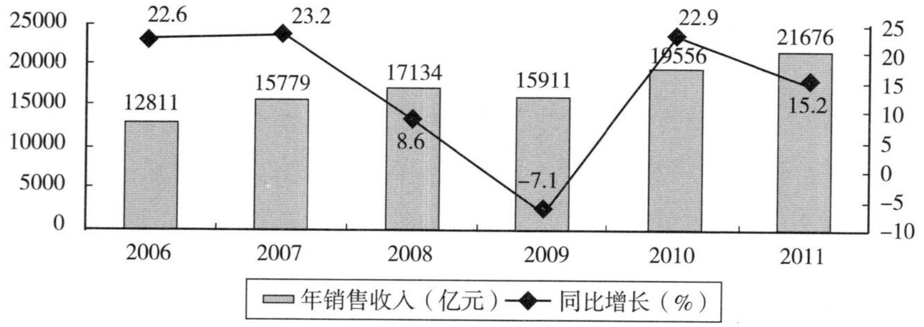

数据来源：工信部运行监测协调局，2012 年 3 月

1、计算机技术应用范围进一步扩大，促进产业规模稳步扩张

2011 年，以物联网、云计算为代表的新一代信息技术快速扩散，宽带普及率大幅提高，移动互联网用户激增，信息化与工业化深度融合，电子商务蓬勃发展，社会保障、医疗教育、城市管理等各社会领域信息化加快步伐，计算机产业得到前所未有的发展良机。计算机产业成为推动国家经济建设快速发展的保障和基础，成为我国电子信息产业的骨干产业，在国民经济发展和国防建设的各个领域发挥

着重要作用，产业规模迅速扩张。2011 年，我国共生产微型计算机 3.2 亿台，同比增长 30.3%。规模以上计算机产业实现销售产值 2.2 万亿元，同比增长 16.3%，连续五个月保持平稳增长态势。

图10 2011年1-12月计算机产业销售产值完成情况对比

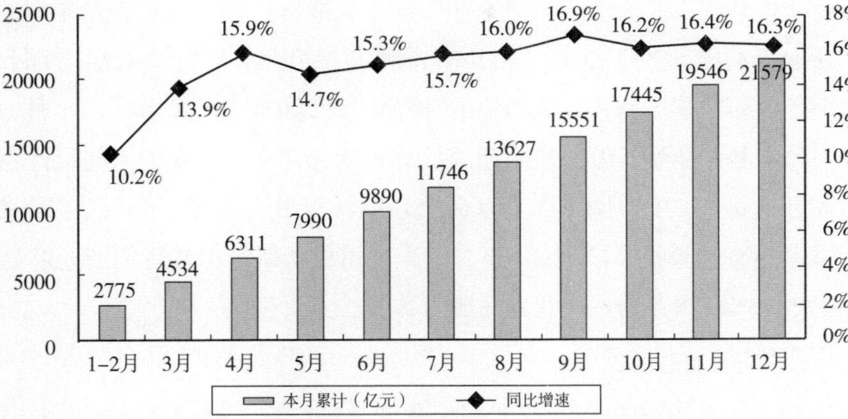

数据来源：工信部运行监测协调局，2012 年 3 月

2、受国家宏观政策影响，固定资产投资额增速趋缓

2011 年以来，由于国家控制固定资产投资的宏观措施进一步落实，国内货币政策收紧，同时出于对环保、能耗等方面的考虑，对项目的选择性进一步加强。本年计算机产业新开工项目出现较大幅度的减少，投资额增速趋缓。截至 2011 年 11 月，我国计算机产业累计完成固定资产投资 663.7 亿元，同比增速由 4 月的 100% 下降到 32%。

图11 2011年2-11月计算机产业固定资产投资完成情况对比

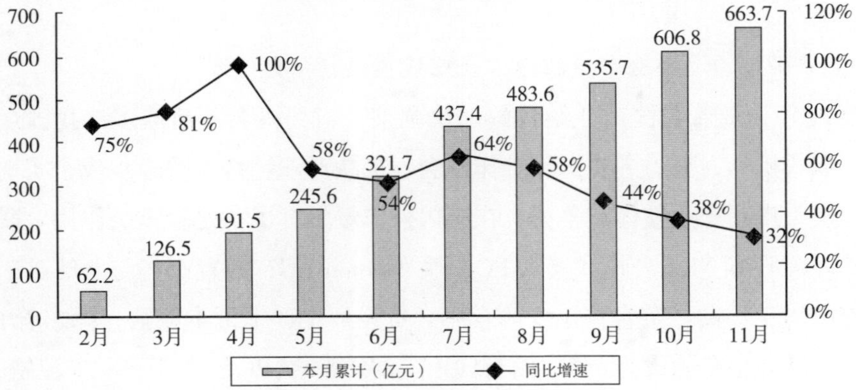

数据来源：工信部运行监测协调局，2012 年 3 月

3、自主创新成效显著，核心技术取得实质性突破

顺应我国经济建设发展需要及产业发展由大到强的政策导向影响，自主创新已成为我国 计算机产业发展的主要方向，国家出台了一系列措施支持鼓励自主创新，积极创造有利于技术创新和产业结构升级的政策法规环境，依靠科技创新带动产业结构升级，大力实施信息产业知识产权战略。企业自主研发能力逐步提升，不断取得突破。7 月 22 日，由济南市政府与浪潮共同打造的国内首个基于自主知识产权云计算产品和方案构建的“济南云计算中心”正式揭牌。11 月 16 日，我国第一台实测性能超千万亿次的超级计算机曙光“星云”在国家超级计算深圳中心全面开通运行。12 月 11 日千万亿次超级计算机“天河一号”，在国家超级计算天津中心通过验收。12 月 14 日，曙光公司成功研制出基于国产龙芯处理器的全自主知识产权服务器——曙光龙腾服务器。

4、计算机产业集群不断扩展，中西部投资力度加大

2011 年，受产业转移和行业布局优化调整的影响。我国计算机产业链进一步完善，配套能力增强，已形成长三角、珠三角、环渤海地区三大产业制造集群。随着中部崛起、西部大开发等国家战略的持续推进，中西部地区的人才优势、交通条件、配套环境等逐步提高，加上成本优势，内地计算机制造业得到了快速发展，川渝地区正在逐渐形成规模，发展势头十分迅猛，惠普、联想、戴尔和宏基四大 PC 制造厂商已在川渝地区形成全产业链布局。随着惠普、宏碁等品牌厂商进入重庆，带动了富士康在内的多家世界级代工商的协同发展。随着联想、仁宝及戴尔等众多 IT 巨头落户成都，2011 年成都有望形成 1 亿台电脑的生产能力，其中平板电脑 7200 万台，笔记本电脑和台式电脑 2800 万台，将占全球总产能约 20%。

5、产业链垂直整合加速推进，企业规模继续壮大

2011 年，随着我国产业结构的加快调整，市场机会不断增多，我国众多企业抓住成长机遇，努力寻找国际合作机会，加快产业链垂直整合步伐，实现优势资源汇聚，提高产业整体竞争力，在国内外市场发挥了举足轻重的作用。联想集团成功并购日本 NEC 公司和德国 PC 厂商 Medion AG，并宣布将与全球第二大笔记本电脑代工厂商仁宝合作于安徽合肥合资设厂生产笔记本电脑，标志着 PC 产业链进入纵向整合阶段。品牌厂商与代工厂商的整合，PC 厂商能进一步控制成本，而代工厂也因此可以减少甚至避免为争夺客户而大幅压价竞争。目前联想已成长

为全球知名计算机企业，在全球PC市场份额中占14%，位居世界第二位。2011年，联想实施“PC+”战略，将业务领域拓展到平板电脑、智能手机和智能电视产品上，目前联想智能手机在中国的市场份额已经突破两位数，平板电脑已成为中国市场第二名，市场份额接近20%。长城电脑募资18亿元收购冠捷科技股权，对冠捷形成实质性控股，成为全球最大的显示器制造商。进入电子百强中的计算机企业成为行业中生产销售计算机的主导力量，共生产计算机2682万台，占全行业总量的10.9%。

（二）细分领域发展情况

1、PC

（1）全球电脑产能加速向我国转移，导致PC产量继续平稳增长

在经历了年初的短暂低迷之后，我国计算机整机产量恢复了高速增长，并且在第4季度延续了快速增长的态势。2011年，我国共生产微型计算机3.2亿台，同比增长30.3%，占全球产量的90.6%，我国已成为全球最大的微型计算机生产基地。受益于国际计算机产能继续向我国扩大转移，2011年我国PC产量增速明显好于全球整体市场增速。

（2）PC产品产量有所增加，但利润率增幅显著下降

我国缺乏对产业核心技术的掌控，大多数公司都是处于全球分工产业链最下游的代工企业，只能依靠劳动力成本较低的优势在全球市场上争取一定的市场份额。随着市场竞争日益激烈和技术更新速度加快，产品价格逐步下降，低价竞争成为我国计算机行业的主要竞争手段，整个行业的利润率水平较低，整机产品的产量虽然有所增加，但利润增速减缓。

（3）多重因素共同作用，导致市场对台式机需求进一步放缓

2011年，受宏观经济环境造成消费者购买力下降、家电下乡和以旧换新等刺激政策相继退出、一体电脑的崛起和笔记本电脑价格逐渐下降等多重因素影响，传统台式电脑市场增长空间受到了明显的挤压，市场整体走势稳定但增速明显放缓。目前，我国台式电脑市场已经较为成熟，但缺乏创新的产品很难激起消费者新一轮的购买欲望。传统台式电脑产品较为单一，在外观上很少有突破，因而通常依靠升级硬件水平吸引用户目光。与一体机相比，台式电脑在产品性能方面占据明显优势，但随着产品更新换代步伐的加快，消费者对传统台式电脑的处理器、

内存容量等配置要求均有所提高，高性能配置成为台式电脑的发展方向。

（4）一体电脑市场成长迅速，发展空间广阔

进入2011年，设计时尚前卫的一体电脑得到更多用户的青睐，产量逐步扩大。一体电脑在品牌机零售市场中的份额保持着每个季度三至四个百分点的增长。在传统台式电脑几乎停滞不前的困境下，一体电脑给市场注入新的活力，用户认可、厂商重视，各方面合力为一体电脑的发展提供了广阔空间。2011年长城率先发布了PIO一体电脑，吸引了广泛关注。PIO产品对传统DIY产业和一体电脑市场来说都是一次新的变革，能尽量满足用户的个性化需求与产品后续升级的需求，成为2011年一体电脑市场的一大亮点。产品配置提升，用户认可度提高。相较于传统的台式电脑，一体电脑最明显的劣势在于性能和配置。但是从2011年来看，一体电脑在处理器类型、内存容量和屏幕尺寸方面的配置不断进步，竞争力有所加强。同时用户对于四千元以下入门级产品的关注度显著提升，产品性价比更高。2011年，家用一体电脑的市场份额大幅领先于商用产品，家庭用户对于时尚新颖的一体电脑产品接受度较高。但对于政府机构、企业、学校等大批量采购的用户来说，一体电脑在产品性价比方面较传统台式电脑略逊一筹，仍有较大市场潜力。

（5）笔记本电脑市场整体增速放缓

2011年，受整体市场经济环境低迷的影响，及平板电脑、智能手机等具备相似功能的移动终端设备的冲击，中国笔记本电脑销量较2010年仍有所增长，但增长速度明显放缓。2011年，微软Windows8操作系统发布，在一定程度上对PC产业产生振兴作用。面对平板电脑等对笔记本电脑市场的冲击，能适应平板电脑、笔记本电脑、超级本等多种类型产品需求的Windows8平台具备更好的用户体验，或将在一定程度上改变笔记本电脑市场的疲软现状。2011年6月，英特尔首次提出Ultrabook的概念，之后多个PC厂商纷纷推出旗下的Ultrabook新品。而外观看上去轻薄、便携的Ultrabook，同时在性能上也有所提升，被认为是针对苹果MacBook Air的强有力的竞争对手。在整体市场沉闷的环境下，Ultrabook的出现给2011年的笔记本电脑市场带来了新的亮点和色彩。国内笔记本电脑市场，联想、华硕和惠普位列前三。

（6）顺应产业发展趋势，PC产能向西部转移趋势明显

2011年，受全球计算机产业转移大趋势影响，在西部大开发等国家战略的

持续推进下，PC 产能向西部转移趋势明显。中西部地区配套环境等逐步改善，计算机产业链进一步完善，配套能力逐步增强，加上成本优势，促使计算机制造业得到了快速发展，川渝地区正在逐渐形成规模，发展势头十分迅猛。当前，全球四大 PC 制造厂商已在川渝地区形成全产业链布局。随着联想、仁宝和戴尔等众多 IT 巨头落户成都，今年成都有望形成 1 亿台电脑的生产能力，其中平板电脑 7200 万台，笔记本电脑和台式电脑 2800 万台，将占全球总产能约 20%。

2、平板电脑

（1）平板电脑产销量暴增，发展前景良好

在苹果 iPad 市场热销的带动下，平板计算机发展迅速，众多的传统计算机制造商、手机终端商，以及芯片厂商和软件开发商纷纷投入到平板计算机产业中。2011 年我国平板电脑产量达到 5800 万台，比 2010 年的 1700 万台增长 241.2%。

（2）核心芯片和操作系统的自主创新能力严重欠缺

目前我国平板电脑芯片、基础软件企业所处产业层次、技术实力对产业影响力有限。国内芯片厂商在芯片开发方面仍主要集中于低端领域。操作系统软件话语权缺失，国内操作系统，大多数为在国际主流操作系统平台基础之上进行再开发或 UI 定制，核心技术控制力不足。

（3）平板电脑应用内容逐渐丰富

平板电脑具有便携、直观、操作方便、功能扩展灵活的特征，在应用方面，主要集中在娱乐休闲和信息消费类领域。2011 年，我国平板电脑行业应用快速发展，目前应用内容方面主要以视频、音乐、电子书、电子杂志为主，国内各大出版集团和视频网站纷纷进入平板电脑应用领域，各大电商均开始布局电子内容市场。平板电脑在国内餐饮等消费行业也有了初步的应用，平板电脑在行业应用领域将具有很大的市场空间。

（4）国产品牌主打低价策略，市场占有率迅速增加

国产品牌在低价策略推动下，市场占有率迅速提升。2011 年，国内众多传统 PMP 厂商和手机厂商进入平板电脑市场，推出多款千元以下平板电脑产品，市场占有率迅速提升。主流品牌厂商联想，推出多款千元平板，对中低端平板电脑市场形成了强力冲击，乐 pad 的市场占有率大幅提升。

（5）平板电脑不断施压，挤压上网本生存空间

2011 年，平板电脑的出现为上网本带来了巨大的生存压力。无论在产品便携性、续航时间、价格、技术和使用体验等方面，上网本的优势逐一被平板电脑所取代，其市场份额被平板电脑蚕食的现象非常明显。但对于部分电脑渗透率较低的偏远城市和新兴市场来说，上网本仍有一定的生存空间。在业界部分品牌厂商放弃上网本或转移业务重点。当意识到上网本产品已成为一块鸡肋之时，部分厂商选择退出这一市场. 根据 ZDC 数据统计，2011 年中国上网本市场品牌数量由 1 月的 51 家下降至 12 月的 41 家。而其他厂商则采取了转移业务重点的战略，即在主攻平板电脑、笔记本、电脑的同时也兼顾上网本产品的生产，但将其放入了次要地位。当前华硕取代联想成为中国市场人气最高的的品牌。2011 年的上网本市场品牌关注比例各级也出现明显变动。联想从第二季度开始人气大幅下滑，华硕排名第一，联想、三星和宏碁排名前四，占据七成的市场份额。

3、服务器

（1）服务器产量大幅增长，4 路以上服务器市场前景广阔

我国服务器厂商克服了泰国洪水造成的硬盘短缺对服务器生产造成的影响，截至 2011 年 11 月，我国共生产服务器 681 万台，同比增长 251%。伴随行业数据大集中趋势，企业数据中心整合加速，同时随着业务的不断扩展，其 IT 系统投资持续增加，服务器扩张步伐也不断加快，对关键业务运行要求较高，系统的安全性和持续性更为重要，如何确保业务数据的安全可靠，如何构建容灾与业务连续性系统，已经成为企业投资重点。同时，随着行业云计算应用不断深化，应用和数据的快速增长对服务器的性能、可靠性、扩展性等方面的需求与日俱增。高性能、高密度、高可靠性、高扩展性、高可管理性的服务器将成为“云计算”硬件基础的核心。越来越多的企业用户开始在 x86 服务器平台上进行虚拟化应用，以简化 IT 管理、提高设备利用率和节省维护成本。并且在实际应用中，更倾向在拥有强大性能、高可用性和支持虚拟化技术的四路以上服务器产品进行虚拟化部署，导致这一细分产品市场增长迅速。

（2）技术基础薄弱，国内厂商以生产中低端品牌服务器为主

浪潮、联想、宝德、华为、航天联志、方正等一批企业在我国低端服务器市场的销量不断增长，共占市场总量的 80%，但销售额相对还较低。在高端服务器市场上，浪潮和华为等企业正在积极研发高可靠性、高容错的服务器，致力打破

国外企业在高端服务器产业上的垄断，做大做强自主品牌。

（3）云计算、物联网、三网融合等快速发展，增强市场活力

2011 年，云计算作为调整产业结构、提升地方信息化水平和刺激内需的重要手段，得到来自政府、企业的大力支持。无论是面向公众服务的“城市云”，还是为企业内部提供服务的私有云，或是针对各行各业的行业云，这些云平台的建设，都大大拉动了整个服务器市场的快速增长。同时，政府信息化持续加强，民生工程、政府转型等和谐社会建设加速推进，这些新兴应用需求迅速放大，为服务器市场带来许多新的机遇。虚拟化与云计算技术的兴起，加速服务器大转折时代的来临，云计算应用时代的到来，宣告了以设备为中心计算时代的终结，取而代之的是以应用互联为中心的计算模式。该模式在增强供应链上下游间合作粘性的同时，也不断拉动渠道向上探寻新的增长点，如何将技术优势转换为落地应用，将成为方案商能否斩获市场先机的决定因素。云计算应用深化正驱动服务器渠道加速转型，这不仅体现在供应商的策略转变，更重要的还源自于渠道端对于业务转型的决心。从供应商到分销商、从 SI/ISV 到末端经销商，越来越多独立的渠道开始以不同的方式行动起来，呈现出电信运营商、专业第三方服务商、科研机构、系统集成商、应用软件提供商等在内的多种组织机构联动，使上下游伙伴联合更加紧密，以抢占市场制高点。而具备一定解决方案能力的 SI、ISV、SP 及增值经销商正在成为越来越多上游厂商争抢对象。

（4）我国厂商缺乏核心技术，云计算有望成为企业发展机遇

我国厂商缺乏核心技术，与外厂商差距较大。首先，在芯片、操作系统、虚拟化软件等核心技术仍被国外厂商牢牢把握。其次，市场洞察力较弱，在技术与应用趋势把握方面，国内厂商仍处于跟随的地位。最后，售后服务支持能力方面，涉及咨询、技术、管理、培训等全方位的支持与专业服务能力供应不足。在细分的 X86 服务器市场，整体市场仍延续强者恒强的竞争格局。随着国家云计算战略定位，政府政策的有力支持，云计算有望成为国内企业破局的利器，它打破传统计算机产业链的组合方式，对上下游供应进行重新的整合与梳理，使更多的企业能够参与竞争，使更多的国产服务器能够冲破行业应用壁垒，在关键应用实现有效渗透与突破。

4、外设

我国显示器、打印机等计算机外部设备产量居全球首位，显示器、打印机，液晶显示器、兼容墨盒、再生墨盒 / 硒鼓等产量占全球产量的 80% 以上。2011 年初以来，以显示器和打印机为代表的计算机外部设备的产量出现负增长，显示器每月出货量增速波动较大，而打印机出货量增速基本维持在负增长水平。目前计算机外部设备市场以更新需求为主，其配套的产品产量增速较慢，因此造成市场增速缓慢。

（1）显示器产量与去年基本持平

受全球经济不景气影响，截至 2011 年 11 月，我国共生产显示器 1.2 亿台，同比下降 1%。显示器产业正加速从韩国、台湾地区向我国大陆转移，我国已成为全球平板显示下游终端产品主要制造基地。显示器生产企业中，冠捷、群创、三星、华映、佳士达、LG 等企业的显示器产量位居前列。冠捷的液晶显示器产量连续几年位居第一，唯冠、康冠，美齐、优派、惠科等产品在国内市场销量保持稳定。大尺寸、液晶是显示器发展的主要趋势。液晶显示器已全面取代 CRT 成为市场主流产品；大尺寸显示器的比例不断提高，此外绿色环保、功能多样、时尚等也是显示器产品的未来发展趋势。

（2）全球市场环境恶化，打印机产品产量下降

打印机是计算机重要的外部设备，受全球经济危机影响，截至 2011 年 11 月，我国打印机产量 0.5 亿台，同比下降 8.4%。在热敏、针式、喷墨和激光四类打印机中，我国企业在热敏和针式打印机方面自主创新能力强，国内企业有技术研发团队，产品质量不断提高，产品销售市场主要在专业和专用领域，如票据打印机、税控打印机等。单功能喷墨打印机进入市场成熟期，市场需求日趋下降。作为较早在中国市场耕耘的打印输出产品之一，单功能喷墨打印机曾经一度是市场上的热销产品，无论是家庭用户还是商业用户都将其作为打印输出设备购买的首选。但任何产品或产业都有其生命周期的运行规律，从导入、成长到成熟，甚至走向衰退，单功能喷墨打印机产品自然也不例外。目前中国单功能喷墨打印机市场也已进入了产业发展的成熟，市场需求正在逐渐减少。造成单功能喷墨打印机销售下降的原因，一方面是来自于近段时间以来经济环境不景气抑制了用户对打印机这种非必需品的需求，另一方面还主要是来自于单功能激光打印机和一体机等替代产品的竞争挤压，在单功能激光打印机和一体机产品价格日趋下降的形势下，

均对单功能喷墨打印机产品构成了强势替代，用户的购买需求也纷纷转向了这两类产品。激光类打印产品市场需求持续增长，行业地位日渐增强。随着激光类打印机产品价格的下降，其性价比优势日渐显现，用户对激光产品的购买热情也日渐高涨，并使目前中国打印机市场正在逐渐由喷墨产品向激光产品转移过渡，激光打印机产品在打印机市场上的份额也在不断提升，已经提升至20%以上，逐渐成为市场上的主流产品之一。并且，未来随着产品性价比优势的不断提高和彩色化趋势的发展，激光类打印产品的市场地位仍将会得到不断提高。针式打印机止跌反弹，金融、税务、医疗、政府等行业需求增长推动市场发展。在经过几年的下滑调整之后，目前中国针式打印机市场也呈现出了一定的反弹，尤其是平推票据打印机在税务改革、医疗改革和产品更新换代的驱动下有明显增长，政府、金融、交通、电信等行业需求的增长也对针式打印机市场增长产生了很大拉力。另外，餐饮、流通等行业中小企业的快速发展也同样为针式打印机的销售增长提供了发展契机。随着税务改革和医疗改革项目建设的不断深入，针式打印机在中国市场仍将具有较大的增长空间。

（3）用户需求不断由单功能产品向多功能一体机产品市场转移

随着技术不断发展，产品性价比不断提升，多功能一体机产品也越来越受到用户喜爱，购买需求正在不断由单功能打印机向多功能一体机产品转移，从而也使得近年来中国一体机产品市场一直保持着强劲的增长势头。近年来中国多功能一体机市场一直保持着两位数以上的较快增长，尤其2011年在整体打印机市场发展较为艰难的情况下，其中的多功能一体机产品销售增长速度依然达到两位数，也成为中国打印机市场中难得的增长亮点。

（4）行业信息化建设水平不断提高促进热敏打印机需求不断增长

随着商业零售、现代物流、金融、餐饮等行业信息化建设程度的不断提高，使其对条码/标签打印机、收据/日志打印机和嵌入式打印机也产生了大量需求，从而也带动了热敏打印机市场的发展，其中，在商业/零售行业，现如今几乎在每个超市、便利店、百货商场、3C卖场、电子卖场的收银台都会用到收据/日志打印机和条码/标签打印机，而据相关统计，目前全国大约有商业/零售店2亿多家，对收据/日志打印机的需求量由此可见一斑；现代物流作为物品中转运输的重要一环，既需要标明物品的流向，又需要动态实时跟踪物品在中转过程中的流动状态，信息量、工作量巨大，靠人工处理不可能完成，条码管理技术的出现正好解决了这个难题，促进了条码/标签打印机在现代物流行业中的应用；而在金融行业，近几年随着银行结算系统、ATM 机、终端自助查询/缴费系统的广泛应用和营业厅中排队机的兴起，让嵌入式打印机在金融行业的销量迅速增长。

（5）外设整体技术水平低、核心技术缺乏

显示器产业是资金和技术密集型产业，尤其是液晶显示器取代 CRT 成为市场主流产品后，显示器产业对液晶面板的依赖性增强。目前国内在液晶面板及模组的设计、生产能力方面尚无法与韩、日、中国台湾企业竞争，大尺寸面板、模组依赖进口，企业利润率低，抗风险能力弱。打印机行业进入门槛高，我国企业缺乏核心技术，发展水平较低。在喷墨打印机、激光打印机领域，国外企业已在领域进行了全面的专利布局，设置了重重专利比例，国内企业很难突破。目前我国仍未掌握针式打印机核心部件打印头的设计、生产技术，机芯全部采用国外产品，仅在打印机控制板、软件方面具有自主设计和生产能力。

（6）环保、增值将成为未来打印市场的重要发展趋势

随着目前国家对环境重视程度的日益提升，环保也已经成为了衡量企业是否具有责任心的重要标准，成为用户选购产品的标准之一。产品只有通过了欧洲环保、国际能源之星等多项权威认证才能受到用户的青睐，而双面打印机功能、废旧产品/墨粉回收计划、低噪音设计、臭氧释放量控制等也受到了前所未有的关注。当前打印机制造厂商已不能一味追求性能，而要更加严格执行能效和环保标准，贯穿研发、采购、生产、销售、回收等环节，只有这样才能在市场中求得生存与发展。另外，对于打印机来说，传统的功能叠加已经成为同质化竞争显著特点，如何寻找差异化的增值功能为用户创造更多的价值，进而满足用户更多的需求显得更为重要，因而也使得未来通过研发增值功能，以为客户带来更多的附加价值将是各打印机厂商产品和服务研究发展的重要方向。

（三）2011年计算机产业热点事件回顾与解析

1、联想并购德国 Medion 电脑，全球跨国并购愈演愈烈

（1）事件回顾

继 7 年前，联想集团以 6.5 亿美元现金和 6 亿美元的联想股票成功并购 IBM 的 PC 业务、以及在 2011 年 1 月份联想集团以 1.75 亿美元收购 NEC 的 PC 业务之后，再次出手收购德国个人电子消费企业 Medion。2011 年 6 月 1 日，联想集

团并购了德国消费电子公司 Medion，并获得了其 36.66% 的股份，交易总价约 2.31 亿欧元。收购完成后，联想在德国的市场份额将扩大一倍，成为欧洲第三大电脑厂商。该交易将使联想的销售收入增加 20 亿美元，2011 年第三季度，联想已获得 Medion55%–80% 的股份，成其控股股东，后续收购代价约为 3.2 亿欧元 –4.56 亿欧元。此外，收购将加速联想在欧洲消费业务的拓展。联想有望通过该笔收购占据德国 PC 市场约 14% 的份额，以及西欧 PC 市场约 7% 的份额。收购完成后，双方将在采购、全球供应链、软件开发、分销渠道，及产品和业务模式创新方面展开合作。

（2）事件解析

从事件本身看，联想集团对德国 Medion 公司的并购将“更重视并购能力，而不仅仅是并购规模，德国 Medion 的规模很小，每年的销售量是一百万台，可见联想看重的不是其有限的销售额，而是他们拥有的很强的销售、市场和服务能力。并购前德国的 Medion 销售量小，不能形成规模，联想加入以后，将充分利用德国的 Medion 的平台，利用他们的能力，使联想在整个欧洲消费市场上都有所作为。从战略上看，此次收购是联想集团跨国投资战略的重要组成部分，联想集团一系列的跨国并购，旨在通过扩大规模，降低成本，撬开欧洲市场，并在全球市场占领一席之地。第一，联想可以进一步进攻德国消费市场，扩展德国市场的消费业务平台；第二，通过合作，可以提高联想在该地区的业务效率；第三，可以支持联想移动互联网战略，使得公司可以快速进入全球市场。

2、“济南云计算中心”正式揭牌，我国自主知识产权云计算产品和方案构建成果显著

（1）事件回顾

2011 年 7 月 22 日，基于自主知识产权云计算产品和方案构建的“济南云计算中心”在济南市正式揭牌。“济南云计算中心”由济南市政府与浪潮集团共同打造，其核心装备全部依托于我国自主研发的云计算产品，采用了浪潮高端服务器、海量存储、云海 OS 操作系统、云安全等一系列浪潮最新研发的云计算产品和方案。“济南云计算中心在云计算平台上搭建各种云应用，构建基于云计算的工业企业软件服务平台，推动我市中小企业发展，实现网上虚拟体验和物理应用，为 1000 家以上的企业云计算应用提供优质服务；基于云计算中心构建的公共服务平台，提升我市面向社会的信息处理能力和综合服务能力；云计算中心为济南

市政府解决了在信息化应用中重复投资和一次性投入过大等问题，实现了以专业化、精细化服务降低投入和运营成本的目的，提升了信息化应用水平和质量，并将在未来进一步拓展成为面向全国的公共服务平台。

（2）事件解析

从事件本身看，“济南云计算中心”将济南市公共服务、政府公共事务管理等应用纳入其中，全面增强政府面向社会的信息处理能力和综合服务能力。

从战略层面看，以自主核心技术、装备为支持发展中国云，确保国家信息基础设施和信息资源的安全，不但有利于信息产业升级，也有利于提高我国国家竞争力、确保国家信息安全，而且对于应对云时代带来的信息安全新挑战，构筑自主、可控安全云信息系统，提升我国信息技术水平，促进中国云产业发展具有重要示范意义。

3、国产安全可控基础和应用软硬件产业联盟

（1）事件回顾

2011 年 8 月 10 日，国产安全可控基础和应用软硬件产业联盟公约签约仪式在济南成功举行。国产安全可控基础和应用软硬件产业联盟是在国家各级主管部门的指导下，由北京龙芯、曙光信息、中创中间件、湖南麒麟信息工程技术有限公司、神舟通用、积成电子、浪潮集团等共同成立发起的企业联盟。国产安全可控基础和应用软硬件产业联盟成立以来，并肩携手，精诚合作，在产品及技术上深度整合，形成了多套软硬件解决方案及最佳实践案例，在市场方面优势互补，开拓创新，在多个行业里形成典型示范。

（2）事件解析

国产安全可控基础和应用软硬件产业联盟成立的目的是为了全面推进软件产业快速发展，共同开拓行业市场，打造国内首个“安全、稳定、高效、自主可控”的国产基础软硬件平台及解决方案共同开拓行业市场。

当前，在我国信息化建设中，芯片、操作系统等核心、高端、基础领域仍依赖或习惯采用国外产品，是导致信息安全问题的重要原因。因此，成立国产安全可控基础和应用软硬件产业联盟，可以促进国家在重要行业、领域推广安全可控的自主软硬件产品，是解决信息安全问题的主要手段。技术上的差距、国外技术和专利壁垒、用户使用习惯、国产品牌认知度、使用国产品的风险责任等问题制约着自主创新技术和产品的应用推广，阻碍国产 CPU 和操作系统在应用中的进

一步完善和发展，阻碍以应用带动技术和产业发展的良性机制。国产安全可控基础和应用软硬件产业联盟的成立，从长期看有利于改变国外产品占据国内市场主流的局面，有利于国家自上而下统一认识，逐步推广使用国产安全可控信息产品，营造良好的政策环境，建立有效机制，推动国产 CPU 和操作系统应用，形成产业支撑应用、应用推动产业的良性循环，从根本上消除信息安全隐患。

4、曙光公司研制出全自主知识产权服务器——曙光龙腾服务器

（1）事件回顾

2011 年 12 月 14 日，曙光公司成功研制出基于国产龙芯处理器的完全自主知识产权服务器——曙光龙腾服务器。曙光龙腾服务器采用我国自主研制的龙芯 3A 四核处理器，操作系统采用中标麒麟 Linux 操作系统和中科方德的 Linux 操作系统，该服务器从基础架构到操作系统软件实现完全自主知识产权。

（2）事件解析

当前，信息已成国家和社会发展的重要战略资源，信息安全已成为一场看不见硝烟的战争。只有掌握核心技术和源代码，才能实现真正的“安全”，才能打赢这场信息保卫战。我国的信息安全防护能力总体上还处于发展的初级阶段，与我国在信息化建设方面取得的巨大成就相比，目前信息安全环节显得比较薄弱。尤其是我国的国防、金融、电力、交通、海关、通信、能源等重要行业的信息系统大多使用国外的软硬件设备，信息产品安全的后门普遍存在。在关键领域使用国外产品，等于把自己的秘密置于别人的面前。这种现象给我国信息安全带来很大的隐患。

曙光龙腾服务器采用完全自主知识产权的软硬件，因此具有独特的安全性。采用该产品将有助于消除我国在电子商务、政府上网工程、特殊部门、国防和行业的网络建设等国家重大信息化建设工程等众多领域的安全困局，加强我国在信息安全方面的自我掌控能力。

5、联想等众 PC 厂商着手进军智能电视领域

（1）事件回顾

TCL、长虹、创维和康佳四家彩电企业纷纷推出基于安卓操作系统的智能电视。由于采用安卓操作系统，只需安装插件便可以实现电视与手机、电脑之间的互联互通。目前包括联想、宏碁与华硕在内的 PC 厂商，都已积极涉足智能家电领域。

（2）事件解析

当前 PC 厂商的利润日渐微薄，为了实现新的利润增长点，涉足具有 IT 特征的智能电视领域引发了 IT 企业和传统彩电企业的直接碰撞，IT 企业的智能电视之路仍充满坎坷。首先，PC 企业进入智能电视领域的优势表现为：1、彩电生产制造技术含量低，其基本组件与 PC 类似。各大 PC 品牌厂商，在生产智能电视所必须的芯片、显示器、软件等方面，其采购量远大于一般彩电企业，导致其制造成本显著下降。2、智能电视对软件支撑能力需求较强。软件产品的开发和应用能力是 IT 企业的长处，其具有丰富的软件人才和技术储备优势，将更便于智能电视产品的开发和产业化。其次，PC 企业进入智能电视领域的劣势表现在 1、在彩电品牌塑造方面落后于传统彩电厂商。作为 IT 厂商需要塑造自己的 TV 品牌，像 TCL、长虹等电视机厂商用十多年建立起来的品牌忠诚度和美誉度已经深入两三代人心中，IT 厂商的突破口可能是伴随互联网长大的 80 后和 90 后，但成功塑造一个值得信赖的电视品牌需要时间的积淀。2、销售渠道及客户培育方面落后于传统彩电厂商。彩电的销售渠道和 IT 产品差异较大，虽然 PC 企业同样具有庞大的销售渠道，但国内彩电销售主要依赖国美、苏宁等全国性家电连锁，通过厂商直接对渠道供货，直接制定销售策略，并派大量业务员、促销员进店协助销售。这和 IT 产品的逐级分销代理和 IT 卖场销售的方式相比，无论人群覆盖还是销售管理上都存在差异，以当前的 PC 销售渠道来销售智能电视必将使联想智能电视的销售成本大幅上升。3、用户体验设计方面不及传统彩电厂商。智能电视具有很强的网络传输和计算能力，但作为电视产品的一种，其在传统意义上的画质、音质及与用户建立的伙伴关系所形成的用户体验能力将继续保留，产品中的这种用户体验设计需要彩电企业经过几十年的积累形成，彩电厂商更多地掌握用户对彩电的消费习惯及使用习惯，IT 企业不可能一蹴而就。IT 企业的前景如何只有通过市场和时间的进一步检验。

6、超千万亿次超级计算机“星云”正式运行

（1）事件回顾

2011 年 6 月 9 日，中国第一台实测性能超千万亿次的超级计算机曙光“星云”在深圳超算中心安装，将于 7 月份正式运行。“星云”是面向未来“云计算”环境设计的超级计算机系统，强调系统的均衡设计和资源动态调度能力。

（2）事件解析

“星云”将成为中国新一代超级云计算中心建设的主力机种，将为深圳提高信息产业综合实力，政府服务职能信息化水平，增强城市持续创新能力和核心竞争力提供强大的技术支撑；同时，对于推动深圳产业转型、将深圳打造成为中国乃至亚太地区云计算发展的领先城市有深远影响。

（四）2012年计算机产业发展趋势展望

展望2012年，计算机产品的应用创新更加活跃，新型终端层出不穷，两化融合在广度和深度上进一步加快，新一代信息技术产品快速成长，产业面临有利发展机遇；同时又不得不面对我国信息基础设施落后，计算机产品应用普及还存在一定困难，信息安全基础薄弱，国际市场需求持续疲软等不利因素。在“十二五”规划中，明确提出新一代信息技术作为战略性新兴产业之一是国家重点扶持对象。2011年相关部门针对物联网、云计算、三网融合、下一代互联网推出一系列政策措施，2012年国家将加大扶持力度，示范工程和项目将大面积铺开。

1、全球市场需求下降，出口阻力较大

2012年，国际经济环境不确定因素增加，计算机产品销量增速趋缓。2011年，受国际经济环境恶化影响，全球经济增长低迷。预计2012年全球经济增速将比2011年略有下降，仅为3.1%，我国计算机产业出口阻力较大，国内货币政策收紧，加之国内的家电下乡和以旧换新政策到期，产业规模增长前景不容乐观，预计增加值及销售产值增速将基本与2011年下半年持平。

2、产业转移进程加快，中西部地区将形成新增长极

2012年中西部地区将成为计算机产业新的增长极。2011年，大量计算机品牌厂商和代工企业进驻中西部地区，新的产业集群已经形成。我国计算机产业在东部沿海地区发展到一定阶段，劳动力成本上升、政策红利趋弱、资源及环境承载力下降，与此同时中西部地区社会经济水平和产业基础明显提升，基础设施、金融物流、政策环境、人才储备等方面出现重大改善促使我国计算机产业转移及布局优化调整的进程会进一步加快。上述原因不但造成沿海地区的制造产能逐步开始转移，惠普、戴尔、联想、宏碁四大PC制造厂商已在川渝地区形成全产业链布局；而且使产业相关代工企业快速跟进，以富士康为首的全球四大代企业已

全部进驻川渝地区，有力促进中西部地区的产业集聚，加速拉动区域产业增长。

3、新一代信息技术蓬勃发展，对计算机产业带动作用显著

2012年，新一代信息技术层出不穷，将为我国计算机产业发展提供广阔市场空间。当今世界各国为了摆脱国际经济危机影响，各主要经济体已将发展以计算机产业为主的新兴产业作为快速带动经济增长的首要选择。美国、欧洲、日本等发达国家和地区纷纷出台以移动互联网、云计算、物联网等为代表的新一代信息技术领域的相关战略，如美国的"全国无线网络计划"、欧盟的《物联网——欧洲行动计划》、英国的《数字英国》白皮书、日本的"i-Japan战略"等。2012年，全球将进入新一代信息技术市场规模增长的高峰期，而这些新兴领域的发展均离不开计算机产业的基础支撑，而我国计算机产业以外向型发展模式为主，这种趋势将对我国计算机产业发展带来巨大的市场空间。

4、计算机产业安全形势严峻，自主安全可控产品将成发展重点

2012年，我国面临的计算机产业安全形势将更加复杂。随着新一代信息技术的兴起，物联网、云计算、移动互联网等新技术广泛应用在国民经济和生产生活的各个领域，计算机产业是保障其快速发展的基础，给计算机产业发展带来巨大市场发展空间，但我国计算机产业处于世界计算机产业链的组装加工环节，影响计算机产业发展的CPU、存储器和服务器等核心关键技术和产品仍然掌握在国外企业手中，产业发展受到抑制。随着网络技术的快速发展，世界各国纷纷加快网络空间战略部署，国际网络对抗加剧。"强后台"+"瘦客户端"的"云+端"模式成为趋势，并且移动互联网领域的产业垂直整合，可能会形成"系统－终端－内容－后台处理"的"黑箱式"数据技术，其对移动互联网领域中操作系统、终端应用、软件服务等关键环节的掌控将更为有力，而这条产业链正是以美国公司谷歌、苹果、微软为主导的，与此同时这些新技术、新产品正在被应用到我国金融、政务和国防等领域中，这种以他国网络技术为主导的局面将严重泄露我国重要信息资源，阻碍经济发展，威胁国家安全。

二、通信设备产业

2011年，我国通信设备产业总体保持较快增长。在国家大力发展新一代信息技术和建设宽带移动网络的政策指引下，我国通信设备产业通过积极扩大内需，开拓海外新兴市场，基本抵御住了日本地震、欧美主权债务危机等世界经济环境的不利影响，产销持续增长，对外出口平稳回升，成为拉动整个电子信息制造业发展的主要因素。随着产业结构调整不断深入，研发投入进一步增多，我国通信设备企业自主创新能力不断增强，在移动互联网终端、光通信、4G国际标准等技术领域取得重要突破，国际影响力以及在全球产业布局中的地位得到提升。

（一）2011年通信设备产业发展回顾

1、产业规模实现较快增长

2011年，我国通信设备产业取得了较快发展，全年通信设备产业实现主营业务收入首次突破万亿元大关，达到1.17万亿，同比增长达18.7%，为金融危机以来首次实现两位数增长。通信设备产业收入增长速度超过电子制造业全行业平均水平1.6个百分点，高于计算机、视听等其它整机行业。通信设备产业收入占电子制造业全行业的比重由2010年的14.9%提升至2011年的15.5%。

通信设备产业增长情况较好的主要贡献力量来自于两个方面。一是全球正加速向新一代移动通信网络升级，各大运营商在2011年积极建设LTE网络，带动了对移动通信系统设备的较大规模市场需求；二是在iPhone和Android两大智能手机体系带动下，智能手机在全球加速普及，智能手机市场份额的提升推动手机终端产品平均价格上扬，促进了产业收入规模的增长。

图12　2006-2011年我国通信设备产业年销售收入及同比增速

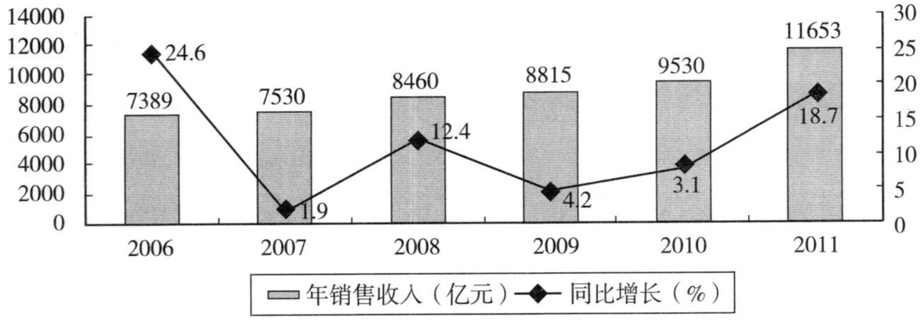

数据来源：工信部运行监测协调局，2012 年 3 月

2011 年 1–12 月，通信设备产业累计销售产值增速呈现稳步上扬走势，1–7 月维持在 18% 至 20% 的相对稳定区间，进入 8 月后，销售产值增速逐月攀升，11 月达到最高值 28.4%，全年销售产值增速达到 25.8%，领先全行业平均水平 4.7 个百分点。

图13　2011年我国通信设备产业各月累计销售产值及同比增速

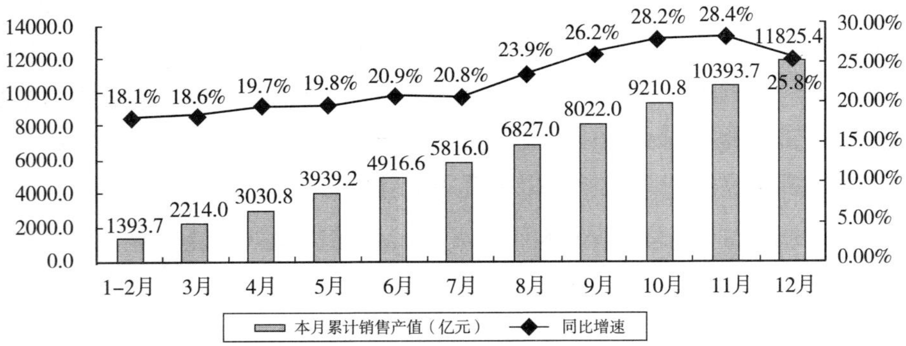

数据来源：工信部运行监测协调局，2012 年 3 月

2、产品产量占全球比重进一步提升

2011 年，各类主要通信设备产品产量在已有较大规模基础之上进一步提升。国内生产手机总计 11.3 亿部，同比增长 13.5%，占全球手机出货量比重从 2010 年的 71.7% 进一步扩大至 2011 年的 73.1%，全球市场销售的接近四分之三的手机产至中国大陆。现阶段，中国大陆地区仍然是通信设备产品加工制造综合成本最优的地区，多年制造业发展培育了中国大陆地区在零部件配套、熟练劳动力、物流运输等方面的一系列有利于制造业生长的环境优势。2011 年，苹果、诺基亚、

三星都继续加大了对国内制造基地的投入，推动了国内手机产能的进一步扩大。

图14 2006-2011年我国手机产量及占全球比重

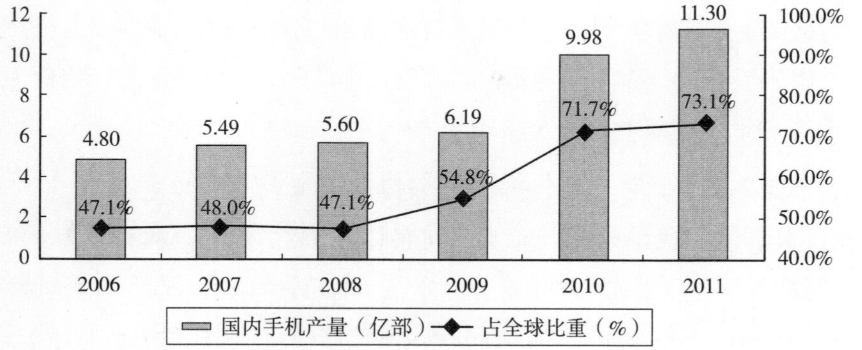

数据来源：工信部运行监测协调局，2012年3月

3、出口受国际影响较小，增速全行业第一

2011年，受欧美经济形势影响，欧洲、北美地区电子信息产品需求下降明显，造成我国电子元器件、计算机、消费电子等产品出口增速明显放缓。在电子制造业全行业出口增速放缓的情况下，通信设备产业出口受益于全球LTE及光网络建设加速的利好，全年通信设备产业出口额达到1300.2亿美元，同比增长26.6%，增速高于全行业平均水平14.7个百分点，增速全行业第一，成为拉动电子信息产品出口增长的主要力量。

图15 2006-2011年我国通信设备产业出口额及同比增速

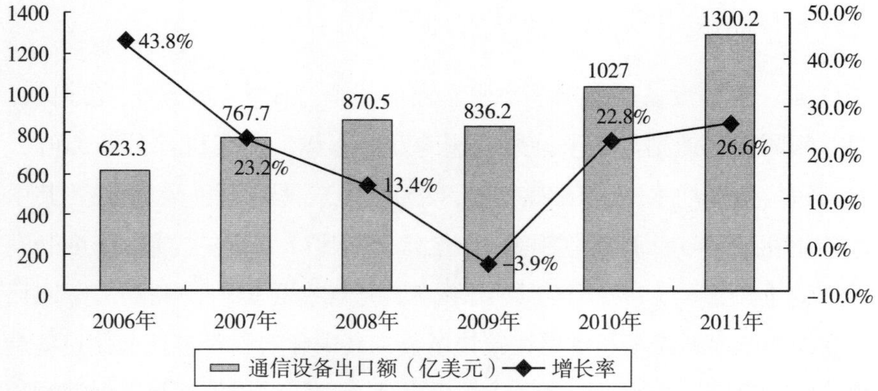

数据来源：工信部运行监测协调局，2012年3月

对通信设备产业出口贡献最大的产品是手机，虽然也受到了欧美市场疲软的影响，但是凭借着我国GSM功能手机和低端智能手机在亚、非、拉丁美洲等新兴市场上的良好表现，以及高端智能机占比提升推动产品均价上扬等因素影响，手机产品出口实现较快增长。全年手机产品出口额达627.6亿美元，同比增长34.3%；手机零件出口224亿美元，同比增长34.2%；手机累计出口均价为67.61美元/台，较上年同期上升了6.77美元/台。

4、利润率优于其它主要电子行业，利润额同比增速持续走低

2011年，我国通信设备产业实现利润总额558.7亿元，利润率为4.8%，高于电子制造业全行业平均水平0.4个百分点，高出计算机、视听、电子器件、电子元件行业1.8、1.3、0.3、0.1个百分点。通信设备产业利润率水平好于其它主要电子制造行业，但低于雷达、广播电视、电子专用设备、电子信息机电等小行业，是提升电子信息制造业利润率水平的关键力量。

图16　2011年我国通信设备产业分月利润总额及同比增速

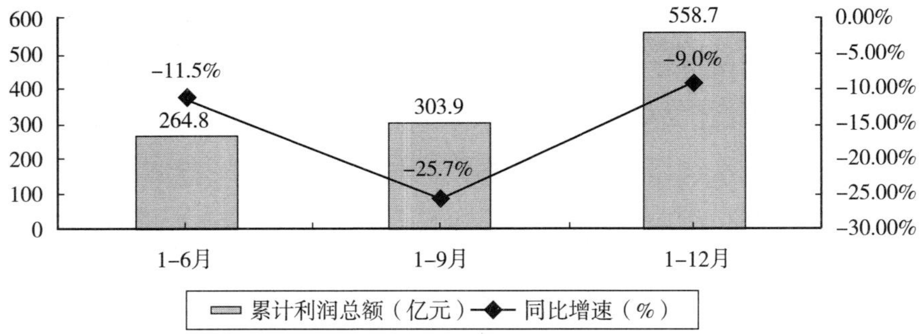

数据来源：工信部运行监测协调局，2012年3月

2011年，通信设备产业利润率水平在电子全行业中仍处于领先地位，但各月利润总额同比增速则呈现了持续减速的发展态势，全年利润下滑9.0%，低于全行业利润增速平均水平（16.8%）25.8个百分点，排名全行业末位。其中，通信设备产业上半年累计利润总额264.5亿元，同比降11.5%，前三季度利润总额303.9亿元，同比降25.7%，全年同比降速最终收窄至9.0%。利润总额同比下降表明通信设备产业的成本和费用在较快增长，其中影响因素包括通信设备产品大量向欧美地区出口，受欧元贬值、人民币升值产生汇兑损失等财务费用增长。总体来看，通信设备产业利润同比下滑情况不容乐观。

5、技术创新取得新进展

2011年，国内通信企业继续推进通信技术产品创新，取得了一系列科技创新新突破。东南大学和华为公司完成的“宽带移动通信容量逼近传输技术及产业化应用”项目荣获2011年度国家技术发明奖一等奖。华为联合美国康宁展示了支持3000公里超长距离（ULH）传输的相干100G波分技术，在全球发布了业界首个40G传输速率的PON样机系统；大唐移动推出全新一代TD-LTE终端协议一致性测试仪ECT7310；烽火通信承担的“十一五”国家863计划“100GE光以太网关键技术与传输实验系统”、“160Gb/s单波长光传输关键技术与实验平台”、“基于PCE的多层多域光网络关键技术研究与实验系统”三个课题成功通过国家863专家组验收。截至2011年第三季度，华为累计向3GPP提交7900多篇LTE/EPC标准提案，其中LTE核心标准的提案通过数超过230件，据国际分析机构ABI发布的LTE标准专利报告显示，自2010年以来，华为的累计LTE核心标准提案数量超越了爱立信、阿尔卡特朗讯、高通等重点公司，排名全球第一。根据世界知识产权组织（WIPO）公布的2011年全球专利申请情况，中兴通讯全年提交国际专利申请2826件，位居全球第一。

6、骨干企业国际影响力持续增强

2011年，华为、中兴等通信设备骨干企业继续保持了较快发展，企业国际竞争力和国际影响力持续增强。2011年华为营收超320亿美元，仅次于爱立信（2011年营收336亿美元）成为全球第二大通信设备制造企业。华为、中兴的海外收入占总营收比重已超过50%，合作及服务的全球50强电信运营商数量均达40余家，产品及解决方案均应用到全球140多个国家和地区，华为参与印度、日本、哥伦比亚等国家LTE网络建设，中兴参与奥地利、瑞典、菲律宾等国LTE网络建设。华为、中兴手机产量进入全球前十，华为全球光网络市场排名第一，全球WDM/OTN市场排名第一，全球40G市场排名第一，中兴通讯CDMA基站出货量超过32万台，以32.6%的市场份额占据全球CDMA市场首位，PON OLT产品全年出货总量与市场份额双双跃居全球第一。华为成功收购赛门铁克网络及存储设备业务，“走出去”战略又进一程，华为发起的针对摩托罗拉额专利诉讼，以摩托罗拉向华为支付技术转让赔偿费形式达成和解。

（二）细分领域发展情况

1、移动通信产业

（1）我国的手机制造大国地位进一步巩固

2011 年，我国手机产业规模继续保持高位增长，全年共生产手机 11.3 亿部，同比增长 13.5%，占全球手机出货量比重从 2010 年的 71.7% 进一步扩大至 2011 年的 73.1%，全球市场销售的接近四分之三的手机产至中国大陆。从手机产量分月累计统计来看，全年手机产量保持平稳增长，行业发展稳定，我国的手机制造大国地位进一步巩固。

图17　2011年国内手机产量分月累计值及同比增速

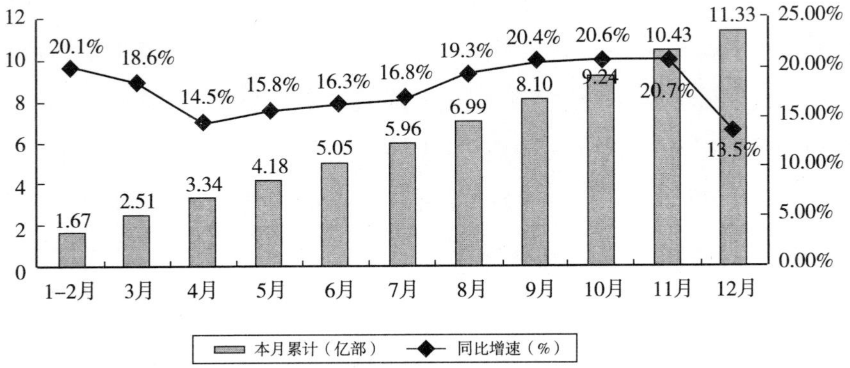

数据来源：工信部运行监测协调局，2012 年 3 月

据统计，2011 年全球手机市场占有率排名前五的企业分别为诺基亚、三星、苹果、LG、中兴，这五大品牌均在国内建立了最重要的产品制造基地。诺基亚在北京星网工业园，三星在天津泰达，苹果委托富士康代工，主要基地在富士康郑州工业园，LG 在山东烟台和青岛，中兴为本土企业，产品生产在深圳。

近期来看，中国大陆地区仍然是手机产品加工制造综合成本最优的地区，多年制造业发展培育了中国大陆地区在零部件配套、熟练劳动力、物流运输等方面的一系列有利于制造业生长的环境优势，2011 年几家企业均宣布将继续扩大在中国的投资。诺基亚在全球范围调整手机业务，削减基地和人员规模，但这些调整不仅没有波及北京基地，诺基亚同时还宣布将在未来 18 个月内扩大北京的研发团队，位于北京经济技术开发区的诺基亚基地将诺基亚中国总部、研发中心、整机制造及星网工业园合作伙伴集合在一起，形成了全球最具规模的手机产业基地。天津三星也扩大了在天津的投资规模，累计投资额由2900万美元增加到1.97亿美元，手机产能由2400万部增至4200万部，韩国三星宣称将“把天津工厂打造成为三星手机在中国和海外最大的手机生产和研发基地”。富士康也于2011年底宣布将于2012年扩大郑州工厂规模，将增加投资11亿美元使郑州基地成为全球最大的智能手机生产基地，将郑州工厂生产线扩充到95条，员工数超过13万名，预计iPhone日产量可达40万台，年销售额将达200亿美元。

（2）TD-LTE规模技术试验顺利推进，国内TD-LTE产业链进一步成熟

2011年1月18日，工业和信息化部召开会议正式宣布启动TD-LTE第一阶段规模技术试验，规模技术试验按照工信部2010年底批复的中国移动关于TD-LTE规模试验总体方案进行，在上海、深圳、广州、南京、厦门、杭州六城市同期开展。至2011年8月，由中国移动承担的国家重大专项重点项目“TD-LTE规模技术试验”取得重要进展，上海、杭州、南京、广州、深圳、厦门六城市核心网和无线网已基本建成，已建基站规模超过700个，大部分基站设备已安装并开通。至2011年10月，第一阶段规模试验工作全部完成，测试内容包括无线网络的性能、多芯片测试、室内覆盖、终端四大部分，包括大唐、中兴、华为、诺西、阿郎、爱立信等企业在内的国内外主流系统厂家，以及大唐、联芯、STE（T3G）、创毅视讯、华为海思等在内的终端芯片企业参加了这次大规模试验工作，各项关键技术指标测试结果均符合预期。

通过TD-LTE规模技术试验，特别是外场试验，进一步验证了国内TD-LTE企业的产品性能，产业链进一步成熟。联芯科技推出了首款TD-LTE/TD-SCDMA双模基带芯片；广晟微电子开发出TD-LTE/TD-SCDMA射频芯片；大唐移动推出了TD-LTE终端协议一致性测试系统；星河亮点TD-LTE综合测试仪开发完成。

（3）国产品牌手机积极赶超，竞争力明显提升

我国国产品牌手机发展经历了几个阶段。在2003、2004年间，以夏新、波导、TCL、康佳、CEC、迪比特等为代表的国产品牌手机表现出色，国产品牌手机曾在2003年一度超越洋品牌，占据了超过半数的国内手机市场。2005年之后，国际品牌积极调整了国内销售和渠道战略，并通过资金和技术优势打压国产品牌，国产品牌手机遭遇集体溃败，市场占有率不断下滑，大部分品牌退出了手机市场。同期，随着MTK套片的成熟应用，国内手机企业普遍削减了自主研发，走上了

利用成熟解决方案，简单加工组装功能手机的发展道路。国产品牌手机竞争力不断下滑，山寨手机也在此时迅速发展。

近年，随着移动互联网、智能手机的迅速发展，华为、中兴通讯、联想等一批有实力的国内企业积极调整战略，大举进入手机市场竞争，酷派、天语、魅族、小米等新晋企业也以智能手机为主打产品。2011 年，国内品牌手机企业取得了不俗的成绩，国产品牌手机产业发展迎来了新的曙光。据 Gartner 数据统计，2011 年第四季度，中兴通讯、华为击败了摩托罗拉、索尼爱立信等对手，全球市场占有率排名分列第四、第六。Gartner 另一数据显示，华为和中兴在国内智能手机市场中的份额也在 2011 年第四季度分别上升至 12.67% 和 11.1%。

2、光通信产业

（1）国内光通信设备企业国际竞争力显著，光器件企业国际差距仍然较大

随着全球范围光通信技术和市场的快速发展，以华为、中兴通讯、烽火、上海贝尔为代表的国内光通信设备企业纷纷加大了对光通信产业的投入，在技术和市场开拓方面不断取得突破，国际竞争力显著提升。

据光通信领域权威咨询公司 Ovum 统计，截至 2011 年 2 季度，华为在全球光网络市场排名第一，全球 WDM/OTN 市场排名第一，全球 40G 市场排名第一，2011 年底，中兴通讯在全球光网络市场排名跃居第三，在光接入 PON OLT 产品的全年出货总量与市场份额上双双排名全球第一，PON ONT/ONU 产品也以接近 10% 的市场份额排名全球第二。国内企业在 100G、40G、OTN、PON 等光通信关键技术领域均具有国际领先的技术和产业能力。

国内企业在光通信设备领域已具备国际领先竞争力，但在上游光器件产业领域与 Finisar、JDSU、Oclaro、Opnext 等国外企业还有较大差距。国内光器件企业产品定位主要集中在中低端、还有广大企业在为国外企业做 OEM，在 40G/100GCFP 模块、高速光芯片技术方面中国落后 1–2 年，DWDM 和可调谐激光器落后 2–3 年，光子集成技术和集成电路领域则落后 3–5 年。

（2）国内 100G 光传输设备产业加快走向成熟

2011 年，全球超宽带网络建设日益加快，国内外运营商加紧部署 100G 技术，欧美等发达国家已经进入商用阶段，中国电信等国内运营商也积极启动 100G 商用测试。在这一轮光传输设备升级过程中，国内设备企业积极参与，产业正加快成熟。

华为在100G技术领域起步较早，2008年即发布100G样机，2009年正式发布100G端到端解决方案，成为全球首个宣布推出成熟的100G解决方案的设备厂商。2011年，华为被欧洲的多个全球领先运营商选为合作伙伴建设100G商用波分网络，其中包括著名的荷兰KPN国际、法国SFR、丹麦电信TDC等。2011年6月，华为助力荷兰运营商KPN国际完成泛欧网络的100G商用部署，为其带宽需求最大城市伦敦和阿姆斯特丹之间建立超大带宽的传送链接，成功商用实现了新增100G业务和现网10G/40G业务的混传，跨越了G.652和G.655两种不同标准的光纤，100G业务无电中继传送总长达613公里。2011年，华为在俄罗斯建立的100G测试中心先后与俄罗斯多家顶级运营商Transtelecom，Rostelecom，Vimpelcom，Megafon一起，演示、测试了2000公里的超长跨距传送的相干100G波分系统，验证了华为100G传送方案的领先性和成熟度。

烽火通信早在2006年就已经对100G进行战略布局。先后承担了国家“973”项目“超高速超大容量超长距离光传输基础研究”和国家“863”项目“100GE光以太网关键技术研究与系统传输试验平台研制”，开展了对160×100Gb/s2000公里的3U光传输系统的研究。2011年12月，中国电信正式启动100G系统测试，烽火通信作为首家接受测试的厂家，已于2011年底顺利完成了测试。

（3）光接入市场需求持续旺盛，10G PON规模商用在即

2011年2月，中国电信全面启动“宽带中国·光网城市”工程。按照工程目标，中国电信宽带用户的接入带宽将在3–5年内跃升10倍以上，并将持续快速提升，南方城市将全面实现光纤化，核心城区全部实现光纤接入，最高接入带宽达到100M，城市家庭接入带宽普遍达到20M以上。随后，中国电信启动了2011年第一批PON集采，其采购总规模约1900万线，是历年国内PON集采规模最大的一次。中国联通也于2011年下半年开展了总规模2500万线的PON集采招标，集采金额高达40亿人民币，其中GPON达1500万线，占比超过60%，成为当前全球最大规模GPON招标。从2011年国内运营商组织的各次PON集采招标结果来看，中标企业多集中在华为、烽火、中兴通讯、上海贝尔等国内通信设备企业中。随着国内运营商光网城市战略的全面推进，未来几年内，国内光接入设备市场需求旺盛，将持续推动国内光接入产业增长。

在三网融合大趋势下，互联网电视、智能电视等概念逐渐走向应用，网络对带宽的需求还将持续扩大，目前广泛应用的EPON/GPON都会出现严重的带宽

瓶颈，GPON 和 EPON 都有向 10G PON 演进的路线图。2011 年，10G EPON 的产业链已经基本成熟，。在芯片方面，博通、PMC、Opulan、Cortina、海思半导体等多个芯片厂家都推出了 FPGA 方案并得到应用。在光模块方面，海信宽带多媒体、NEC、Source Photonics、NeoPhotonics、WTD 等多个器件厂家都已经推出 10G EPON 对称和不对称的 OLT、ONU 光模块。设备厂商中，烽火通信、中兴通讯、华为、住友、三菱、富士通、合勤、明泰等厂家都在积极开发 10G EPON 系统设备。各运营商已经开始进行了 10G EPON 的商用，目前国内已经开通几十个 10G EPON 试点工程。

（三）2011年通信设备产业热点事件回顾与解析

1、TD-LTE 开展规模技术试验

（1）事件回顾

2011 年 1 月 18 日，工业和信息化部召开会议正式宣布启动 TD-LTE 第一阶段规模技术试验，规模技术试验按照工信部 2010 年底批复的中国移动关于 TD-LTE 规模试验总体方案进行，在上海、深圳、广州、南京、厦门、杭州六城市同期开展。至 2011 年 8 月，由中国移动承担的国家重大专项重点项目“TD-LTE 规模技术试验”取得重要进展，上海、杭州、南京、广州、深圳、厦门六城市核心网和无线网已基本建成，已建基站规模超过 700 个，大部分基站设备已安装并开通。至 2011 年 10 月，第一阶段规模试验工作全部完成，测试内容包括无线网络的性能、多芯片测试、室内覆盖、终端四大部分，包括大唐、中兴、华为、诺西、阿郎、爱立信等企业在内的国内外主流系统厂家，以及大唐、联芯、STE（T3G）、创毅视讯、华为海思等在内的终端芯片企业参加了这次大规模试验工作，各项关键技术指标测试结果均符合预期。

（2）事件解析

TD-LTE 是我国主导的新一代移动通信技术，是我国具有自主知识产权的 3G 国际标准 TD-SCDMA 的后续演进技术，具有传输速率高、时延短、频谱效率高等特点。2010 年 10 月，我国主导的 TD-LTE 增强型成功被国际电联确定为 4G 国际标准，这是我国通信引领世界的一次历史性机遇。自 2008 年开始，TD-LTE 分别完成了概念验证、研发技术试验两个测试阶段，2011 年初正式启动 TD-LTE 规模技术试验。规模技术试验的主要作用，一是通过规模技术试验进一步优化完善 TD-LTE 设备关键性能，促进技术和产品的成熟，促进产业链各环节的研发和产业化进展；二是验证 TD-LTE 规模组网能力、网络质量以及业务应用，积累网络规划和网络优化的经验；三是发挥引领和示范作用，为 TD-LTE 国际化应用作出贡献。规模试验的根本目的，仍是验证技术、推进技术和产业成熟，而不是商用建网。

至 2012 年 1 月，全球已有 29 个国家开通了 49 个 LTE 商用网络，下行速率可以达到 100Mbps。最早开通的国家是瑞典和挪威，时间是 2009 年底。目前，包括日本、韩国、美国、加拿大、中国香港、新加坡、德国在内的主要发达国家和地区，以及菲律宾、巴西等发展中国家和地区均已开通 LTE 商用。我国在 3G 网络建设上既已滞后许多国家，目前到了全球启动 4G 网络建设的关键时期，同时也正值移动互联网在全球迅猛发展，用户对移动宽带的需求爆发性增长，尽早启动 4G 网络建设已显得迫在眉睫。TD-LTE 规模技术试验关系到 TD-LTE 技术和全产业链的成熟，尽早顺利完成 TD-LTE 试验对于启动我国 4G LTE 网络建设具有关键意义。

2、中国移动发起 GTI 倡议，推动 TD-LTE 国际化发展

（1）事件回顾

2011 年 2 月 14 日 -17 日，2011 年世界移动通信大会在西班牙巴塞罗那举行。在 TD 产业联盟组织下，我国 TD-LTE 产业链上各环节重点企业集体参加了展会，大唐、上海贝尔、诺西、中兴、艾法斯、国信等 TD-LTE 核心企业整体组团参展，是此次移动通信大会全场唯一重点展示 TD-LTE 端到端产业链整体成果的展台。向世界全方位展示了 TD-LTE 的产业化进展，为推动 TD-LTE 国际化发展作出积极贡献。

在世界移动通信大会期间，由中国移动联合 7 家运营商发起成立了全球 TD-LTE 发展倡议 Global TD-LTE Initiative（GTI），并在展会期间举办 TD-LTE 峰会，中国移动董事长王建宙、印度 Bharti Airtel 董事长 Sunil Bharti Mittal、日本软银董事长孙正义、国际电信联盟副秘书长赵厚麟、工业和信息化部科技司司长闻库，与来自全球 60 余家国际运营商、30 多家主流厂商和多个重要国际通信组织的 400 多名嘉宾参加了峰会。

（2）事件解析

2011 年，GTI 倡议为进一步促进 TD-LTE 的多方国际合作，共同解决 TD-

LTE 发展的关键问题，加速 TD-LTE 规模商用，推动 TD-LTE 成为全球主流宽带移动通信标准，实现我国主导 TD-LTE 在全球的应用和部署了发挥重要作用。在 GTI 的推动下，2011 年 TD-LTE 在国际市场成功实现了重大突破，2011 年成为 TD-LTE 全球商用元年，日本软银、沙特 STC 和 Mobily、欧洲 Hi3G、南美 Direct TV 等 5 家运营商正式推出商用服务，10 余家运营商明确了商用计划，32 家国际运营商建立了试验网。

自 1998 年 TD-SCDMA 提案提交至国际电联至今，TD 逐渐从技术提案走向产业化，并形成规模产业，从试商用到商用，从 3G 演进到 4G，从国内扩展到国际，虽历尽了十多年的艰辛，但已可以预见 TD-LTE 将在全球 4G 网络建设中占据重要份额，真正成为我国主导的、全球广泛应用的国际标准。

3、骨干通信设备企业专利诉讼纠纷频发

（1）事件回顾

2011 年 1 月，华为起诉摩托罗拉，要求阻止诺基亚西门子收购摩托罗拉无线网络部门。摩托罗拉和华为早在 2000 年就开始了广泛的合作，摩托罗拉以自有品牌向客户转售华为无线网络产品。华为指称，摩托罗拉根据这一合作获得了华为的知识产品和商业秘密，华为希望得到摩托罗拉的保证，即后者被诺基亚西门子收购后，这些信息不会被诺西获得。2011 年 4 月，华为与摩托罗拉宣布达成和解，华为与摩托罗拉和诺西达成协议，同意摩托罗拉向华为支付转让费后，将摩托罗拉与华为之间的商业合同转移给诺西。

2011 年 4 月，爱立信于英国、德国及意大利向中兴通讯提出诉讼，控告中兴侵犯爱立信 2G 及 3G 无线通信技术专利权，要求有关当局颁令中兴停止在当地销售侵权手机，以及在德国停止销售中兴某些网路基础设施。随后，中兴通讯在国内对爱立信提起反诉，诉讼涉及爱立信核心网、GSM 和第四代移动通信系统相关的多项专利。

2011 年 4 月 28 日，华为以侵犯公司数据卡、LTE 专利和商标权的名义，正式在德国、法国和匈牙利对中兴通讯提起法律诉讼。4 月 29 日下午，中兴通讯发表反诉声明称，在中国针对华为侵犯中兴第四代移动通信系统（LTE）若干重要专利递交诉状。

（2）事件解析

2011 年国内骨干通信设备企业牵涉专利诉讼事件频发，从几个重点事件的发展过程中看到了可喜的方面。一是国际企业针对我国企业提起专利诉讼，反映了我国通信设备企业的国际竞争地位在不断提升，市场份额逐渐扩大，对国际竞争对手造成了较强的竞争威胁。二是我国企业已逐渐从一边倒的专利诉讼被诉方走到了诉讼方角色，华为主动发起对摩托罗拉的专利诉讼，并最终以获得对方转让费赔偿的方式达成和解，中兴通讯在遭遇专利诉讼时，能运用同样的法律武器发起对对方企业的专利反诉讼，这些表明我国通信设备企业不仅拥有了较强的核心技术实力，多年的国际化发展也使国内企业提升了国际经营管理能力，在掌握及运用国际竞争规则方面也具备了国际水平。

4、北斗导航卫星成功升空，卫星导航系统进一步完善

（1）事件回顾

在国家“十二五”规划中，卫星导航产业被纳入七大战略性新兴产业重要组成部分，在国家将在政策和资金的大力支持下，中国的卫星导航产业驶入高速发展的轨道。继成功发射第九颗北斗导航卫星之后，2011 年 12 月 2 日，我国在西昌卫星发射中心用长征三号甲运载火箭，成功将第十颗北斗导航卫星送入太空预定轨道。随着第十颗北斗导航卫星成功升空入轨组网，我国拥有自主产权的北斗卫星导航系统建设进一步完善，并逐步展开北斗产业化、社会化应用的推进工作。

（2）事件解析

第十颗北斗导航卫星的成功发射，标志着我国北斗区域卫星导航系统建设又迈出了重要一步。完成年底前向用户提供提供连续无源定位、导航、授时服务，满足交通运输、渔业、林业、气象、电信、水利、测绘等行业以及大众用户的应用需求的任务。随着第十颗北斗导航卫星的成功发射，北斗区域卫星导航系统已经完成基本系统建设，目前正在进行全面系统的运行测试工作。国家也在鼓励社会力量共同推动北斗卫星导航系统的产业化和社会化进程。这就意味着导航电子地图、导航定位、授时和数据传输等卫星导航产业链延伸出来的各个行业将迎来前景一片大好的时代。

（四）2012年通信设备产业发展趋势展望

1、出口增速趋缓，产业增长以内向型投资拉动为主

受欧美主权债务危机影响，全球经济在 2012 年将继续保持低速增长态势，国际通信设备市场需求短期内仍将持续低迷，对我国外向型为主的通信设备产业

出口造成较大影响。

今年下半年以来，我国通信设备产业月度出口额增速呈现急剧下降并在零点上下小幅振荡的态势，预示着海外市场需求萎缩并进入相对饱和稳定阶段。预计2012年，欧美债务危机的影响短期内难以消退，由此导致的海外通信设备市场需求的低迷仍将持续，短期内难有划时代产品的出现引发爆发式增长，因此我国通信设备出口将以极低的速度缓慢增长甚至出现下滑。

反观国内市场，2012年由国家政策驱动的某些通信设备领域的投资力度将不减反增，由投资拉动的国内通信设备产销市场仍将保持活力，成为产业稳步增长的主要提升动力。光纤宽带网络建设、移动互联网新业务投资、IT系统改造、LTE布局都将成为增量投资重点。

国内运营商2012年成本支出预计将达到3542亿元，略高于今年的水平。随着3G网络的基本建成，运营商用于移动网络建设的投资将明显减少，预计同比下降将超过20%，更多的投资将一方面用于3G向4G过渡时期的网络扩容和升级，另一方面用于光纤宽带接入固网的建设，该部分投资额度预计将比今年增长50%，达到525亿元。此外，2012年开始的TD-LTE规模性试商用，也将引发运营商、终端设备厂商、系统制造厂商的新一轮投资和生产热潮。因此，在低迷的国际市场需求和复杂的世界经济形式下，依靠内向型投资拉动，我国通信设备产业2012年仍能保持20%左右的增长率。

2、移动互联网发展为智能终端手机厂商带来新的契机

当前，我国移动宽带网络已形成广泛覆盖，移动互联网受众用户的快速增长，预示着智能手机拉动下的全面移动互联时代即将到来。2012年，中国移动对TD终端采集的力度仍将不断加大，中国联通对千元智能手机的普及和推广，为国内终端厂商带来新的发展契机。华为、中兴、联想三家国内主流厂家，预计明年智能手机出货量将突破1亿台。手机总产量预计将以20%左右的增速增长。

3、数据的强需求推进光通信持续高景气，全光网成为发展方向

继2008、2009年电信投资高峰的过去，电信投资进入平稳期。但随着3G渗透率的提高，移动互联网用户对数据的爆发需求，产业链重心已向用户侧偏移，仍会拉动运营商对通信基础设施网络的扩容和优化，光通信最先受益。在传统通信产业链中，运营商占主导地位，优势明显；而在语音业务增速难以再提高的前提下，客户数据业务增长成为运营商关注焦点，运营商大力部署WiFi网络来满

足用户数据需求以提高用户 ARPU 值只是权宜之计，长远办法还是进一步疏通管道，提高网络整体速度，大力发展全光网通信是提高网速的必然选择。

国家层面政策和技术成熟强力助推光通信快速发展。2010 年以来，国家层面上推出了大力发展光通信的各项政策，三大运营商、广电总局和国家电网公司也相继推出了自己的光网络发展计划，“十二五”期间，电信业投资将达到 2 万亿元的规模，高达 80% 将用于宽带建设，其中大部分将用于光纤网络的建设。目前实现 FTTH 的主流 PON 技术可靠且成本低，中国厂商如中兴、华为等有较好技术积累，能够快速推进光通信发展。

4、TD–LTE 试商用拉动移动通信系统及终端设备业发展

2012 年是 TD–LTE 产业化发展关键性的一年。在目前 35 个试验网和 2 个商用网络的基础上，2012 年将增至 40 个试验网和 10 个商用网络，规模实验城市也将从 6 个扩充到 10 个。除试验城市扩容外，每一个城市的网络建设规模也会进一步扩展，以便进一步验证 TD–LTE 在更大规模网络情况下的性能。因此，2012 年的 TD–LTE 网络建设的投资也肯定要远远超过 2011 年。此外，中国移动还将展开 TD–LTE 初期终端设备采购计划,2012 年底前采购金额达 2 亿元人民币。运营商投入的增加将有力拉动 TD–LTE 相关通信系统和终端设备产业的发展，而 TD–LTE 产业的国际化发展，也为相关通信设备制造企业走出国门、增收创汇提供契机。

三、视听产业

（一）2011年视听产业发展回顾

2011 年是我国视听产业加快发展的一年，国际经济危机的影响逐渐消除，在国家《电子信息产业调整和振兴规划》以及家电下乡、家电以旧换新等一揽子刺激内需政策的促进下，我国视听产业取得了较快发展，产业转型和结构调整取得阶段性成果，技术研发与应用实现重大突破，自主品牌竞争力逐步增强，国际化步伐显著加快，基本实现 2011 年的预期目标。

图18　2006-2011年我国视听产业年销售收入及同比增速

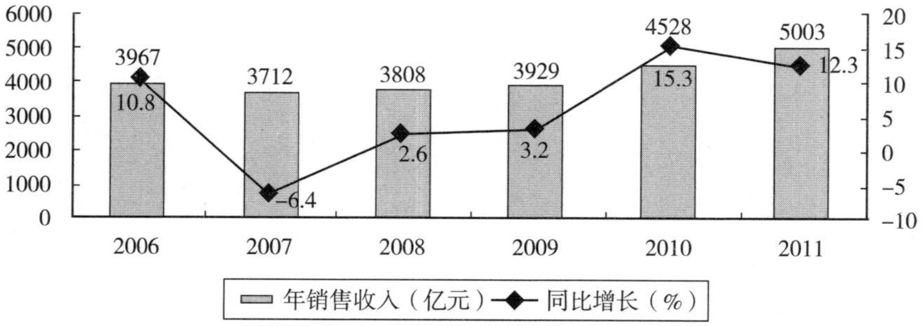

数据来源：工信部运行监测协调局，2012年3月

1、产业规模稳步增长，结构调整初见成效

2011年我国视听产业克服全球经济低迷，全球市场需求疲软等不利影响，在家电以旧换新等一系列扩内需政策的促进下，继续保持了全球最大的彩电制造基地地位，转型升级速度不断加快，总体运行态势良好，生产和出口保持增长态势，但增速放缓。2011年家用视听设备制造业销售产值达4955亿元，出口交货值2403.9亿元，同比增长14.9%和10.3%。广播电视设备制造业销售产值597.2亿元，出口交货值211.2亿元，同比分别增长19.1%和8.7%。彩色电视机产量12231.4万台，同比增长3.4%。由于平板电视制造成本大幅下降，平板电视占彩电生产总量的比重不断攀升，产业结构调整效果显著，截至2011年11月，液晶电视增长11.1%，占比76.7%;PDP电视增长50.7%，占比2.5%。LED电视呈爆发式增长，从主流趋向普及，3D电视、智能电视等新型产品发展迅速。

图19　2011年2-10月家用视听设备制造业销售产值完成情况对比

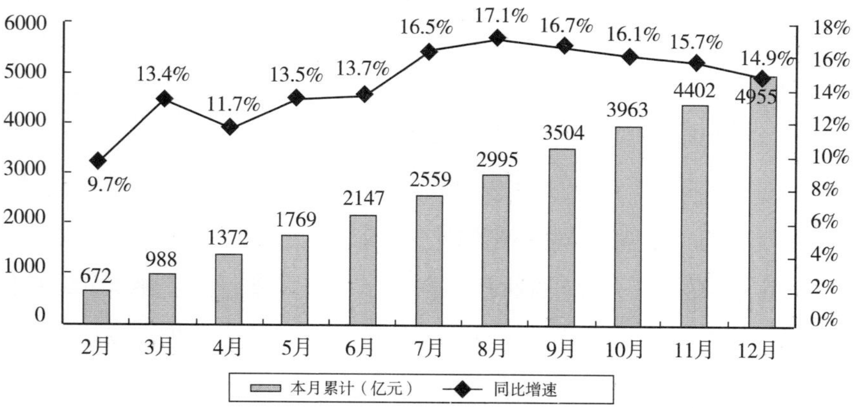

数据来源：工信部运行监测协调局，2012年4月

2、骨干企业综合实力进一步提升，国内市场占有率保持领先

视听产业初步形成了北京辐射圈、长三角地区、珠三角地区、环渤海地区、海西经济区、成渝地区等各具特色的区域发展格局，产业集聚效应明显。海信、长虹、TCL、创维、康佳、海尔等骨干彩电企业全部入围2011年电子信息百强企业前20名，年营业收入超过百亿元，进一步巩固市场优势地位。2011年内外资品牌液晶电视总体上保持8:2的格局。海信、创维、TCL、康佳和长虹等品牌的市场份额都超过了11%，前6位品牌的市场份额达到75.6%，而外资品牌整体份额仅占21%。我国骨干彩电企业的整体竞争力和国际影响力不断攀升。

3、家电下乡、家电以旧换新政策拉动内需效果显著

2011年1–11月，全国家电下乡产品销售9635万台，实现销售额2456亿元，同比分别增长43.6%和63.7%。截至2011年11月，全国家电下乡产品累计销售2.11亿台，实现销售额4873.9亿元，其中彩电销售4859.4万台（占销售总量的23.1%），销售额1332.8亿元。2011年1–11月份，全国家电以旧换新拉动家电消费1802.8亿元，销售新家电4932.8万台，回收旧家电5050.2万台。截至2011年11月30日，家电以旧换新销售量达到8129.6万台，回收量达到8373.6万台，销售额达3004.2亿元。家电以旧换新五大类产品中，电视机销售2690.6万台，占总销售量的33.1%；空调销售2130万台，占总销售量的26.2%；电脑销售1217.5万台，占总销售量的15%；电冰箱销售1115.5万台，占总销售量的13.7%；洗衣机销售976万台，占总销售量的12%。

4、彩电产品加速向网络化、智能化、绿色节能方向发展，便携式视听产品发展迅速

2011年，彩电行业的发展经历了从“互联网电视”到“3D电视“、“智能电视”再到“云电视”的发展，LED电视呈爆发式增长，从主流趋向普及，2011年1–11月LED背光液晶电视国内市场销售量1553万台，同比增加249%，销售额725亿元，同比增加146%，市场占比超过53%。3D电视作为新兴的电视产品，价格不断下降，市场不断升温，2011年1–11月，平板市场中3D电视的渗透率从1月的2.31%上升到了11月的19%。截至到2011年11月，国内3D电视累计销售403万台。互联网电视快速普及，2011年1–11月互联网电视国内市场销售量1021万台，销售额550亿元，分别同比增长139%和97%。智能电视已成为彩电业的发展趋

势，2011年1–11月，国内市场智能电视销量156.7万台，销售额105.3亿元，分别同比增长467.3%和537%。我国长虹、TCL、康佳、创维等骨干彩电企业紧跟发展潮流，2010年开始相继推出具有自主产权的3D电视、智能电视等新型平板电视，2011年更是继创维在北京首推云电视后，均推出云电视产品，并积极参与国际标准制定工作，与国际巨头抢占技术制高点和市场先机。此外，2011年我国移动电视终端产业得到较快发展。一批以微型投影技术为基础的移动影院产品相继推出，随着流明数的提高以及价格趋稳，微型投影因其能较好满足人们对大画面的移动性追求，市场潜力较大。随着家用投影电视产品的不断实用化，短距离无线传输技术需求也愈加迫切。

5、数字家庭产业发展迅速，产业链建设逐步完善

2011年我国数字家庭技术及产业发展步伐加快，目前已形成了以数字电视为中心，面向3C融合、三网融合的数字家庭产业，数字家庭系统产业链各环节关键技术得到了长足发展：在数字音视频编解码技术领域，由我国牵头制定的AVS、DRA等相关标准达到了国际先进水平；专利池建设已初具规模，其中闪联标准相关发明专利已达240项，广联获国家专利局受理专利1700多项。此外，我国数字家庭产业链建设逐步完善，已构建了涵盖数字家庭网络运营、智能终端、数字化家用电子产品制造、面向三网融合的数字家庭内容服务在内的产业链，产品涵盖消费电子、半导体、通信、IT、安防、建筑、网络运营、内容服务、软件等众多行业。

6、自主标准国际化和产业联盟建设取得重大进展

我国在标准化领域的话语权逐步提高，国际电信联盟已将我国的数字电视地面多媒体广播系统DTMB标准纳入地面数字电视国际标准，DTMB标准也正式成为继美、欧、日之后的第四个数字电视国际标准。同时，为了整合产业资源、加强信息交流、推动技术合作、开拓应用市场，我国多家视听巨头企业联合成立了中国智能多媒体终端技术联盟和OLED产业联盟。

（二）细分领域发展情况

1、彩电产业平稳增长，新型产品拉动行业快速发展

（1）彩电产业增速放缓，进入平稳增长阶段。

2011年我国彩电企业生产彩色电视机12231.4万台，同比增长3.4%。据海

关统计数据显示，2011 年我国彩电出口增长缓慢，全年出口彩电 6780 万台，同比增长 3%，出口额为 946.2 亿美元，同比增长 7.9%，增速低于全行业平均水平 4.0 个百分点。我国彩电产品产量占全球出货量的比重达到 48.8%。平板电视出口量占总出口量比重为 82.6%，比上年同期的 77.87% 提高了 4.69 个百分点。2011 年 1–11 月，我国生产液晶电视 8390.5 万台，同比增长 11.1%，占比 76.7%;PDP 电视 270.9 万台，同比增长 50.7%，占比 2.5%；CRT 电视 1371.1 万台，同比减少 36.1%，占比 12.5%。

（2）LED 电视呈爆发式增长，从主流趋向普及

2011 年 1–11 月 LED 背光液晶电视国内市场销售量 1553 万台，同比增加 249%，销售额 725 亿元，同比增加 146%，市场占比超过 53%。数据显示，2011 年 9 月 LED 背光产品在液晶电视市场的金额渗透率达到了 76.0%。LED 背光产品的关注比例也已经接近 3/4，LED 背光液晶电视已经稳步前进并成为中国液晶电视市场的主流。预计 2015 年 LED 背光液晶电视面板出货比率将超过 90%。

（3）彩电产品加速向网络化、智能化方向发展，新型产品发展迅速

2011 年，彩电产品加速向网络化、智能化、绿色节能方向发展。一些融合了 3D 显示技术、互联网与智能技术的新型产品 3D 电视作为新兴的电视产品，价格不断下降，市场不断升温，3D 功能已成为主流高端电视产品的标配。2011 年 1–11 月，3D 电视国内市场销售 392 万台，销售额 284 亿元，平板市场中 3D 电视的渗透率从 1 月的 2.31% 上升到了 11 月的 19%。2011 年 1–11 月，国内 3D 电视累计销售 403 万台，预计 2015 年 3D 电视将超过 60%。互联网电视快速普及，2011 年 1–11 月互联网电视国内市场销售量 1021 万台，销售额 550 亿元，分别同比增长 139% 和 97%。互联网电视的演进产品——智能电视，已成为彩电业的整体发展趋势，国内企业海信、TCL、长虹、创维、康佳等相继推出了各具特色的智能电视。2011 年全年，中国市场共销售智能电视 336.7 万台，同比增长 690.4%，销售额为 269.6 亿元，同比增长 644.8%。智能电视的销售量和销售额分别占平板电视市场的 8.4% 和 13.6%。我国有望成为全球最大的智能电视消费市场。近来各厂商纷纷推出的云电视可以看做智能电视的延伸，云电视的产生和快速发展它标志着中国电视企业从单纯生产向构建智能终端和云服务的生态系统的转变。

（4）等离子电视迎来发展机遇，产销情况逐步回暖。

2011 年等离子产品产销情况步入上升通道。2011 年年末，中国首个 3D 电视频道开始试播，并将于 2012 年初覆盖全国有线电视网络。而等离子电视响应速度更快等优势使得其在 3D 领域拥有一定优势，随着 3D 内容的逐渐丰富，等离子电视也迎来了新的机会。2011 年，尽管等离子电视在电视市场中的份额仍然较小，但其市场发展已经有了一定回暖。来自中国电子视像行业协会的统计数据显示，2011 年上半年中国等离子电视的产量同比增加 45.7%，等离子电视在零售市场的销量同比增长了 29.2%，第三季度等离子电视的零售同比增长高达 38.0%。

2、音响光盘行业平稳较快发展，产品科技含量不断提高

2011 年，音响光盘行业平稳较快发展，产品科技含量不断提高。2011 年我国电子音响行业产销量恢复到金融危机前水平，增速回落至 20% 左右的常态水平，总体企稳向好。中商情报网数据显示 :2011 年 1–11 月，全国组合音响的产量达 1.08 亿台，同比增长 14.12 %。从各省市的产量来看，2011 年前 11 个月，广东省组合音响的产量达 9457.5 万台，同比增长 11.34 %，占全国总产量的 87.52 %。紧随其后的是上海、江苏和浙江等省市。激光视盘机、收音机、组合音响、麦克风、多媒体音箱等产品的产量均位居全球第一。平板电视用超薄音响、HiFi 级音响、多媒体音响等科技创新水平不断提高，成为新的热点和增长点。由于科技创新含量增加，产品单价同比上涨明显。

3、数字家庭产业链日益完善，产业集聚效应初步显现

随着电子信息技术的快速发展，三网融合已成为必然趋势。数字家庭作为三网融合的核心和重要落脚点，其战略性产业地位已日益凸显。2011 年，我国已形成了以数字电视为中心，面向 3C 融合、三网融合的数字家庭产业，形成了以环渤海、长三角、珠三角等聚集区域，产业集聚效应初步形成。闪联、e 家佳等加快面向三网融合的产品开发和市场推广，闪联与中国电信签署了三屏互动产业战略合作协议，发布基于闪联标准的魔屏、翼视通、家庭网关等三网融合产品和系统，并在上海、武汉等地开展应用试点。部省共建广州国家数字家庭应用示范产业基地开展了覆盖番禺、云浮、中山、江西等地的应用试点，上线各类数字家庭互动服务超过 60 种，并围绕数字家庭应用需求进行产业配套，基地集聚效应

初步显现，形成了产学研用有机结合的技术创新体系，自主创新能力显著增强。杭州、武汉等地探索了以网络运营商为主导，基于IPTV、数字电视实现部分数字家庭服务功能的业务模式，形成了各具特色的发展格局。一系列基于基础技术的DRA、AVS、DTMB、CMMB、TD-LTE等自主标准已经开始产业化。相关行业的技术与应用标准相继形成。

从数字家庭产业链发展情况看，产业链日益完善，我国已形成了以数字电视为中心，面向3C融合、三网融合的数字家庭产业，构建了涵盖数字家庭网络运营、智能终端、数字化家用电子产品制造、面向三网融合的数字家庭内容服务在内的产业链，产品涵盖消费电子、半导体、通信、IT、安防、建筑、网络运营、内容服务、软件等众多行业，探索了以数字电视、计算机、家庭网关和有线电缆为核心构建家庭网络的技术体系和应用服务。而从纵向范围来看，数字家庭融合应用的各个产业链条也日益完善，如数字电视产业，从前端节目制作的高清化、数字化，到网络传输和终端接收的网络化、数字化、智能化发展，再加上近年来广电总局推行的数字电视整体转换和双向网改步伐加快，以及双向技术的逐渐成熟，产业链条逐步完善，在此基础之上延伸出的业务开始走向多样化、个性化。而近年PAD类终端的流行，移动互联网业务创新加速，融合业务诞生并不断创新。

从区域发展格局看，我国已建成了由广州国家数字家庭应用示范基地和若干个城市试点示范组成的数字家庭产业发展和应用格局，产业集聚效应初步显现。广州国家数字家庭基地的发展思路是以数字电视为中心，以互动服务为导向，围绕数字家庭应用需求进行产业配套，已引进企业达238家，2010年实现产值56亿元，并开展了覆盖番禺、云浮、中山、江西等地的应用试点。同时，青岛、杭州、武汉、大连等地依托区域产业聚集度较好等资源优势，探索了以网络运营商为主导，基于IPTV、数字电视实现部分数字家庭服务功能的业务模式。总体来看，数字家庭产业发展与区域经济社会发展水平密切相关。广东省是起步较早、发展较快的省份，工业和信息化部与广东省共建的国家数字家庭应用示范产业基地取得了较好成效。浙江、山东、辽宁、湖北、四川五省产业发展基础较好，已开展了数字家庭产业的培育和产业园建设等工作。江苏、河南、陕西、福建、湖南等省市已经具备了发展数字家庭产业的潜力。

（三）2011年视听产业热点事件回顾与解析

1、平板电视新能效标准实施

（1）事件回顾

2011年3月1日，《平板电视能效标识实施规则》正式实施。规则要求，未达到《平板电视能效限定值及能效等级》标准3级能效标准的高能耗产品将不准进入市场销售，同时今后出厂和进口的平板电视都将粘贴能效标识，在3月1日之前上市的产品可以延迟到2012年3月1日粘贴。这项标准将平板电视亮度参数计算在内，权衡了平板电视的亮度和功耗两个重要参数，提出用包含亮度和功耗因素的能效指数作为评价参数，直观地反映出平板电视的电光转换效率。

（2）事件解析

标准的实施，从企业角度来说，将提升平板电视原本较低的准入门槛，加速淘汰行业内生产能力和工艺水准较差企业，加速企业对能效技术的主动革新。从产业发展的角度来说，将促进行业自上游材料到下游整机产品的技术升级及产业链完善。长期以来，因液晶面板等核心部件没有掌握在我国企业手中，定价权也掌握在韩国和中国台湾面板巨头手里，我国彩电企业在于外资企业竞争中一直处于不利地位，本次标准的实施，将有效推动平板电视产业链的持续完善。

2、彩电企业和IT企业争先推出智能电视、云电视

（1）事件回顾

2011年3月23日，TCL推出Android+系统的超级智能互联网电视新品。3月28日，长虹推出全高清3D电视新品，主打多屏互动。3月30日，创维宣布搭载Android操作系统的酷开智能3D量产上市。3月31日，康佳也推出网锐Android智能电视。之后，其他各大电视企业也纷纷推出自己的智能电视。3月份，联想与上海广播电视台、上海东方传媒集团（SMG）在上海签署协议，宣布联手进军智能电视市场。11月29日，联想首次展示了旗下首款智能电视“乐TV”，并表示该产品将于明年一季度上市。而近期备受热议的云电视不仅具备了目前智能电视的所有功能外，还独有一系列领先功能，2011年8月16日，海信在京发布的个人智能电视I’TV，将彩电定义为“瘦终端、云后台概念”，这是中国家电品牌首次挺进“云”领域。2011年8月17日，海尔推出云电视 。8月18日，创维集团发布“云电视”，包括E99、E98、E96、E85和E83等五大系列 。8月

25 日，长虹公司发布端云一体机智尚 A900 系列云智能电视 。8 月 28 日，TCL 发布四大系列超级智能云电视——云 . 逸 Z11、云 . 博 V8200、云 . 卓 V7300、云 . 尚 E5300 系列 。8 月 31 日，康佳发布了 8000 系列新品智能电视。

（2）事件解析

智能电视跟智能手机一样，具有全开放式平台，搭载了操作系统，可以由用户自行安装和卸载软件、游戏等第三方服务商提供的程序，通过此类程序来不断对彩电的功能进行扩充，并可以通过网线、无线网络来实现上网冲浪。未来，智能电视将逐渐发展成为一个开放的业务承载平台，成为用户家庭智能娱乐终端。与此同时，家电企业也正在从“硬件”盈利模式向“硬件 + 内容 + 服务”盈利模式转变，改变原来一次性销售的盈利模式，通过销售电视机，同时提供内容和服务，形成电视终端的市场溢价，并产生持续服务的盈利能力。

国内彩电企业在产品技术储备、市场开拓、品牌营销等方面都走在了中国智能电视市场的前列，也赢得了国内消费者的认可。从品牌来看，创维、康佳、海信都有较高的认知度。与此同时，国内彩电企业通过与内容 / 应用服务提供商的合作，正逐渐改变过去单纯依靠销售终端产品的一次性盈利模式，并向终端产品与服务提供相 结合的可持续盈利模式转变。

随着三网融合的持续推进，高速宽带网络的不断推广建设，智能电视所存在的内容资源和网络传输等问题将得到极大改善。同时，系统平台的智能化、传输方式的网络化、服务种类的多样化、内容格式的高清化将使智能电视成为三网融合的重要载体和数字家庭的娱乐中心。智能电视热潮的引领者并不是传统的彩电企业，而是谷歌等 IT 企业。随着联想推出了 Idea TV 智能电视和传闻苹果将在 2012 年推出自有品牌的智能电视，未来将会有越来越多的 IT 企业涉足智能电视领域，这将极大地改变智能电视现有的产业格局。一方面，IT 企业直接进入终端产品领域将会加剧包括中国在内的全球智能电视市场的竞争。另一方面，凭借在系统及软件开发、核心芯片研发、互联网服务等方面的优势，IT 企业与彩电企业进行合作，形成优势互补，或许是更有利于智能电视产业发展的模式。2010 年是智能电视的市场引入期，2011 年是智能电视快速发展的成长期，对比 LCD 电视的发展周期，智能电视还将继续保持一段时期的高速发展，并在 2015 年进入稳 发展的成熟期。

六大本土彩电厂商在短短半月时间内，集体推出智能电视、“云电视”，开启了彩电行业全新时代，成为继 3D 电视之后彩电行业的又一大热点。智能云电视作为智能电视发展的高级形态，代表了智能电视的发展趋势，当前，对云电视的定义仍然有待完善，各大厂商对此也没有统一的定义，关于云电视行业标准的统一也非常迫切。

3、中国智能多媒体终端联盟成立

（1）事件回顾

2011 年 5 月 6 日，海信、TCL、长虹在深圳共同发起成立“中国智能多媒体终端技术联盟”（简称中智盟），联盟是企业按照“自愿、平等、合作”的原则自发组织的技术共同体，是围绕智能终端产业链相关技术和服务，开展联合研发、推广应用、产业标准化、产业链建设等工作的行业性、非赢利性企业联盟。该联盟主要目的就是期望站在产业的高度上建立起中国企业自己的技术标准，给消费者和开发者带来品牌和技术的保障。联盟立足于智能多媒体终端技术的发展，将主要开展以下几个方面的工作：1、智能电视应用程序商店技术标准；2、智能电视互联互通应用规范标准;3、智能电视操作系统技术规范标准。后续还将逐步制定智能手机、智能平板等各种智能多媒体终端技术标准。8 月 10 日，中智盟发布中国首个应用程序商店技术标准 SDK，基于海信、长虹、TCL 等统一的 Linux 平台和 Android 平台，取得了首份成果。未来还将推出智能电视互联互通应用规范标准、智能电视操作系统技术规范标准等。

（2）事件解析

中国的电视机行业三大巨头海信、TCL、长虹，适应融合化、开放化的市场发展趋势，立足产业，强强联手，携手发起成立中国智能多媒体终端技术联盟。其主要目的就是期望站在产业的高度上建立起中国企业自己的技术标准，给消费者和开发者带来品牌和技术的保障，最终为表现平淡的平板电视市场注入新的活力，刺激新的需求，带来巨大的盈利表现。

联盟的成立，一方面在市场上给出一个明确的智能多媒体终端的技术标准，保证消费者的权益，同时也给消费者带来极大的便利，避免消费者被各种各样的智能产品混淆；同时通过统一的标准，保障联盟内智能多媒体终端互联互通，共享互联网的便利。另外一方面，联盟的成立，给应用开发者带来了福音。开发者开发的应用，将可以适用于联盟内所有的终端，其用户群每年将以千万级别规模增长。这种规模上的效应不仅给开发者带来巨大的利益，而且会极大的刺激彩电整机厂商销售，为表现平淡的平板电视市场注入新的活力。

4、三省一市家电下乡政策结束

（1）事件回顾

为应对金融危机、促进农村消费的优惠政策，2008年，家电下乡政策开始实施。实施四年来获得了巨大的成功，带动了农村家电市场的爆发性增长。根据商务部2011年10月发布的数据显示，截至2011年10月份，全国家电下乡产品累计销售2亿台，实现销售额4576亿元，累计发放补贴518亿元。其中，冰箱、彩电、空调和洗衣机是销售增长最快的产品。家电下乡从最初三省一市的区域试点到现在的全国范围内的铺开实施，从最初实施补贴的四类产品即彩电、冰箱、冰柜、手机到如今补贴的19类品种，得到了企业、渠道、市场消费者的大力支持和欢迎。在实施的四年中，虽然家电下乡工作也存在诸如低价进高价卖和冒充中标经销商和中标型号等"骗补"行为。但家电下乡对整机企业、渠道商、三四级市场的需求起到了积极促进的作用。

2011年11月30日，根据此前财政部、商务部和工信部联合发布的通知，我国家电下乡首批试点，包括四川、河南、山东和青岛三省一市的家电下乡政策将于2011年11月30日到期后停止继续执行。在我国实施四年的加点优惠政策终于陆续结束。

（2）事件解析

一方面，家电下乡政策实施激发了农村消费者对家电的购买欲望，实现了销量的增长，但同时也必须看到，销量剧增的背后是农村家电市场的政策性透支。家电下乡结束之后，近几年家电行业的高速增长将会结束，企业也将面临"无政策时代"的严峻考验。

另一方面，我国农村家电需求还很大，家电下乡政策退出不会对家电行业造成太大影响。目前，国内的家电行业本身已形成了一条完整的产业链，并不是靠补贴而维持的，不过政府可适当减轻该行业的税收负担。相反，刺激政策的退出将有利于大的家电企业健康发展，国内家电业整合规模也会由此加大。

此外，针对家电下乡政策退出后可能面临的"退市厂家的产品谁来服务"等问题，应该参照政策实施中建立的严格准入制度，在政策退出后，还要建立完善严谨的退出机制，将此前各家中标企业和渠道交纳中标保证金转而设立家电下乡服务保证基金，委托相关职能部门对家电下乡服务提供全程监管，避免因某家企业退出而导致售后服务断链，保护农村消费者的合法权益。

5、数字家庭知识产权公共服务平台成立

（1）事件回顾

数字家庭知识产权公共服务平台 11 月 24 日在广州宣布成立。该平台是在工业和信息化部电子信息司的指导下，由工业和信息化部电子知识产权中心联合业内单位发起组建。发起单位包括：中国电子技术标准化研究所、中国电子科技集团公司第三研究所、工业和信息化部软件与集成电路促进中心、上海硅知识产权交易中心、数字电视国家工程研究中心、中国电子视像行业协会、中国电子音响工业协会、深圳市中彩联科技有限公司、AVS 产业联盟等。工业和信息化部总经济师周子学出席成立仪式并为平台揭牌。平台通过整合数字家庭产业链知识产权资源及专家资源，建立基础资源平台，研究共性知识产权问题，为政府部门提供知识产权专业意见及决策支撑，为行业提供公共支撑及引导，为企业提供知识产权专业服务，促进数字家庭行业整体知识产权竞争力的提升。

（2）事件解析

平台是面向数字家庭行业建设的开放、公共、系统化、专业化的知识产权公共服务平台，具备支撑政府、引导行业、服务企业三个层面的工作职能，通过整合数字家庭产业链知识产权资源及专家资源，建立基础资源平台，研究共性知识产权问题，进行关键技术专利信息检索与分析，开展重大纠纷预警与应对，支撑标准中涉及的知识产权工作，为政府部门提供知识产权专业意见及决策支撑，为行业提供公共支撑及引导，为企业提供知识产权专业服务，将促进数字家庭行业整体知识产权竞争力的提升。

（四）2012年视听产业发展趋势展望

展望 2012 年，我国新型数字视听产品将层出不穷，随着三网融合进程显著加快，制造、内容和服务的融合将成为行业发展大趋势。数字视听产品网络化、智能化和平台化的时代即将到来，产业发展潜力巨大。但同时也应看到，我国产业发展面临着核心技术缺乏、市场需求处于恢复期的压力，加之国际贸易保护主义抬头、外资企业的技术壁垒以及反倾销等不利因素的影响，产业发展前景也存在巨大挑战和不确定性。

1、全球经济形势预期好转，平板电视销量持续增长

国际上欧盟达成解决主权债务危机的共识，促进2012年全球经济走势趋好；国内2011年经济增长基本符合预期，2012年国内整体经济走势将会保持平稳。经过一年的调整，房地产市场的低谷已现，2012年房地产市场销售量显著回升的概率很大，对和房地产市场紧密相关的平板电视销售会有一定的拉动作用，中国平板电视市场将继续保持增长态势。

2、智能电视发展前景可观，我国企业将迎来发展机遇

当前电脑和智能手机正在逐步取代电视提供娱乐和信息的功能，但随着三网融合的进一步深入,具有“智能化”和“网络化”特征的平板电视将扭转这一趋势。2011年，我国智能电视的市场渗透率超过8%、2012年预计将达到15%、2015年将达到45%。目前智能电视的应用，很多是从智能手机或是平板电脑经过简单改良移植到智能电视上来的。但因为智能手机和平板电脑更多是私人产品，而电视却是家庭共享型的产品，这种简单的移植并不能满足消费者对智能电视应用的完全需求。2012年智能电视的应用将逐渐向家庭共享型、多人互动型转移，从而促进人们的交流。2011年几乎没有外资品牌加入到智能电视市场中来，而国产品牌在智能电视产业中的布局已经基本完成，加之国产品牌对智能电视产业生态的熟悉，海信、TCL、康佳、长虹、海尔和创维等国产主流品牌，必将在智能电视的竞争浪潮中处于领先地位。届时，我国将成为全球最大的智能电视消费市场。

3、"4C”融合不断推进，产业发展模式将发生重大变化

随着信息技术的不断发展，“4C”融合的不断深入，将促进视听产业从单纯整机生产向上游高附加值领域延伸，从产品制造向内容服务、运营服务和生产服务等领域渗透。产业集群将加速从成本导向型向创新驱动型升级，生产与服务融合、软件与硬件融合的趋势愈加明显。

4、产业发展环境进一步优化，将有助产业快速发展

良好的经济前景、稳定的政治环境、充裕的劳动资源、庞大的消费市场等有利因素,使得我国仍然是全球最佳的视听产业转移地。工业化和信息化深度融合、战略性新兴产业积极培育、数字电视和三网融合政策进一步贯彻落实，将为数字电视和数字家庭产业的发展提供有力支持。明年随着彩电业转型专项工程的深入实施,以及数字家庭示范工程的逐步建设,各地方政府和社会投资的持续跟进,

将为数字电视及数字家庭产业发展营造宽松的投融资环境，共同促进产业快速发展。

5、IT 巨头与彩电企业角逐智能电视，彩电产业竞争加剧

在智能化、网络化的大环境下，微软、谷歌、苹果、联想等国际 IT 巨头纷纷向智能电视产业延伸。国内彩电巨头不约而同加速了智能云电视的产品布局，以图先发制人，抢夺产业发展先机和制高点。IT 巨头在互联网技术和应用开发领域拥有绝对优势，而传统彩电企业在品牌及市场销售方面有着长期的积累。IT 企业的跨界导致整个产业格局将发生颠覆性的变化，而新的市场竞争格局，给我国传统彩电企业带来不小的压力。2012 年,围绕智能电视领域的竞争将更为激烈，传统彩电企业与 IT 企业的抗衡将空前激烈。

四、集成电路产业

（一）2011年集成电路产业发展回顾

受欧美经济疲软、制造业产能过剩以及半导体产品库存过剩等诸多因素的影响，国内集成电路产业增长势头大幅放缓。据中国半导体行业协会发布数据，2011 年我国 IC 市场规模为 8065.6 亿元人民币，同比增长 9.7%。集成电路全行业销售收入达 1572.2 亿元，同比增长 9.2%。IC 产量为 719.6 亿块，同比增长 10.3%。

1、4 号文正式发布，产业发展环境进一步完善

2011 年 1 月 28 日，《国务院关于印发进一步鼓励软件和集成电路产业发展若干政策的通知》（国发 [2011]4 号）正式发布，政策从财税、投融资、研究开发、进出口、人才、知识产权及市场七大方面提出 31 条具体政策措施。4 号文延续了《鼓励软件产业和集成电路产业发展的若干政策》（国发 [2000]18 号）的大部分内容，保持了产业政策的连续性与稳定性，并在把握产业发展趋势、发展方向和发展需求的基础上有所创新，在财政政策方面、投融资方面、研究开发政策方面、进出口政策方面、人才政策方面加大了支持力度，顺应新形势下产业发展的要求。4

号文的发布标志着我国国内集成电路产业环境将得到进一步完善，政策带动效应将在一定程度上减弱国际市场需求疲软的不利影响，推动产业规模增速稳步上升，为产业步入新一轮发展阶段提供重要动力。

为落实4号文的有关要求，相关配套政策已经出台。财政部、国家税务总局于2011年11月14日联合下发了《关于退还集成电路企业采购设备增值税期末留抵税额的通知》，该“通知”为解决集成电路重大项目企业采购设备引起的增值税进项税额占用资金问题，决定对其因购进设备形成的增值税期末留抵税额予以退还，惠及面包括中芯国际、上海华虹NEC、北京京东方、和舰科技等29家国内大型集成电路企业，2011年11月1日起开始执行。

2、产业规模保持平稳增长，产业结构更加均衡

受欧美经济疲软、制造业产能过剩以及半导体产品库存过剩等诸多因素的影响，国内集成电路产业增长势头大幅放缓。据中国半导体行业协会发布数据，2011年我国IC市场规模为8065.6亿元人民币，同比增长9.7%。集成电路全行业销售收入达1572.2亿元，同比增长9.2%。IC产量为719.6亿块，同比增长10.3%。

根据海关统计，2011年1–3月集成电路进口金额385.9亿美元，同比增长16%；出口金额73.5亿美元，同比增长12.5%。2011年1–6月集成电路进口金额798.84亿美元，同比增长10.6%；出口金额151.66亿美元，同比增长10.8%。2011年1–9月集成电路进口金额1252.1亿美元，同比增长8.5%；出口金额234.9亿美元，同比增长9.3%。2011年全年集成电路进口额1701.9亿美元同比增长8.4%，出口额325.7亿美元同比增长11.4%。2011年集成电路进出口逆差达1376.2亿美元。

从2011年IC设计、芯片制造以及封装测试三业发展来看，IC设计业在内需市场快速增长的带动下，继续保持2010年以来的快速增长势头，带动我国集成电路产业结构进一步调整，设计、制造、封装测试三业比重更加均衡合理。2011年我国IC设计业实现销售收入473.7亿元，同比增长30.2%，占全行业份额为30.1%，所占份额与2010的25.3%相比增长4.8个百分点。龙头企业表现突出，国内前十大IC设计公司入围底数已近1亿美元，海思半导体销售收入首超10亿美元，展讯实现销售收入43亿元，同比增长超过70%。2011年我国IC制造业实现销售收入486.9亿元，同比增长8.9%，比2010年增速下跌了22个百分点，

占全行业份额为30.9%，全行业占比与2010年持平。封装测试业同比下跌2.8%，实现销售收入611.6亿元，占全行业份额为38.9%，与2010的43.7%相比下降了4.8个百分点。

3、技术水平提高，生产水平向高端发展

2011年，我国集成电路产业链各环节技术上都取得一定突破，技术水平提高，生产水平向高端发展。

芯片制造环节，中芯国际90纳米制程工艺已经实现大规模量产，65纳米工艺也已经成功投产，40/45纳米12英寸生产线具备量产条件，预计2012年形成生产能力。上海宏力微电子有限公司的55纳米工艺产品开始流片。在特色工艺上，上海华虹NEC已经能够生产数模混合、射频、BCD，VDMOS、IGBT等产品。

芯片设计领域，一批中高端电路产品，如TD-SCDMA移动通信芯片、数字音视频和多媒体处理芯片、网络路由器芯片、数字电视机顶盒芯片、智能电表、北斗导航等产品已经实现量产，其中有些产品已占有一定市场份额。嵌入式移动终端CPU、MCU和安全芯片也取得较大进展。在芯片设计水平上，设计能力达到90纳米的企业达41家，设计能力在0.25微米以下的企业占比则已高达40%之多。主要企业的经营规模迅速扩大。

封装测试环节技术也不断得以提高，高端封装工艺BGA、倒装焊等技术已经实现大规模量产，前沿的三维封装技术、芯片级封装技术也已有开发和生产应用。此外，值得关注的是，在半导体设备和材料环节，高密度离子刻蚀机、大角度离子注入机、45纳米清洗设备等重要技术装备已经应用于生产；同时，在材料方面，单晶硅、光刻胶、抛光液、高纯气体、靶材等材料技术已经取得突破。设备和原材料环节领域技术的快速进步和自主发展为我国集成电路产业链各环节的发展提供重要保障。产业链各环节的技术创新为我国集成电路产业的持续发展及持续创新打下重要基础。

4、行业内资源整合活力增强

2011年，行业内资源整合活力不断增强。主要原因在于，一方面，国家通过政策引导、资金支持等手段，支持骨干企业做大做强，鼓励企业兼并重组。另一方面，市场竞争日趋激烈，产业格局多变，大企业通过兼并重组拓展产品线、整合产业链，提升综合竞争力。

芯片设计领域，2011 年 6 月，国内最大的手机芯片设计企业展讯通信收购了专注于高度集成 UMTS/HSPA+ 调制解调器芯片组的手机芯片设计企业摩波彼克约 48.44% 的在外流通股。7 月，展讯通信收购模拟电视芯片设计企业泰景信息科技。8 月，上海澜起收购了摩托罗拉杭州芯片设计部，获得其数字电视机顶盒领域多项核心技术。

芯片制造领域，2011 年 5 月，中芯国际通过与湖北省科技投资有限公司先合资、后回购的方式，实现对武汉新芯 12 英寸集成电路生产线的资源整合。6 月，上海新进半导体以 560 万美元现金已经收购 Auramicro 公司，此次收购将有利于加强新进半导体公司电源管理 IC 研发团队，扩大该企业 DC-DC 产品组合和解决方案，增强与其模拟工艺整合能力。2011 年底，华虹半导体和宏力半导体宣布合并，合并后的新公司华虹宏力年营收预计将达到 6 亿美元，规模接近国内芯片制造领域领头企业中芯国际。

封装测试领域，2011 年年初，苏州固锝电子股份有限公司以 360 万美元收购专业从事 MEMS-CMOS 相关开发的美国明锐光电公司 100% 股权。

（二）细分领域发展情况

从 2011 年 IC 设计、芯片制造以及封装测试发展情况看，IC 设计业在内需市场快速增长的带动下，继续保持 2010 年以来的快速增长势头，带动我国集成电路产业结构进一步调整，设计、制造、封装测试三业比重更加均衡合理。

2011 年我国 IC 设计业实现销售收入 473.7 亿元，同比增长 30.2%，占全行业份额 30.1%，所占份额与 2010 的 25.3% 同相比增长 4.8 个百分点。龙头企业表现突出，国内前十大 IC 设计公司入围底数已近 1 亿美元，海思半导体销售收入首超 10 亿美元，展讯实现销售收入 43 亿元，同比增长超过 70%。2011 年我国 IC 制造业实现销售收入 486.9 亿元，同比增长 8.9%，比 2010 年下跌了 22 个百分点，占全行业份额 30.9%，全行业占比与 2010 年持平。封装测试业同比下跌 2.8%，实现销售收入 611.6 亿元，占全行业份额 38.9%，与 2010 的 43.7% 相比下降了 4.8 个百分点。

表 3　2011 年我国集成电路产业各产业链结构

产业链	销售收入（亿元）	增长率	所占份额
IC设计业	473.7	30.2%	30.1%
IC制造业	486.9	8.9%	31.0%
封装测试业	611.6	−2.8%	38.9%
合计	1572.2	9.2%	100%

数据来源：中国半导体行业协会，2012 年 3 月

图20　2011年IC设计、IC制造、封装测试三业比重

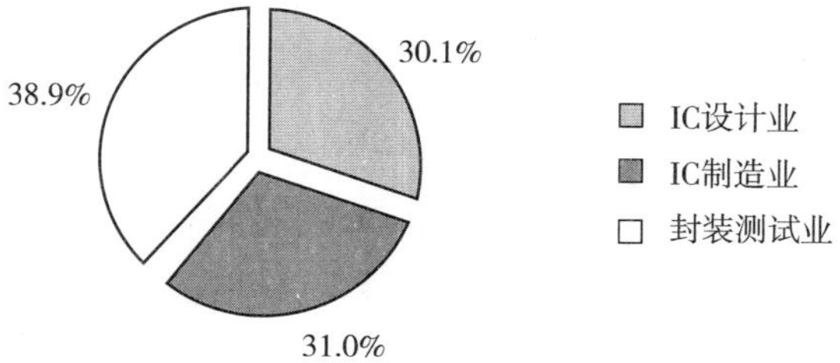

数据来源：中国半导体行业协会，2012 年 3 月

1、IC 设计行业

目前国内 IC 设计业主要分布在京津环渤海、长三角以及珠三角地区，2011 年国内 TOP 40 IC 设计企业均分布在这三个区域。其中，京津环渤海地区拥有 17 家，长三角地区拥有 18 家，珠三角地区拥有 5 家。

表 4　我国集成电路设计企业的地区分布

城市	集成电路设计企业
北京	中星微电子 大唐微电子 瑞萨电子 中电华大 时代民芯 同方微电子 华大智宝 北京君正 圣邦微电子 福星晓程 格林威尔 海尔集成电路 威盛电子 天碁科技
上海	展讯通信 锐迪科微电子 联芯科技 格科微电子 上海华虹 复旦微电子 中颖电子 昂宝电子 华亚微电子 岭芯微电子
深圳	深圳海思 中星微电子 国民技术 明微电子
杭州	士兰微 友旺电子 国芯科技
无锡	华润矽科 爱芯科微电子 美新半导体
珠海	炬力
大连	连顺微电子
绍兴	芯谷科技

数据来源：赛迪智库整理，2012 年 1 月

（1）2011 年集成电路设计行业发展回顾

设计业高速发展，成为全行业发展的主要动力。2011 年我国集成电路设计业销售额达到 473.7 亿元，同比增长 30.2%，高于全行业增速 21 个百分点，设计业的带动效应已经显现。2011 年，包含微电子专业研究所及整机企业的芯片设计部门在内，我国共有 IC 设计企业 534 家。在我国 IC 设计企业整体实力实现跨越的同时，排名第一的设计企业海思半导体的销售额也首次超过 10 亿美元，按照 2010 年全球设计企业的排名可以进入前 15 位。预计 2011 年销售额将超过 1 亿元的企业有 100 家左右，这些企业数量占全部数量近 1/5。

表 5　2007 — 2011 年我国集成电路设计业销售收入及增长

	2007年	2008年	2009年	2010年	2011年
销售收入（亿元）	225.7	235.2	269.9	363.8	473.7
同比增长（%）	21.2%	4.2%	14.8%	34.8%	30.2%

数据来源：根据半导体行业协会数据整理，2012 年 3 月

图21　2007—2011年我国集成电路设计业销售收入及增长

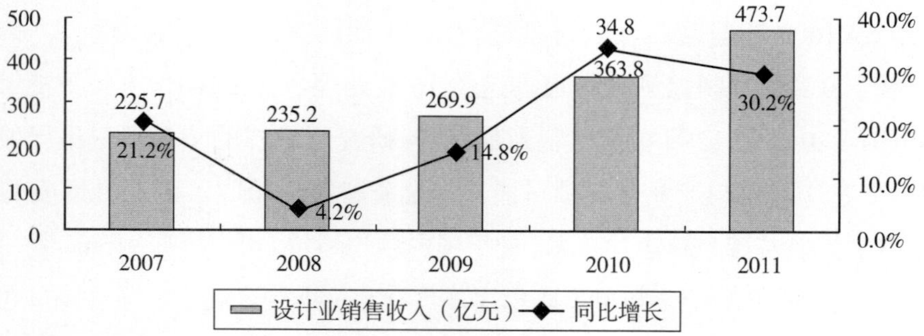

数据来源：根据中国半导体行业协会数据整理，2012 年 3 月

2011 年上半年我国集成电路设计业维持高速发展，第一季度实现销售额 74.7 亿元，同比增长 31.6%，第二季度实现累计销售额 186.0 亿元，同比增长 44.8%。虽然 2011 年下半年全球半导体产业增长速度大幅下滑，但由于受国内市场需求拉动以及国家对集成电路设计业的大力扶持影响，我国 IC 设计业仍然保持着高速增长。第三季度累计销售额 305.9 亿元，同比增长 34.6%。全年销售收入达到 473.7 亿元，同比增长 30.2%，占全行业的比重也从 25.3% 上升到 30.1%，

增加4.8个百分点。

图22　2011年我国集成电路设计业季度销售额变化及同比增长

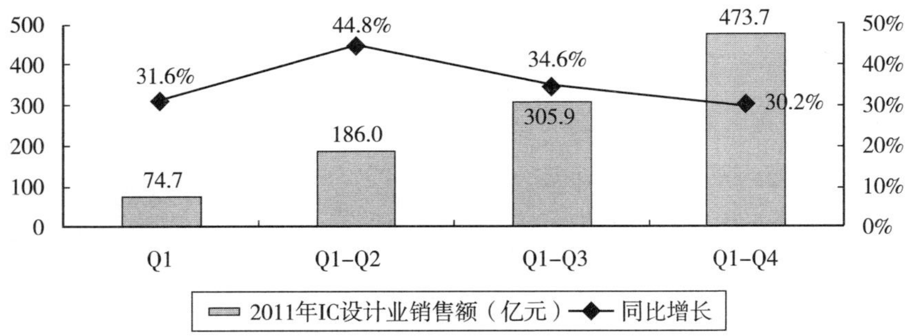

数据来源：根据半导体行业协会数据整理，2012年3月

我国芯片设计领域取得技术突破。2011年8月，西安华迅微电子有限公司宣布兼容GPS和北斗二代的数字基带芯片研制成功并量产，这款兼容GPS和北斗二代B1频点的双模导航定位基带芯片通过测试，各项性能指标均到国际领先水平，其北斗性能指标也已经达到与国际一流GPS芯片同等的水平。2011年11月，100%“中国芯”超级计算机“神威蓝光”诞生，该台超级计算机集成8704颗申威SW1600处理器，可以每秒进行1000万亿次计算（1 petaflop），排入世界最快的20台计算机之列。报道称这款16核处理器在1.1GHz主频下能够达到140Gflops。2011年12月中国电科所属第54研究所承担的“多模卫星导航终端基带SoC芯片研发与产业化”项目通过河北省科技厅验收。该项目形成的GPS/RNSS卫星导航基带SoC芯片技术，处于国内领先地位，可广泛应用于车载、手持、便携等各类导航终端中，与单星座相比，具有定位准确度高、可靠性高和可用性强等独特优势。

（2）2012年集成电路设计行业趋势展望

设计业继续成为拉动产业增长的主要力量。2011年，我国集成电路产业基本保持平稳增长，IC设计业增速快于行业平均水平。在全球半导体产业不景气，我国集成电路制造业、封装测试业增速大幅下滑的情况下，集成电路设计业实现了30.2%的逆势增长，集成电路设计业占全行业的比例也上升到30.1%。

IC设计业是我国集成电路产业中最具发展活力的领域，国内企业在与国际半导体巨头的同台竞争中充分发挥贴近国内高度分散的市场、提供针对性的定制化服务，以及快速反应的服务能力等优势，使我国IC设计业在全球半导体市场增长放缓的大背景下实现了持续快速发展。预计2012年，在政策带动效应逐步显现、财政资金投入及税收方面具备有利条件、新兴应用提供广阔市场空间等积极因素的推动下，我国集成电路设计业将继续保持高速发展，设计业销售收入接近100亿美元，占全行业的比例超过33%。

移动通信相关芯片成为IC设计业主要增长点。2011年我国集成电路设计行业排名前十位的企业中，至少有一半以上的企业主要从事移动通信相关芯片的生产与销售业务。国内以智能手机和平板电脑为代表的移动终端产量快速增长，2010年国内手机总产量已达到9.98亿部，其中20%为智能手机，平板电脑产量也逐步上升。受此带动，国内移动终端芯片市场也随之快速增长，并迅速取代IC卡成为目前国内IC设计行业的主力产品。目前国内10大IC设计企业中，展讯通信、锐迪科、格科微、联芯科技等多家企业均为从事移动智能终端芯片开发的企业。从未来几年的发展趋势来看，RISC和CISC芯片在性能与功耗方面都更加接近，使得移动终端和计算机产品的界限逐渐模糊，移动智能终端所涉及的芯片将是国内IC设计企业抢占市场的主力产品。

继续大力发展高端通用芯片产品。我国集成电路产品自给率不高，大量依赖进口的问题仍然很严重，特别是CPU/ DSP/ 存储器等高端通用集成电路几乎全部依赖进口。无论从产业层面，还是从国家信息化建设甚至国家安全层面看，打破高端通用集成电路的垄断都是我国集成电路产业发展的必然趋势。在高性能计算、安全服务器、网络安全等领域国产CPU在2012年可能继续取得突破性进展。目前曙光公司已经发布了采用中科计算所龙芯3A处理器的龙腾刀片服务器，龙腾塔式、机架、存储服务器以及龙腾防火墙等多个完全自主知识产权的产品。由国家高性能集成电路（上海）设计中心及江南计算技术研究所研发的申威SW1600成功用于“神威蓝光”超级计算机，这台超级计算机集成8704颗申威SW1600处理器，排入世界最快的20台计算机之列。

集成电路设计业将继续向产学研结合紧密的区域集聚。集成电路设计业作为集成电路产业的龙头，其发展不仅需要人才、技术等智力资源的牵引，同样也需要芯片制造与封装测试等制造业基础的支撑。目前长三角地区集成电路设计业的加速发展已经印证了这一点。未来国内集成电路设计业将进一步向产学结合紧密的区域汇聚。以上海为中心的长三角地区，以及以北京为中心的京津地区在集成电路设计领域的优势地位将更加突出。

2、芯片制造行业

截至 2011 年底，国内 4 英寸以上芯片生产线总计 55 条，其中 12 英寸生产线 5 条，8 英寸生产线 15 条。目前国内芯片制造业主要分布在长三角地区，该地区 8 英寸和 12 英寸生产线数量为 13 条，占全国整体数量的 65%。

表 6　我国集成电路芯片制造企业的地区分布

城市	集成电路芯片制造企业	生产线
北京	中芯国际FAB4	12英寸
大连	英特尔FAB68	12英寸
天津	中芯国际FAB7	8英寸
武汉	武汉新芯FAB1	12英寸
重庆	渝德科技FAB1	8英寸
成都	成都成芯FAB1	8英寸
上海	中芯国际FAB8	12英寸
	中芯国际FAB1/FAB3	8英寸
	上海先进FAB3	8英寸
	上海宏力FAB1	8英寸
	台积电FAB1	8英寸
	华虹NEC FAB1/FAB2/FAB3	8英寸
无锡	海力士 FAB1	12英寸
	华润集团	8英寸
苏州	和舰科技FAB1/FAB2	8英寸

数据来源：赛迪智库整理，2012 年 1 月

（1）2011 年集成电路制造行业发展回顾

IC 制造业略有增长，达到全行业平均水平。受欧洲金融危机以及全球半导体产业不景气的影响，2011 年我国芯片制造业的增速与 2010 年相比出现大幅下降，2011 年我国芯片制造业销售收入为 486.9 亿元，与 2010 年的 447.1 亿元相比增长 8.9%，增速下滑 22 个百分点。

表 7　2006 — 2011 年我国芯片制造业销售收入及增长

	2007年	2008年	2009年	2010年	2011年
销售收入（亿元）	397.9	392.7	341.1	447.1	486.9
同比增长（%）	23.0%	–1.3%	–13.2%	31.1%	8.9%

数据来源：根据中国半导体行业协会数据整理，2012 年 3 月

图23　2006—2011年我国芯片制造业销售收入及增长

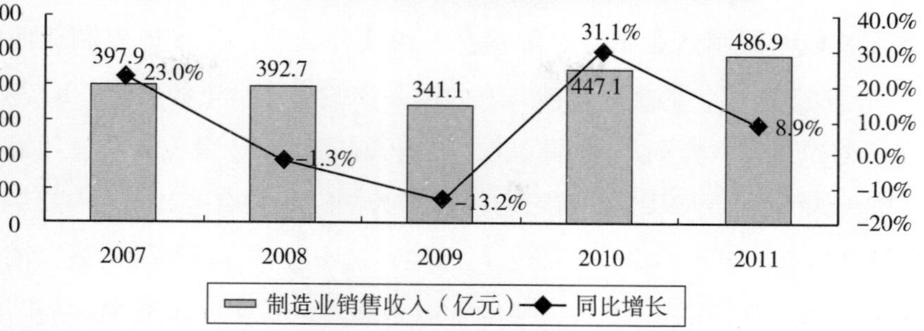

数据来源：根据半导体行业协会数据整理，2012年3月

2011年上半年我国芯片制造业保持较高的发展速度，平均增速超过15%。但下半年受全球经济影响严重，第三季度销售额大幅下滑，导致前三季度累计销售额增速迅速下降到5.6%。第四季度略有好转，全年销售额增速回升到8.9%。

我国芯片制造领域取得技术突破。中芯国际40nm工艺已经实现小批量生产，2011年6月灿芯半导体第一颗40nm芯片在中芯国际验证成功。2011年9月，上海华虹NEC电子有限公司与中国科学院微电子研究所宣布，由其联合开发的6500V TrenchFSIGBT（沟槽类型场终止绝缘栅双极晶体管）取得了阶段性的突破，标志着国内自主高压高功率IGBT芯片从设计研制到工艺开发的整体贯通又上了一个新的台阶。2011年12月我国薄膜晶体管技术获得突破，中国国家纳米元件实验室突破现有半导体元件硅基材缺陷，利用纯锗研制晶体管，成功把晶体管运行速度提升2到4倍，为我国半导体技术迈向10纳米开创新局。这项研究成果在美国华盛顿举办的"国际电子元件会议"公开发表，并被大会选为重点宣传论文。我国研究团队这次发表的论文，引起国际重视，被认为是进入10纳米元件的重要技术选项。

图24　2011年我国集成电路制造业季度销售额变化及同比增长

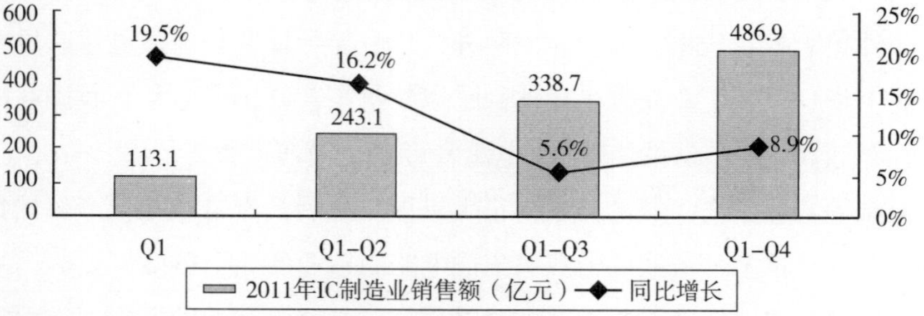

数据来源：根据中国半导体行业协会数据整理，2012年3月

（2）2012 年集成电路制造行业趋势展望

我国集成电路制造业亟待资源整合。2011 年，我国集成电路制造业的领头企业 ---- 中芯国际、华虹半导体、宏力半导体纷纷进行资源整合。IC 制造业是竞争激烈的、高投入、高风险的行业，目前我国大陆 IC 制造业规模还太小、太分散，迫切需要整合。以华虹与宏力的合并为例，2011 年 12 月，华虹半导体和宏力半导体宣布合并。合并后的新公司已经超过中芯国际成为国内最大的 8 英寸晶圆代工企业，月产能 13 万片，年营业收入超过 6 亿美元，在全球晶圆代工行业中列第 5 位。2012 年，我国集成电路制造行业资源整合趋势将更加明显。我国 IC 制造业要做大做强，单纯依靠内在积累很难实现，因而需要通过整合加快发展。

国内外集成电路制造工艺技术差距将继续拉大。全球集成电路制造业迎来 22nm/20nm 新节点，英特尔、台积电、IBM 半导体技术联盟（三星、格罗方德等）正进行 22nm/20nm 新工艺的研发，并宣布 2012 年的量产计划。预计，2012 年 4 月英特尔将发布首款采用 22nm 3D 晶体管架构的 Ivy Bridge 处理器。台积电跳过 22nm 工艺，将直接从 28nm 跨越到 20nm，20nm 制造工艺技术将会在 2012 年下半年开始进行试产。三星计划 2012 年开始量产 20nm 工艺单条 4GB、8GB、16GB、32GB 内存等大容量产品。

我国集成电路制造业的领军企业中芯国际，在 2011 年刚实现 40nm 小批量生产，预计于 2012 年整体实现 40nm 工艺。与英特尔、台积电、三星等国外集成电路制造巨头 2012 年量产 22nm/20nm 相比，制造工艺相差两代。从 Intel 2009 年发布 32nm 处理器，2012 年发布 22nm 处理器的工艺技术更新速度看，我国落后国外主流技术至少 5 年。

重点发展集成电路特色工艺。我国在高端集成电路工艺制程方面落后国外两代，落后约五年，短时期内很难有突破性进展，但在高压高功率等特色工艺制造方面与国外差距相对较小。除中芯国际外，华虹半导体、华力微电子、贝岭微电子，华润上华、以及上海先进半导体都是以特色工艺在国内立足。我国在嵌入式非挥发性存储器，功率器件、模拟 / 电源管理 IC、高压 CMOS、基于 SiGe（锗硅）工艺的射频等特色工艺领域已经取得很大进展。发展具有自主知识产权的集成电路特色工艺制造技术，可能成为我国集成电路制造业的一个重要突破口。

芯片制造业将向资金投入充裕的地区延展。芯片制造业的发展一方面需要大的资本投入，另一方面也需要相对低廉的成本。目前美国芯片制造生产线的建设正在向硅谷以外的地区拓展正说明了这一点。未来国内芯片制造业也将向资金投入充裕的地区延展。而大连、无锡、苏州等具备高投入条件与低成本优势的沿海二线城市，将是芯片制造生产线项目建设的重点地区。

3、封装测试行业

目前国内封装测试业集中在长三角地区，特别是江苏省内。2011 年国内封装测试业前 20 大企业中，江苏省的企业达到 11 家。

表 8　我国集成电路封装测试企业的地区分布

城市	集成电路封装测试企业
北京	威讯联合 瑞萨半导体
天津	飞思卡尔
深圳	赛意法
乐山	乐山无线电
天水	华天科技
上海	松下半导体 日月光 星科金朋
无锡	新潮科技 英飞凌
苏州	三星电子 欣中科技 快捷半导体 矽品科技 瑞萨半导体 新义半导体 晶方半导体 奇梦达
南通	南通华达

数据来源：赛迪智库整理，2012 年 3 月

（1）2011 年集成电路封装测试行业发展回顾

2011 年我国封装测试行业呈现负增长。受欧洲金融危机以及全球半导体产业不景气的影响，2011 年我国封装测试业的增速与 2010 年相比大幅下降，2011 年我国封装测试业销售收入达 611.6 亿元，与 2010 年的 629 亿元相比下降 2.8%，增速下滑 29.1 个百分点。封装测试业销售收入占全行业的比重从 2010 年的 43.7% 下滑至 38.9%，下滑 4.8 个百分点。

表 9　2007 — 2011 年我国封装测试业销售收入及增长

	2007年	2008年	2009年	2010年	2011年
销售收入（亿元）	627.7	618.9	498.2	629.2	611.6
同比增长（%）	26.4%	-1.4%	-19.5%	26.3%	-2.8%

数据来源：根据中国半导体行业协会数据整理，2012 年 3 月

图25　2007—2011年我国封装测试业销售收入及增长

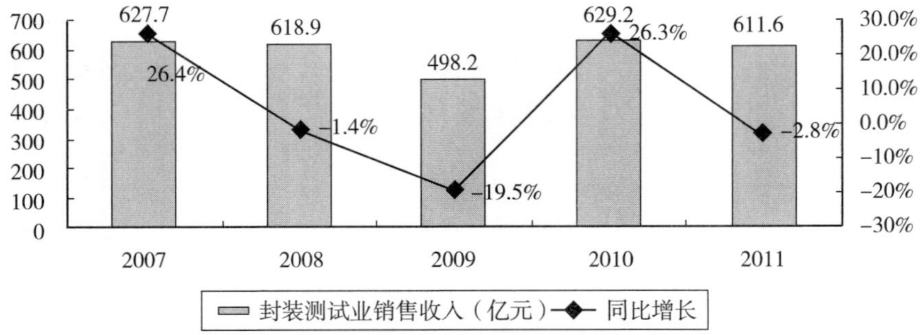

数据来源：根据中国半导体行业协会数据整理，2012 年 3 月

2011 年上半年我国封装测试业保持 10% 左右的增长速度，但下半年受全球经济影响严重，第三季度销售额明显下滑，导致前三季度累计销售额的增速下降至 5.8%。全年封装测试业销售额达到 611.6 亿元，与 2010 年相比下滑 2.8%，但仍为我国集成电路产业链中比重最大的行业。

图26　2011年我国集成电路制造业季度销售额变化及同比增长

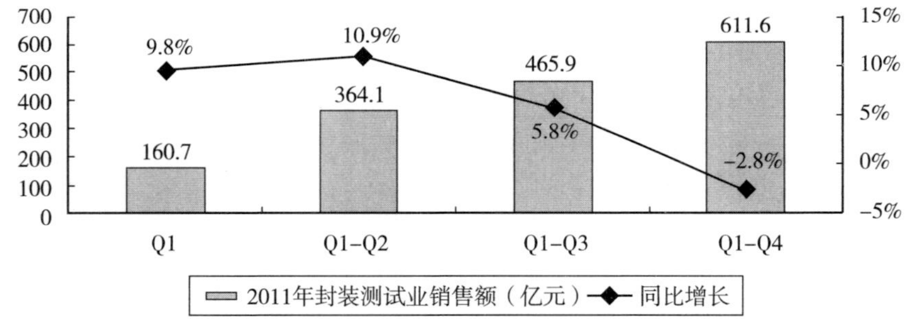

数据来源：根据中国半导体行业协会数据整理，2012 年 3 月

产能及厂商主要分布在长三角地区。目前国内封装测试企业主要集中于长三角、珠三角和京津环渤海地区，近几年中西部地区凭借国家政策扶持引导及劳动成本优势，对封装企业的吸引力不断增强。其中长三角是外资、台资封装企业最集中的区域，据统计约有 60% 的产能来自于长三角区域，但近些年，因土地、人力、能源等运营成本不断提升，长三角地区对外资的吸引力在减弱。

产值贡献以外资企业为主。2011 年国内前十家封装测试企业的合计收入为 551 亿元，占封测业销售收入的 90%，市场集中度较高。在前 10 家 IC 封装测试企业中，内资企业只有新潮科技、华达集团两家，合资企业有上海松下半导体、深圳赛意法、海太半导体（无锡）有限公司三家，其余5家均为外商独资企业。前10家IC封装测试企业中，内资及合资企业销售收入为198亿元，占行业销售收入的32.4%，外商独资企业销售收入达353亿元，占行业销售收入的57.7%。

（2）2012年集成电路封装测试行业趋势展望

迫切需要技术升级进入高端封装领域。就封装形式而言，国内市场仍以方型扁平式封装（QFP）、双侧引脚扁平封装（SOP）等中低端产品为主。从传统的产业链分工看，封装测试业与芯片制造、芯片设计业相比技术门槛较低，但随着“超摩尔定律”从概念到产品的逐渐实现，全球封装测试业将迎来技术革命。如近日芯片代工制造龙头企业台积电（TSMC）宣布，计划在2013年初推出3D IC封装服务，可见封装测业的技术升级不仅包含封装技术本身、同时也包含与芯片制造、芯片设计的融合发展。芯片制造工艺的落后多年来一直是我国集成电路产业发展的瓶颈，而如果在3D封装、系统级封装（SIP）上继续落后，我国集成电路产业发展将愈发艰难。

技术改造进一步减小封装成本。受市场需求拉动不足、人民币升值、原材料价格上涨等因素影响，我国集成电路封装业竞争愈发激烈，封装企业的利润率不断走低，迫使其不得不投巨资实施技术改造从而降低成本，提升利润率。例如，2011年8月江苏新潮集团下的长电科技宣布投资约5.21亿元实施三个技改项目。其中一项是将现有封装生产线进行铜制程技术改造，主要是为了降低成本，减少集成电路封装产品的黄金消耗，加快集成电路铜制程的推进。

封装测试业将加速向中西部地区转移。随着市场竞争的日益激烈，封装测试业将更加注重低成本。目前国内主要封装测试企业已开始迁出上海等中心城市。未来国内封装测试业将加速向成都、武汉、合肥等低成本地区转移。如英特尔在2003年设立英特尔产品（成都）有限公司，并于2010年将上海封测厂的全部产能转到成都，承接Intel全球60%芯片组以及50%移动CPU的封装任务。

（三）2011年集成电路产业热点事件回顾与解析

1、首台国产12英寸PECVD样机在沈阳出厂

（1）事件回顾

2011年11月，国家02重大科技专项《90–65纳米等离子体增强化学气相沉

积设备的研制与应用》项目12英寸PECVD设备在沈阳研制成功并出厂，该设备已完成3000片工艺测试和10000片可靠性测试，各项指标已经达到设计要求。这是我国自主开发研制的首台12英寸PECVD设备，标志着我国在IC装备国产化方面取得了重大突破。

（2）事件解析

国家中长期战略发展规划，将集成电路制造产业的重点发展项目列为国家十六个重点支持的专项之一,位列第二,统称为02专项,并计划通过3个五年计划，使中国在集成电路制造领域赶上和超过世界先进水平。《90–65nm等离子体增强化学气相沉积（PECVD）设备的研发与产业化》项目是2008年9月首批启动的国家十一五重大专项中最大单体项目之一，项目总投资3.5亿。

12英寸PECVD设备是当今国际主流薄膜沉积设备，是芯片制造过程中4种最基本、最重要的设备之一（光刻、薄膜沉积、刻蚀、离子注入等设备）。它是高质量薄膜材料生长必备设备，全球每年有大约100亿的市场，目前被美国应用材料、美国诺发公司、ASM公司垄断。此次首台国产12英寸PECVD设备样机的顺利出厂，标志着我国在集成电路高端设备研究和制造领域达到了国际先进水平，使我国IC薄膜设备制造水平与国际IC制造业主流技术水平保持同步，完善了国内半导体重要装备的产业链，打破了国外产品的技术和市场垄断使我国有能力在IC高端设备市场上参与国际竞争，对提升我国IC制造装备的自主创新能力和核心竞争力具有重要的战略意义。该设备在完成客户在线测试后即可实现销售，未来3至5年内有望占有10%的国际市场，实现销售10亿元人民币。

12英寸PECVD设备样机的顺利出厂，标志着我国在集成电路高端设备（PECVD）研究和制造技术达到了国际先进水平，使我国IC薄膜设备制造水平与国际IC制造业主流技术水平保持同步，完善了国内半导体重要装备的产业链，打破了国外产品的技术和市场垄断，使我国有能力在IC高端设备市场上参与国际竞争，对提升我国IC制造装备的自主创新能力和核心竞争力具有重要的战略意义。

2、自主CPU成功用于高性能计算

（1）事件回顾

2011年全国高性能计算学术年会发布的《2011年中国高性能计算机TOP100排行榜》中，排名第二的神威蓝光受到与会业界专家的广泛关注，该机器获得科

技部863计划支持，由国家并行计算机工程技术研究中心制造，是国内首台全部采用国产CPU（SW1600）的千万亿次计算机系统，神威蓝光的诞生标志着我国成为继美、日之后第三个能够采用自主CPU构建千万亿次计算机的国家。

（2）事件解析

超级计算机通常是指由成千上万甚至更多个处理器（核）组成，能胜任普通PC机和服务器不能完成的大型复杂计算课题的计算系统。处于信息技术前沿的超算，一直是国家的重要战略资源，对国家安全、经济和社会发展具有举足轻重的意义。我国的超算研制起步于上世纪60年代，经过几十年不懈努力，已取得丰硕成果。“银河”、“神威”、“曙光”、“深腾”等一批国产高端计算系统的出现，使我国成为继美国、日本之后，第三个具备独立研制高端计算系统能力的国家。

2011年11月，100%“中国芯”的超级计算机“神威蓝光”诞生，这台超级计算机集成8704颗申威SW1600处理器，可以进行每秒1000万亿次计算（1 petaflop），进入世界最快的20台计算机之列。“神威蓝光”拥有四大亮点：一是全部采用国产CPU,是我国历史上首台全部采用国产CPU的千万亿次超级计算机；二是稳定性较好，测试Linpack全过程9个多小时无故障，测试三次就能出一个Linpack测试结果；三是让外国专家感到“吃惊”的水冷系统——通过水在冷板内部的封闭水循环带走主板热量，几乎不损耗水且无噪音，先进环保；四是高密度封装，一个机仓可装入1024个CPU，千万亿次规模仅需要9个这样的机仓就可以轻松实现。

然而，神威蓝光”CPU（申威1600）与国际一流的IBM Power CPU相比依然较大差距，无论是在硬件发展，还是系统、应用软件研发和投资匹配，编程环境，超算“高效能”等问题上，还有相当长的路要走。我国超算的硬件水平已经跻身世界前列，系统软件与应用软件的跟进尤为迫切，而这需要政府与科研多股力量的合力推动。只有通过持续的努力，才能获得理想的效果。

3、中芯国际实现40nm工艺小批量生产

（1）事件回顾

中芯国际及灿芯半导体与新思科技有限公司（Synopsys，Inc.）深度合作，使灿芯自主研发的40nm芯片一次性流片成功。该颗芯片集成了新思科技的嵌入式存储器和逻辑库，以及中芯国际自主研发的PLL、I/O等关键IP部件，成功验证了灿芯半导体在40nm工艺线上的前端和后端设计流程。

（2）事件解析

灿芯半导体 40nm 芯片在中芯国际验证成功，是中芯国际、灿芯半导体以及新思科技三方共同努力的成果，同时也证明了中芯国际 40nm 先进工艺平台已具备支持尖端设计项目的能力。中芯国际在国内率先实现了 40nm 工艺的小批量生产，继续保持我国集成电路制造业领军企业的地位。

然而世界集成电路制程工艺即将迎来新一轮革新，我国集成电路工艺制程与国际半导体巨头的差距恐继续拉大。2012 年 4 月英特尔将发布首款采用 22nm 3D 晶体管架构的 Ivy Bridge 处理器。台积电跳过 22nm 工艺，将直接从 28nm 跨越到 20nm，20nm 制造工艺技术将会在 2012 年下半年开始进行试产。三星计划 2012 年开始量产 20nm 工艺单条 4GB、8GB、16GB、32GB 内存等大容量产品。有消息称，中芯国际预计于 2012 年整体上 40nm 工艺，与英特尔、台积电、三星等半导体制造巨头 2012 年实现 22nm/20nm 量产相比，制造工艺相差两代。从 Intel2009 年发布 32nm 处理器，2012 年发布 22nm 处理器的工艺技术更新速度看，我国落后国外主流技术至少 5 年。

4、华虹半导体与宏力半导体成功合并

（1）事件回顾

我国半导体制造行业的两大企业华虹半导体有限公司（简称“华虹”）和宏力半导体制造公司（简称“宏力”）于 2011 年 12 月 29 日联合宣布双方已完成了合并交易。此次合并的交易结构为全股票交易。根据合并协议条款，华虹向宏力现有股东发行新股，换取宏力全部的已发行股份。华虹半导体持有新公司 64% 的股份，宏力半导体持有剩余 36% 的股份。

（2）事件解析

华虹和宏力都是我国半导体制造行业内有影响力的企业，两家工厂都地处上海浦东，双方合并能够实现厂房、设备、技术、人力资源等方面的整合，在工艺技术方面形成互补优势，扩大产品和客户的覆盖面，提高规模效益。此次交易完成后，合并后的公司将能提供更广泛的服务，具备更大的产能，更强的研发能力。合并后的公司将继续为客户提供高品质的产品和服务，有利于抓住国内外市场新的业务增长机会。

华虹宏力将成为国内晶圆代工业的新巨头。合并前，华虹半导体和宏力半导体分别是我国内地第二大和第三大半导体代工厂商。2011 年两家公司实现销售收入约6亿美元，利润约1亿美元。截至到2011年年底，华虹拥有两座8英寸芯片代工厂，晶圆总产能为每月8.6万片；宏力拥有一座8英寸芯片代工厂，晶圆产能为每月4.4万片，合计产能达到13万片8英寸晶圆。就产能而言，合并后的新公司已经超过中芯国际成为国内最大的8英寸晶圆代工企业，而6亿美元的销售收入将在全球晶圆代工行业中列第5位。

关于华虹半导体有限公司：华虹半导体有限公司是中国领先的半导体制造服务企业之一，专门为国内外客户提供高品质集成电路产品和增值服务。公司注册地为香港，通过在中国设立的运营子公司从事半导体制造业务，拥有两座8英寸芯片代工厂，晶圆总产能达每月86，000片。公司在嵌入式非易失性存储器、0.13微米BCD、锗硅BiCMOS、分立器件等工艺和产品方面具有业内领先水平。

关于宏力半导体制造公司：宏力半导体制造公司是中国先进8英寸半导体生产技术的领导者，专注于高品质的制造服务和高附加值的技术。公司注册地为开曼群岛，通过在中国设立的运营子公司从事半导体制造业务，拥有一座8英寸芯片代工厂，在NOR闪存技术方面具有世界级领导地位，同时在逻辑、非易失性存储器、混合信号、射频、高压器件、及静态存储器等方面提供先进的技术工艺平台，晶圆产能为每月44，000片。

5、海思、展讯进入全球IC设计企业前20排名

（1）事件回顾

据市场调研机构IC Insights发布数据显示，2011年全球IC设计商排名，海思排名全球第16位，展讯第17位。在海思半导体、展讯通信等重点企业销售收入快速增长的带动下，2011年我国IC设计业整体销售额达到473.74亿元，实现了30.2%的高增长。

（2）事件解析

IC设计业是我国集成电路产业中最具发展活力的领域，国内企业在与国际半导体巨头的同台竞争中充分发挥贴近国内高度分散的市场、提供针对性的定制化服务，以及快速反应的服务能力等优势，使我国IC设计业在全球半导体市场增长放缓的大背景下实现了持续快速发展。2011年，我国集成电路产业基本保持平稳增长，IC设计业增速快于行业平均水平。在全球半导体产业不景气，我国集成电路制造业、封装测试业增速大幅下滑的情况下，集成电路设计业实现了30.2%的逆势增长，集成电路设计业占全行业的比例也上升到30.1%。

2011 年我国集成电路设计行业排名前十位的企业中，至少有一半以上企业的主要业务是从事移动通信相关芯片的生产与销售。国内以智能手机和平板电脑为代表的移动终端产量快速增长，2010 年国内手机总产量已达到 9.98 亿部，其中 20% 为智能手机，平板电脑产量也逐步上升。受此带动，国内移动终端芯片市场也随之快速增长，并迅速取代 IC 卡成为目前国内 IC 设计行业的主力产品。目前国内 10 大 IC 设计企业中，海思半导体、展讯通信、锐迪科、格科微、联芯科技等多家企业均为从事移动智能终端芯片开发的企业。从未来几年的发展趋势来看，RISC 和 CISC 芯片在性能与功耗方面都更加接近，使得移动终端和计算机产品的界限逐渐模糊，移动智能终端所涉及的芯片将是国内 IC 设计企业抢占市场的主力产品。

2011 年海思半导体发展情况，2011 年上半年，海思半导体销售收入达到 32.5 亿元，居国内芯片设计企业首位。全年营业收入突破 10 亿美元，成为国内第一家达到 10 亿美元的 IC 设计企业。海思在无线网络、固定网络、数字多媒体媒体、安防监控等多个领域具有较强的竞争力。2011 年展讯通信发展情况，2011 年展讯 3G 和 2.5G 产品销售均保持高速增长，实现营业收入 43 亿元，增长 70%，国内芯片设计企业销售额排名居第二位。在 TD-SCDMA 领域，展讯推出了世界首颗 40nm TD-SCDMA 基带芯片，得益于全球和国内手机制造商的带动，在 TD - SCDMA 的市场份额已超过了 50%，占据了手机芯片领域国内的主导位置。

（四）2012年集成电路产业发展趋势展望

展望 2012 年，我国集成电路产业机遇与挑战并存，发展速度预计要稍快于 2011 年。产业结构将更趋均衡合理，政策带动效应会逐步显现、国家财政资金投入及税收方面具备有利条件、新兴应用需求提供广阔市场空间会成为推动产业发展的主要动力，但国际市场形势不容乐观，竞争压力会进一步加剧。

1、国发 4 号文助推产业规模增速稳步上升

随着 4 号文实施细则及地方政府配套政策的陆续出台，财税、投融资、技术研发和人才等方面支持措施的次第落实，将会自 2012 年下半年起逐步发挥积极作用。预计随着政策带动效应的逐步显现，2012 年我国集成电路产业销售收入将接近 1902.0 亿元，增速有所上升，达到 21% 左右，重回平稳较快的增长轨道。

图27 2007年-2012年我国集成电路产业销售产值及增长率

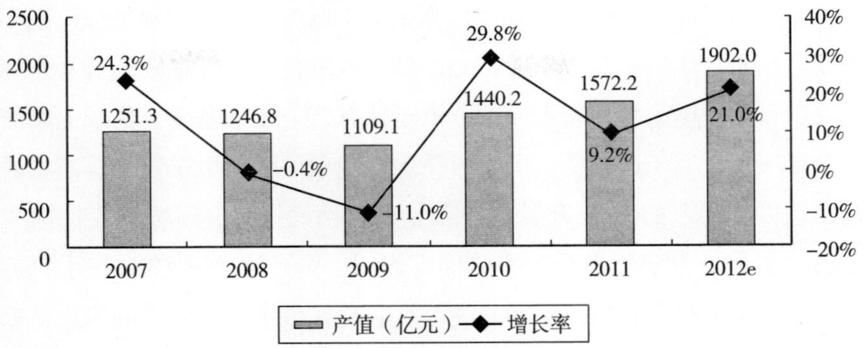

数据来源：中国半导体行业协会，2012 年 4 月

2、设计、制造、封测三业比重更趋均衡

在通信芯片、移动终端 SoC 芯片、智能卡芯片、嵌入式处理器芯片的高速增长带动下，以海思半导体、展讯通信、中国华大集成电路等为代表的国内大型 IC 设计企业将继续推动 IC 设计产业保持高速发展。预计 2012 年 IC 设计业销售额将超过 600 亿元，继续保持近 35% 的快速增长，占全行业比重上升至 32%。芯片制造业预计增长超过 20%，与全行业平均增速相当，占全行业比重达到 33%。封装测试业增速放缓，增长率约 10%，占全行业比重 35%。产业结构进一步均衡化、合理化。

图28 2010年-2012年我国IC设计、芯片制造、封装测试三业比重

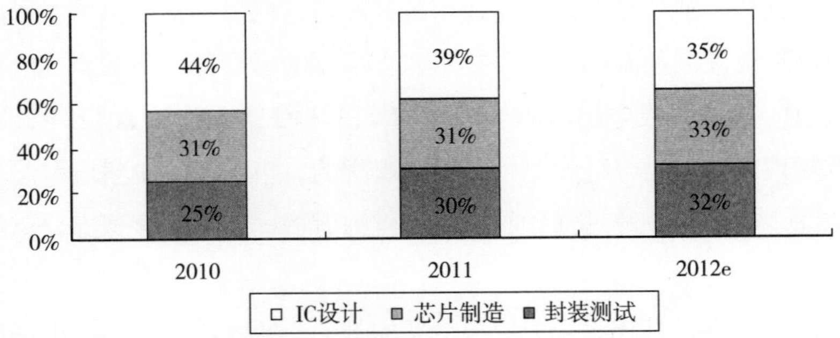

数据来源：中国半导体行业协会，2012 年 4 月

3、财政资金投入及税收方面具备有利条件

2012 年，随着“4 号文”相关配套政策的陆续出台，财政政策、投融资、研

究开发政策、进出口政策、人才政策等方面的支持将逐步落实，我国集成电路产业将步入做大做强的新一轮发展阶段。党中央、国务院高度重视集成电路产业发展，将其列在新一代信息技术产业核心基础领域的首位，并在财政资金方面提供了技术改造资金、国家科技重大专项、电子信息产业发展基金、集成电路产业研究与开发专项资金等予以扶持。国家科技重大专项“核心电子器件、高端通用芯片及基础软件产品”的2012年课题申报指南中明确提出，要重点支持国产CPU在服务器、工控、重要信息系统中的推广应用，国产嵌入式CPU在手机、平板电脑等移动终端的推广应用，数字电视SoC芯片在数字电视终端的应用，以及汽车电子芯片的研发与产业化。这将为2012年我国集成电路产业发展带来重大机遇，有利于推动实现重点领域核心芯片的自主研发及产业化。

此外，财政部、国家税务总局已于2011年11月14日联合下发了《关于退还集成电路企业采购设备增值税期末留抵税额的通知》，提出为解决集成电路重大项目企业采购设备引起的增值税进项税额占用资金问题，决定对其因购进设备形成的增值税期末留抵税额予以退还，惠及面包括29家国内大型集成电路企业。这一方面可能会拉开不同规模企业间的发展差距，但同时也为2012年我国集成电路产业进一步提升产业集中度、做大做强做优骨干企业、集中优势资源获得技术突破提供了有利条件。

4、移动互联网、信息技术改造、节能减排等新兴应用需求提供广阔市场空间

当前以移动互联网、三网融合、物联网、云计算、节能环保、高端装备为代表的战略性新兴产业快速发展，将成为继计算机、网络通信、消费电子之后，推动集成电路产业发展的新动力，多技术、多应用的融合催生新的集成电路产品出现。过去五年我国集成电路市场规模年均增速14%，预计到2012年，国内集成电路市场规模将接近1万亿元。广阔、多层次的大市场为本土集成电路企业提供了发展空间。全球产业分工细化的趋势，也为后进国家进入全球细分市场带来了机遇。

受移动互联网及其相关应用快速发展的带动，智能移动终端的市场需求较为旺盛。据预测，2011年全球智能手机销量将达4.2亿部，我国销量将接近4400万部，未来仍将维持约30%的年增长速度。我国集成电路产业在基于ARM架构/MIPS架构的嵌入式处理器研发方面已取得一定进展，智能移动终端SoC芯片极有可能成为推动产业在2012年乃至“十二五”期间持续稳定增长的新动力。

按照《国民经济和社会发展第十二个五年规划纲要》的总体部署和要求，信息技术在工业领域的深度融合渗透将加速推进，在“钢铁、化工、汽车、船舶、航空等主要行业大中型企业数字化设计工具普及率超过60%，关键工序数（自）控化率超过50%”的发展目标上，以集成电路为硬件核心的嵌入式系统必将得到更为广泛的应用。

节能减排工作加快实施也有效带动了集成电路产品的应用需求，为了降低计算机、服务器等整机产品能耗，提升新能源汽车能源使用效率，低功耗高性能的CPU、MCU、DSP以及电源管理芯片需求会显著增加。这就为我国集成电路产业在2012年乃至“十二五”期间的发展提供了广阔的内需市场空间。

5、行业内资源整合活力仍将增强

Wintel体系的瓦解带动全球集成电路产业格局深刻变革，一方面打破了既有垄断束缚，给新兴企业创造了进入市场的机遇和空间，另一方面也促使诸多新兴势力加快整合产业链，以便在新生格局中掌握更多主动权。目前这一产业格局变革过程尚未结束，2012年将继续深入发展。预计在2012年，受国际竞争压力不断加剧、企业竞争模式正式向“全产业链”转变的双重影响，我国集成电路行业内的资源整合将步入新一轮高峰期，具体表现为产能扩大、专利获取、业务领域延伸等多种形式，国际并购数量及规模上升，可能出现跨产业链环节整合。

五、平板显示产业

2011年我国新型平板显示产业规模达到315.3亿元，同比增长39.6%。随着国内多条高世代TFT-LCD及数条OLED生产线的开工建设，产业链配套环节也加快建设步伐，将推动产业规模进一步扩大。

图29　2006—2011年中国新型显示产业规模及增长

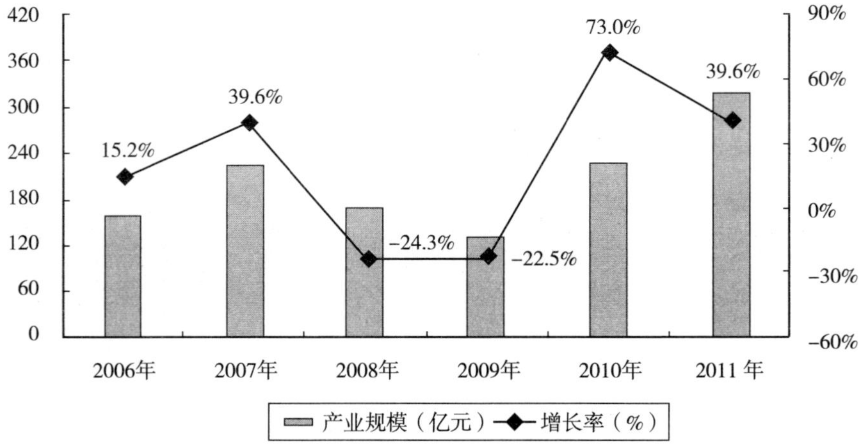

数据来源：赛迪智库整理，2012 年 1 月

（一）2011年平板显示产业发展回顾

1、液晶面板市场降中有升，大陆厂商逆势扩张

（1）液晶电视市场疲软，大尺寸面板供需压力较大

受欧洲金融危机和北美经济低潮影响，2011 年全球液晶电视市场疲软。全球平板显示厂商陷入需求低迷、价格和利润迅速下滑的困境，尤其是在大尺寸液晶面板方面，价格已连续 17 个月一路下跌，受平板电脑出货量在 2011 年急速成长，以及面板售价持续下降等因素影响，2011 年部分平板显示厂商将生产大尺寸液晶面板的产能向生产小尺寸移动终端显示面板转移。据产业研究机构 Display search 数据显示，全球范围内 2011 年全年大尺寸（9 英寸以上）液晶面板出货量为 7.28 亿片，较 2010 年小幅增长 6%。但总销售收入较 2010 年减少了 12%。

（2）移动终端市场高涨，中小尺寸面板供需平稳

2011 年，移动终端市场在经历了高速增长后逐渐回归理性，但市场的稳步上升仍在延续，全球智能手机出货量已进入稳定成长期。移动终端市场需求的稳步上升推动了中小尺寸面板的生产及销售，同时大尺寸面板市场销售疲软更加促使企业转向中小尺寸面板生产。据 2011 年第 4 季全球主要厂商面板生产利润率情况显示（图 30），元太、三星移动显示（SMD）、东芝等以中小尺寸为重点产品的企业获得了较好的盈利水平，同期，三星、LG、奇美、友达等大尺寸面板

企业都出现了不同程度的亏损。

图30 2011年全球主要面板厂商生产利润率

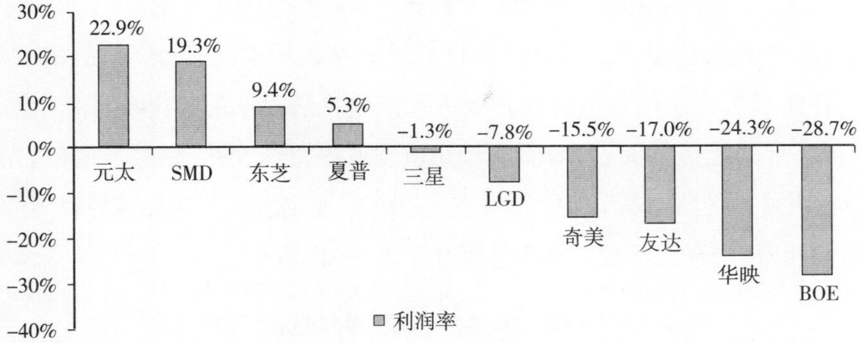

数据来源：Display search，2012 年 1 月

（3）大陆液晶面板厂商逆势扩张，改变全球面板供应格局

2011 年，我国液晶面板高世代生产线取得突破性进展。10 月 10 日，京东方 8.5 代 TFT—LCD 生产线实现量产；10 月 13 日，TCL 集团投资建设的深圳华星光电 8.5 代液晶面板生产线实现量产。国内高世代生产线的相继量产为产业链下游的液晶电视产业打破了高成本面板供应的瓶颈，且带动了新材料和设备产业发展。

大陆面板厂的积极扩张将对全球市场供需平衡、面板价格、面板发展策略以及价值链关系等产生积极影响。

2、新型平板显示产业体系逐步形成，多种技术竞相发展

我国已经形成了包括 TFT-LCD、PDP、OLED 等多种生产技术在内较为完善的新型平板显示产业体系。产业结构中，TFT-LCD 占绝了绝对的主流地位，拥有最多的企业，产业份额高达 77.3%；在 PDP 领域，由于 PDP 的市场前景并不明朗，一些国外企业如 LG、日立等开始收缩在我国的产能，而目前国内的家电企业长虹在不断扩张其等离子面板线，PDP 的产业份额为 7.6%；在 OLED 领域，我国还在刚刚起步的阶段，产业份额也较小。

生产线建设仍以 TFT-LCD 为主。在 TFT-LCD 方面，我国已有 2 条 8.5 代线，2 条 6 代线、3 条 5 代和 4 条 4.5 代 TFT-LCD 面板生产线量产，在建的采用先进的 LTPS 技术 5.5 代线有 1 条，在建的高世代 TFT-LCD 面板生产线有 2 条；已有 1 条 PDP 生产线量产，另有 1 条在建；另有多个 AMOLED 项目正在开工建设。维信诺在 PMOLED（无源有机电致发光显示）技术方面整体已经达到了世界

先进水平，部分技术达到国际领先水平，2010 年我国大陆市场占有率达到 40%，2011 年二季度出货量位居全球第二。

3、支撑产业渐成规模，我国平板显示产业配套能力逐渐提高

在上游面板线建设需求下，TFT-LCD 玻璃基板技术已取得突破，第 5、6 代 TFT-LCD 面板生产线用基板玻璃开始进入产业化阶段；第 5 代线彩膜生产工艺逐渐成熟并已小批量供货；LED 背光模组研发取得较好进展；镀膜、切割、清洗、贴膜等专用设备研发也取得实质性突破；PDP 方面也组织开展关键材料国产化推进工作；OLED 用有机发光材料具备部分配套能力。

表 10　中国 FPD 生产设备主要制造企业情况

单位	设备名称	应用范围
中国电子科技集团二所	OCA贴附机	触控面板
	自动连线式邦定机	触控面板
	硬板贴合机	触控面板
	柔性贴附机	触控面板
	900玻璃切割机	4.5代线
	1200-1600偏光片除泡机	4.5代线
	小尺寸后工序全套生产设备	3代线及以下LCD生产线
清大天达	摩擦机	6代线及以下LCD生产线
	Cell &CF Indexr	6代线及以下LCD生产线
	Cassette	6代线及以下LCD生产线
	US清洗机	6代线及以下LCD生产线
七星华创	EG清洗机	6代线及以下LCD生产线
	UV固化炉	6代线及以下LCD生产线
	SPACE炉	6代线及以下LCD生产线
	SPACE冷却设备	6代线及以下LCD生产线
	Arry Indexer	6代线及以下LCD生产线
兰州瑞德	研磨机	触控面板
	抛光机	触控面板

数据来源：赛迪智库整理，2012 年 1 月

伴随着我国液晶面板生产线大批投资建设，以及产业链本土化率不断提高，我国在玻璃基板、偏光片、TFT 液晶材料、上游薄膜材料等方面均获得重大突破。在低端的 TN/STN LCD 领域，配套完善度得到较大提高，ITO 导电玻璃、液晶材料、偏光片等关键材料均能够实现本土化供应，相关生产设备的国有化能力逐步完善。但从整体上讲，我国平板显示产业所需的关键上游原材料和设备大多仍掌握在日、韩、美、欧企业手中，国内企业虽可独立生产，但不掌握核心技术和定价权，大多是在进行加工和生产，因此只能赚取少许加工费。比如，TFT-LCD 所需的液晶、玻璃基板、彩色滤光片、偏光片等关键部件生产技术大多仍掌握在日本、韩国、美国和我国台湾地区企业手中；刻蚀机、曝光机等关键设备掌握在日本、荷兰和美国企业手中；PDP 所需的荧光粉、滤光片、玻璃基板掌握在日本、韩国和美国企业手中；OLED 所需的发光材料、玻璃基板、蒸镀和旋涂设备掌握在欧洲、美国、日本、韩国企业手中。

截至 2011 年底，咸阳彩虹及郑州液晶玻璃基板项目已达到 5G 批量生产要求；彩虹张家港、合肥玻璃基板项目进展顺利；中建材成都中光电玻璃基板项目、郑州旭飞项目顺利推进；上海广电富士彩膜项目投产，已为国内 5 代线供货；镀膜、切割、清洗、贴膜等专用设备研发也取得实质性进展。

4、产业政策逐步到位，产业集聚初步形成

国家促进平板显示产业发展鼓励政策逐步到位，《关于新型显示器件生产企业进口物资税收政策的通知》（财关税〔2009〕31 号）、《电子信息产业调整振兴规划》、《2010-2012 年平板显示产业发展规划》等产业政策的发布实施，为我国平板显示产业发展提供了良好的政策环境。国务院总理温家宝 2010 年 9 月 8 日主持召开国务院常务会议，审议并原则通过《国务院关于加快培育和发展战略性新兴产业的决定》，将新一代信息技术（包含新型平板显示）作为在重点领域集中力量，加快推进的七个领域之一。

我国平板显示产业目前已经形成了以北京为核心的环渤海地区，以合肥、南京、苏州和昆山为代表的长三角地区，以深圳、厦门和广州为代表的珠三角地区，以及以成都、武汉为代表的中西部地区的四大平板显示产业基地的空间布局。

图31　中国新型平板显示产业集聚区

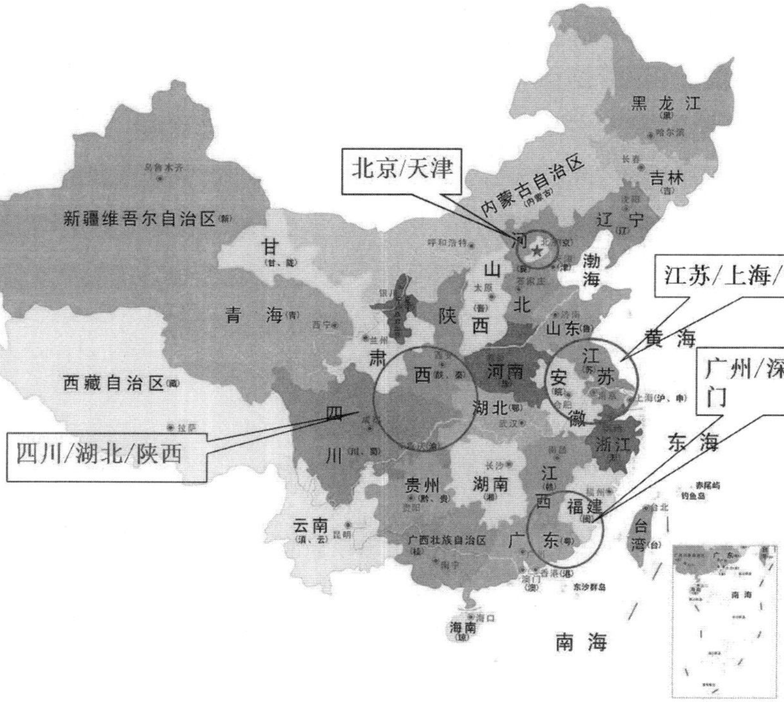

数据来源：赛迪智库整理，2012年1月

5、3D技术产业化发展迅速，拉动我国等离子面板产业快速成长

随着品牌商的持续推广，消费者对3D电视的认知和关注持续提升。尽管仍受消费者需求不明确以及担心3D节目内容和服务缺乏等因素影响，但面板厂商通过降低价格，以及引进新技术等途径，从而有效降低成本以促进3D电视的普及。2011年3D电视的市场需求高涨。据DisplaySearch数据显示，2011年第四季度3D液晶电视面板出货量达780万片，较第三季度增长26%。使全年3D液晶电视显示面板累计出货量达到2100万片，占液晶电视总出货量的10%。受此影响，等离子面板产业在2011年发展迅速。相比3D液晶面板而言，由于等离子显示技术拥有比较高的刷新率，而且在显示尺寸方面相比液晶面板更有优势，同时具备高对比度、高色彩度以及高动态清晰度等优势，等离子技术成为显示3D画面的最佳平台。

2011年拥有我国自主知识产权的3D等离子显示屏在长虹全面量产，在产业链方面，国内等离子产业在2011年实现关键器件本土化配套率80%以上，屏材料配套率 60% 的目标。

6、OLED 产业规模尚小，技术市场合力推动

2011 年全球 AMOLED 出货量达到 8050 万片，比 2010 年的 4740 万片增长 55%。三星 SMD 为 OLED 行业龙头，出货量占行业近 50% 份额，出货金额占比超过 80%。全球 OLED 产业化发展尚不成熟，OLED 产品在市场中的占有率较低，以手机终端显示屏为例，AMOLED 尽管来势汹汹，但手机终端显示屏市场仍是 LCD 的天下，目前 LCD 占有手机终端面板 95% 出货量，AMOLED 仅占 4%。预计到 2015 年 AMOLED 在手机面板市场占有率将提高到 10%，仍无法撼动 LCD 88% 市场占有率。

2011 年日韩促使面板生产厂商纷纷加大对 OLED 面板的研发及生产投入。夏普、索尼等日本彩电巨头，已经在日本政府的牵头下展开对 OLED 技术的联合开发，试图借此确立日本企业在 OLED 领域的优势地位。韩国三星 3.5 代 OLED 生产线所产 14 英寸面板良品率已经达到 90% 以上，其月产能 7.2 万片的 5.5 代线也已经实现量产。2011 年 6 月，三星又宣布第 8 代 OLED 面板试验线将于 2012 年 5 月投入使用，计划将 OLED 面板的使用从智能手机、平板电脑延伸到电视等领域。LGD 将推迟广州 8.5 代线液晶面板项目，拟投资 28.3 亿美元到 2014 年批量生产 OLED 面板，应用于 55 英寸的电视机上。

我国大陆 OLED 产业正处于发展初期，上海天马、京东方、维信诺、四川虹视、彩虹集团、广东中显、东莞宏威、北方奥雷德等本土企业适时切入，加快关键核心技术研发，推进 OLED 生产线建设，逐步缩小与国外先进技术水平的差距。在相关材料、装备、工艺技术等关键领域具备了一定的研发及产业化能力。2011 年 6 月，中国 OLED 产业联盟成立，该联盟已经在基础研究、核心材料、关键设备、行业标准、知识产权、技术研发和创新能力等方面组织国内企业、研究机构和高等院校的学者，成立专门工作组，开展相关研究工作，并力争缩小与国际领先水平的差距，合力推动我国 OLED 产业快速健康发展。

7、智能终端带动触控面板成为新兴生力军

新技术和新应用成为触控面板发展的推动力。在手机领域，随着触控面板的应用范围逐步由高端机向低端机种渗透，触控面板取代传统键盘将成为未来手机操作方式的发展趋势。在智能手机和平板电脑市场需求的双重拉动下，2011 年全球触控面板出货量达到 8.71 亿片规模，年增长率达 68%。触控面板的市场占

有率也逐步提高，智能手机搭载触控面板比例在 2011 年达到 75%。

投射电容式触摸屏技术是目前触摸屏发展的主流技术，自 2007 年苹果公司首次将此技术应用于其智能手机产品以来，投射电容式触摸屏市场呈现爆炸性增长，许多平板电脑厂商也开始纷纷采用投射电容式触摸屏。以 2011 年为例，投射电容出货增长超过 100%，同时占有 70% 触控产值。与此同时，单片式玻璃触控技术已展现出未来成长的动能，从 2011 年该技术在市场的渗透率情况来看，手机与平板电脑品牌厂商对于这种新兴结构的应用前景均表现了浓厚的兴趣。单片式玻璃触控技术除了可以节省材料成本外，更有助于减轻移动终端的重量。随着触控模组生产厂商对新应用、新技术和新结构方面积极投入，触控技术升级与产业生态的演变均显得相当有活力。

（二）细分领域发展情况

1、LCD

（1）发展回顾

液晶面板已进入高速发展的快车道。我国大陆在大中小尺寸液晶面板领域均取得较大进展。在 2007 年之前，先后建成并量产了京东方、上广电 -NEC、龙腾光电等 3 条 5 代液晶面板线。到 2009 年 -2010 年，东到江苏昆山、西到四川成都、南到广东深圳、北到北京、中部武汉，各世代的液晶面板生产线纷纷落地，产业进入了高速发展的快车道。2011 年，中电熊猫 6 代线、京东方 8.5 代线、华星光电 8.5 代线相继建成和投产，我国大陆地区高世代液晶面板线取得了更大的突破，标志着在我国 TFT-LCD 面板这一核心环节上已经具备了参与国际竞争的基础。据我国台湾产业经济与信息服务中心（IEK）预测，如所有高世代线全部满产，2012 年我国占全球面板市场份额将从目前的 2.4% 提高到 20% 以上，成为未来全球平板显示产业中重要的一极。

表 11　2011 年中国大陆 LCD 面板生产线情况

序号	企业	技术（世代）	量产时间	投产情况	产能（万片/月）
1	京东方（成都）	4.5	2009年	量产	3
2	京东方（北京）	5	2005年	量产	9
3	京东方（合肥）	6	2010年	量产	9
4	京东方（北京）	8.5	2011年	量产	9

（续表）

序号	企业	技术（世代）	量产时间	投产情况	产能（万片/月）
5	天马（上海）	5	托管	量产	9
6	天马（上海）	4.5	2007年	量产	3
7	天马（成都）	4.5	2010年	量产	3
8	天马（武汉）	4.5	2010年	量产	3
9	天马（厦门）	5.5	2014年	建设	--
10	熊猫（南京）	6	2011年	量产	8
11	龙腾光电（昆山）	5	2006年	量产	11
12	深超光电（深圳）	5.5	2009年	量产	10
13	莱宝高科（深圳）	2.5	2008年	量产	3
14	信利（汕尾）	2.5	2007年	量产	5
15	TCL（深圳）	8.5	2011年	投产	10
16	三星（苏州）	7.5	--	建设	8
17	LGD（广州）	8.5	--	推迟	8
18	友达光电（昆山）	8.5	--	推迟	7.5

数据来源：赛迪智库整理，2012 年 1 月

带动原材料及零组件等配套产业快速发展。在国家新型显示产业发展政策和下游强劲需求的支持下，国内液晶面板投资快速增长，对于全球 TFT-LCD 液晶面板市场的影响力将逐渐增强，使得相关零组件及材料等配套环节受到关注，国际厂商纷纷介入。在玻璃基板方面，包括康宁、旭硝子、电气硝子已分别在北京、昆山及深圳、上海等地区设厂以便就近供应；在偏光片方面，日东、住友、LG 化学也分别赴苏州、上海、深圳、无锡、北京、南京等地设厂，我国台湾地区明基材料、奇美材料等也在苏州、宁波等地布局；在其它关键零部件、液晶材料、导光板、背光模组等方面，也有国际企业提前布局。国际大厂的设厂势必通过产品上市和技术人员流动，将先进技术扩散到国内企业，带动上游材料环节本土化。另一方面，国内面板业的崛起也带动上游材料产业的大发展，国内面板企业也纷纷涉足上游的原材料和零组件领域，谋求全产业链发展。以彩虹、旭飞、旭新及成都中光电为代表，玻璃基板国产化步伐明显加快。深圳三利谱建成国内首条宽幅（1490mm）的 TFT-LCD 用偏光片生产线、石家庄诚志永华动工兴建百吨级 TFT-LCD 用液晶材料生产线标志着我国在上游材料方面的重要突破。

表 12　2011 年中国大陆玻璃基板项目成果和新投资情况

序号	厂商	项目	世代	生产线数	年产能	投资（亿元）	进展
1	彩虹	咸阳CX02生产线	5/5.5	3	221万m^2,	17	量产
2	彩虹	合肥6代基板玻璃生产线CH01线	5/6	6	238万片		投产
3	彩虹	佛山顺德8.5代基板玻璃项目	8.5	8（一期）	220万片	66（一期）	签约
4	东旭	郑州旭飞光电科技有限公司5代基板玻璃	5	1	78万M^2	9	投产
5	东旭	郑州旭飞光电科技有限公司基板玻璃二期工程	5	3	220万M^2	25	在建
6	东旭	石家庄旭新液晶基板玻璃项目	5	3	245万M^2	27	投产
7	东旭	辽宁营口基板玻璃生产线	5/6	9	未知	30（一期）	签约
8	东旭	芜湖平板显示基板玻璃产业园项目	6	10	500万片	75.7	签约
9	东旭	武汉光谷TFT液晶基板玻璃项目	--	6（一期）	30亿元	52	签约
10	中建材	成都中光电科技有限公司4.5代液晶基板玻璃（与东旭合作）	4.5	3	300万片	27（一期）	量产
11	中建材	佛山三水基板玻璃生产线	6/8	4	9-12吨	40	计划
12	旭硝子	旭硝子显示玻璃（昆山）有限公司8代TFT-LCD 基板玻璃研磨切割生产线	8	6	600万M^2	10（美元）	投产
13	旭硝子	深圳8.5代TFT-LCD基板玻璃项目	8.5		144万片	18	在建

数据来源：赛迪智库整理，2012 年 1 月

生产设备是产业链最薄弱的环节。中电二所、京城清达和七星华创等国内企业虽然通过自主研发、国际合作和企业配合，开发和仿制了部分 LCD 生产设备，但存在数量少、品种单一、产品档次低等诸多问题，成为了产业链国产化中最薄弱的环节。特别是目前国产设备主要应用于中小尺寸 LCD 面板后工序制造，后工序在整个设备投资中所占比例少，对降低投资影响力差。而且设备与生产工艺结合紧密，不掌握工艺技术，也是制约国产设备应用与提高的重要原因。

终端产品在全产业链变革中受益。彩电销售逆势增长。国内高世代面板的重大突破，以及上游关键材料大发展，带动终端应用厂商受益。2011 年虽面临严峻市场形势，我国彩电出货量仍达 4200 万台左右，其中平板电视出货量达 3697

万台，占比超过 88%。

表 13　2011 年中国大陆彩电出货量分析

单位：万台	2011Q1	2011Q2	2011Q3	2011Q4	合计
液晶（LCD）电视	909	784	878	1126	3697
等离子（PDP）电视	56	59	70	97	282
显像管彩色（CRT）电视	82	48	48	46	224
合计	1047	891	996	1269	4203

数据来源：工信部运行监测协调局，2012 年 3 月

高端 LED 背光产品占比增加。2011 年 LED 背光液晶电视渗透率上升明显。据调查，2011 年前 8 个月，国内 LED 背光液晶电视零售量和零售额渗透率已经分别达到 51.77% 和 62.53%，到 12 月底已达到 72.6% 和 69.1%，实现了 LED 背光液晶电视的全面普及。预计未来 3 年，LED 液晶电视国内市场的渗透率将持续提升，成为国内彩电市场的重要增长点。

图32　2011年中国LED背光液晶电视渗透率

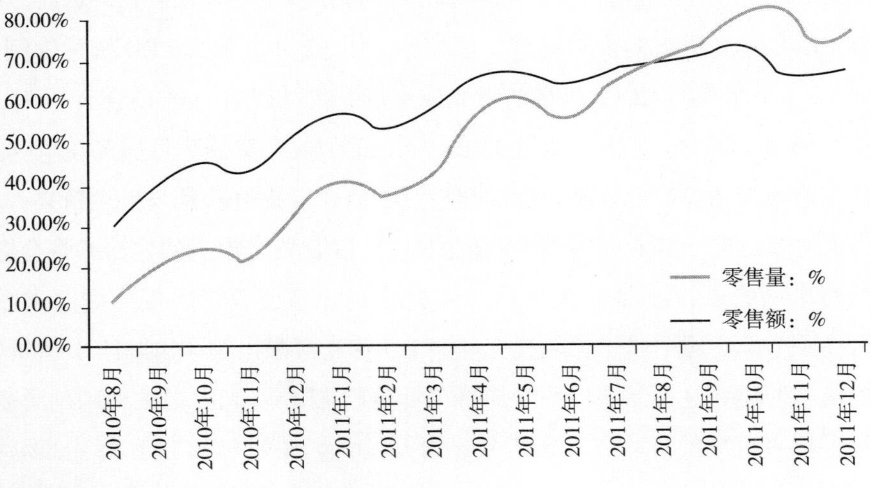

数据来源：FPDisplay，2011 年 12 月

（2）发展展望

液晶面板价格有望止跌。2011 年，全球平板显示厂商陷入需求低迷、价格和利润迅速下滑的困境，尤其是在液晶电视面板方面，价格已连续 17 个月一路下跌，部分平板显示厂商更是将生产大尺寸液晶电视屏的产能向生产小尺寸移动

终端屏转移。

展望2012年，欧洲杯和伦敦奥运会等大型体育赛事将会刺激消费者对大尺寸电视产品的需求。最快在第二季度、最迟到下半年，液晶显示行业将出现回暖和恢复的态势，价格和需求量都将明显上升。由于面板厂商对于产能利用率的控管依然谨慎，加上新技术、新产品导入影响了良率和产出，预期第二季度开始，由于面板供给和需求状况偏紧，面板价格将呈现一个小高潮，而面板厂的营运在历经数季低迷之后，也可望在2012年下半年获得改善。

LED背光液晶电视渗透率进一步提升。随着LED背光液晶电视随着普及率逐渐提高，以及LED本身技术的成熟，2012年国际品牌大厂将采取更积极的LED背光液晶电视市场策略。市场上LED背光液晶电视的规格将出现低端的直下式机种，拉近与CCFL传统液晶电视的价差，提供更好的画质表现，同时，SmartTV等智能数字电视的连网功能、人性化互动介面与设计是2012年的主要增长点。

根据WitsView的研究，2012年全球液晶电视出货数量可望达到2.17亿台，其中LEDTV渗透率可望提升至65-70%，面板厂透过不断的成本降低，使得LED和CCFL背光模组的价差将进一步缩小。以32寸直下式LED机种为例，预估至2012年下半年与CCFL机种的背光成本价差将可望缩小至10美元以内。

从市场情况来看，韩国企业对于2012年LEDTV的渗透率目标都在70--80%。由于日本内需市场萎缩，日本企业的积极度不高，以提升获利与扩大新兴市场市占率为最主要目标。随着我国国产面板的量产，LED背光模组的自给率将会提高。

从需求面看来，液晶电视用LED背光市场仍需要等待终端应用需求浮现，2011年受到全球经济不景气影响，全球LED背光液晶电视（LEDTV）出货明显不如预期。但随着电视品牌厂商纷纷推出低价的LED背光电视机种来刺激需求，预期对于新兴市场的液晶电视销售数量可望提升，届时对于LED背光市场将有助益。

新型高迁移率TFT-LCD面板产量将迅速提高。2011年成为智能手机和平板电脑快速发展的一年，在2012年，成本降低将成为厂商之间竞争的关键，由于平板显示获利压力大，面板厂商转而投入快速发展的可携式应用，并积极寻求各种可降低成本的策略。因此，采用高迁移率材料背板、光配向、高分辨率曝光技术和先进的液晶模块组合预计将在2012年成为最重要的生产技术。使得LTPS

和 Oxide 这样的高迁移率半导体材料可以减小布线压降，降低功耗。一方面可提高面板性能，另一方面可降低成本，使面板商获取高度竞争优势，将有机会成为未来平板显示产业制造新标准。全球高迁移率 TFT-LCD 面板产量将从 2011 年的 560 万平方米迅速提升至 2012 年的 1410 万平方米，增速达 150%。许多 5 代线和更大的 LTPS 产线于 2012 年开始投入生产，且夏普、LGD 和三星现有的产线也投入生产 Oxide。

2、PDP

（1）发展回顾

全球 PDP 面板市场发展平缓。在大尺寸产品方面，PDP 的技术优势已经在全球市场上得到了认可，但是近年来，受高世代 TFT-LCD 生产线投产冲击，加上日本“311”大地震以及泰国洪水影响，国际 PDP 面板产量出现下滑。另外，欧债危机、美国经济复苏缓慢导致消费市场疲软，进一步拖累了 PDP 面板市场。DIGITIMES 报告指出，2011 年全球 PDP 面板市场预估为 1775 万片，同比减少 5.6%。预期 2012 年全球 PDP 面板出货量将下跌约 5% 幅度。

图33　2010-2011年全球PDP面板模组出货量

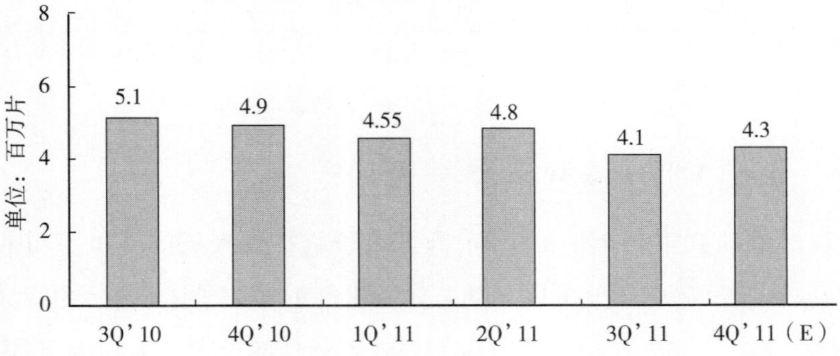

数据来源：三星 SDI，DIGITIMES，赛迪智库整理

我国成为全球主要的 PDP 面板生产国之一。我国 PDP 面板产业发展迅速。在等离子体显示屏制造方面，我国主要采用国际上主流的表面放电障壁式等离子体显示技术。2006 年底长虹成功收购韩国欧丽安公司，建立起国内第一条等离子面板生产线；2009 年 7 月安徽鑫昊与日立签订协议，引进日立等离子产品、制造技术及生产线设备，建设一条年产能为 150 万片的等离子面板生产线，标志着我国正式加入全球等离子面板制造业大营。目前我国以量产为目标，通过本地化大

规模生产降低成本，不断提高显示性能，目前已经基本全面掌握量产技术和模组产品的开发技术。

我国等离子电视产量快速提高。我国等离子电视出货量快速提高。目前我国面板量产良品率水平已超过90%，42英寸、50英寸高清晰度系列模组成功实现规模量产，全高清模组完成试制即将量产，促使我国等离子电视产量大幅增长。据工信部2011年1–11月数据显示，等离子电视产量达到270.9万台，同比增长50.7%，占整体彩色电视机产量的2.5%，产量增速大于同期的液晶电视（11.1%）和整体彩色电视机（6.3%）。

图34　3D电视市场占有率预测

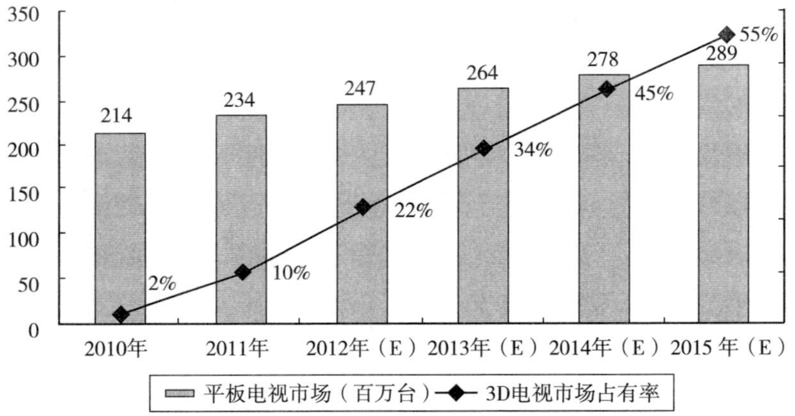

数据来源：IHS iSuppli，赛迪智库整理2011年

3D技术推动PDP发展。3D技术为等离子电视带来新的转机。与液晶电视相比，画质更佳、响应速度更快、动态体验更好的等离子体电视天生就是3D显示的"完美搭档"，采用PDP的3D电视将呈现最佳的视觉效果。自3D电视进入市场后，等离子电视销售量呈逐月上涨趋势。在2012年3D电视市场渗透率将会超过20%，到2015年将会达到55%左右，将进一步推动PDP的发展。在国内，2011年拥有自主知识产权的3D等离子显示屏在长虹全面量产，这也是我国首条拥有自主知识产权国际领先的42英寸以上的高清和全高清3D等离子显示屏生产线的全面量产，产品月综合良品率达到90%以上，日产能实现0.6万片。标志着中国彩电产业在全球新型平板显示技术上已具有参与国际竞争的核心竞争力，并将为未来中国3D电视发展提供强大的产业带动和技术支撑。凭借本地化发展以

及人力成本较低的优势,我国企业生产的PDP电视的售价低于国外企业30%左右,使国产品牌在短期内将国内3D电视市场占有率提升到80%以上。

（2）发展展望

增强PDP发光效率，降低能耗，提高产品竞争力。PDP正在向高亮度、高分辨率（全高清/高清）、高画质、长寿命、低功耗方面发展。高发光效率是目前PDP亟待解决的问题，发光效率的提高可使模组成本和能耗显著下降，据测算，发光效率从2.5（lm/W）提高到5（lm/W）时，模组成本可降低约20%，能耗降低50%；发光效率提升到10（lm/W）时，模组成本可降低约50%，能耗降低75%。目前PDP产品的发光效率在1.5–2lm/W，发光效率的提升还有大空间。四川长虹公司在引进消化吸收基础上自主研发，通过使用低介电常数透明介质技术、高Xe放电气体技术、新型MgO技术以及高光效荧光粉技术，光效可达到2.2（lm/W），该技术将在长虹下一代PDP产品中体现。届时50HD的PDP功耗将降低到200W左右，产品的驱动电压、电流将进一步下降，驱动电路和电源的器件规格可以使用成本更低的器件，产品的可靠性和EMI性能都将得到进一步提升。通过对气体、开口率、电极结构、障壁结构、驱动线路等进行研究和开发，达到低功耗、高效率显示的目的；通过对新型电极浆料、介质浆料、障壁浆料、荧光粉浆料、高速驱动技术及FHD的单扫技术等的开发，可提高PDP亮度和分辨率；通过器件、结构件一体化设计、新型工艺设备开发，达到简化工艺的目的。通过制造过程良品率的提升，降低生产成本，提高PDP产品竞争力。

全球PDP面板出货量将保持稳定。随着美国和欧洲经济的复苏，日本走出“311”地震影响，加上中国市场的快速发展，PDP面板需求量会有一定程度的提升。尽管日本PDP大厂Panasonic，已决定将削减其PDP面板产能，并对其电视事业进行重组，但韩国和中国内地企业的产能提升能够弥补这一缺口，另外伦敦奥运会即将开幕也会拉动PDP占据绝对优势的大屏幕显示需求，预计2012年全球PDP面板的出货量将保持稳定。

我国PDP电视产量持续大幅增长。随着长虹启动二期工程计划，合肥鑫昊的生产线量产，三星扩大在我国的产能，原材料、玻璃基板等上游企业逐步实现国产化配套，国内PDP产业链逐步完善，PDP的生产成本将大幅下降。除了坚持PDP整机生产的长虹、松下、三星、海信等四大企业之外，原本不再销售等离子电视的康佳、TCL也重新回归PDP阵营。加上国内首个3D频道的开播和伦敦奥运会的即将举行，将拉动3D电视尤其是特别适合3D显示的PDP电视销量的快速增长。我国PDP电视产量在2011年基础上持续大幅增长，预计2012年产量将突破450万台，同比增长超过40%。

3、OLED

（1）发展回顾

我国OLED处于产业发展初期阶段。目前全球OLED产业尚未成熟，我国与国际先进水平相比虽稍有逊色，但仍处于同一起跑线上。从产业化情况看，除韩国三星先行一步并实现量产外，其它企业均处于研发和试生产阶段。从技术发展方向看，全球多种技术路线并行发展，但均处于研发和探索阶段，一定程度上分散了资金、技术和人才等资源。从配套产业链发展看，由于全球OLED产业规模尚未壮大，配套材料成本难以降低，进入市场门槛较高。

图35　2006—2011年中国OLED产业规模及增长

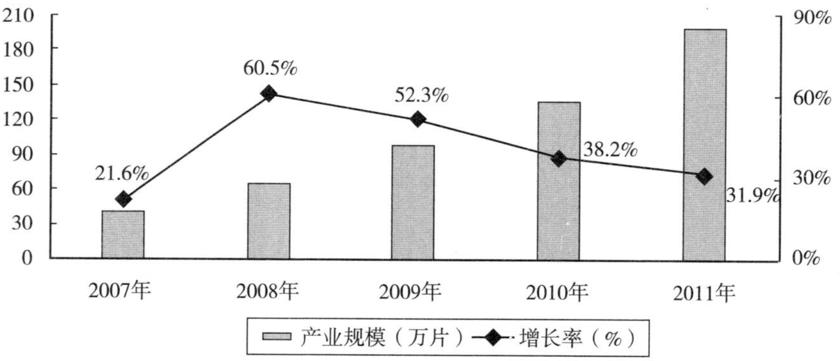

数据来源：赛迪智库整理，2012年1月

产品单一，AMOLED方面有待突破。随着技术的不断进步，TFT-LCD、PDP显示的一些不足正在日益优化和完善，性价比不断提升，成本逐步下降，导致OLED等新一代显示技术发展面临较大压力。我国OLED产品主要以小尺寸的PMOLED屏为主，集中在2-3英寸之间。由于产品本身的特性决定了其应用领域有限，目前主要应用在手机上，短期内难以在大尺寸领域实现突破。OLED在照明领域的应用也受到当前工艺技术、综合成本以及发光二极管（LED）照明竞争等因素的影响，在照明市场形成大规模商用仍需加快发展步伐。我国进入OLED领域的企业并不多，都还在技术摸索，处于产业化的初期，特别是在AMOLED

的技术研发方面，与国外还有一定的差距。

表 14 中国 OLED 面板生产线投资情况

	企业	投资时间	基本情况
1	信利	2005.06	一条生产线实现量产，主要集中在小尺寸PMOLED器件
2	维信诺	2008.10	已经实现量产，主要集中在小尺寸PMOLED器件
3	广东中显	2008.12	首期投资5亿港元建设多条TFT AMOLED显示屏生产线，计划年产5000万块2寸全彩OLED显示屏
4	成都虹视	2009.11	生产方向将主要瞄准成熟工艺的PMOLED生产，建成后将形成年产1200万片OLED显示屏
5	宏威数码	2009.6	从事OLED生产设备的开发，已经能够实现量产设备的国产化
6	彩虹集团	2009.5	OLED生产线分别在陕西咸阳和广东佛山市顺德奠基，成为国内首条AMOLED生产线
7	厦门天马	2009.6	4.5带AMOLED中试线，建设周期3年，计划行程产能180万片的能力
8	京东方	2011.8	主要生产以LTPS LCD和AMOLED技术为主的中小尺寸显示器件，项目计划总投资220亿元人民币

数据来源：赛迪智库整理，2012 年 1 月

知识产权布局工作滞后，侵权风险和准入难度巨大。与发达国家和地区相比，我国在 OLED 知识产权布局方面差距较大。目前我国 OLED 产业知识产权工作主要存在以下问题：一是从专利布局情况来看，国内企业没有能力利用知识产权武器把握产业发展。OLED 基础专利由外国少数企业掌握，一旦产业化进程开始，我国企业将很难绕过这些专利布局，侵权风险和准入难度巨大，处于非常被动的局面。二是从申请数量来看，我国大陆 OLED 企业研发力量相对薄弱，专利申请量仅为全球总量的 5%，远远落后日、韩、美等国，全球 OLED 专利申请排名

图36 2011年全球OLED发明专利数分布

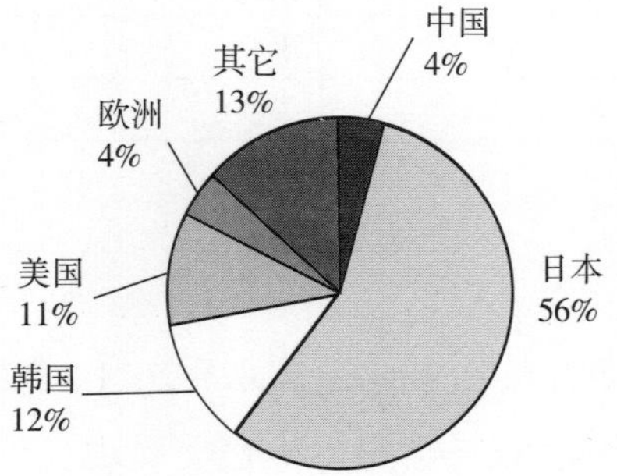

数据来源：赛迪智库整理，2012 年 1 月

前20的企业中没有我国大陆企业。三是从专利质量来看，我国OLED专利技术的专利权申请人主要为科研院所，大部分技术仍然处于实验室阶段，难以实现产业化。

产业链尚未形成，产业协同效应不够。我国目前完整的OLED产业链尚未形成，上游配套能力弱、产业链整合能力不足等状况极大地影响了产业发展。OLED产业链建设已成为我国与世界先进国家和地区间的最主要差距，韩国和我国台湾地区在OLED的产业链建设上的经验值得借鉴。以我国台湾为例，目前形成了以铼宝、东元激光、友达等公司为主的显示器件制造中心，以NTK、联笙等驱动芯片，晶宜、E-ray等在内的OLED发光材料和明基、中宇、微星、仁宝、英宝达下游客户作为上下游产业链依托，初具产业化规模。

表15 中国OLED产业链企业分布

类别	细分环节	国内企业
关键材料	OLED器件	彩虹、京东方、维信诺、中显、TCL集团
	有机发光材料	北京阿格蕾雅、西安瑞联、吉林奥来德
	封装Frit材料	暂无
	驱动IC	上海中颖、上大欧德
	蚀刻液	江阴江化
关键零部件	精密光学MASK	深圳清溢、深圳路维
	精密金属MASK	昆山允升吉、深圳清溢
	玻璃基板	东旭、南玻、彩虹集团
关键设备	蒸镀设备	东莞宏威
	光刻设备	上海微装
	封装设备	上海微装
	涂胶显影设备	东莞宏威、芯源
	PVD	暂无
	CVD	暂无
	激光晶化	上海微装
	蚀刻	暂无
	离子注入机	暂无

数据来源：赛迪智库整理，2012年1月

（2）发展展望

根据国际权威市场调查机构DisplaySearch 2011年发布的数据，全部OLED市场（包括PM，AM）将从2009年的8.26亿美元增长到2018年的224亿美元，年复合增长率达32.8%。

AMOLED 成为未来 OLED 显示技术的发展方向。DisplaySearch 2011 第三季度报告预估，全球 AMOLED 出货量将从 2010 年的 4532 万片，每年以年复合成长率 66.8%的幅度大幅跃升，2015 年将逼近 4.82 亿片；营收规模也将从 2010 年的 12.49 亿美元，以 88.1%的年复合成长率，到 2015 年营收规模将达到 191.61 亿美元。AMOLED 代表着 OLED 显示技术的发展方向，其产值已于 2009 年首次超过 PMOLED，出货数量在 2010 年与 PMOLED 也基本平分秋色，预计 2011 年 AMOLED 出货量受智能手机主屏需求的拉动将爆发性增长至 2010 年出货量的 3 倍。在大尺寸方面，随着 SMD 的 5.5 代 AMOLED 生产线的投产及 SMD、LGD 8 代 AMOLED 生产线的建设，预计用于电脑、电视机的大尺寸 AMOLED 也将在 2013 年以后出现较大增长。

随着智能手机的普及和 OLED 产能的提升，OLED 在手机市场中所占的份额逐渐增大，成为手机显示屏的主流选择，预计到 2018 年使用 AMOLED 显示屏的手机数量将达到 24 亿部。长远来看，影响 OLED 在手机市场领域的因素是成本与价格。

目前，尚未有 AMOLED 电视大批量出货。随着 AMOLED 大尺寸技术的成熟，AMOLED 也将逐步应用于电视产品。三星移动显示预测：AMOLED 将在 2015 年之前成为新一代电视用显示器的主流技术之一。

PMOLED 市场保持稳定。MP3 的市场呈现逐年萎缩趋势，智能型直板手机也正逐步取代翻盖式手机，导致 PMOLED 出货量受到较大影响。但由于车载显示应用的不断发展以及新的消费电子产品的逐步开发，PMOLED 在未来几年的市场将保持在 4 亿美元左右小幅波动。

OLED 照明市场进一步增长。OLED 照明被称为继白炽灯、荧光灯、LED 灯后，世界照明产业的第四次革命，其发展前景被业界广泛看好。DisplaySearch 预测，2011 年 OLED 照明市场进一步增长，一些 PMOLED 显示面板制造企业将转向 OLED 照明市场，2013 年、2014 年 OLED 照明营业收入将超过 PMOLED 显示器；预计 OLED 照明的市场规模将在 2015 年达到 15 亿美元，2018 年将达到 63 亿美元的规模。

（三）2011年平板显示产业热点事件回顾与解析

1、我国液晶面板高世代线项目陆续投产

2011 年 3 月 30 日上午，经过 17 个月紧张的设计、施工、安装和测试，落户在南京经济技术开发区“中国南京液晶谷”的第一个大项目——中电熊猫第六代液晶面板生产线建成投产。南京液晶谷第六代液晶面板生产线建成投产，标志着中国电视液晶面板国产化进程取得实质性进展，将有效改变大尺寸液晶面板主要依赖进口的局面，成为引领南京这个电子工业老基地成功转型升级的强大引擎。

京东方合肥 6 代线于 4 月底实现满产，达到月产能 9 万片玻璃基板。2011 年 6 月 29 日总投资 280 亿元的京东方 8.5 代 TFT-LCD 生产线在北京经济技术开发区点亮投产，这是中国内地首条自主设计与建设的高世代液晶面板生产线。9 月 27 日，京东方宣布其第 8.5 代液晶面板（TFT – LCD）生产线实现量产，这意味着京东方实现了从 1.8 英寸到 55 英寸全系列主流液晶面板的国产化。

2011 年 8 月 8 日，总投资 245 亿元的深圳华星光电技术有限公司第 8.5 代 TFT-LCD 面板生产线项目正式投产，标志着中国大陆依靠自主创新、独立建设的最高世代 TFT-LCD 面板项目转向全面生产经营阶段。10 月 12 日，TCL 集团高级副总裁、华星光电 CEO 贺成明表示，华星光电 8.5 代液晶面板线已正式进入量产阶段，创造了国内面板项目量产速度桂冠。

中电熊猫 6 代线、京东方与华星光电的两条 8.5 代 TFT-LCD 液晶面板生产线投产，是 2011 年中国国内平板显示产业最具影响力的几件大事。代表着中国液晶显示产业发展的最高水平，填补了我国在高世代液晶面板领域的空白，对于完善平板显示产业链、增强自主创新能力、提升电子信息产业的整体竞争力、加快产业转型升级具有重要的战略意义。不过，两条生产线的量产正赶上产业景气低迷，对于京东方与华星光电而言，尽快提升产品良率、开拓市场成为头等大事，8.5 代的投建难题已经被攻克，但后续运营才是对企业的真正考验。

2、维信诺、彩虹、天马、京东方先后投建 AMOLED 生产线

当前，发展 OLED 产业已经成为产业共识，中国大陆也积极推进 OLED 产业化发展，着手打造本土产业链，维信诺、天马、京东方等企业先后宣布投建 AMOLED 生产线，布局新兴显示技术。

2011 年 5 月 16 日，厦门天马微电子有限公司第 5.5 代低温多晶硅（LTPS）

TFT-LCD 及彩色滤光片（CF）生产线项目开工典礼在厦门举行，此生产线按计划将于 2012 年 12 月投片试产。

6 月 8 日，彩虹股份发布公告，佛山彩虹拟自筹 3.15 亿元资金建设 AM-OLED 中试线项目。

8 月 11 日京东方公告表示，将在内蒙古鄂尔多斯装备制造基地投资新建大陆第一条 5.5 代 AMOLED 生产线，主要生产以 LTPS-LCD（低温多晶硅液晶显示）和 AMOLED 技术为主的中小尺寸显示器，建设周期 29 个月，总投资 220 亿元。

8 月 8 日，维信诺公司正式宣布投资建设一条 4.5 代以上 AMOLED 生产线，并计划 2013 年投产。11 月，国内首款 7.6 英寸 AMOLED 全彩显示屏研制成功，12 月，国内首款 12 英寸 AMOLED 全彩显示屏研制成功。此次研制成功的 12 英寸 AMOLED 显示屏分辨率为 1280×RGB×800（WXGA），色彩深度为 16.7M。代表了我国在 AM-OLED 技术领域的最新研发成果。该款显示屏的屏体厚度仅为 1.8 毫米，NTSC 色域达到 73.4%，优于目前主流的 TFT-LCD 平板显示器，显示色彩更加艳丽。

OLED 技术所具备的自发光显示、优越的色彩表现成为下一代显示技术的主流，布局 OLED 产业成为产业界共识，国内四家企业（维信诺、彩虹、天马、京东方）的投资动作，也证实了这种共识。一直以来，政府相关部门也在积极推动国内 OLED 产业化进程，不过，OLED 产业的新兴之路从一开始就具备了中国特色——各地争相上马，企业利益与地方利益参杂其间，分散的投资、稍显薄弱的技术储备、地方竞争博弈，这些因素对于一个产业的规模化进程是相当大的障碍，特别是在面临着韩国三星、LG 等巨头的竞争之时。以 TFT 发展为鉴，对抗国外巨头，联合发展是一条必须走的路。

3、液晶基板玻璃国产化建设持续火热

3 月 20 日，郑州旭飞光电科技有限公司自主研发的第一批 3000 片 5 代液晶基板玻璃正式发往下游用户，标志着旭飞公司核心技术和项目生产销售经验完全成熟。

5 月 18 日，中国建材集团两条日熔化量 150 吨的电子信息显示超薄基板玻璃项目在蚌埠中国玻璃新材料科技产业园开工。项目建成投产后，将年产 ITO 导电玻璃用 0.33mm，0.55mm，0.7mm 超薄基板玻璃 1 亿平方米。当日开工的还有中国建材集团年产 7000 吨高纯超细电熔氧化锆项目、年产 130 万片电容式触控面板用导电膜玻璃项目和光电装备蚌埠基地项目。

5月28日，石家庄旭新液晶基板玻璃项目首条生产线窑炉举行点火仪式，标志着该项目从建设阶段正式进入了调试和试生产阶段。石家庄旭新光电科技有限公司成立于2009年9月7日，该公司计划建设三条液晶基板玻璃生产线，年生产液晶基板玻璃245万平方米，年销售收入近13亿元。

成都中光科技有限公司TFT-LCD 4.5代线0.5mm厚液晶基板玻璃生产线自2010年良品下线以来，经过5个月时间的生产稳定、爬坡、品质认证，完成产品认证并取得客户订单，实现批量供货。成都液晶基板玻璃产业基地规划分两期建成10条线，总建设规划用地400亩，其中一期工程173亩，总投资27亿元，共建设3条0.5mm的4.5代（730mm×920mm）液晶基板玻璃生产线，设计产能300万片。

6月23日，旭硝子8.5代基板玻璃项目于在深圳光明区正式开工建设，预计将于2012年实现量产。旭硝子第8.5代TFT-LCD基板玻璃深圳总投资220亿日元，每月产量120K。

9月28日，东旭集团芜湖平板显示基板玻璃产业园在芜湖经济开发区开工建设。芜湖平板显示基板玻璃产业园项目总投资350亿元，建设50条平板显示基板玻璃生产线，另配套建设液晶玻璃研究院和平板显示玻璃装备制造基地等项目。其中，一期项目建设8条6代液晶基板玻璃生产线，1条8.5代液晶基板玻璃实验生产线。

11月18日，南玻集团旗下的河北视窗玻璃有限公司全氧燃烧超薄电子玻璃生产线正式点火，其生产的0.33mm超薄电子玻璃产品将填补国内超薄电子玻璃的空白。

11月22日，旭硝子显示玻璃（昆山）有限公司开业典礼在昆山光电产业园举行，多条8代TFT-LCD基板玻璃生产线将逐步在昆山市投产。

液晶玻璃基板行业属于资金、技术密集型行业，全球液晶玻璃基板几乎被美国康宁、日本旭硝子、日本电气硝子等国外少数几个厂商所垄断。近年来，随着国内高世代面板生产线的投建，TFT-LCD上游材料产业的国产化供应成为迫切需要解决的难题，以彩虹、旭飞、东旭及成都中光电为代表的国内玻璃基板企业成功进军玻璃基板领域，打破国外垄断，为液晶上游材料国产化的做出重要贡献，不过，随着康宁、旭硝子等企业登陆中国，本土玻璃基板产业将面临诸多挑战。

4、等离子面板成功量产

2011年1月30日，由安徽鑫昊等离子显示器件有限公司生产的首批50英寸等离子全高清合格屏，在合肥新站综合开发实验区顺利下线，被行业届誉为“中国等离子全高清第一屏（FHD+3D）”，正式终结了中国上游等离子全高清屏市场一直以来被日韩垄断的历史。根据鑫昊公司和日立等离子显示器股份有限公司达成的协议，鑫昊引进日立等离子产品技术、制造技术、并承接日立等离子30年的技术积累和技术团队，同时获得专利许可，建设一条年产能为150万片（以42英寸计）的等离子面板生产线，产品规格覆盖42英寸、50英寸、60英寸、85英寸等未来主流大尺寸，完全实现等离子产业本土化的制造。

2011年4月25日，拥有自主知识产权的3D等离子显示屏在四川绵阳长虹旗下子公司虹欧公司的新型等离子显示屏生产线全面实现量产。这也是我国首条拥有自主知识产权国际领先的42英寸以上的高清和全高清3D等离子显示屏生产线的全面量产，产品月综合良品率达到90%以上，单日最高产品综合良品率达到95%，单日产能实现0.6万片。始建于2007年的长虹等离子项目，于2010年1月就实现了中国具有自主知识产权的新型等离子显示屏的全面量产。如今，3D全高清等离子显示屏的研制成功并成功量产，实现了中国自主创新的新型等离子显示技术的重大突破，标志着中国彩电产业在全球新型平板显示技术上已具有参与国际竞争的核心竞争力，并将为未来中国3D电视发展提供强大的产业带动和技术支撑。

技术多样化的时代里，等离子依然是第二大平板显示技术力量，未来竞争中，等离子技术的发展，不仅取决于其技术优势，还要取决于产业链成熟度以及企业的市场策略。从2010年开始，3D技术的兴起带动了整个平板电视的发展，特别是适合3D显示的等离子电视，根据奥维咨询的统计，在国内3D彩电市场中，3D等离子电视占据了25%的市场份额，其渗透率更是高达22%，而3D液晶产品的渗透率只有6%。

在国内3条等离子模组生产线的带动下，中国三大等离子产业群正在逐步形成：一是华东地区等离子产业群，包括松下等企业。二是华中地区等离子产业群，主要以安徽鑫昊公司的等离子面板生产线为主。三是西部地区等离子产业群，主要以长虹虹欧公司为主。长虹公司依托国内首条PDP高世代线，解决了国内缺少生产大尺寸平板电视模组的能力，拥有完全自主知识产权的新型等离子显示屏生产线更是打破了国外对我国平板电视发展的垄断，2011 年，长虹等离子电视在国内等离子电视的市场占有率超过 50%，占据了国内的等离子市场，并且成为 3D 等离子电视的领军企业。

随着长虹虹欧公司，合肥鑫昊公司的先进等离子生产线量产，原材料、玻璃等上游企业也逐步实现国产化配套，国内 PDP 产业链建设开始起步，部分上游企业还处于样品和验证阶段（如 3D 直贴膜、新型荧光粉等关键零部件），还需要国内外更多等离子企业的支持和帮助。

5、低温多晶硅 5 代线液晶面板项目取得进展

2011 年 5 月 16 日，厦门天马微电子有限公司第 5.5 代低温多晶硅（LTPS）TFT-LCD 及彩色滤光片（CF）生产线项目开工典礼在厦门举行。标志着中航国际以及天马公司在显示技术领域迈向领先的道路上又跨出了关键性一步。

中国航空工业集团旗下的中国航空技术国际控股有限公司、中国航空技术深圳有限公司、中国航空技术厦门有限公司和厦门市金财投资有限公司四家企业，合资成立厦门天马微电子有限公司，共同投资这条生产线，总投资超过百亿元人民币，首期投资 70 亿元，占地 0.58 平方公里，计划在 2014 年 6 月竣工投产。建成投产后，年加工 36 万片阵列玻璃基板和 72 万片彩色滤光片基板，年产值可达 60 多亿元。并将带动液晶材料等上游产业发展，拉动下游消费电子产品、车载显示等行业的发展，吸引一批配套企业集聚厦门，形成厦门光电产业的规模效益。

深超光电低温多晶硅液晶面板 2011 年 12 月 6 日在深圳点亮投产。据了解，这是国内建成的首条、也是全球第二条低温多晶硅（LTPS）5 代线，由原来深超光电的 5 代线改造而来。深超光电低温多晶硅液晶面板项目在新型显示领域积极导入世界最先进显示工艺，将带动深圳和珠三角地区配套产业的转型升级。深超光电未来还将逐步打入国际高技术含量、高附加值的高端视讯产品供应链，实现世界一流高端产品完全自制的目标。

低温多晶硅显示器（LTPS-LCD）具有高分辨率、高亮度的优势，其像素呈现能力为非结晶硅产品的 4-8 倍，亮度可提升 180%，并兼具低能耗、抗电磁干扰、轻薄便携及节约 IC 成本等特点，LTPS 已成为智能手机、平板电脑等高端数码产品的必要显示部件。在工艺与技术方面，低温多晶硅与传统非晶硅相比，更为繁复且难度更高、精度更高。高端手机、平板电脑商所使用的液晶面板，大多是多

晶硅生产线上生产出来的。5 代线是指玻璃基板的尺寸在长 1100 厘米 -1200 厘米、宽 1300 厘米。其它如 4.5 代为长 730 厘米、宽 920 厘米，6 代为长 1500 厘米、宽 1800 厘米。玻璃基板尺寸越大，代表着能切割的同等尺寸的产品数量越多。一张 5 代的玻璃基板，能切得 300 片 3.5 英寸智能型手机产品。但 4.5 代的玻璃基板就只能切得 140 片。因此，第 5 代生产线相比于第 4.5 代生产线，生产成本大大降低，生产精度也要求更高。

厦门天马微电子有限公司第 5.5 代低温多晶硅（LTPS）TFT-LCD 及彩色滤光片（CF）生产线项目和深超光电 5 代低温多晶硅液晶面板项目的正式投产，填补了我国在新型显示技术的空白，带动平板显示产业的快速发展，推动相关领域的技术创新，进一步完善平板显示技术产业链，提高我国在全球高端显示产业的竞争力。

6、三利谱宽幅 TFT 偏光片正式投产

2011 年 10 月 28 日，深圳市三利谱光电科技股份有限公司的国内首条宽幅（1490mm）TFT 型偏光片生产线在深圳市光明新区正式投产。据悉，该生产线为三利谱 3 号线一期工程，总投资 2.8 亿元人民币，建筑面积 2.2 万平方米，于 2009 年 8 月份开始建设，2011 年 8 月份实现试生产，经过两个月的试生产后正式投产，预计年产能为 600 万平方米，产品主要应用与平板电脑、电脑显示屏、液晶电视等领域。根据公司的规划，在未来的 5 年内，将在此生产线的基础上，再建成 3 条宽幅 TFT 偏光片生产线，届时总产能将达到 3000 万平方米 / 年。

2011 年 10 月 28 日上午，国内首条宽幅（1490mm）TFT 型偏光片生产线投产典礼在深圳市三利谱光电科技有限公司厂房内隆重举行。两年来，三利谱光电科技通过公司通过自主创新，不断打破各种技术壁垒，成功建成国内首条宽幅（1490mm）TFT 型偏光片生产线。该生产线于 2011 年 8 月开始试生产，正式投产后可实现年产偏光片 600 万平方米。

新的 TFT 偏光片项目主体设备全部自行设计，然后委外加工，拥有完全自主的技术及知识产权，相比全部采购进口设备，投资成本节省 50% 以上，为项目投产后与国外同行竞争打下坚实的基础。宽幅（1490mm）TFT 偏光片生产线的投产，填补了我国中、大尺寸 TFT 偏光片生产领域的空白并彻底打破依赖进口的历史，为我国的液晶面板产业配套国产化进一步奠定了坚实基础。这对完善我国平板显示上游产业链、加快我国彩电行业的战略转型升级具有其重要意义。

7、国家出台政策推动新型显示器件及关键部件产业化发展

2011年5月19日，国家发展改革委、财政部、商务部三部委公布了《鼓励进口技术和产品目录（2011年版）》。《目录》提及45个鼓励发展的重点行业，其中进一步明确了鼓励等离子显示屏（PDP）、有机发光二极管（OLED）等显示器件制造。这是继发展改革委第9号令明确推动等离子显示屏（PDP）、有机发光二极管（OLED）、3D显示等新型平板显示器件及关键部件产业优化升级和加快发展后，再次将鼓励该行业发展的重要信号。

从发展经验来看，政府政策支持一直是日韩台地区平板显示产业发展壮大的重要保证。近年来，国家工信部及地方信息产业主管部门一直对发展平板显示产业不遗余力，不过时间上稍有滞后，目前，我国目前平板显示行业在产业结构升级中面临的较大问题是关键部件特别是显示屏技术相对落后，长期依赖整体进口和技术引进。如何处理好引进与本土创新的关系，企业的参与是不足的，更需要政策的引导与相关行业协会组织的介入。

（四）2012年平板显示产业发展趋势展望

总的来说，2012年全球平板显示产业发展环境严峻，对于我国来讲，机遇与挑战并存。

1、大尺寸面板扭亏压力大，中小尺寸仍受追捧

2011年底的全球性促销活动，以及夏普、松下等企业的库存调整都对供给过剩的面板市场起到了一定缓解作用，但展望2012年，面板厂商持续亏损的可能性仍大。

其原因主要有以下两点：首先，中国大陆两条8代新产线的投入生产（京东方及TCL华星），即使短期内供货量有限，但2012年产出预计会逐步拉升，对整体面板供给量起到促进作用，进而对大尺寸面板价格造成压抑。其次，由于液晶电视仍然是大尺寸TFT-LCD面板最主要的应用项目，且占比高达70%，但液晶电视的终端产品价格越来越低，例如32寸液晶电视售价目前市场价格仅剩200多美元，过低的电视售价，也让电视面板价格没有空间可涨，而面板涨价困难，面板厂商获利也不易改善。

移动终端市场的平稳增长将带动中小尺寸面板市场的持续升温。日企已将投资目光由大尺寸面板生产逐步转向中小尺寸面板的扩产中，由东芝松下显示技术、

日立、索尼旗下中小面板部门组建的日本显示器公司已经确定将于 2012 年 3 月完成合并，并且收购 Panasonic 6 代线茂原工厂，使得产能增长 80% 以上，夏普也加强 3.5 寸至 11 寸等高阶面板的出货计划及产能投入。日系面板厂重整旗鼓争夺高端中小尺寸面板市场控制权，将推动 2012 年全球中小尺寸面板市场竞争加剧。

2、规模和资金差距明显，我国企业压力空前

与国际大厂商相比，我国平板企业在规模和资金上的差距较大。以 TFT-LCD 为例，三星电子、LGD、奇美、友达和夏普是全球最大的 5 家 TFT-LCD 面板制造商，这 5 家公司的出货面积和出货金额占到全球总量的近 90%，每家企业在固定资产上的累积投资都超过百亿美元，具有完整的上下游产业链、很强的规模效益和成本优势。我国企业在规模、资金上与国外竞争对手的差距在一个数量级以上，导致在研发和设备投入、供应链管理及净资产等方面的巨大差距，而且这种差距很难在短时期内缩小。与 TFT-LCD 类似，松下、三星、LG 在 PDP 领域保持领先，三星、LG、Sony 在 OLED 领域优势明显。

3、国际竞争加剧，急需产业链垂直整合

平板显示产业链包括上、中、下游的许多方面，同时发展需要巨大的投资，借鉴韩国三星和 LG 的成功经验，面板生产企业和电视机生产企业都把目光放在了建立自己的产业链上（如图 37 所示）。从总体上看，平板显示投入和产出都很高，但往往不赚钱。因此我国显示器件产业如果只关心如何发展中游产业，将会吃大亏。韩国的三星公司先后有计划、有步骤地进行了产业链整合。三星公司之所以成为头号平板显示企业，主要是拥有上、中、下游产业链并进行垂直整合，从而提高成本竞争力。

我国的平板显示产业现在已经发展到具有一定规模，基本拥有上、中、下游的企业，但是未经整合，各自为政，没有形成一个利益共同体。在这种情况下，一哄而起引进技术和生产线，大规模生产制造，除了浪费大量国家资源外，企业本身也背上了沉重的包袱。对此，长虹 PDP 项目，中电熊猫和 TCL 的 LCD 高世代线都已经进行了有益的探索。2012 年，这些成功经验将进一步推动我国重点企业垂直整合产业链，形成与国外产业巨头相当的龙头企业，提高我国平板显示产业的整体竞争能力。

图37 部分液晶面板企业与终端企业关系图

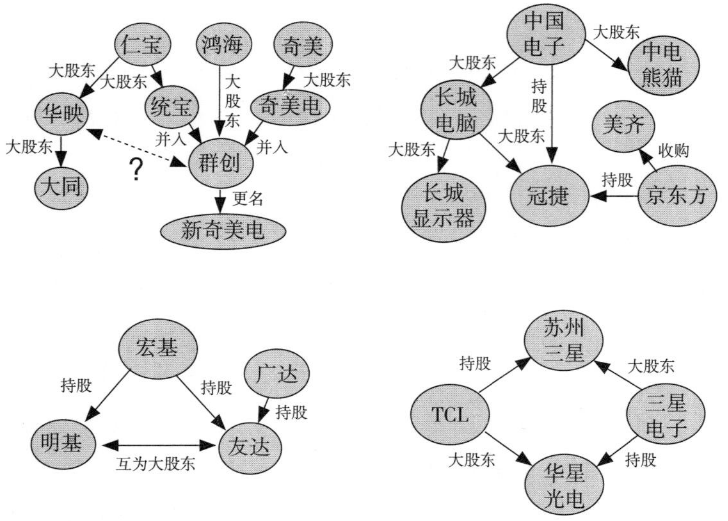

数据来源：赛迪智库整理，2012年4月

4、关键材料、设备和技术缺乏，发展后劲受限

我国平板显示产业所需的关键上游原材料和设备大多掌握在日、韩、美、欧企业手中，国内企业不掌握核心技术和定价权，多是在进行加工和生产，赚点辛苦的加工费。这种情况并非平板显示产业所独有，而是国内很多其他产业的通病。如TFT-LCD所需的液晶、玻璃基板、彩色滤光片、偏光片多掌握在日本、韩国、美国和中国台湾企业手中，刻蚀机、曝光机等关键设备等掌握在日本、荷兰和美国企业手中；PDP所需的荧光粉、滤光片、玻璃基板掌握在日本、韩国和美国企业手中；OLED所需的发光材料、玻璃基板、蒸镀和旋涂设备掌握在欧洲、美国、日本、韩国企业手中。在专利方面，我国企业和研究机构的专利数只占全球平板显示专利的2%左右。

不掌握定价权，只能被动地接受国外企业的报价，大大压缩了国内企业的盈利空间，而且还受到国外企业的专利费和价格战的双重打压，出现国内面板企业亏损，国外上游材料和设备厂商赚钱的情况。

上游的材料和设备往往是产业科技创新的源泉，掌握了这些先进技术，才能掌握发展的主动权，不至于被牵着鼻子走。近年来，我国企业在原材料上取得一定进展，但产品的产量和质量与国外厂商还有较大差距，应用的规模和范围有限。生产设备更是成为最薄弱环节，几个涉足平板显示设备的厂家目前年总产值仅数亿元，与动辄上百亿的生产线投入相比，差距巨大。

5、液晶面板关税调整，把握时机至关重要

对于进口液晶面板关税是否从现在的5%提高到8%～10%这一问题，叫好者有之，反对者也不在少数。扼守中国液晶电视产业之咽喉的液晶面板，再次被相关利益方推到风口浪尖。

京东方、华星光电和中电熊猫上马高世代线的意义在于平衡了全球液晶面板的产业格局，他们大大增强了中国彩电、手机企业与面板厂商谈判的话语权，使全球液晶面板价格大幅下降。但是，恰恰是这些整机厂商在提高液晶面板进口关税问题上站到了对立面。

长远来看，调整关税是必要的，提高关税对前不久先后量产的中电熊猫、京东方、华星光电等为首的大陆液晶面板厂商来说，是一大利好。一是提高关税在一定程度抑制了国外面板进入，为中国大陆液晶面板厂商创造良好的发展空间；二是促使境外液晶面板厂商来中国大陆投资建厂、转让技术。然而目前我国的面板企业还无法满足国内平板电视的需要，增加进口液晶面板的关税对于已经靠薄利多销的中国电视机厂商来说无疑是雪上加霜，可能危害中国平板电视产业链的整体健康发展。所以说，对于提高进口液晶面板关税把握调整的时间点更为重要。

总的来看，2012年我国新型平板显示产业发展需要关注的问题很多，面对国外产业巨头的压力，需要提高我国企业在市场竞争中的抗风险能力，抓好产业链建设与整合，发展关键材料、设备和技术，提高进口关税等，希望政府起到引导作用，让我国平板显示产业更多地去关注国内外市场变化、产业发展等不同层次的影响因素，更好地促进我国新型平板显示产业的进步。

6、OLED产业化加快，合力推动技术进步

目前全球OLED产业尚未成熟，AMOLED尽管来势汹汹，但移动终端市场仍是LCD的天下，目前LCD占有手机面板95%出货量，AMOLED仅占4%。到2015年AMOLED在手机面板市场占有率将提高到10%，仍无法撼动LCD 88%的市场占有率。

2012年将是OLED分水岭的一年。2012年，全球AMOLED出货量将逼近1亿片大关。目前三星SMD为OLED行业龙头，出货量占整个OLED行业近50%份额，出货金额占比超过80%。三星、LGD都已宣布要在OLED领域投入巨资，要将OLED面板的使用领域从智能手机、平板电脑延伸到电视等领域。三星第8

代 AMOLED 面板试验线将投入使用，LG 也启动了 OLED 生产线建设，并且推出 30 英寸电视用 AMOLED 面板。OLED 照明市场将从 2012 年开始启动，我国正处于城市化加速期，近年来每年新建筑面积占全球 50% 以上，未来 10 年新建筑面积达 200 亿平方米，是未来 OLED 照明的最大市场。

当前，我国大陆 OLED 产业正处于发展初期，上海天马、京东方、维信诺、四川虹视、彩虹集团、广东中显、东莞宏威、北方奥雷德等本土企业应适时切入，加快关键核心技术研发，推进 OLED 生产线建设，逐步缩小与国外先进水平的差距。在相关材料、装备、工艺技术等关键领域具备了一定的研发及产业化能力。可以说在全球 OLED 产业尚未规模化生产前，将拥有较大的发展潜力和市场机遇。在工信部电子信息司指导下，2011 年 6 月成立的中国 OLED 产业联盟已经在基础研究、核心材料、关键设备、行业标准、知识产权、技术研发和创新能力等方面组织国内企业、科研单位和高等院校的学者，成立专门的工作组，开展相关研究工作，力争从 2012 年开始，逐步缩小与国际领先水平的差距，合力推动我国 OLED 产业快速健康发展。

六、光伏产业

（一）2011年光伏产业发展回顾

1、产业规模不断扩大，投资不断增长

2011 年我国光伏产业发展呈现快速发展势头。2011 年全年太阳能电池出口额达到 226.7 亿美元，同比增长 12.3%，全年太阳能电池产量将达到 23GW，占据全球总产量的 60% 以上，连续五年位居全球首位。上游的多晶硅 2011 年全年进口额达到 38 亿美元，进口量达 6.5 万吨，同比增长 36%。国内多晶硅产能也逐步释放，产量达到 8.3 万吨，位居全球首位。

在 2010 年火爆行情带动下，我国主要光伏企业纷纷扩产，据 CPIA（中国光伏产业联盟）不完全统计，全国 156 家电池组件企业的电池片产能已超过 35GW，组件产能超过 36GW，增长率达到 80%。多家电池企业今年的产能突破 GW 量级。其中河北晶澳、无锡尚德、常州天合、保定英利的产能将分别达到

3GW、2.4GW、1.9GW 和 1.7GW。另外，从西部到东部、从内陆省份到沿海地区，中国数十个城市都在打造光伏产业园，很多地方都提出了打造千亿级光伏产业园的目标，另据 CPIA 初步统计，各地方“十二五”规划中提出打造千亿元光伏产业的就有 20 多个，产值可达 2 万亿，产业发展存在过热趋势。

图38 我国2006-2011年国内光伏累计装机量情况

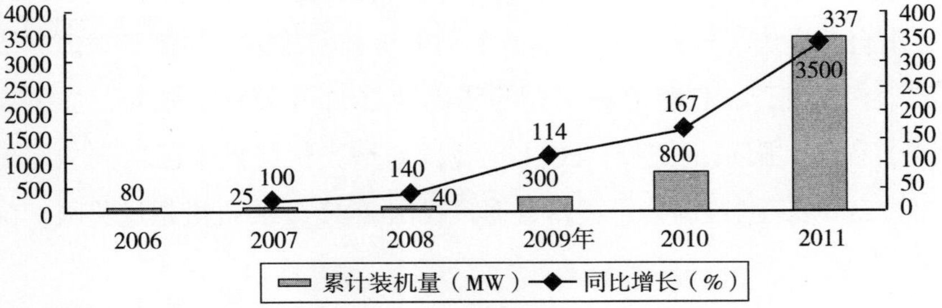

数据来源：中国光伏产业联盟，2012 年 3 月

2、技术水平不断提升，成本不断下降

主要体现为核心技术环节不断突破，生产工艺持续优化，规模化生产稳定性逐步提高。目前，我国已掌握全套晶硅电池关键工艺技术，单晶硅和多晶硅电池产业化转化效率已分别达到 17.5% 和 16.5%。部分先进企业，如尚德所研制的“Pluto”（冥王星）单晶硅电池效率已达到 19% 以上，晶澳公司采用准单晶技术生产的“Maple”（晶枫）多晶硅电池效率已达到 18.2%，处于全球领先水平。多家企业的光伏产品质保时间达到 25 年。电池组件环节的加工成本已低于 0.5 美元 / 瓦、硅片耗硅量已下降至 5.8 克 / 瓦、硅片环节的加工成本已低于 0.2 美元 / 瓦。多晶硅生产已掌握改良西门子法千吨级规模化生产关键技术，部分多晶硅企业生产成本已低于 22 美元 / 千克。

3、光伏生产设备及配套材料国产化水平不断提升

国产光伏设备中的单晶炉、多晶硅铸锭炉、开方机、层压机等设备已大规模量产，占据国内较大市场份额。晶硅太阳能电池专用设备除全自动印刷机和多线切割设备外基本实现了国产化，并具备生产线“交钥匙”的能力。配套辅料国产化水平不断提高，银铝浆、EVA 和背板等已实现小规模生产，切割液和切割线已实现规模化生产，金刚石切割线国产化进程也在逐步加快。光伏产品标准及认证、检测制度初步建立，国家光伏研发机构和公共测试平台逐步启动，常州天合

国家光伏实验室等民企研发平台有条不紊推进，人才培养、信息统计和咨询服务体系也不断得到改善。初步形成并不断完善的产业服务体系将为我国光伏产业发展奠定坚实基础。

4、国内光伏市场加速崛起

随着光伏产品价格的大幅下滑，光伏系统安装成本逐步下降，运营光伏电站的投资回报率有所提升，拉动国内光伏系统安装量稳步增长。2011 年，国家发展改革委出台并实施了针对光伏发电的上网电价补贴政策，加速了国内光伏市场的快速启动。据统计，仅青海和宁夏的装机量 2011 年就达 1.6GW，加上其他西部省（区）和金太阳示范工程，2011 年我国新增光伏装机量已达到 2.7GW，同比增长超过 300%，据咨询公司披露数据，我国 2011 年装机量超过美国，位居全球前三。

5、价格下滑导致企业经营压力逐步增大

由于全球光伏产能的扩张速度远高于光伏市场的增长速度，导致市场供需失衡，企业库存压力增大，光伏产品价格大幅下跌。多晶硅材料、硅片、电池片和组件的价格已分别从 2011 年 1 月份的约 80 美元 / 千克、3.82 美元 / 片、1.4 美元 / 瓦和 1.74 美元 / 瓦下降至 2011 年 10 月的 40 美元 / 千克、1.63 美元 / 片、0.62 美元 / 瓦和 1.2 美元 / 瓦，下跌幅度分别为 50%、57%、55% 和 31%。受价格下跌影响，我国光伏企业经营压力增大。从海外上市的国内光伏企业 2011 年三季报财报来看，在光伏组件的平均售价遭遇重创的现状下，企业业绩出现明显下滑。尚德、赛维 LDK、中电光伏、天合光能均出现亏损，其中尚德电力三季度净亏损达 1.164 亿美元。面对海外市场变动的压力，国内上市的光伏企业业绩也不尽如人意。从之前公布的三季报来看，统计 24 家中国光伏发电概念股披露的三季报，业绩同比下滑 8 家，环比下滑的则多达 16 家，约占已披露家数的 7 成。大企业三季度财报多数报亏的同时，中小企业的生产情况更为惨淡。据赛迪智库光伏产业研究所调查显示，我国半数以上的中小电池组件企业已经停产，30% 大幅减产，10% 至 20% 小幅减产或努力维持，并已开始不同程度裁员。多晶硅企业生存状态也同样不容乐观，受进口多晶硅价格大幅下滑的影响，我国多家多晶硅企业减产、停产或破产，许多工人下岗。我国河南省近 20 家多晶硅企业中仅有一两家企业仍在维持生产，其他已全部停产，裁员人数多达 2000 人。

6、国外上市企业股价不断下跌

在美国上市的光伏企业业绩的下滑也使股票价格大幅受挫，尚德、英利、天合、晶澳、阿特斯五家企业的股票分别从 2011 年 1 月的约 8.5、11、25、7、13 美元 / 股下跌到 2011 年 10 月的 2.4、3.9、7.2、1.87、3.8 美元 / 股，跌幅分别达到 71%、64%、71.2%、73%、70%。此外，美国评级机构也纷纷下调我国光伏企业的评级，普遍将评定为“持有→卖出”的级别，唱空我国光伏企业。值得注意的是，虽然我国在美国 11 家企业的组件出货量是美国 FirstSolar 公司的 5 倍以上，但是这 11 家企业的总市值仅为 33.67 亿美元，远低于美国 FirstSolar 公司的 48.52 亿美元(目前该公司的股价约为 56 美元 / 股，比我国股价最高的英利高达近 8 倍)。

（二）细分领域发展情况

1、多晶硅

（1）发展回顾

多晶硅生产规模持续增大，产业集中度进一步增强。2011 年注定是不平凡的一年，虽然产业经受了诸多波折，但光伏市场依然保持强劲增长，预计 2011 年全球光伏装机量达到 28GW，同比增长 60%。在全球光伏市场带动下，全球多晶硅生产也水涨船高，多晶硅产能达到近 35 万吨，同比增长 44.5%，产量达到近 24 万吨，与 2010 年的 16 万吨相比，增长幅度达到 50%，其中电子级多晶硅

图39　我国及全球多晶硅增长情况

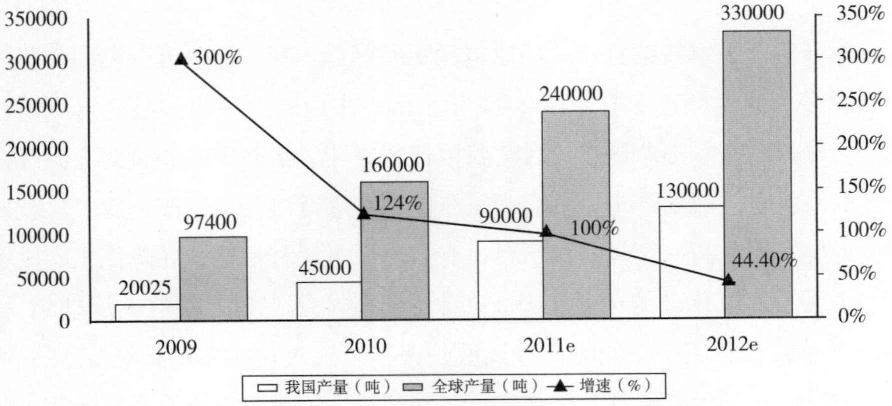

数据来源：赛迪智库整理，2012 年 1 月

产量仍保持在3万吨左右，增长主要来自于太阳能级多晶硅。从区域发展角度看，我国将以近9万吨的产量位居全球首位，美国以近6万吨位居第二，韩国以近4万吨位居全球第三。从企业发展角度看，美国Hemlock、德国Wacker、中国GCL和韩国OCI四家企业产能近17万吨，占全球总产能的46%，产量达到近13万吨，占全球总产量的54%。从我国企业发展情况看，排名前四位企业产量占据全国总产量的60%，产业集中度进一步提高。预计2012年我国投产的多晶硅企业将达到60家以上，产能超过16万吨，产量达到13万吨，可满足国内80%以上市场需求，形成约占世界市场40%的良好态势。多晶硅自给能力的迅速提高，将对我国光伏产业保持全球竞争优势提供有力支撑。

表16　全球主要多晶硅企业2011年产能产量情况（单位：吨）

企业	国别	产能	产量
Hemlock	美国	36，000	33，000
Wacker	德国	42，000	33，000
保利协鑫	中国	46，000	31，000
OCI	韩国	42，000	28，000
REC	美国	19，000	18，500
MEMC	美国	13，100	12，000
ToKuyama	日本	9，200	8，000
赛维LDK	中国	25，000	11，000
洛阳中硅	中国	10，000	8，000
重庆大全	中国	7，300	4，600
合计		256，600	186，500

数据来源：中国光伏产业联盟，2012年2月

多晶硅生产技术持续进步，还原电耗不断降低。在“十一五”期间，我国突破千吨级多晶硅生产技术后，在2011年，江苏中能的万吨级多晶硅生产线已建成投产。冷氢化技术不断进步，目前我国江苏中能、洛阳中硅和黄河上游等多晶硅企业的冷氢化已成功开车，并有多家企业正在进行冷氢化技改，冷氢化技术的运用使得尾气回收与三氯氢硅相结合，有效降低电耗和物耗，在降低生产成本的同时，也缓解四氯化硅的环保压力。多家企业建立了二氯二氢硅的反歧化反应，提高副产业综合利用率。同时通过还原炉改造，通过使用多对棒还原炉（24对棒或36对棒）、炉内壁镀膜和优化三氯氢硅和氢气比等参数降低还原能耗，部分企业也在摸索在还原炉中同时加入三氯氢硅、四氯化硅和氢气的生产技术，以

抑制四氯化硅的生成，提高三氯氢硅的利用率。目前全国平均还原电耗已经由2010年的80-90kwh/kg下降到2011年的70kwh/kg，部分先进企业已低于50kwh/kg。

多晶硅生产能耗和物耗不断下降，生产成本不断降低。多晶硅生产成本主要由能耗、物耗和折旧三方面构成。在能耗方面，我国平均综合能耗已从2009年的近200kwh/kg，下降到150kwh/kg，部分先进企业的综合电耗已低于100kwh/kg。在物耗方面，我国多晶硅企业耗硅量已达到1.6kg/kg的水平，部分氢化技术运用较好的企业，耗硅量已达到1-1.2kg的水平。而在投资方面，部分先进多晶硅企业千吨的投资成本已从过去的7-10亿元下降至3亿元，有效降低折旧成本。在此三种因素作用下，我国部分先进多晶硅企业的生产成本已达到近20美元/千克的国际先进水平，大多数多晶硅企业生产成本在30-40美元/千克之间，与去年相比已有较大的下降。但与国外先进企业相比仍有一定距离，据国外某家多晶硅企业披露数据，综合电耗已低于80kwh/kg，生产成本达到24美元/千克，先进成本近17美元/千克。因此我国多晶硅企业仍有较大的成本下降空间。

（2）发展展望

产业仍将承受价格压力。受“十一五”期间火爆的光伏市场影响，诸多企业都做出扩产或涉足光伏产业的决定。据中国光伏产业联盟统计，2012-2013年全球光伏多晶硅产能将分别达到44和54万吨（其中韩国增速最为明显，有多家化工企业涉足多晶硅生产，其总产能到2013年将超过14万吨，位居全球第二），扣除4万吨半导体用硅量，按每瓦耗硅量7g计，可满足57GW和71GW的晶硅电池需求，而据EPIA预计，2012和2013年全球光伏市场装机量不超过30GW，因此未来一段时间仍将承受供大于需的压力。在此情况下，国外多晶硅大厂凭借规模和成本优势，势必对我国多晶硅市场虎视眈眈，而我国多晶硅企业产能多数在这两年内释放，技术储备不足，生产工序有待优化，生产成本仍较国外企业为高，且承受着还本付息等压力，因此在国外多晶硅产品冲击和部分国内中小企业割血过冬的情况下，多晶硅价格在未来一段时间仍将在低位运行。

依赖进口的局面仍将持续。虽然2011年，我国多晶硅产量已达到近9万吨，但仍需从国外进口大量多晶硅，据海关统计，2011年全年多晶硅进口量达到6.46万吨，同比增长35%。这主要由于：一是我国多晶硅生产成本与国外先进多晶硅企业相比仍属于劣势，多数企业成本还在30美元/千克以上。二是我国多数多晶硅企业产能刚刚释放，技术储备不足，生产过程和产品质量稳定性有待进一步提高，而国外主要进口企业均有多年的运行，产品质量稳定性有保证。三是我国多晶硅企业规模较小，目前已投产且产能在5000吨的企业仅有3家，而国外主要的几家多晶硅企业规模都在万吨以上。对于国内下游的大型光伏企业产能多已在GW量级以上，每年对多晶硅需量在7000吨以上，因此在供应商选择上，可能更多偏向于供应能力强的多晶硅企业。四是目前多晶硅主要以长期合约为主，主要的光伏企业早先已与国外多晶硅企业签订了长约。因此在此种因素作用下，未来几年，来自国外的多晶硅产品仍将对我国多晶硅产业造成较大的冲击。

兼并整合仍将持续。多晶硅产业具有资本密集、技术门槛高等特点。从国外多晶硅行业的发展经验看，大企业在产业发展中将占据了主导地位，只有通过大企业对技术和生产规模的持续投入，才能在国际市场中保持竞争优势。国外多晶硅产业起步于上世纪50年代，在70年代的时候多晶硅企业数量甚至上百家，但到本世纪初，国外多晶硅企业主要以传统的七大厂商为主。而我国在2011年投产的多晶硅企业约为40多家，其中至少有80%以上的多晶硅企业产量在2000吨以下。但由于多晶硅生产是一个系统工程，其生产不是堆积木式的简单重复，规模较小的企业在降本方面难度较大，这将不可避免涉及整合难题，大企业普遍不愿意并购小企业，因为多晶硅的兼并较难起到规模经济或互补的效果。“与其兼并不如新建”可能是行业的共识。因此这就需要中小多晶硅企业抱团，借助多晶硅的区域和多晶硅分环节生产特点，在环节中各有侧重，资源在区域间优化配置，以达到降本的效果，在供需失衡和价格持续在低位运行情况下，抱团过冬。

“双高”认识仍将阻碍产业持续发展。近年来，节能减排已成为我国各级政府工作的“硬约束”指标而列入考核体系，多晶硅产业即为节能减排关注的重点之一。我国多晶硅产业发展时间短，在发展初期由于技术尚未完全掌握，部分企业存在能耗高、副产物得不到充分利用等问题，光伏产业戴上了所谓“两高一资”（高能耗、高污染和资源型）的帽子。虽然近些年来，随着多晶硅企业规模的壮大和技术的进步，生产能耗不断降低，万元GDP产值已达到全国平均水平，绝大多数企业已实现闭环生产，四氯化硅等副产物也得到有效利用，但“双高”的帽子并没有从多晶硅头上摘掉，反而被错位到下游的光伏产品，被冠以“光伏产品大量出口相当于大量输出紧缺能源”，使得光伏项目的审批、技改、产品出口等受到制约，严重影响我国光伏产业的战略性新兴产业布局。多晶硅预计“双高”

认识仍将制约着产业的发展，如若不能摆脱此认识，也希望政府能够尽早出台政策，福利和引导多晶硅企业走出去，到东南亚地区建厂，一方面可以平衡进出口，另一方面也可稳定我国多晶硅产品资源。

总而言之，我国多晶硅产业发展任重而道远，一方面需要企业苦练内功、以降成本，另一方面则需要抱团取暖，共同应对寒冬。同时，也需要主管部门充分发挥市场机制的作用，引导产业整合，在政策方面给企业融资、技改等方面多予以倾斜。虽然产能远大于需求，但我们必须看到，我国每年仍需从国外进口大量多晶硅，简而言之，我国产能的过程是低端产能过剩，而高端产能或者说具备一定竞争力的产能尚显不足，需要国家对优势企业进行大力扶持，以彻底摆脱产业依赖进口的局面。未来多晶硅仍存在较大的投资空间。

2、硅锭 / 硅片

（1）发展回顾

产业规模持续扩大，企业排名不断靠前。据赛迪智库光伏所不完全统计，截至 2011 年底，全国 78 家硅锭 / 硅片企业的硅片产能超过 36224MW，与去年同期的 20GW 相比，增长率达到 80%，也占据了全球 60% 以上的市场份额。其中保利协鑫公司的产能达到了 6500MW，位居全国首位；赛维 LDK 公司的产能达到了 4200MW，位居次席，这两家企业也是全球最大的硅片生产企业。全国前十大硅片企业的产能超过 20GW，占据全国总产量的 55% 以上。主要企业产能情况如下表所示：

表 17　我国主要光伏企业产能情况

省份	企业名称	硅片产能（MW）
江苏	保利协鑫	6500
江西	塞维LDK	4200
浙江	浙江昱辉	1800
河北	天威英利	1700
江苏	尚德	1600
江苏	镇江环太	1400
江西	晶科能源	1200
河北	晶龙实业	1085
江西	旭阳雷迪	1000
上海	卡姆丹克	1000

数据来源：中国光伏产业联盟，2012 年 2 月

但需要指出的是，统计样本只是涵盖了我国 78 家硅片企业，而据 ENF 网站统计的全国硅片企业数至少在 300 家以上，简单按其他未统计的企业产能 20MW 计，全国的硅片总产能也将超过 40GW，另外，由于受 2011 年下半年光伏市场供需失衡影响，诸多厂家的扩产计划被迫推迟，由于硅片环节建设周期较短，如若市场好转，不排除这些新增产能进一步增大。事实上，目前我国硅片的产能至少占据全球硅片产能的 60% 以上，全球主要的硅片企业如下表所示：

表 18　全球主要硅片企业 2011 年产能情况（单位：MW）

企业	国别	产能e
保利协鑫	中国	6500
赛维LDK	中国	3800
昱辉阳光	中国	1800
英利	中国	1700
REC	挪威	1700
尚德	中国	1600
绿能	中国台湾	1500
MEMC	美国	1500
镇江环太	中国	1400
晶科/天合	中国	1200
合计		22500

数据来源：中国光伏产业联盟，2012 年 2 月

金刚石线切割初露头角，“准单晶”技术大展身手。传统的线切割需要辅以切割刃料、切割液等，一是增加成本，二是切割后的硅粉回收较为困难，增大硅耗；三是切割时容易引入 Fe 等离子，加重电池衰减。目前日本一些企业已经开始引入金刚石线切割。一方面可降低硅耗，另一方面切割速度更快。但目前金刚石线切割还存在碎片率高、切割痕严重、切割成本高等问题，有待进一步技术提高。与此同时，“准单晶”技术开始横空出世，准单晶技术既是通过铸锭的方式，生产出类似于单晶硅的产品，其具有成本与传统多晶硅片相比拟，但转换效率却可与单晶硅相比拟的效果。我国主要硅片企业均在研究此种技术，相继推出类似产品，如保利协鑫的“鑫片”，昱辉的“virtus”，常州天合的“honey”等产品，大有取代传统多晶硅片之势。但是“准单晶”技术仍有待进一步提高，主要存在的问题是：一是准单晶浇铸成品率大约在 70–80%，尚不能充分发挥准单晶技术的优势；二是准单晶硅片后续的电池制作仍有待摸索；三是准单晶硅片制作成组件

后可能存在热斑等问题。因此目前产业化正在组织力量进行技术攻关，预计近两年内将可实现准单晶硅片的规模化生产。需要指出的是，准单晶技术目前也正在面临专利壁垒问题，部分企业已经在全球布局专利，此举有可能阻碍准单晶技术在全球的推广，不利于技术进步。

多晶硅片占比逐年增强，高质量单晶硅片愈受重视。近几年来，随着市场的逐步增大，多晶硅片占据的份额也逐年增强，多晶硅主要通过浇铸的方法制备出来，具有生产速度快，能耗低、产量大（目前主流的铸锭炉容量都在450–500kg，大的铸锭炉容量已可达到650kg和800kg），成本低等特点，制作出来的多晶硅片效率也仅比普通的单晶硅电池低1–2%，因此其性价比受到更多的关注，近几年硅片的大规模投资主要集中到多晶硅片上，多晶硅片占比已经从2006年的52%上升到2011年的68%。与此同时，今后几年晶硅电池的投资将重点集中在高效晶硅电池上，这也对单晶硅片提出更高的要求，部分硅片提供商也正在进行技术升级，以便能提供更高质量的单晶硅片。

图40　2006–2012年全球硅片市场占比

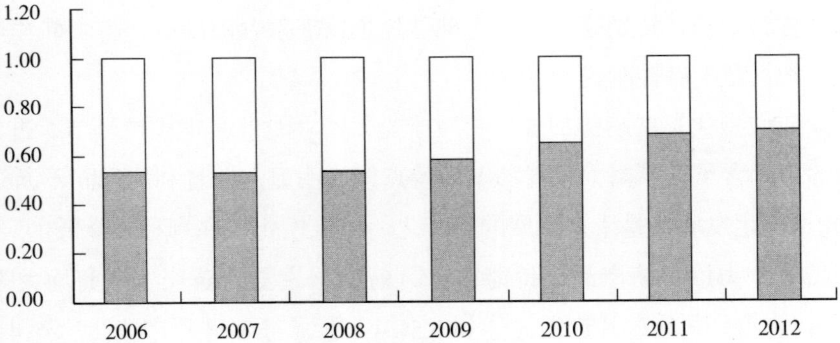

数据来源：中国光伏产业联盟，2012年2月

辅料进口替代能力加强，硅片加工成本不断降低。铸锭/切片环节的光伏设备和配套辅料国产化程度不断提高。铸锭设备如单晶炉和铸锭炉市场占有率持续上升，市场占有率在90%以上，开方机已占据大部分市场份额，多线切割机（包括使用金刚石线的线切割机）已经在试用。配套辅料如切割液、切割线和切割刃料等已基本实现进口替代，金刚石切割线已经在试用。铸锭/切片环节的配套产业国产化程度快速增大，也使得硅片的非硅成本快速下降，截至2011年底，硅

片环节的加工成本已经达到 0.17 美元 / 瓦，硅片耗硅量也由过去的 10g/ 瓦下降至 2011 年的 5.5g/ 瓦。此外，大型硅片生产企业开始研发硅粉回收技术，这将进一步降低硅片耗硅量和生产成本。

（2）发展展望

硅锭 / 硅片生产环节利润空间将不断受挤压。专业化发展是产业发展成熟的标志，但在产业发展初期，垂直一体化发展有利于整合产业链上下游资源，以降低生产成本，而硅锭 / 硅片作为多晶硅材料和电池组件之间的关键环节，是光伏企业走垂直一体化所必经之路，我国主要的多晶硅企业如保利协鑫、赛维 LDK、重庆大全等已相继向下游的铸锭切片领域发展，而电池组件如常州天合、保定英利、无锡尚德则早已向上延伸，在该领域布局。另外，硅锭 / 硅片领域，劳动密集型特点明显，技术含量相对不高，只需购置相关设备和原材料即可进行生产，因此投资门槛较低，竞争将会比较激烈，利润空间被挤压的可能性较大。2011 年全球主要光伏国家纷纷下调光伏补贴，这也间接的要求作为光伏产业链上游的硅片价格下降，以满足光伏市场平稳发展的需求。在巨大的产能压力下，2011 年，硅片价格大幅下跌，全年的跌幅在 60% 以上，已几乎逼近成本价，预计 2012 年硅片价格将会趋稳，特别是一些中小型硅片企业被整合出局后，整个硅片环节将趋向于薄利甚至不赚钱时代。

企业向大型化发展趋势加强。相对于光伏产业链的其他生产环节，硅锭 / 硅片所需的技术含量并不高，来料加工的特点较为明显，并且利润空间不断受到挤压，因此规模化发展将是未来发展的趋势之一。规模化发展有利于降低生产成本、增强产品竞争力以提高产品议价能力。目前我国主要的硅片生产商均大规模扩产，如保利协鑫公司的硅片产能已达到 6.5GW、赛维 LDK 硅片产能已达到 4.2GW，位列全球前两位，且拉开了与第二梯队的产能差距，也远高于下游的电池组件产能（全球最大的组件企业无锡尚德产能为 2.4GW）。保利协鑫公司的硅片非硅成本已降低至 0.18 美分 / 瓦，浙江昱辉公司的非硅成本也将低于 0.2 美元 / 瓦。较大的产能和较低的生产成本，有利于获得下游企业的长期订单，以稳定生产。另外，这些硅片企业自身拥有多晶硅工厂，原料供应稳定，无论是进行硅片的专业化生产还是向下游延伸，均具有较强的竞争力。

未来硅片环节竞争仍将持续，产业整合不可避免。光伏行业已成为当前的投资热门，由于上游的多晶硅有国家政策限制，下游的电池组件有一定的技术门槛，且产能急剧增长，因此硅锭 / 硅片成了 2011 年进入光伏产业的闯入者的首选。同时，硅锭 / 硅片是光伏产业链中的中间环节，是光伏企业垂直一体化必经之路。2011 年，主要的电池组件企业，在 2010 年光伏装机火爆的时候，甚至一度出现电池片厂家买不到硅片的情况。为了摆脱对原材料的依赖，2010 年，主要电池光伏企业纷纷向上游扩展。无锡尚德继 2010 年成立荣德新能源涉足硅片外，又在年底购进香港辉煌科技有限公司 375MW 的硅片产能，打破了其完全依靠外部供应硅片的局面；苏州阿特斯也向前端的硅片涉足，在洛阳建设硅锭 / 硅片生产项目；晶澳集团则订购了多台多晶硅铸锭炉，在东海基地扩大硅片产能。而多晶硅企业为了延长其产业链，也纷纷涉足硅锭 / 硅片领域，除了保利协鑫和赛维 LDK 外，重庆大全、洛阳中硅、宜昌南玻等国内主要多晶硅企业均宣称要向下游的硅片扩展，硅锭 / 硅片产能投资将持续升温。特别是在 2011 年，由于供需关系骤然趋紧，产能远大于需求，因此一些垂直一体化的厂家降低了外购硅片的需求量，在此发展趋势下，一些中小硅锭 / 硅片企业，受上下游光伏企业扩张挤压，将面临着硅料来源紧张和硅片销售困难所带来的挑战，行业将发生整合。

硅粉回收技术的应用将是未来发展的主流。硅粉回收是在不改变现有切割方式下提升硅料利用率的另一种思路。在开方、切片、磨边的处理方式中，高纯硅锭中切削下来的硅粉都混入了废砂浆中流失；废砂浆中大约含有 30% 的高纯硅、30% 的 SiC 磨料、30% 的聚乙二醇和水，5% 的铁元素，此外还有微量的其他杂质。如能将硅粉有效提纯重新铸锭，则可提升一倍的硅料利用率，其作用与无切损技术是相同的。硅粉回收的难度大，目前尚无有效手段。磨料和 PEG 可以实现大约 80% 的回收率，而硅粉尚无法实现有效回收，主要原因是硅粉难以从油性切割液中分离，在分离过程中硅粉的损失大，产率低，易氧化；另一原因是在微米级别的硅粉和刃料的物化性质接近，很难获得很好分离（SiC 的回收与硅粉一同进行，或者进行碱溶去硅，尚不能单独有效分离硅粉）。如果采用金刚石切割的方式，可以避免上述问题，只需去金属化和灼烧去碳就可基本实现硅粉的提纯，分离难度将大大降低；但金刚石切割的应用刚刚起步，基于金刚石切割的硅粉回收还只是水中望月。

3、晶硅电池

（1）发展回顾

我国太阳能电池产业规模进一步增大。据赛迪智库光伏所对全国 111 家光伏企业的统计数据，2011年，这些企业产能之和达到36GW，加上其他未纳入统计范围的企业产能，保守估计全国产能超过40GW，2011年全年产量达到近23GW，与2011年的10.5GW相比，增长率高达119%。产量约占据全球总产量的65%，连续5年位居全球首位，行业总产值超过3000亿元，就业人数超过50万人。但需要值得关注的是对外依赖性仍然较高，电池出口量达到近16GW，约占据总产量的70%。同时产品价格大幅下降，行业利润率大幅降低，虽然出口量同比增长了近60%，但出口额仅为225亿美元，同比增长仅为10%。以常州天合为例，其2011年第四季度的产品售价已几乎和成本相持平。

图41 2008–2011年我国及全球太阳能电池产量（单位：MW）

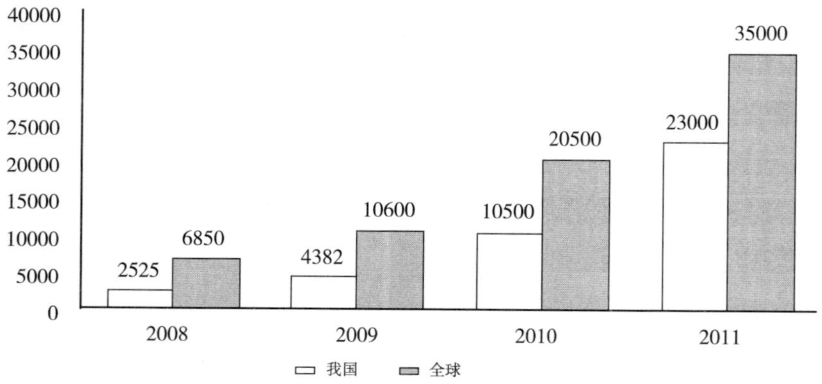

数据来源：中国光伏产业联盟，2012年2月

图42 2010Q4到2011Q4太阳能电池市场成本及售价变化（单位：美元/瓦）

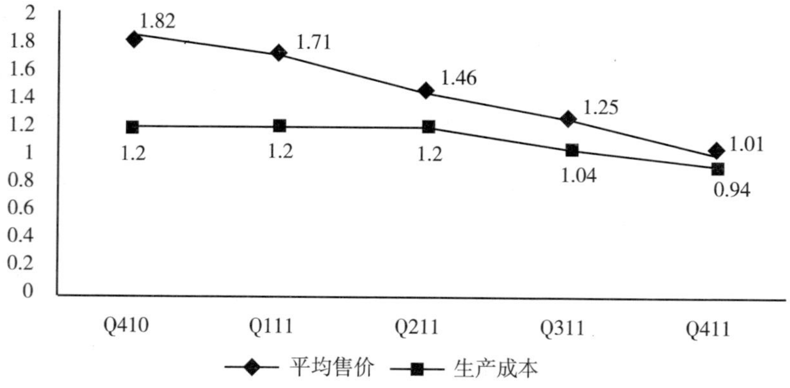

数据来源：中国光伏产业联盟，2012年2月

我国光伏产业国际影响力进一步增强。2011 年全球前十大电池片和组件企业中，我国均占据 6 席，其中无锡尚德分别以约 1.9GW 的电池片产量和 2.09GW 的组件产量，位居全球首位。全球主要光伏企业的电池片和组件产能 / 产量信息如下表所示。同时，保利协鑫市值超越美国 First Solar 跃居全球第一。在柏亚天（PRTM）2011 年全球光伏产业可持续发展指数中，按照收入增长，公司领导者地位、市场份额、公司盈利能力及资金链等几个环节对全球光伏企业进行评估，排出 15 家光伏企业，其中，常州天合位居全球首位，中国大陆共有 9 家企业入选，中国台湾地区也占据 3 席。

表 19　全球主要电池片企业 2011 年产能产量情况

企业	国别	年产能	产量e
尚德	中国	2400	1900
FirstSolar	美国	2271	1700
英利	中国	1900	1600
晶澳	中国	3000	1600
天合	中国	1900	1400
茂迪	中国台湾	1500	1300
昱晶	中国台湾	1500	1100
Sharp	日本	1600	1089
阿特斯	中国	1300	1000
海润光伏	中国	1560	970
Sunpower	美国	1000	869
京瓷	日本	1000	700
合计		19371	14758

数据来源：中国光伏产业联盟，2012 年 2 月

表 20　全球主要组件企业 2011 年产能产量情况（单位 :MW）

企业名称	国别	产能	产量e
尚德	中国	2400	2090
FirstSolar	美国	2271	1700
英利	中国	1900	1600
天合	中国	1900	1510
阿特斯	中国	2050	1320
Sharp	日本	1600	1089
韩华	中国	1500	835

（续表）

企业名称	国别	产能	产量e
晶科	中国	1200	800
REC	挪威	1000	710
京瓷	日本	650	650
合计		16471	12484

数据来源：中国光伏产业联盟，2012 年 2 月

表 21　全球光伏企业 2011 年竞争力排名

企业名称	国家	分数	从2010年到2011年的分数变化	2011年排名	从2010年到2011年的排名变化
Trina Solar Limited	CN	51.5	−10.5	1	1
First Solar Co.Ldt	US	63.5	48.5	2	−1
LDK Solar Co.Ldt	CN	63.5	N/A	2	N/A
Renesola Ltd.	CN	63.5	−109.5	2	21
JA Solar Holdings Co.，Ltd	CN	65.0	−53.5	5	9
Yingli Green Energy Holding Co.，Ltd	CN	80.5	−7.0	6	0
Gintech Energy Corporation	TW	90.0	23.5	7	6
Motech Industries，Inc	TW	91.0	37.5	8	7
Renewable Energy Corporation Asa	NO	94.5	26.5	9	−4
Jinkoslar Holding Co.，Ltd	CN	104.0	N/A	10	N/A
Neo solar Power Corp.	TW	106.5	N/A	11	N/A
Suntech Power Holdings Co.，Ltd.	CN	109.0	43.5	12	−9
Hanwha SolarOne，Ltd.	CN	121.0	11.0	13	−2
SunPower Corporation	US	124.5	57.0	14	−10
Canadian Solar Inc	CN	125.5	26.5	15	−5

数据来源：中国光伏产业联盟，2012 年 2 月

我国太阳能电池生产成本将进一步下降，产品质量进一步提高。多晶硅、硅片、电池片和组件环节加工成本分别有望降至 20 美元 / 千克、0.17 美元 / 瓦、0.15 美元 / 瓦和 0.25 美元 / 瓦，届时垂直一体化企业的组件成本将达到 0.69 美元 / 瓦，同比将下降 27%。产品质量愈加稳定，多数企业产品质保将达到 10 年，功率线性质保将达到 25 年。国际化程度进一步增强，受国内市场消纳能力有限和国外贸易壁垒影响，我国光伏企业将加快国际化进程，通过在海外建厂或并购方式，加快在海外的本土化发展，以增强企业竞争力和国际化水平，成长为国际大型企业。

图43 2010Q4-2011Q4组件市场非硅成本和硅成本变化（单位：美元/瓦）

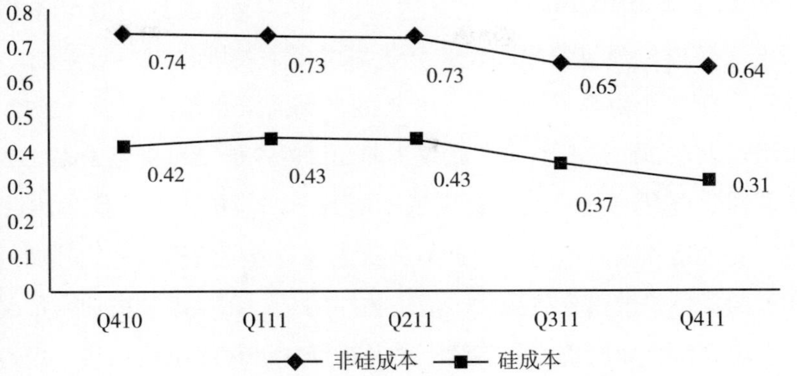

数据来源：中国光伏产业联盟，2012 年 2 月

我国太阳能电池技术持续进步，电池效率稳步提升。主要体现为核心技术环节不断突破，生产工艺持续优化，规模化生产稳定性逐步提高。目前，我国已掌握全套晶硅电池关键工艺技术，单晶硅和多晶硅电池产业化转化效率已分别达到 17.5% 和 16.5%。部分先进企业，如尚德所研制的“Pluto”（冥王星）单晶硅电池效率已达到 19% 以上，晶澳公司采用准单晶技术生产的“Maple”（晶枫）多晶硅电池效率已达到 18.2%，处于全球领先水平。对于一些高效电池，N 型电池将逐渐展露头角。N 型电池相比 P 型电池拥有很多优点：少数载流子寿命高很多、对金属杂质的容忍度高、加工温度 200 度（P 型在 1000 度）。主要缺点在于长期使用的性能退化，而随着表面钝化技术的发展，使用 Al2O3 钝化已经可以有效解决这个问题。目前大多数晶硅电池均使用 P 型硅，若要不增加成本的前提下进一步提升转换效率，N 型硅是今后发展的必然方向。英利的 N 型电池产能已达到 600MW。未来与建筑相结合的应用模式是未来发展的主流，而建筑空间有限，因此发展高效晶硅电池已成为不二之选，我国多家晶硅电池企业均在大幅扩建高效晶硅电池生产线，目前高效晶硅电池产量已占据全部电池产量的 15% 左右，预计到 2015 年，高效晶硅电池产量占比将达到 30% 甚至更多。

（2）发展展望

市场供需失衡压力持续增大，产业整合不可避免。光伏产业作为朝阳产业，未来市场将会呈现指数增长。但短期内，产业仍将承受较大的供给压力。据赛迪智库光伏所不完全统计，全国 156 家电池组件企业 2011 年的太阳能电池产能已超过 35GW，预计 2012 年产能在 40GW 以上。欧盟 2011 年 9 月份发布的报告也显示，2012 年全球太阳能电池产能将达到 80GW，我国占据超过 50% 份额。与快速增长的太阳能电池供给量相比，光伏需求量增长则显得相形见绌。据 2011 年 6 月欧洲光伏工业协会对 2011–2015 年的市场需求量预测数据，2012 和 2013 年光伏市场需求在 30GW 左右，因此仅当前我国的产能已可满足未来 2–3 年全球光伏市场需求，光伏市场的增长速度远不能跟上产能扩张的步伐。2012 年这一市场仍将承受价格和整合压力，一批不具备竞争力或贸然进入光伏领域的光伏企业将在激烈的竞争中被整合或淘汰。值得关注的是，在供需失衡加剧情况下，我国在海外上市光伏企业股价可能持续下跌且遭受国外评级机构唱空，极有可能被国外资本趁虚而入，利用产业整合和贸易战等时机，掌控我国优势企业主导权，甚至使我国光伏产业日益空心化。

图44　2010–2015年全球太阳能电池产能和装机情况及预测

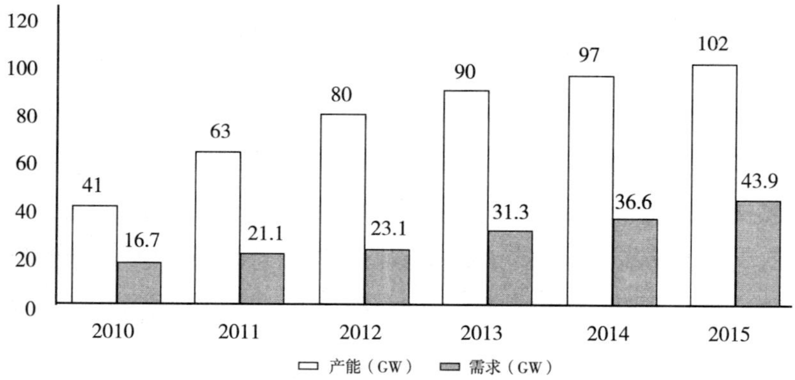

数据来源：产能数据来自欧盟能源研究中心（JRC），2011 年 9 月，需求数据来自于欧洲光伏工业协会（EPIA），2011 年 6 月

产品价格仍将下跌，企业经营压力增大。2011 年初，光伏产品供应量大幅提高，但光伏市场受政策不稳定的影响，需求萎靡，观望情绪严重，致使光伏产品库存积压严重，价格暴跌，目前已经逼近成本价，极大挤压光伏企业利润空间，主要光伏企业毛利率同比和环比均持续下滑。原本各企业希望 2011 年第四季度会受到欧洲市场 2012 年将下调补助金额政策的影响，提前出现安装潮，但相关订单目前仍未出现。加上 2011 年第四季度和 2012 年第一季度由于受天气和欧美国家适逢圣诞节休假等原因影响，市场萎靡已不可避免。2012 年，预计部分资

金需求急迫的企业为获得现金，在现货市场上加速抛售手中的库存和原料，将加剧价格下跌步伐。可能的后果即为：一旦产品价格跌破企业制造业现金成本，企业将开始降低产能避免现金净流出，但是降低产能后设备等固定成本的摊提压力又将出现，在这样的恶性循环下，将会涌现企业倒闭潮。情况的好转预计要到2012年二季度，届时市场进入旺季期，部分落后产能也将在此期间被淘汰，产业将迎来一个发展的小高潮。

美挥舞“双反”大棒，产业面临严峻贸易保护挑战。2011年10月19号，以德国SolarWorld为首的7家企业联合向美国政府递交了对中国出口到美国的太阳能电池（板）进行反倾销和反补贴（简称“双反”）调查申请，而美国商务部已于2011年11月8号启动立案调查。据悉SolarWorld目前也在游说全球最大的欧洲市场，对来自中国的光伏产品进行“三反”（反垄断、反倾销和反补贴）调查，一旦我国应对美国的贸易诉讼不利，极有可能被欧盟搭便车，届时在我国光伏市场未能及时启动的情况下，我国光伏产业可能遭受毁灭性打击。预计美国“双反”案件将会持续到2012年第三季度，对我国光伏产业造成的影响可能有：一是官司耗时耗力耗财，致使我国光伏企业不能集中精力开拓国外市场；二是来自美国的订单将会有较大的税率风险，对美光伏产品出口可能会萎缩，如果欧盟跟进，情况愈甚；三是促使国内光伏产业向东南亚等地区转移，以规避贸易风险；四是来自中国台湾地区等的光伏企业将会渔翁得利，加速崛起，对大陆光伏企业带来巨大冲击。

各路资本竞逐光伏产业，行业竞争愈加残酷。预计在2012年，一些竞争力低下的中小企业将逐渐被淘汰，但也有一些行业外的大型企业利用产业整合期，凭借资本和管理优势涌进该行业，如富士康高调宣称将投资1000亿元进入电池组件环节，未来行业的淘汰与发展将并行。同时，未来行业的竞争，将不是产业链某个环节间的横向竞争，而是一个产业链条之间的整体竞争。为了增强自身的抗风险能力，光伏企业要么自身垂直一体化发展，要么以产业集团军的形式，通过长期合约或控股整合上下游产业链，通过供应链管理降低企业的生产成本。此外，部分资源丰富的西北部城市也纷纷出台以资源换项目的政策吸引光伏企业投资，使得一些企业的光伏业务仅仅是换取其他资源的筹码，企业的小额盈亏已并不重要。业内均认为光伏产业“前途是光明的，道理是曲折的，只要熬过此严冬，未来一片美好”，因此寒冬期的竞争将会更加激烈和非理性。

4、硅基薄膜电池

薄膜太阳能电池近几年呈抛物线式的路线发展，2008 年多晶硅价格暴涨时期，投资热潮汹涌，在 2009 年多晶硅价格下跌时，又一度跌至低谷，今年随着全球光伏市场的迅猛发展，投资热潮又重新抬头。

（1）发展回顾

图45　2005-2009年全球薄膜电池和硅基薄膜电池产量

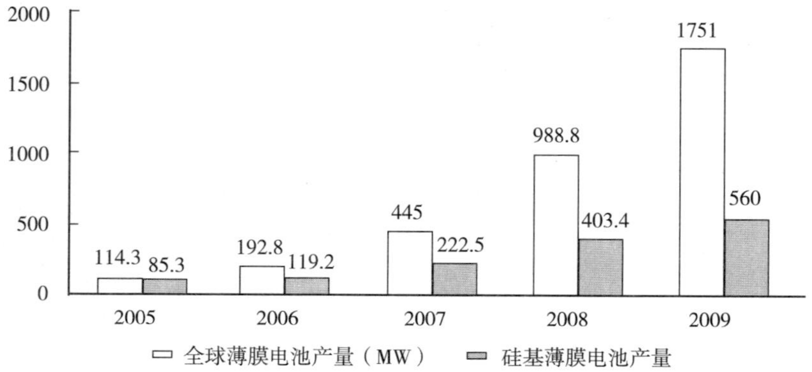

数据来源：中国光伏产业联盟，2012 年 2 月

产业化方面，我国在上世纪 80 年代中后期引进单结非晶硅电池后，非晶硅电池产业一直处于稳步发展态势。进入本世纪后显示出快速发展态势，近年来多晶硅材料紧缺更加促进了薄膜电池产业发展。从 2004 年天津津能引进了 2.5MW 双结非晶硅电池后，非晶硅双结电池产业发展较快。截至 2011 年底，随着汉能集团河源等几个基地电池投产，我国非晶硅薄膜电池产能已超过 2GW，并且有多个硅基薄膜电池项目正在规划建设中，预计 2012 年，产能可能达到 3GW，中国从事薄膜电池生产的企业超过 50 家。图 46 给出了 2006 – 2011 年中国非晶硅电池历年来的产量变化情况。从图中看出，自 2007 年起我国非晶硅电池产业进入快速发展时期。分析其原因：一是由于世界光伏市场的拉动，二是薄膜电池产业技术不断走向成熟，三是太阳能多晶硅材料短缺成为世界光伏产业发展的制约因素，从而加速了薄膜电池产业的发展。

硅基薄膜电池主要由非晶硅电池、微晶硅电池以及硅锗合金电池构成，其中非晶硅电池技术发展最早，技术相对成熟，已实现大规模生产，但非晶硅电池存在转换效率低和光致衰减问题，为了解决此问题，部分企业开始采用硅锗合金和微晶硅技术，不断提高硅基电池生产效率。美国联合太阳能公司采用 a-Si/a-SiGe/a-SiGe 三结叠层电池结构，在不锈钢衬底上制备的小面积电池效率达到 14.6%，美国 UnitedSolar 公司采用 a-Si/a-SiGe/μ-Si 三结叠层电池效率达到 15.4%，该电池效率也是目前硅基薄膜电池的最高记录。我国南开大学在小面积的非晶 / 微晶叠层电池效率达到 11.8%，与世界最高水平仍有不少差距。在产业化生产方面，我国多家企业采用非晶硅电池技术，生产线规模从年产 5MW 到几十兆瓦不等，组件面积从几平方米至数十平方米，组件稳定效率在 5-7%，部分使用双结或微晶 / 非晶硅结合的电池效率可达到 8-9%。在世界范围内，致力于硅基薄膜电池生产的主要是日本的夏普和三菱公司，其实现了非晶硅 / 微晶硅叠层太阳能电池产业化生产，生产线产能在 30MW 以上，产品组件稳定效率达 8-9%。美国 UnitedSolar 公司的柔性硅基薄膜电池效率可达到 10% 以上。

图46　2006-2011年我国硅基薄膜电池产量

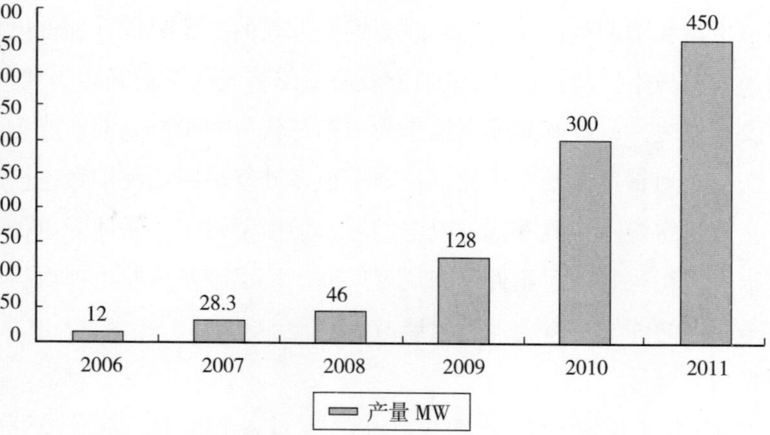

数据来源：中国光伏产业联盟，2012 年 2 月

核心设备依赖进口，电池转换效率提升难度较大。国内的硅基薄膜电池项目很多采用基于美国 EPV 公司的低成本生产技术，但由于 EPV 公司的 PECVD 功率较低，一条生产线的产能不大，电池效率也不高，约在 6-7% 左右。近年来国内有些企业也采用瑞士欧瑞康等公司的全套进口设备，如河北新奥购置美国应用材料，天威保变、浙江正泰等公司采用的则是瑞士欧瑞康公司的设备，这些生产线能够生产非晶 / 微晶叠层或多结结构的电池，电池转换效率可在 8% 以上，但设备的购置成本较高，约为国产设备的 2-3 倍。因此较大的设备投资成本和较低

的电池转换效率使得硅基薄膜电池成本下降较难，在晶硅电池的降价压力下，硅基薄膜电池的性价比优势受到较大压制。

晶硅电池和薄膜电池博弈，此消彼长。硅基薄膜电池拥有源材料丰富、生产能耗低，无污染等特点，只需购置相关设备即可进行来料加工，具有我国传统电子制造业的特征。特别是在2008年，多晶硅价格暴涨，最高逼近500美元/千克，使得硅基薄膜电池的低成本优势凸显，全国各地很多公司涉足硅基薄膜电池领域。但随着多晶硅材料价格的回落，2011年价格一度下降至25美元/千克，也使得晶硅电池售价逼近1美元/瓦，部分企业甚至报出0.5欧元/瓦的价格，加上我国硅基薄膜电池企业并没有拥有核心生产技术，对硅基薄膜电池企业的运营形成较大的压力。即使握有柔性薄膜电池技术的美国UnitedSolar公司，也由于晶硅电池价格的持续下降，导致该公司去年每个季度均处于亏损状态，也不得不在2011年底宣布破产。

硅基薄膜电池投资持续上涨。当前是我国经济发展从“十一五”向“十二五”过渡时期，也是我国调整产业结构、改变发展方式的关键时期，加上国家已将光伏产业列为我国战略性新兴产业，各地方政府纷纷将光伏产业列为当地“十二五”发展的重要产业之一，硅基薄膜电池作为“第二代”太阳能电池，成为资金热炒的噱头，使得多地将焦点集中于此，规划了很多硅基薄膜电池项目，同时资金雄厚的国有企业也纷纷入主硅基薄膜电池领域，但由于目前硅基薄膜电池的综合成本优势尚未显现，很多项目正处于布局观望期，一旦硅基薄膜电池取得较大的突破，硅基薄膜电池的投资将会迅猛发展。

（2）发展展望

多室PECVD向单室PECVD转变。PECVD设备的投资占据总投资生产线的30%以上。目前非晶硅薄膜电池的制备主要包括分室和单室的PECVD技术。虽然分室技术避免了沉积过程中的交叉污染问题，电池效率较高，但是需要的设备成本和系统维护成本高；单室技术则相反，交叉污染问题严重，电池效率偏低，但是设备简单，生产效率明显提高。如果能够解决或大大抑制交叉污染问题，单室沉积无疑更具有低成本的优势。

向高沉积速率和大尺寸，柔性衬底发展。提高沉积效率，可大幅提高产能，从而降低生产成本。与此同时，同玻璃衬底相比，柔性衬底硅基薄膜电池还有许多独特的优点：一是柔性衬底电池不用玻璃封装，重量轻而柔软，容易安装，坚固耐用；二是可直接与建筑材料集成，如做成屋瓦式和墙面式太阳能电池；三是卷到卷工艺生产，可连续大规模生产，降低成本；四是可在不锈钢薄层和聚酯膜衬底上制备超轻型电池，具有很高的电功率 / 质量比，对空间科学技术，城市遥感气球平台，军用无人驾驶寻航飞机等的电源系统具有特殊的应用价值。

向微晶硅叠层、多结电池发展。微晶硅与非晶硅相比，具有更低的衰减率，在长波端的吸收系数比短波端高，因此使用微晶硅电池作为多结电池的底电池可以进一步提高电池的效率，降低电池的光致衰减效应。目前非晶硅和微晶硅多结电池的稳定效率在 8–10% 左右，预计很快将提高至 12% 的水平。

5、铜铟镓硒薄膜电池

（1）发展回顾

我国铜铟镓硒薄膜电池产业化发展较晚，首条中试线由南开大学组建的天津泰阳光电公司于 2009 年推出，产能为 2.5MW。同时随着光伏装机市场的火爆，我国陆续有一些企业进入铜铟镓硒薄膜电池领域。2011 年 7 月，山东孚日光伏一条产能为 30MW 的生产线投产，而福建创辉光伏的 12.5MW 生产线、苏州高赛 12MW 的生产线已或者准备投产外，其它企业的一些光伏企业如中科泰源、广州华茂、广西地凯等铜铟镓硒薄膜电池生产线也在建或拟建中。据初步统计，我国已建成的铜铟镓硒薄膜电池产能在 40MW 以上，在建或拟建的产能达到 500MW 以上。另外，由于我国铜铟镓硒薄膜电池起步较晚，技术积累不够，目前 CIGS 薄膜电池主流工艺分为真空和非真空法，而真空法又分为共蒸发和溅射金属预制层后硒化的方法，目前均比较成熟，且能商业化出产品。而非真空阀有电化学沉积和印刷等，由于非真空法具有生产成本低等优点，近期也引起较多关注，但总体上不如真空法成熟。这两年一直有一些机构从国外拿着一些关于非真空法的技术来国内寻找投资商。产业化的铜铟镓硒薄膜电池转换效率与硅基薄膜略高，约为 10.5% 左右。关键设备仍然依赖进口，一条从德国进口的 25MW 生产线价格就高达 9 亿元，国产设备虽然低，但也在 3 亿至 4 亿元之间。

（2）发展展望

CIGS 电池仍将成为投资关注点。光伏产业的“战略性新兴产业”概念和潜在的光伏市场，使得光伏产业受到投资业界的高度关注，特别是随着 2011 年晶硅电池产能的快速增大，导致产品价格暴跌，企业利润率大幅摊薄，晶硅电池已经从“高技术”产业向传统制造型产业转变，而 CIGS 电池仍具有较高的技术门槛，其产品与晶硅电池的差异化较为明显。一些投资者开始将目光转向发展潜力巨大的 CIGS 电池，实行差异化的光伏产品发展路线。从 2011 年一些国内薄膜厂商的经营业绩看，普遍比晶硅电池厂商为好，这主要是由于薄膜电池作为概念化的“第二代”太阳能电池而受到更多的关注，另外薄膜电池具有晶硅电池所不能比拟的特性，如可柔性化，与建筑完美结合，弱光性好等特点，在一些示范性的应用中仍受到青睐。未来电池技术的重大突破可能会改变当前光伏产业的格局，而这种技术极有可能来自于 CIGS 电池领域。

主要半导体厂商纷纷涉足铜铟镓硒电池领域。CIGS 的生产工艺与平板的制程几乎相似，在全球半导体产业逐渐趋向平稳，而光伏产业仍一枝独秀的情况下，一些半导体厂商借助其在半导体领域取得的先进经验，将纷纷涉足 CIGS 领域，预计此种趋势在未来几年将会更加明显。韩国的一些平板企业，如三星、LG、现代重工等正在调整期光伏产业发展策略，加大对薄膜电池领域的布局力度，包括硅基薄膜和 CIGS 薄膜电池。台积电通过收购美国 Stion 的部分股权，与 Stion 结成策略联盟，由 Stion 提供技术，台积电负责生产，目标是成为全球产能前五大的 PV 厂。台积电认为，CIGS 因低成本等优势，成长率将最高，到 2015 年的年复合成长率将达 115%。中国台湾升阳则是通过转投资的新能光电，引进德国制造商 Centrotherm 的设备，目前已引进第一条 35MW 产线。德国 Q-Cells 公司自 2009 年全部收购铜铟镓硒厂商 Solibro 公司后，于 2010 年 6 月 11 日宣布，大规模生产的铜铟镓硒（CIGS）薄膜模块光电转换效率达到 13.05% 的记录，该记录也得到德国弗劳恩霍夫（Fraunhofer）研究院的确认，同时 Q-Cells 也宣布将位于 Solibro，Thalheim 的 CIGS 薄膜组件制造厂的产能于 2010 年底达到 135MW。

CIGS 电池将向无镉和柔性化方向发展。在传统的 CIGS 太阳电池中，由于含有很少的重金属元素镉，使其不能成为真正的“绿色”电池，基于环保问题，选用无镉材料来代替缓冲层的 CdS 薄膜是发展 CIGS 电池的必然趋势，目前所用的无镉缓冲层包括 ZnS、ZnSe、In2S3 等。前面也述及美国能源部国家光伏中心研制的无镉 CIGS 电池效率高达 18.6%，日本 ShowaShell 公司生产的大面积无镉组件效率达到 13.4%，因此无镉材料存在较大的发展空间。同时柔性 CIGS 薄膜电池多沉积于金属箔或高分子聚合物薄膜基底上，具有质轻、可卷曲折叠、不怕摔碰、抗辐射能力强等特点，而且允许以卷带方式连续化沉积，其材料成本和生成成本具有更大的下降空间。无论是军事还是民用都具有广阔的市场前景和巨大的市场需求。

企业纷纷扩产。在2010年全球光伏市场的带动下，各主要CIGS厂商纷纷扩产。美国SoloPolwer公司在2010年初宣布将在俄勒冈州威尔逊维尔（Wilsonville）建设一座75MW生产基地，这座铜铟镓硒柔性组件工厂完工后将配有4条生产线，总产能将达到300MW，该计划总耗资约3.4亿美元（约合22.4亿人民币）。而美国Stion公司则计划在密西西比州建设新的生产基地，项目一期工程计划在哈蒂斯堡（Hattiesburg）建设100MW生产线，2011年和2012年投资额将超过1亿美元。日本Showa（昭和壳牌）目前已拥有2座年产能分别为20MW和60MW的CIS太阳能电池厂，并于2009年9月在日本宫崎县兴建乙座年产能达900MW的全球最大规模太阳能电池新工厂（国富工厂），国富工厂预计于2011年下半年启用量产，届时，昭和壳牌CIS太阳能电池年产能将可达980MW的规模。并且该公司于2011年3月起提供新一代CIS薄膜太阳能电池给MHH在德国进行销售，预估总供应量将达100MW。

6、光伏生产设备

（1）发展回顾

设备行业销售值快速增长。2011年我国光伏设备企业销售额达到80亿元，同比增长60%，光伏设备的快速增长主要受益于自2010年下半年开始的光伏投资热潮。但据某咨询机构披露的数据，2011年光伏设备支出达到131亿美元，我国光伏企业的销售额仅占据其中的12%，与全球60%的太阳能电池产量在我国生产的制造大国相比，严重不相符合。而在80亿元的销售额中，铸锭和拉单晶设备占据了至少60%的市场份额。

光伏设备出口替代能力逐步增强。国产光伏装备绝大多数集中在晶体硅太阳能电池领域，而硅材料加工和电池/组件制造环节的设备所占比例又最高，部分设备如单晶炉、铸锭炉等已成为主流选用设备，占据了国内大部分细分市场。在铸锭/拉棒环节，单晶炉及多晶硅铸锭炉已经占据了国内较大的市场份额，单晶炉已占据了国内90%的市场份额并开始少量出口亚洲，多晶硅铸锭炉2011年国产化率超过60%，2012年有望再创新高。在硅碇硅片环节，国产化进程正在快速推广，切方机、开方机已规模化生产，多线切割机部分国内企业已有样机下线，打破国内市场的空白。电池片及电池组件生产制造环节，扩散炉、等离子刻蚀机、清洗/制绒机、石英管清洗机、低温烘干炉、层压机等已在国内生产线占据主导地位，部分已开始实现出口；管式 PECVD、PVD、快速烧结炉等和进口设备并存，但份额在逐步增大，丝网印刷机也有样机提供。单晶炉、层压机等设备更是批量出口到欧洲、美国和日本。

高档设备依赖度仍不减。但目前，国内的光伏设备行业仍有部分核心技术尚未掌握，一些高端装备需要依赖进口。例如，多晶硅提纯环节中的四氯化硅闭环回收装置主要从美国、德国和俄罗斯进口。此外，全自动丝网印刷机、自动分拣机、全自动电池焊接机、平板式 PECVD 镀膜设备也几乎完全依赖进口。我国非晶硅薄膜设备因为起步较晚且没有 TFT–LCD（薄膜场效应晶体管液晶显示器）设备制造基础，除激光划线和清洗设备外，关键的薄膜生长设备 PECVD 等成为制约因素，从而只能生产 5MW 左右规模的小尺寸生产线设备。因此客户在选购光伏设备时一般秉持客户更倾向于“进口核心设备 + 国产辅助设备”的组合，这对国产设备的市场拓展产生了阻力，此外，设备折旧部分一般反映在投产后 3 年，对于当期成本下降无法产生贡献。

与进口设备相比，国产装备价格优势明显，交货周期短，使用成本低，技术服务快捷及时，单项技术指标接近，但自动化程度稍低，设备制造不够精良，对设备养护人员的要求相对较高。

（2）发展展望

2012 年光伏设备市场面临的困难重重。首先是光伏设备所需的零部件等原材料价格在大幅上涨，生产成本逐步加大；二是伴随着光伏光伏市场的快速发展，设备市场也在积极扩大产能，目前供需矛盾加剧的状态，设备产品积压较为严重；三是光伏市场整体供需失衡较为严重，企业扩产的势头已经受到较大程度的压制，且未来将有一大批新闯入光伏领域的中小光伏企业面临被整合，而这些中小企业刚投产，其新进的生产设备也将流入市场，对现有设备带来一定冲击。所有这些情况都将阻碍光伏设备市场发展。而据国际半导体设备与材料协会（SEMI）所发布的订单出货比也验证了这一趋势。SEMI 的报告称全球光伏生产设备订单出货比在 2011 年第 3 季度跌至 0.35，这是 2010 年 1 季度开始数据收集以来的最低水平。SEMI 的报道还提到“整个供应链的固定设备投资在 2010 年及 2011 年上半年达到高峰之后，许多光伏制造商已经取消或暂停了扩张计划，市场条件的恶化与市场预期的不乐观给 2012 年行业前景投下阴影。如果欧洲、日本、中国不进行政策干预，信用危机与经济情况没有实质性缓解和改善的话，预计订货情况在未来半年不会明显改善”。而 solarbuzz 预计 2012 年光伏设备支出将大幅下降 45% 至 76 亿美元，并且这一低迷状态将延续至 2013 年。我们认为在此趋势下，设备类企业将不可避免地遭遇“收入和毛利率的双杀”，2012 年的经营情况不容乐观。

“大尺寸、自动化”等高档设备市场广阔。提高产品质量，降低生产成本将是 2012 年的主要需求。因此进一步发展适合大尺寸（如目前主流多晶硅是 156mm × 156mm 方硅片及未来 210mm × 210mm 方硅片等）、薄硅片的工艺技术设备（目前主流硅片厚度为 210μm–240μm），以节约硅材料降低成本。其次，提高单机自动化水平，增加批次装片量，以提高单机生产效率。以目前主流的多晶硅 156mm × 156mm 方硅片生产工艺为例，要开发单机生产能力在 50MW 的生产设备，同时要实现机械手自动传送、在线检测等功能，提高整线生产效率，减少人工干预，降低碎片率。此外，提高组件环节自动化水平，减少由于手工的焊接等带来产品质量的稳定性，和提高产品的产能。

光伏设备与“大半导体”结合更加紧密。光伏产业属于“大半导体”工艺领域，目前已经有更多的光伏企业与半导体公司合作，将半导体领域中的一些先进生产设备和工艺技术引进到光伏生产中，如目前有一些企业引进刻蚀设备，取代传统的酸性制绒或碱性制绒，整合单晶硅生产线和多晶硅生产线，使之相互兼容。同时等离子注入机在光伏系统中也得到较大的应用，未来这种趋势将更加明显。同时，提高设备的运行稳定性。据调查，国内设备的 MTBF（平均无故障间隔时间）普遍在 500 小时左右，而 MTTR（平均故障修复时间）约为 10 小时，远低于国外 MTBF 的 3500 小时左右和 MTTR 的 8 小时左右。虽然国内具有维修反应速度快，维修方便等特点，但故障多、不易维修仍然是国内设备的通病，因此，国内在设备生产制造中引入可靠性设计、分析、制造等技术内容，是非常重要的。

设备研发与工艺开发的结合将更加紧密。设备研制与工艺开发相结合是未来发展趋势。这将使一些高水平的工艺技术和设备研制相结合，建立工艺示范线，形成设计、制造、工艺开发、设备开发与改进的联合局面。这样既可以缩短国产设备的开发周期，也可以促进先进的工艺应用，而用户通过降低设备采购费用，可进一步提高国内光伏电池的市场竞争能力。其次，更新观念，提高产品质量。在设备研制过程中，零部件配套要走向社会化、国际化，以利于专业化配套和同国际标准的接轨。光伏行业的迅速发展带来了巨大的商机，要克服设备制造行业一哄而上造成的恶性竞争，以及企业内部“大小通吃、全面出击”造成的大而不专，应该尽快成立相关的行业协会，并起草相关标准及规范，保证行业有序良性的发展。

7、光伏辅料

（1）发展回顾

行业的低景气度快速传导至耗材行业。耗材是产量的同步指标。受到行业需求不足、开工率不足和盈利能力下降的负面影响，制造企业期望可以通过工艺调整尽量减少耗材的使用、或是尽量压低耗材价格，对耗材行业产生了利空。如越来越多的企业通过切割废液回收以降低非硅成本，导致切割刃料及切割液需求增速下降；

图47　光伏电池片结构图

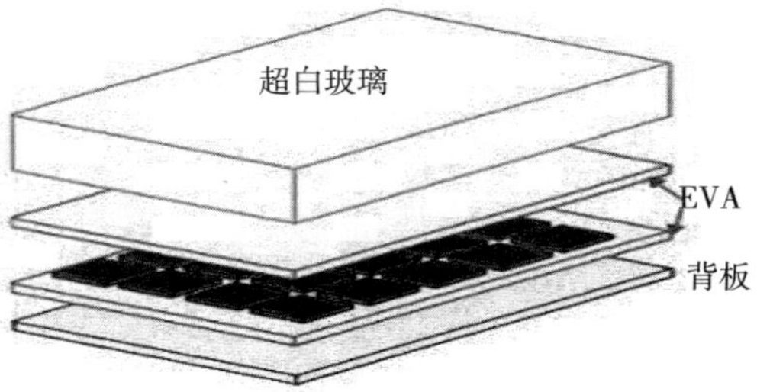

在光伏玻璃方面，我国已基本上实现钢化超白玻璃的国产化，信义玻璃公司的超白玻璃产量已占据全国50%以上，南玻、裕华等一批玻璃企业也涌进光伏玻璃领域，产能已呈现过剩趋势。与此同时，为了提高玻璃透光率，一些光伏企业也开始使用减反膜玻璃，使用减反射盖板玻璃后，组件的功率提升在1%-2%之间。例如，使用普通超白压延玻璃做出来235瓦的组件，如果换用减反射膜玻璃，功率可以达到237.35 ~ 239.7瓦。目前国内减反射膜玻璃企业主要有常州亚玛顿、江苏秀强等，已基本上实现我国光伏企业需求。但在TCO等玻璃方面，技术尚不成熟，产业化规模仍较小，但相信在未来一两年内，将改变此现状。

在切割线、切割刃料和切割液等方面，我国已基本实现国产化生产，在切割线方面主要有贝卡尔特、恒星科技等企业，在切割刃料方面主要有新大新材、平顶山易成等企业，切割液方面主要有奥克股份，无锡佳宇等企业。但由于硅片价格大跌，也极大将加价压力传导至切割辅料环节，同时，部分硅片企业也开始自行生产切割线，同时切割液的回收也得到较好的利用等，此举使得市场需求进一步降低，价格 11 万元 / 吨的切割钢丝，原本利润丰厚，近期直降至 4 万元 / 吨，盈利空间大大压缩。由于现在的切割线会引入铁等杂质，耗硅量也较大，而切割后切割液和硅粉混合在一起，使得硅粉回收技术难度大，不利于硅片耗硅量的进一步下降。现在已有一些企业尝试使用金刚石切割线，但由于目前技术尚不成熟，使得碎片率较高、硅片表面损伤较大等，还没有规模化使用，但相信未来金刚石切割将成为未来主流。

在 EVA 胶膜和背板方面，我国已掌握基本的生产技术，产能也在逐步增大，但在高端产能方面，仍主要依赖国外厂商。EVA 胶膜的质量会直接影响太阳能电池组件的性能，如光电转换效率与使用寿命等。这对生产企业提出了较高的要求，需要企业选择合适的配方，并根据下游组件生产商的不同需求调整自己的产品。目前 EVA 胶膜的主要生产企业有杜邦、三井和普利司通，这三家企业占据了国内 60% 的市场。国内企业中，最主要的是杭州福斯特。从长期看，EVA 毛利水平将不断降低，目前主要依靠规模获得效益。EVA 行业本身投资规模不大，主要门槛在技术，包括产品配方等。我国背板领域的主要企业是奥地利 isovolta、日本东阳铝业以及台湾台虹科技等。国内企业中已有苏州中来、东材科技、回天胶业、乐凯胶片等企业进入了该领域。

电池片环节辅料主要是浆料，浆料在电池中主要是作为电极使用，浆料对电池效率影响较大，特别是高效晶硅电池对浆料质量要求极高。正面电极一般为银浆，背面电极则为银铝浆。导电银浆和铝浆占电池片成本的 10% 左右。每 MW 电池片，大约消耗银浆 90KG，铝浆 200KG。以银浆价格 6500 元 /kg，铝浆价格 500 元 /kg 计算，其市场容量约在 70 亿元。导电银浆是由高纯度的银颗粒和粘合剂、溶剂、助剂等混合组成的浆料，通过烧结等工艺使银浆成膜形成电极。银浆的附着力和导电能力对产品的性能影响较大，该产品的技术壁垒较高。目前市场上的光伏导电银浆基本上被美国杜邦、美国福禄和德国贺利氏三家公司垄断。这三家公司占据了国内市场 90% 以上的份额，国内的苏州固锝、亿晶光电、上海大洲以及武汉优乐等公司也进入了这一领域，并有少量产品产出。而在铝浆方面，我国基本上已实现进口替代，无锡儒兴的产品已经广泛在市场中使用。

（2）发展展望

国产替代能力逐步增强，高端仍依赖进口。2012 年，我国辅料环节的进口替代率将不断提高，主要体现在技术不断进步，EVA角膜和背板等方面，但在高端产品方面，如银浆，背板等环节，我国依赖进口的局面仍将持续。另外，由于我国光伏产品主要依赖出口，而出口国对产品有专门的认证制度，且光伏认证周期较长，这将增加企业更换，无疑为辅料厂商打入主要光伏企业增加难题，也不利于辅料的进一步改进。

辅料价格仍持续下降，光伏发电成本有望早日平价。从大环境看，2012年我国光伏产业仍将承受产业整合和价格压力，这种压力将继续传递到辅料产业，而目前辅料环节仍有较大的利润空间，因此2012年辅料的价格将进一步下降。这也有利于光伏发电成本的进一步下降，光伏市场有望得到进一步推广，这也将反哺辅料企业，使得其市场需求进一步扩大。必须看到，虽然我国一些辅料产能正在不断释放，但是都是一些低端的产能，产品同质性较大，未来该环节的竞争将日趋白热化。

辅料仍将承受技术变革带来的压力。从目前情况看，硅片环节的切割线有可能被金刚石切割线所替代，届时对现有的切割液、切割刃料等企业打击是相当大的。同时一些光伏企业也在跟浆料企业开发高效电池，这种绑定式开发也使得一些不具备竞争优势的浆料更难打开市场。此外，一些企业也在研究使用成本更低的铜等材料替代银材料，一旦这些技术成熟，无疑将打击我国较为孱弱的浆料企业。

8、光伏发电

（1）发展回顾

装机情况：2011年，全球光伏市场仍保持平稳快速发展，全年装机量达到近27.85GW，与2010年的17GW相比增长率达到64%，远高于风电、水电等可再生能源。光伏全球累计装机量达到68GW，仅次于水电和风电，2011年，全年光伏发电量达到800亿千瓦时，所发电力足够2000万户家庭年度用电需求。其中欧洲光伏新增装机量达到近21GW，占据全球新增装机量的74.6%，而亚太地区装机量也达到近6GW，同比增长了165%，这其中我国光伏装机增长最为明显，全年新增装机量达到2.5GW，累计装机量达到3320MW。其中青海新增装机量达到1003MW，宁夏、甘肃、新疆和内蒙等装机量合计约为1GW，“金太阳”示范工程和光热建筑一体化也大约600MW。

表 22　主要光伏国家 2011 年新增及累计光伏发电装机量

	新增（MW）	累计（MW）
意大利	9000	12500
德国	7500	24700
中国	2500	3320
美国	1600	4200
法国	1500	2500
日本	1200	4800
澳大利亚	700	700
英国	500	750
比利时	400	1500

数据来源：中国光伏产业联盟，2012 年 2 月

光伏政策情况：光伏发电成本是常规能源的三倍，是风电等新能源成本的二倍，光伏市场主要靠政府补贴来驱动，“技术可行、经济合理”是政策补贴关注的要点。从目前经验看，实施“电量”补贴并使补贴呈阶段性变化是最行之有效的补贴方式，欧洲主要光伏装机大国如德国、意大利等均采取此种方式。从光伏电站的建设方式看，分布式发电系统仍将逐渐成为主流。另外全球光伏政策的变化总体而言，2011 年光伏政策的调整一波三折。2011 年上半年，意大利和德国的光伏调整政策一直不明确，导致上半年光伏系统集成商观望情绪加重，企业库存大增，产品价格大降。但在 2011 年 5 月份确定之后，光伏装机开始大幅增长。这两国也分别以 7.5GW 和 9GW 分列全球前两位。尤其值得关注的是，我国在 2011 年相继出台了三条有利政策：一是调整了光伏装机规划，将 2015 年的规划目标值从原来的 10GW 上调至 15GW；二是明确上网电价收购政策，只要在 2011 年底前并网，即可享受 1.15 元 / 度的上网电价；三是提高可再生能源附加费，从原来的 4 厘 / 度提高至 8 厘 / 度，确保了补贴来源，此举促使我国光伏装机大幅增长，2011 年装机达到 2.5GW，位居全球第三。

光伏发电成本情况：光伏补贴的主要目的是促进发电成本的快速下降，为了明天少补贴和后天不补贴。同时光伏补贴需根据当前光伏发电成本进行适时调整，过低起不到补贴的效果，过高则起不到促进成本下降的目的，需体现合理成本 + 合理利润。目前光伏发电成本已经得到快速下降，计算条件如下表所示：

贷款比例	60%	增值税率	17%	贷款年限	15年
所得税率	25%	贷款利息	6.12%	附加税率	8%
运营期	20年	年运行费用	年折旧7%	固定资产残值	5%

则在内部收益率为 8% 的情况下，在不同的初始投资和日照资源条件下，其上网电价为：

日照小时数（年/h）	项目固定资产投资（元/kWp）				
	14000	16000	18000	20000	22000
1300	1.307	1.489	1.671	1.853	2.035
1400	1.214	1.383	1.552	1.721	1.89
1500	1.133	1.292	1.449	1.606	1.764
1600	1.062	1.21	1.358	1.506	1.654
1700	1	1.139	1.28	1.417	1.556

从上表的测算可以看出，在当前组件价格约为 8 元 / 瓦的情况下（组件成本约占据系统成本的 50–60%），固定资产投资约合 14000 元 /KW，因此由此测算出在青海格尔木地区建设的电站发电成本约为 1 元 / 瓦，远低于国家出台的 1.15 元 / 瓦电站，电站利润率相当可观。另一方面看，青海地区的火电平均上网电价为 0.295 元 / 度，合计每度电国家需补贴 0.855 元 / 度，补贴金额巨大。而如果电站是建设在东南沿海地区，则其发电年有效利用小时数约为 1300 小时，其发电上网电价约为 1.307 元 / 度，而东南部沿海地区的工商业高峰期的用电价格也约在 1.2–1.4 元 / 度之间，基于光伏发电出力基本在高峰用电区间，因此光伏发电在东南沿海地区的工商用电方面基本实现用户侧平价上网。

事实上，由于欧美日等国家电力价格成本较高，在当前的组件价格下，已基本实现用户侧发电成本，以日本为例，日本藤原木材公司（千叶县镰谷市）与盈泰日本公司（同上）合作成立的千叶县经销商组织推出了 29 万日元 /kW（4kW 型）的家用光伏系统。折算成发电成本仅为 19 日元 /kWh，已经低于居民用电的 24 日元 /KWh。因此光伏发电在用户侧评价上网是可期的。

（2）发展展望

全球光伏市场仍将保持平稳增长。2012 年，欧洲主权债务危机仍未呈现好转迹象，政府为了降低赤字，预计将减少光伏补贴份额。同时，整体经济不景气也将影响到整个金融系统，会给光伏电站的建设带来融资问题。但是，由于去年光伏组件价格大幅降低，光伏发电成本也得到快速下降，在欧洲部分地区已可实现用户侧平价上网，这无形中将会降低政府补贴金额。同时，欧洲虽然政府赤字严重，但民众比较富裕，且环保意识较强，在欧洲建设的光伏系统也主要是分布式光伏发电系统，这在某种程度上也可减轻融资压力。因此预计 2012 年欧洲光伏装机系统仍可保持平稳发展。而发展潜力巨大的美国、日本和印度等国家将逐渐弥补由于欧洲光伏增长率下降带来的空白。据预测 2012 年，美国装机量将在 2-3GW 之间，日本将达到 2GW，而印度也将达到 1GW。值得关注的是亚太地区的一些新兴国家，如澳大利亚、韩国、泰国和中国台湾地区等，也将加速崛起，如中国台湾地区政府已经批准 2012 年光伏装机量将达到 120MW 等。因此预计全球光伏市场仍将保持增长，但增速放缓，全年装机量可达 32GW。

国内光伏市场将呈爆发式增长。受益于 2011 年出台光伏上网电价、十二五光伏装机规划和可再生能源附加费等利好政策，我国西部地区已经掀起了光伏电站建设大潮，这股浪潮将延续至 2012 年，如我国青海省 2011 年光伏装机量达到 1003MW，尚有 1.4GW 的核准项目预计将在 2012 年安装。在 2012 年国家能源局的工作会议上的“力推能源结构调整”中明确指出“积极发展太阳能，组织实施‘十二五’第一批规模为 300 万千瓦的开发计划”，“2012 年要再解决 60 万无电人口用电问题”，特别是，我国在 2012 年发布的“金太阳”示范工程中政策并没有像前三年一样规定安装上限，相关业内人士预计“2012 年的太阳能示范工程报批量将会呈现爆炸式增长”。另外，当前我国光伏产业产能增长过快且产品主要依赖出口，急需加速启动国内市场以缓解对外依赖度过高的问题；再者启动国内市场也是应对美国启动的“双反”调查的有力回击；最后，2012 年光伏电站仍可享受 1 元 / 度的上网电价政策，在目前国内装机成本大幅下降的情况下，组件企业纷纷向下游的光伏系统集成延伸。因此，预计 2012 年光伏装机量将达到 5GW，但即使如此，我国近 85% 的光伏产品仍需依赖国外市场。

产业中心将逐渐向下游延伸，用户侧平价上网有望两年内实现。由于供需关系吃紧，一些光伏组件企业正在酝酿业务转型，转型方向主要有三种：一是通过整合，做大做强，成为制造龙头企业，这需要企业通过推动技术创新和成本压缩，维持需求方不断下降的价格要求（价格风险）；二是向下游延伸，作为发电企业，但这将会大型电力企业形成直接竞争，寻找差异化的市场（竞争风险）；三是成为光伏系统集成商，这需要维持和扩充人才/渠道优势，获得成规模且稳定的项目来源（市场风险）。因此对于中小企业而言，系统集成更适合中小企业进行深耕细作。系统集成服务可以贯穿光伏项目的全寿命周期，涉及的内容基本涵盖了资金以外的所有事项。其目的就是为不熟悉光伏项目的投资商提供全方位的专业支持和建议，最大化投资商的投资收益。系统集成属于服务型的业务模式，在资金占用、政府背景方面要求相对较低，更适于重视资产回报率而不是收入规模的中小企业进行深耕细作。激烈的竞争将使得光伏系统集成成本进一步下降，他通过集中采购、定制等手段，可有效降低用户端发电成本。

（三）2011年光伏产业热点事件回顾与解析

1、《多晶硅行业准入条件》正式发布与实施

（1）事件回顾

2009年金融危机以来，受多晶硅价格的上涨，国内多晶硅行业出现了重复建设、无序上马的严重问题。据资料显示，截至2009年上半年，四川、河南、江苏、云南等20多个省，已有近50家公司正在建设、扩建和筹建多晶硅生产线，总建设规模逾17万吨，总投资超过1000亿元。倘若这些产能全部实现，相当于全球多晶硅年需求量的两倍以上。2010年，我国多晶硅产量4.5万吨，多晶硅进口量4.7万吨，仍有50%以上的供应缺口，如若规划产能能够按时达产，不仅能满足我国国内的多晶硅市场需求，还能实现出口。但是据统计，我国规划的此17万吨产能中，60%以上是单线3000吨以下的产能，并且生产技术与国外主要竞争对手相比，仍有一定的差距，综合生产能耗比较高，对副产物的综合利用率与国外相比也有一定的差距，这也使得我国多晶硅平均生产成本高于国外先进企业。多数企业生产成本在40美元/千克以上，而国外的先进厂家生产成本已低于30美元/千克。甚至有的企业没有规划副产物回收利用装置，不仅提升了生产成本，对生态环境也会造成较大的影响。鉴于此，国家出台了《关于抑制部分行业产能过剩和重复建设引导产业健康发展的若干意见》（国发38号文），将多晶硅定为产能过剩行业之一。在此意见指导下，工信部联合国家发改委和国家环保部发布了《多晶硅行业准入条件》，在能耗、环保、产品质量及生产投人方面提高了门槛。在能耗方面，根据规定，到2011年底前，太阳能级多晶硅还原电耗必须小于60千瓦时/千克，综合电耗大于200千瓦时/千克的太阳能级多

晶硅生产线则将被淘汰。在环保方面，还原尾气中四氯化硅、氯化氢、氢气回收利用率不低于98.5%，99%，99%；在依法设立的基本农田保护区、自然保护区、风景名胜区、饮用水水源保护区，居民集中区、疗养地、食品生产地等环境条件要求高的区域周边1000米内或国家、地方规划的重点生态功能区等敏感区域内，不得新建多晶硅项目；已在上述区域内投产运营的多晶硅项目要根据该区域有关规划，依法通过搬迁、转停产等方式逐步退出；水资源实现综合回收利用，水循环利用率≥95%等等。在资金方面，准入条件规定，新建和改扩建项目投资中最低资本金比例不得低于30%；在政府投资项目核准新目录出台前，新建多晶硅项目原则上不再批准；太阳能级多晶硅项目每期规模大于3000吨/年，半导体级多晶硅项目规模大于1000吨/年等。

（2）事件解析

多晶硅准入条件的出台提升了多晶硅行业的准入门槛，推动企业实现规模效应，加强技改投入以满足副产物排放和能耗的要求，并阻止投机资金的进入。更重要的是，此项政策有利于降低我国的多晶硅生产成本。有专家表示，如果《多晶硅行业准人条件》中的门槛都能达到的话，那么多晶硅的生产成本可控制在每公斤30美元左右，这与国际上多晶硅的平均生产成本已非常接近。12月13日，国家工信部公布了第一批符合《多晶硅行业准入条件》的20家企业名单。保利协鑫、赛维LDK、昱辉阳光、东方电气、天威保变、特变电工等知名企业麾下多晶硅公司纷纷跻身其中。预计我国多晶硅行业将会在此项政策的实施下逐步围绕规模大、技术高、成本低的企业实现整合，行业集中度将进一步提高。

2、国家发改委出台上网电价补贴政策

（1）事件回顾

关于国家发改委上网电价的出台，不得不提到青海的930政策。经过与国家发改委沟通，青海省于5月27日下发了《格尔木市人民政府（光伏发电项目建设专题会）会议纪要》，会谈中，国家发改委同意就上网电价给予青海省特殊政策支持，即在2011年9月30日前建成并网的电站项目执行1.15元/千瓦时电价，即业界所说的“930通知”。自此，青海省开始大量上马光伏电站项目。截至2011年10月份，青海已核准光伏发电项目44个，容量1010MW。其中，已建成国电格尔木20MW、国投格尔木20MW、中广核一期20MW等5个项目，已并网发电容量达130MW；到2011年年底，核准的1010MW容量将全部并网发电，预计将累计完成投资240亿元。紧随其后，2011年8月1日，国家发改委出台了《国家发展改革委关于完善太阳能光伏发电上网电价政策的通知》（发改价格[2011]1594号）文件，明确了全国光伏发电的上网电价：在2011年7月前核准建设，并且于年底建成投产的光伏电站，将享受1.15元/度的上网电价，在2011年7月后核准建设的电站或者在7月前建设，但年底尚未能建成投产的光伏电站，其上网电价为1元/度。资金通过全国征收的可再生能源电价附加解决。特许权招标工程和国家“金太阳”示范工程资助的项目不能享受此电价，仍将分别按照中标电价和当地脱硫燃煤机组标杆上网电价执行。

（2）事件解析

在光伏发电没有实现平价上网之前，光伏市场发展还主要依靠政府的补贴政策，发展速度取决于政府的扶持力度。自2009年以来，我国政府相继出台了“金太阳示范工程”，实施了光伏电站特许权招标项目来鼓励扶持国内光伏发电的应用，从而推动国内光伏市场的快速发展。2010年中国光伏装机容量为500MW，同比增长284.6%，连续2年实现新增装机量200%以上的快速增长，但是，相比于2010年我国8.7GW的太阳电池组件产量来说，仍然是杯水车薪，我国95%以上的光伏电池组件仍然依赖出口，相对于国际市场，我国2010年新增光伏装机容量也仅占全球的2.9%，规模尚小。实践证明，对于技术尚未成熟、成本较高的新兴产业，政府制定合理的标杆定价往往是促进市场发展最有效的政策手段。对比中国新能源产业中的风力发电可以发现，2009年我国出台了风力发电上网标杆电价，当年风电新增装机容量增长达120%，远超2008年90%的增速。而对比全球光伏市场同样可以发现，德国、西班牙、意大利等光伏市场的快速增长，都出现在其上网电价法出台以后。例如，2000年德国推出的EEG法案，奠定了德国在光伏市场的龙头地位；2007年，西班牙政府颁布RD661/2007，2008年其光伏市场也迎来了快速增长。因此，上网电价的出台，有利于拉动我国光伏市场实现快速增长。事实上，在上网标杆电价政策的激励下，我国光伏电站的建设已经出现了“井喷式”的发展，据Solarbuzz 2010年10月统计，自上网电价补贴政策于7月实施以来，中国的光伏项目开发活动显著增加，9月末非住宅项目待安装量已达到了1.4GW，预计2011年中国光伏市场实际完成量将超过1.6GW，较2010年增长230%以上。2011年，欧洲国家相继下调了光伏发电补贴额度，全球光伏装机市场增速放缓。并且光伏产品价格剧烈下滑的压力推动部分国家对我国光伏产品实施贸易保护措施，我国光伏行业存在丧失某些大型光伏市场的风险，在此背景下，光伏上网电价的出台也有利于快速拉动我国光伏市场增长，缓解我国光伏行业大部分依赖国外市场的不利局面。

虽然光伏上网标杆电价的出台对于中国光伏市场是一个良好的开端，但上网电价政策仍然需要进一步细化和完善。如政策中没有考虑各地资源以及安装方式的差异性，无论是东、西地区，还是屋顶和地面项目，都采取“一刀切”的方式，给出了一个统一价格。资金来源问题，文件虽有提及，但“可再生能源电价附加”已经不能满足日益增长的可再生能源发展要求，虽然国家发改委有意将“可再生能源电价附加”从目前的4厘/度提高到8厘/度，但该部分资金仍将大量被风电占用，用于光伏发电的资金仍然偏少。并且并网问题也是制约我国光伏装机量增长的顽疾。总而言之，国内光伏市场的启动和健康发展不可能一蹴而就，但是通过此上网电价文件的出台，明显的给市场释放了一些利好信息，它将逐渐扫清光伏市场发展过程中出现的障碍，逐步推动我国光伏市场又快又好发展。

3、上游原料价格下滑，企业毁约承担巨额赔付

（1）事件回顾

尚德电力美国时间2011年7月1日宣布，公司终止了一份与硅片供应商美国MEMC公司长达十年的硅片协议，由此而产生2亿美元的损失。公告表示，因终止与MEMC的合同公司将放弃一笔5300万美元的预付账款，并在2011年7月至2012年4月间分期等额向MEMC支付另外的6700万美元，同时尚德电力将冲销一笔2006年发行总计约9200万美元的未摊销认股权证。因此，尚德电力预计2011年二季度将计入总计2.12亿美元的相关费用，这个价格相当于尚德电力2011年第一季度收入的24%。为了确保自身的硅片供应，尚德电力此前与MEMC曾签订了2006年–2016年的硅片供应协议。按这个长达十年的供应协议，尚德电力在2006年到2008年硅片供应紧张时，MEMC给尚德40美元/片的价格相当于当时市价的一半。然而，2008年金融危机后，光伏市场形势发生了巨变。多晶硅价格从高峰期的500美元/公斤，一路跌到2009年50美元/公斤的低位。从2010年到2011年4月份，多晶硅价格持续反弹，一度涨到100美元/公斤。不过，从4月下旬开始，多晶硅及硅片价格又一路暴跌。数据显示，多晶硅价格在2011年5月份环比4月份大跌30%的基础上，6月份月度环比又下滑了28%，至53.4美元/公斤；6英寸的多晶硅硅片价格在5月份也大幅下滑30%左右，6

月份环比下跌幅度达23%，降到2.39美元/片的新低。终止合约后，尚德电力不再需要按合约在2011–2016年间购买大约4.6GW的硅片，虽然由此损失了2.12亿美元，但估计在接下来的5年内能为尚德电力省下大约4亿美元的成本支出。

（2）事件解析

尚德电力此次终止与MEMC的合作，一方面是受硅片价格暴跌影响，另一方面也是因为尚德电力已经拥有了自己的硅片供应厂。2011年3月份，尚德电力以1.3亿美元的代价，收购了硅片制造企业荣德新能源。荣德新能源成立于2010年底，目前已形成了1.6GW的硅锭硅片产能。尚德宣布毁约后，这个闸口似乎一下子打开了，陆续有光伏企业表示“不排除毁约的可能”。光伏产品价格暴跌，如果现行价格严重低于长期合同价格或者无法通过重新协商获得满意的采购价格和数量，公司不如终止履行采购合同采购价廉的现货或整合产业链以控制成本。但是，解除长单的限制从目前来看并没有从根本上解决企业面临的发展困境。随着光伏产品价格的大幅下滑，企业盈利能力逐步减弱，从光伏企业国内外上市公司三季度财报来看，均出现不同程度的亏损。先后有江西赛维LDK和尚德电力传出濒临破产的消息，虽然最后都被两家否认，但这不禁令人们将目光聚焦在光伏行业的生存问题上。据浙江光伏中小企业联盟提供的数据，浙江374家中小光伏企业中，至少有50%处于半停产状态，而在拉晶和切片等环节，停工的企业甚至达到70%–80%，甚至已经破产转行的企业也不在少数。因此，光伏行业高利润率的时代已经过去，光伏产品价格下滑是市场发展的必然规律，在20%利润率甚至更低的情况下，企业如何摆脱困境并持续健康发展，政府如何规范行业管理以形成良好市场环境成为摆在我们面前的一道必须解答的课题。

4、准单晶产品完成商业化量产

（1）事件回顾

在快速发展的光伏产业中，高效率和低成本，一直是两个主要的竞争点。号称拥有着与多晶硅相当成本，与单晶硅相媲美的电池转换效率的准单晶产品一直以来为大家所关注。而2011，无疑是准单晶技术的一个里程碑。6月8日，德国Intersolar展会上，晶澳宣布其Maple系列产品正式量产；6月18日，凤凰光伏宣布其准单晶硅片全球首发；7月，昱辉宣布其完成54.8MW virtus硅片及20MW virtus组件的出货；紧接着协鑫宣布其准单晶完成商业化量产；其他厂家如LDK、尚德、天合和晶科等也紧随其后，纷纷发布其准单晶产品的进展。

（2）事件解析

我们知道，单晶硅一般是采用直拉法（CZ 法）制得，用特定晶向的单晶籽晶进行引晶，经过旋转提拉得到目标晶向的单晶硅棒，所得产品晶粒晶面取向一致，具有低缺陷、高转换效率等特点。目前，单晶硅电池片大规模生产的转换效率已经达到 19%，但是该方法对原料及操作要求高，且单次投料少，产品成本较高，太阳能电池衰减较大。多晶硅主要是采用定向凝固方法制得，单次投料量大，具有易操作、低成本等特点，电池片衰减比单晶硅片小很多，但在传统铸锭条件下，在铸锭多晶中往往含有大量晶界及缺陷，使得多晶硅太阳能电池的转换效率较单晶硅电池约低 1.5%–2%。准单晶技术的核心是单晶铸锭技术，采用铸锭工艺生产出的类似单晶甚至全单晶的产品，将单晶硅及多晶硅的优势相合。相较于多晶，准单晶硅片晶界少，位错密度低；太阳能电池转换效率高达 17.5% 以上。与单晶硅片相比，准单晶电池的光致衰减低约 1/4–1/2；投炉料大，生产效率高，切片工艺简单，成本低。

准单晶不仅是高效硅片的一种可行性方式，同时也是铸锭厂降低成本的一个途径。目前，国内已有几家著名制造商对准单晶生产工艺与技术有着不同程度的研究与实践应用，精功科技、京运通等厂家均可以提供准单晶铸锭设备，我国在准单晶铸锭技术上已经超越了西方国家走在世界前列。但从实际操作、产品可靠性、生产稳定性等方面来看，其发展还存在诸多制约，还需要更多的技术突破，其后续的针对准单晶产品的电池工艺也有很大的改进空间。从长远发展来看，随着准单晶产品的持续、规模化的生产，必将有越来越多的新技术陆续投入量产，如金刚线切割、全单晶铸锭、直接薄硅片等。

5、环保部整治四氯化硅等危险废物异地非法倾倒

（1）事件回顾

2011 年以来，我国连续发生多起多晶硅生产副产物四氯化硅非法转移倾倒事件，严重威胁环境安全，损害人民群众身体健康，同时也给我国快速发展的多晶硅行业造成了极坏的社会负面影响。为此，2011 年 9 月 16 日，国家环保部下发了《关于开展化学品环境管理和危险废物专项执法检查的通知》，要求各省级环保部门在 2011 年底前对以多晶硅行业为代表的危险化学品生产及排放企业给予专项检查。

（2）事件解析

随着我国多晶硅行业的扩产以及产能的逐步释放，四氯化硅的出产量也在大幅提升。为赚取不法利润，一少部分尚未掌握闭环生产工艺的多晶硅企业直接或间接排放未经处理的四氯化硅废液，给生态环境造成难以恢复的破坏。这也折射出我国在多晶硅监管方面存在漏洞以及部分中小企业在多晶硅生产上缺少环保意识。但是，我们也应该认识到，并不能因此而给多晶硅行业扣上“高污染”的帽子。目前，全球多晶硅产能位于前列的 Hemlock、Wacker、REC 等均处在欧美发达地区，如果不能实现四氯化硅的有效控制，多晶硅就不可能在环保要求更严的发达国家继续生产。事实上，世界主流的多晶硅生产工艺为改良西门子法，其采用闭环生产工艺，能循环利用四氯化硅、三氯氢硅等副产物，生产出高纯硅等原料，既可以降低成本又环保。国外多晶硅大厂及我国绝大部分多晶硅企业都实现了闭环生产工艺，即使是排放少量的四氯化硅也可以用来生产白炭黑等，并不存在随意排放的问题。那些随意排放的小厂多不掌握多晶硅闭环生产工艺，由此其生产成本也会维持高位，随着多晶硅价格的不断下滑、《多晶硅行业转入条件》的实施和国家监管政策的逐步完善，此类多晶硅小厂必然被市场淘汰，源于我国多晶硅行业的四氯化硅污染问题将会越来越少。

6、国家质检总局开展全国光伏产业质量抽查

（1）事件回顾

随着近年来光伏产业的快速发展，很多缺少技术经验的企业参与进来，其产品质量难以保证，遭到国外客户退货和投诉，引起了相关部门的注意。而除出口产品外，光伏组件的质量问题也影响到我国太阳能示范项目的示范效果。鉴于此，有知情人士 2011 年 5 月份透露，国家质检总局正计划开展一次全国光伏产业质量抽查，对我国光伏产业存在的质量问题进行整顿。但选择在何时、以何种形式开始这次质量检查还没有最终确定。

（2）事件解析

过去几年，国内有部分投机资本进入光伏产业，造成劣质产能和投机产能比较多，所以现在也就导致了很大的产能过剩压力。近些年，光伏市场需求急速增长，而光伏产品从上游多晶硅到下游光伏组件一直供不应求，造成光伏企业利润率居高不下，动辄出现 30% 以上的利润率，光伏急速吸金的财富效应也促使整个市场发酵，各路资本开始涌入光伏市场，一些没有光伏技术能力、纯粹逐利的公司

也开始投资建厂，另一方面，地方政府出于发展新能源等战略性新兴产业的需要与挖掘经济增长点的诉求，在批地、项目上马等关键环节都对光伏产业竞相提供各项优惠政策，并争相打造国内“知名”乃至“领先”的光伏产业园，有的甚至规划出“千亿元”规模的发展目标。在市场推动和政府引导的双重作用下，国内光伏企业在数十个城市遍地开花，大部分为没有光伏技术能力、仅靠投资买设备便立即进行生产的中小规模企业。2011 年，国内光伏组件产能已经达到 35GW，远高于 2012 年预计的全球新增光伏安装容量 23GW，同时，欧洲各国相继下调光伏补贴额度，光伏市场增长速度逐步放缓。供需失衡导致光伏产品价格大幅下滑，美国发动了对中国光伏产品的“反补贴、反倾销”调查，欧洲、印度等国家也有跟进贸易保护主义措施的风险。价格下滑与市场震荡的压力使国内光伏企业的盈利能力不断削弱，已经有部分中小企业处于生死边缘，如果不能实现技术进步、控制成本，必然会被市场淘汰，或被其他有竞争力的企业整合。可以说，市场规律能够帮助我国光伏产业完成对部分低水平重复建设产能的筛选。但是，市场淘汰的过程可能会维持 2–3 年的时间，而那些纯粹逐利公司生产的低质产品已经对市场造成了影响。组件的质量问题会使投入回报率大大降低，让电力企业不堪承受。而优秀品牌企业受到假冒伪劣产品的冲击，使得国际上对“中国制造”产生质疑，影响整个太阳能光伏产业的国际地位和健康发展。质检总局的抽查，无疑也是从行政手段上淘汰一部分落后企业，从而规范整个光伏行业的产品质量秩序，有利于整个光伏产业的健康发展。

但是，突击性的短期的质量检查不能从根本上规范光伏市场。国家应尽快制定光伏产业的国家统一标准，规范行业发展。正因为我国尚未形成一套完善的光伏产品标准体系，那些质量低劣的产品才能在市场上流通，才会给那些低水平重复建设企业生存的空间，国外光伏产品也能不经过任何检测大举进攻我国光伏市场。因此我国亟需建立一套完善的光伏产品标准体系与准入制度。对布局不合理的企业不予审批立项；对不够条件的企业限制上马；对不合格的产品限制出厂上市；对外国企业产品实行认证检测。推动建立产品的认证、监测制度，实现行业的规范化、标准化生产。同时，完善相关产品的质量标准，加强行业监督、净化市场，提高产品质量，维护我国声誉。

7、中国光伏企业在美遭遇专利诉讼

（1）事件回顾

2011 年 10 月 4 日，美国光伏企业西屋太阳能（Westinghouse Solar）向美国国际贸易委员会（ITC）提起一项专利侵权投诉，投诉对象为中国光伏企业阿特斯阳光电力和一家总部位于美国的光伏企业 ZepSolar。西屋太阳能称这两家企业侵犯了其编号为 7406800 和 7987641 的两项专利，这两项专利主要用于简化太阳能电池板的安装以及降低安装成本。西屋太阳能在投诉中表示希望 ITC 能够对阿特斯和 ZepSolar 进行调查，并暂时叫停这两家企业向美国出口相关产品。有新能源咨询行业人士认为，美国企业即使不能胜诉，也可以利用其最擅长的法律手段使中国产品在诉讼期内暂时减少甚至停止出口至美国。

（2）事件解析

从 2011 年年初以来，光伏产品价格剧烈下滑，美国本土光伏企业受到了来自中国的低价质优的光伏产品的严峻挑战。在此事件中，美国企业利用专利壁垒，对我国企业进口到美国的产品寻求专利保护，以此阻击竞争对手。因此，我国企业应当在研发、设计、生产及出口光伏产品时，加强对国外专利布局的研究，避免陷入国外企业专利诉讼的困扰。但是，此次事件从本质上看，美国企业是想借助专利武器，将中国光伏企业阻挡在美国市场外，或者是提高中国光伏产品成本，使自己在短时间内不会受到中国低价格产品的竞争压力。美国企业拿出专利的武器维护自己的生产空间本无可厚非，但我们应该觉察出掩藏在此事件中的危机。

太阳能光伏产业发展已有 60 年的时间，截至今天为止，大部分的技术专利已经过期，因此，在晶硅太阳电池的技术上，我们不会受到国外的技术封锁，相反，在同等条件下，我国的光伏企业在降低企业生产成本的同时还能不断实行技术研发提高产品性能，我国龙头光伏企业的晶硅电池光电转换效率在国际上已经处于领先水平。反观国外，由于研发效率不高，成本得不到控制，部分企业已经在当前低迷的光伏市场中苟延残喘，甚至有些已经直接申请破产。美国破产的三家光伏企业均是由于其技术路线不能保证其较低的生产成本与较高的产品性能而使其在光伏市场上不具备竞争优势。

但是，我们还应该看到，我国虽然在晶硅电池领域技术水平领先，但是在一些新型电池研发上，与国外的差距明显。如日本三洋公司生产的 HIT 电池片转换效率已达到 23.7%，德国的 PREL 电池，美国 Sun Power 的背接触电池已经达到

24.2%的转换效率，德国Q-CELLS公司的CIGS薄膜电池孔径区域转换率达到17.4%，连续生产中的转换效率也达到了14.7%，另外还有转换效率达到45.1%的PERL电池等。虽然这些高效电池的生产成本仍然较高，有的还不能实现商业化生产，但是一旦实现技术突破，是否会对现有晶硅电池为主流的技术格局造成颠覆性影响我们不得而知，但这些电池的生产技术、工艺、设备与现行技术相比会有很大的不同，如若未来会成为世界光伏市场的重要组成部分，我国再进行研发产业化则会落后于人，况且，国外企业对知识产权保护意识强烈，未来必会形成专利布局壁垒，那时我国再想进入这些领域则会步履维艰。因此，我国应该居安思危，在巩固晶硅电池国际领先地位的同时，在其他高效晶硅电池、薄膜电池、有机化合物电池、聚光电池等新型电池上加大投入，形成自主知识产权，避免因专利问题受制于人。另外，我国在光伏产业配套辅料、设备与生产装置的研发方面与国外相比仍有一定差距，特别是EVA胶、背板、坩埚、高纯石墨、多线切割机、丝网印刷机、非晶硅薄膜生长PECVD设备等技术。我国要建立起具有自主知识产权的光伏产业链配套体系。

（四）2012年光伏产业发展趋势展望

1、产业规模不断扩大，国际化程度稳步提升

（1）我国太阳能电池继续保持产量和性价比优势，国际竞争力愈益增强

产量持续增大，预计2012年，我国太阳能电池产能将超过40GW（也称吉瓦，

图48　2009-2012年我国太阳能电池产量、增长率以及全球太阳能电池产量情况

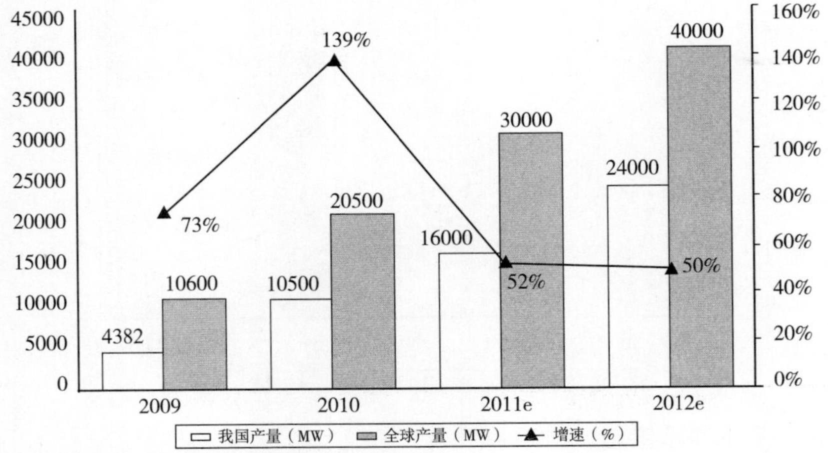

数据来源：赛迪智库整理，2012年3月

1GW=1000MW=100 万千瓦），产量将超过 24GW，同比增长 50% 以上，仍将占据全球半壁江山。生产成本将进一步下降，多晶硅、硅片、电池片和组件环节加工成本分别有望降至 19 美元 / 千克、0.18 美元 / 瓦、0.18 美元 / 瓦和 0.25 美元 / 瓦，届时垂直一体化企业的组件成本将达到 0.73 美元 / 瓦，同比将下降 27%。产品质量愈加稳定，多数企业产品质保将达到 10 年，功率线性质保将达到 25 年。国际化程度进一步增强，受国内市场消纳能力有限和国外贸易壁垒影响，我国光伏企业将加快国际化进程，通过在海外建厂或并购方式，加快在海外的本土化发展，以增强企业竞争力和国际化水平，成长为国际大型企业。

（2）多晶硅生产技术持续进步，产业自给能力迅速提高

2012 年，我国万吨级多晶硅生产线将投产，低能耗还原、冷氢化、高效提纯等关键技术环节进一步提高，副产物综合利用率进一步增强。先进企业的综合电耗将达到 80 千瓦时 / 千克、生产成本达到 19 美元 / 千克的国际先进水平。多晶硅生产规模进一步扩大，有望彻底摆脱依赖进口的局面。预计 2012 年我国投产的多晶硅企业将达到 60 家以上，产能超过 16 万吨，产量达到 13 万吨，可满足国内 80% 以上市场需求，形成约占世界市场 40% 的良好态势。多晶硅自给能力的迅速提高，将对我国光伏产业保持全球竞争优势提供有力支撑，也将为中美之间可能爆发的光伏产品贸易战争取得更加有利的筹码。

图49　2009-2012年我国多晶硅产量、增长率及全球多晶硅产量情况

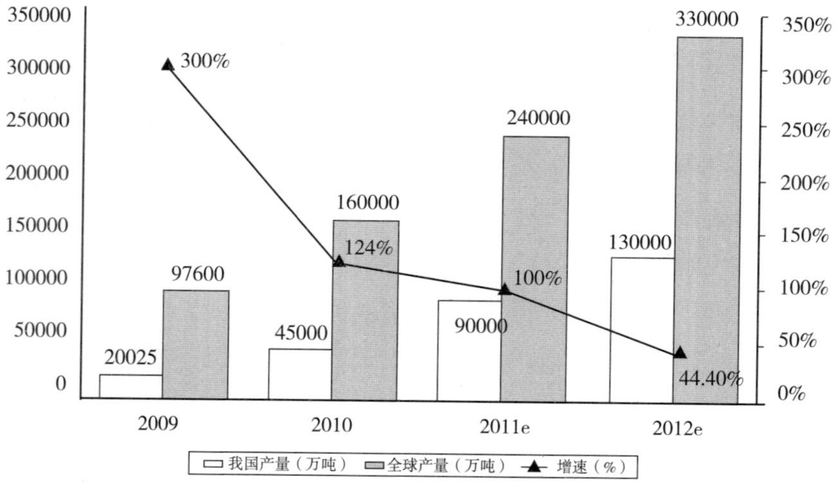

数据来源：赛迪智库整理，2012 年 3 月

（3）国外市场增速趋缓，国内市场加速崛起

受欧美债务危机和欧洲光伏补贴持续下调影响，预计 2012 年，全球光伏市场仍将保持增长，但增速放缓，全年装机量可达 24GW，同比增长 14%。值得关注的是，国内光伏市场将会加速兴起。受益于 2011 年出台的系列利好措施：一是国家发改委正式出台了全国统一的 1.15 元 / 度上网电价；二是国家太阳能发电“十二五”装机量规划，由最初的 5GW 改为 10GW，最终改为 15GW，极大拉动国内市场发展，2011 年国内装机量超过 1.5GW。预计 2012 年仍将保持较高的发展态势，主要原因有三：一是当前我国光伏产业产能增长过快且产品主要依赖出口，急需加速启动国内市场以缓解对外依赖度过高的问题；二是启动国内市场也是应对美国启动的“双反”调查的有力回击；三是 2011 年国家出台了上网电价，且国内装机成本大幅下降，加上光伏市场竞争激烈，组件企业纷纷向下游的光伏系统集成延伸。因此，预计 2012 年光伏装机量将达到 3GW，但即使如此，我国近 90% 的光伏产品仍需依赖国外市场。

图50　2009-2012年我国光伏年装机量、增长率以及全球光伏年装机量情况

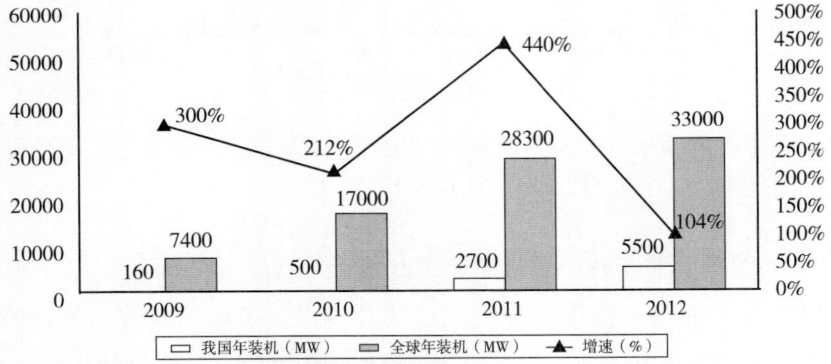

数据来源：赛迪智库整理，2012 年 3 月

2、市场供需失衡压力持续增大，产业整合不可避免

光伏产业作为朝阳产业，未来市场将会呈现指数增长。但短期内，产业仍将承受较大的供给压力。据赛迪智库光伏所不完全统计，全国 156 家电池组件企业 2011 年的太阳能电池产能已超过 35GW，预计 2012 年产能在 40GW 以上。欧盟 2011 年 9 月份发布的报告也显示，2012 年全球太阳能电池产能将达到 80GW，我国占据超过 50% 份额。与快速增长的太阳能电池供给量相比，光伏需求量增

长则显得相形见拙。据 2011 年 6 月欧洲光伏工业协会对 2011-2015 年的市场需求量预测数据，2012 和 2013 年光伏市场需求在 30GW 左右，因此仅当前我国的产能已可满足未来 2-3 年全球光伏市场需求，光伏市场的增长速度远不能跟上产能扩张的步伐。2012 年这一市场仍将承受价格和整合压力，一批不具备竞争力或贸然进入光伏领域的光伏企业将在激烈的竞争中被整合或淘汰。值得关注的是，在供需失衡加剧的情况下，我国在海外上市光伏企业可能遭受国外评级机构唱空造成股价持续下跌，极有可能被国外资本趁虚而入，利用产业整合和贸易战等时机，掌控我国优势企业的主导权，以致使我国光伏产业日益空心化。

图51　2010-2015年全球太阳能电池产能和装机情况预测

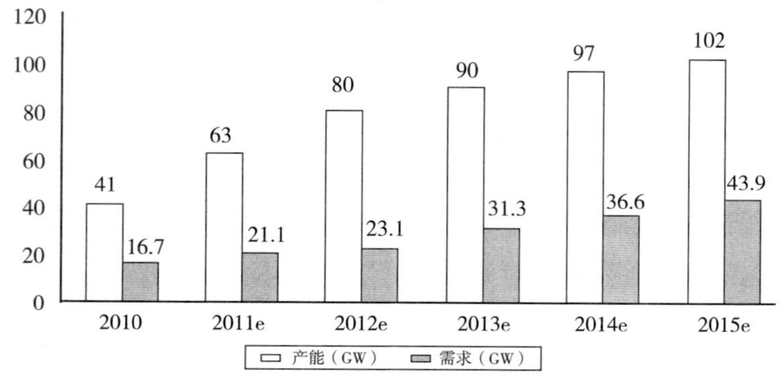

数据来源：产能数据来自欧盟能源研究中心（JRC），2011 年 9 月，需求数据来自于欧洲光伏工业协会（EPIA），2011 年 6 月

3、产品价格仍将下跌，企业经营压力增大

2011 年初，光伏产品供应量大幅提高，但光伏市场受政策不稳定的影响，需求萎靡，观望情绪严重，致使光伏产品库存积压严重，价格暴跌，目前已经逼近成本价，极大挤压光伏企业利润空间，主要光伏企业毛利率同比和环比均持续下滑。原本各企业希望 2011 年第四季度会受到欧洲市场 2012 年将下调补助金额政策的影响，提前出现安装潮，但相关订单目前仍未出现。加上 2011 年第四季度和 2012 年第一季度由于受天气和欧美国家适逢圣诞节休假等原因影响，市场萎靡在所难免。2012 年，预计部分资金需求急迫的企业为获得现金，在现货市场上加速抛售手中的库存和原料，将加剧价格下跌步伐。可能的后果即为：一旦产品价格跌破企业制造成本，企业将开始缩减产能避免现金净值流出，但是降低

产能后设备等固定成本的摊提压力又将出现，在这样的恶性循环下，将会涌现企业倒闭潮。情况的好转预计要到2012年二季度，届时市场进入旺季期，部分落后产能也将在此期间被淘汰，产业将迎来一个发展的小高潮。

4、美挥舞“双反”大棒，产业面临严峻贸易保护挑战

2011年10月19号，以德国SolarWorld为首的7家企业联合向美国政府递交了对中国出口到美国的太阳能电池（板）进行反倾销和反补贴（简称“双反”）调查申请，而美国商务部已于2011年11月8号启动立案调查。据悉SolarWorld目前也在游说全球最大的欧洲市场,对来自中国的光伏产品进行“三反”(反垄断、反倾销和反补贴)调查，一旦我国应对美国的贸易诉讼不力，极有可能被欧盟搭便车，届时在我国光伏市场未能及时启动的情况下，我国光伏产业可能遭受毁灭性打击。预计美国“双反”案件将会持续到2012年第三季度，对我国光伏产业造成的影响可能有：一是诉讼耗时耗力耗财，致使我国光伏企业不能集中精力开拓国外市场；二是来自美国的订单将会有较大的税率风险，对美光伏产品出口可能会萎缩，如果欧盟跟进，情况愈甚；三是促使国内光伏产业向东南亚等地区转移，以规避贸易风险；四是来自中国台湾地区等的光伏企业将会渔翁得利，加速崛起，对大陆光伏企业带来巨大冲击。

5、各路资本竞逐光伏产业，行业竞争愈加残酷

预计在2012年，一些竞争力低下的中小企业将逐渐被淘汰，但也有一些行业外的大型企业利用产业整合期，凭借资本和管理优势涌进该行业，如富士康高调宣称将投资1000亿元进入电池组件环节,未来行业的淘汰与发展将并行。同时，未来行业的竞争，将不是产业链某个环节间的横向竞争，而是一个产业链条之间的整体竞争。为了增强自身的抗风险能力，光伏企业要么自身垂直一体化发展，要么以产业集团军的形式，通过长期合约或控股整合上下游产业链，通过供应链管理降低企业的生产成本。此外，部分资源丰富的西北部城市也纷纷出台以资源换项目的政策吸引光伏企业投资，使得一些企业的光伏业务仅仅是换取其他资源的筹码，企业的小额盈亏已并不重要。业内均认为光伏产业“前途是光明的，道路是曲折的，只要熬过此严冬，未来一片美好”，但寒冬期的竞争将会异常激烈和非理性。

综上所述，2012年，我国光伏产业将步入大调整期。虽然产业规模仍将保持稳步增长，产业对外依赖度逐步下降，但由于市场供需失衡严重，外加美国“双

反”调查重压，行业竞争将愈加残酷与非理性，产业整合迫在眉睫，企业开始进入薄利时代，优质企业将面临国外资本入侵的严峻挑战。

七、LED产业

（一）2011年LED产业发展回顾

作为新材料和节能环保产业的代表，LED产业已经成为七大战略性新兴产业的重要组成部分，受到国家的高度重视。从“十城万盏”到“半导体照明示范工程”，再到“十二五”规划政策的陆续出台，充分体现了我国在实现“节能环保，绿色低碳”目标前的态度和决心。2011年以来，受全球经济持续低迷影响，LED市场需求不振。LED液晶显示屏背光源市场的渗透率并未出现预期中的大幅提高，LED照明市场尚未全面启动，加上过去两年国内大规模投资建设产能的陆续释放，一直以来高速发展的LED产业增速趋缓。

1、政策进一步明朗，有利于行业中长期发展

2011年LED照明产业相关政策将逐步明朗化，国内LED照明补贴有望推出。补贴政策的实施将具有政策引导作用，从而直接刺激消费，培育市场。同时，补贴政策将涉及产品标准，对于规范中国LED市场将具有推动作用，推动半导体节能照明及相关新能源领域迎来新的发展。

此外，我国出台的一系列政策文件也为LED产业发展提供了良好的政策环境。2011年11月，国家发改委出台了《关于逐步禁止进口和销售普通照明白炽灯的公告》，公布了淘汰白炽灯的路线图。要求2012年10月1日起，禁止进口和销售100瓦及以上普通照明白炽灯，2014年10月1日起禁止进口和销售60瓦及以上普通照明白炽灯。我国是白炽灯的生产和消费大国，存量白炽灯150亿只左右，年新产量和销量达38.5亿只和10.7亿只，“淘汰白炽灯路线图”的正式公布，对LED照明产业和节能灯产业将形成长期利好，取代现有白炽灯所形成市场规模将达到数千亿元，该政策的出台将进一步加快LED灯具产品的普及，有利于LED行业中长期发展。

2、产业链逐步完善，上游环节成为布局重点

2011 年我国 LED 产业的销售收入达到 1540 亿元，同比增长超过 30%。产业保持着良好快速的发展态势，已初步形成从上游衬底、外延，到中游芯片试装，再到下游、应用产品这一较为完整的产业链，并在下游集成应用方面具有一定优势。目前，我国已经形成以珠三角、长三角、海峡两岸和北方地区为主的 LED 产业集聚地，以上海、深圳等 7 个国家半导体照明产业基地为重要增长极的空间布局。我国已有 LED 企业 3000 余家，其中上游企业 50 多家，中游企业超过 1000 家，下游企业 2000 多家，初步形成了较为完整的产业链。

LED 产业关键技术集中于 LED 外延生长、芯片制造等上游环节，附加值较高，成为企业布局的重点领域。三安光电、上海蓝光等骨干企业不断扩产，清华同方等电子整机企业快速进入，传统灯具厂商快速布局，中国台湾晶电光电、美国科锐等全球 LED 大厂陆续在国内投资。大量资本和优势资源进入附加值较高的上游环节，将有助于我国 LED 产业的技术创新和产业结构调整。在国家半导体照明工程、国家 863 等重大专项的支持下，中国制备红光、绿光 LED 用的 GaAs/InP/GaP 衬底材料技术已经取得重大进展，随着 LED 外延片、芯片生产企业的不断增多，LED 上游环节产值在产业中所占比重不断提升，我国 LED 产业正在由低端走向高端，向附加值更高、更具核心价值的芯片环节迈进。

3、稀土管制政策出台，助推 LED 产业加速整合

2011 年 5 月 10 日，《国务院关于促进稀土行业持续健康发展的若干意见》正式出台，明确提出加大稀土资源开发整合和储备力度，大幅减少稀土开采和冶炼分离企业数量。伴随政策出台，中国稀土出口额减少 1/3 以上，稀土价格大幅上涨，短短三月间涨幅达十倍以上。受稀土价格剧烈变动影响，以其为重要原材料、赖以生存的 LED 产业也倍受影响。

稀土价格的持续上涨，对 LED 行业整合具有推动作用。我国 LED 产业企业规模较小，行业集中度不高，稀土价格上涨使得 LED 企业成本趋高，加之行业本身已经出现投资过热局面，中小型企业成本压力过大，面临整合。目前部分中标节能灯推广项目的厂家有意退出，未来在行业内能站得住脚的必然是龙头企业，一批资金少技术弱、市场竞争力较低的中小型企业将会在行业整合中出局。

4、借力新光源概念，加强资本杠杆运用

继 2011 年初国内 LED 企业雷曼光电登陆创业板后，又有大批 LED 企业陆

续上市，我国LED企业借力新光源概念，在资本市场的推动下，陆续进行股改上市。5月，国内LED封装企业鸿利光电、显示屏企业奥拓电子成功登陆深圳创业板和中小板。6月，深圳洲明科技股份有限公司成功上市。7月，深圳瑞丰光电也成功上市。仅深圳就有数家LED企业正在准备上市，有些已经向证监会提出申请。目前我国LED产业共22家上市公司，其中全产业链企业共7家，占32%，纯上游公司4家，占18%，纯中游企业1家，占5%，纯下游企业10家，占45%。

除此之外，LED行业内正在准备上市的企业有木林森、聚作、万润等。同时，数十家LED企业已经完成或者正在进行股改，一旦股改结束，也将会走向上市之路。处于快速上升期的LED企业，如果再有了资本的帮助，将更能充分利用行业的爆发增长带来的发展机会，对一些正处于高速成长期的“黑马”，只要得到资本市场在发展资金和企业制度两方面的强助力，此类LED企业有望借势从2亿元冲到5亿～10亿元。

5、市场环境有待规范，盲目投资导致产能过剩

我国LED产业已初具规模，并进入快速发展时期。从事LED产业的企事业单位超过3000家，已经形成了从上游外延及芯片制造至中下游封装应用的完整产业链。但同时我国LED市场环境有待规范，我国LED外延芯片缺少核心专利，当前市场上的LED照明产品存在虚假宣传、指标混乱、甚至产品安全等问题，迫切需要建立有效的产品监督机制来规范市场环境。

LED照明因产品价格过高、质量参差不齐等因素制约，市场潜力短期内仍难完全爆发，而众多投资商、厂家已经开始大规模投资及扩产，甚至部分县级政府部门也在筹建LED产业园区。投资过热造成了我国LED产业产能急剧扩张，产业链上下游均出现产能过剩。加之目前LED芯片的核心技术及专利仍被国外少数厂商掌控，盲目扩大产能会陷入同质化竞争，导致利润下降甚至大规模亏损。在此背景下，应该通过优化政府和市场有效协作的机制，尽可能降低产能过剩的风险和负面效应。

（二）细分领域发展情况

从全年的实际发展状况来看，尽管国际宏观经济形势持续动荡、国内产业投资形式依然严峻，但我国半导体照明产业的应用规模和行业水平仍然得到了明显

的提升，产业各个环节仍然保持了较高的增长速度。2011 年，我国半导体照明产业规模达到 1560 亿元，较 2010 年的 1200 亿元增长 30%。其中上游外延芯片、中游封装、下游应用的规模分别为 65 亿元、285 亿元和 1210 亿元，增速分别为 30%，14%，34.4%，增速略有放缓。

表 23　2011 年我国 LED 产业各产业链结构

产业链	销售收入（亿元）	增长率	所占份额
芯片	65	30.0%	4.1%
封装	285	14.0%	18.3%
应用	1210	34.4%	77.6%
合计	1560	30.0%	100.0%

数据来源：国家半导体照明工程研发及产业联盟（CSA），2012 年 1 月

图52 2011年我国LED产业各环节占比

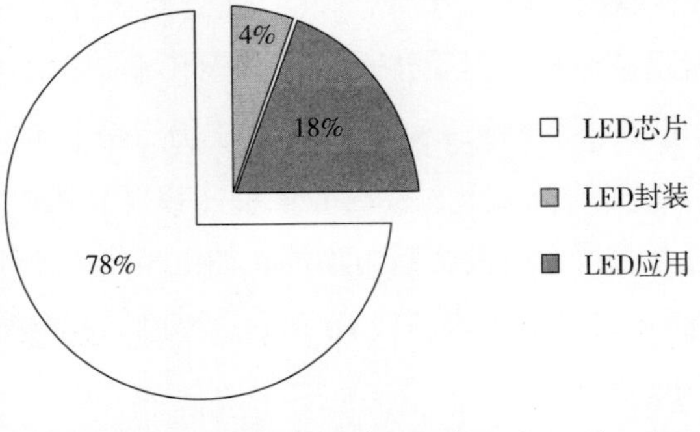

数据来源：国家半导体照明工程研发及产业联盟（CSA），2012 年 1 月

1、LED 芯片产业

LED 的核心技术是外延生长和芯片制造技术，近几年来由于政府和相关研究机构高度重视，投入大量的人力和资金，开展 LED 的基础研究、研发和产业化工作。我国 LED 芯片研究机构及生产企业已达 80 家。华北、华东、华南、华中等国内主要地区均已形成各自的产业集群，产业分布比较合理。国内从事 LED 外延生长和芯片制造的企业，主要有：厦门三安、大连路美、上海兰光、上海兰宝、杭州士兰明芯、山东华光、江西晶能、厦门乾照、武汉华灿、广州晶科、江西联创、南昌欣磊、扬州中科、惠州科锐、杭州亚威郎、深圳世纪晶源等。

LED 芯片产业规模平稳增长。2011 年，国内企业芯片营收达到 65 亿元，增长 30%。与 2010 年的 117% 的增长速率相比，下降 87 个百分点，增速大幅下滑。2011 年，国内 GaN 芯片全年产量为 710 亿颗，国产化率达到 70% 以上。但产能

利用不足 50%，国内芯片已经通过小芯片集成的方式在照明应用领域取得突破，但大功率照明芯片市场占有率仍然较低，不到 20%。

图53　2007-2011年我国LED芯片产业规模及增长率

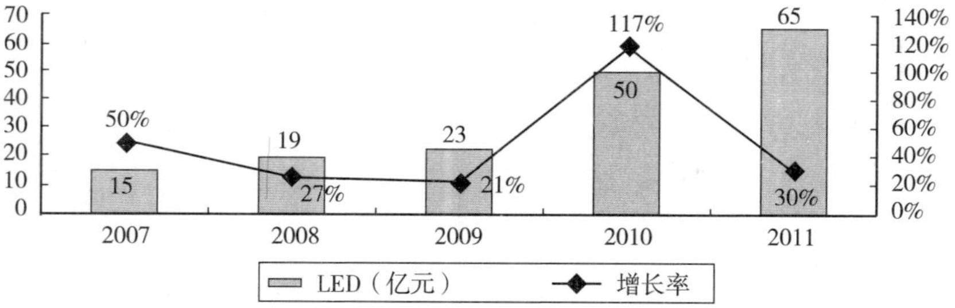

数据来源：国家半导体照明工程研发及产业联盟（CSA），2012 年 1 月

衬底外延投资热度略有缓解。受到前几年地方政府投资政策的推动，2011 年上游外延设备数量迅速增加，但受技术、人才及市场需求限制，产能发挥并不理想，产品性能也未取得实质性突破，技术和人才仍然是上游外延芯片的最大障碍。在整体行业形势不佳的情况下，各地的盲目性和重复性投资势头得到遏制，对产业发展的理性思考使得产业投资趋向谨慎。如上半年大干快上的蓝宝石衬底项目，下半年由于产能释放价格快速跌到 10 美元，企业纷纷停建或放弃对其投资，开始理性思考投资方向。

高功率芯片、关键设备、重点封装材料依靠进口。我国 LED 芯片及器件产品大多集中在小功率、中低档领域。国产芯片尽管售价仅为进口芯片的 1/10，但占国内市场不足 10%。除此之外，高亮度功率型 LED 芯片、器件的 80% 以上均依赖进口。外延生产用关键设备 MOCVD 和外延片衬底、封装用的高性能硅胶、环氧树脂、荧光粉等原材料基本也要依靠进口。

国内上游芯片企业的议价能力薄弱、产能利用率低。国内 LED 上游芯片企业在技术上与国外企业还存在一定的差距，产品应用集中在中低端领域。而国内的上游芯片企业之间也存在着激烈的竞争，这导致了国内上游芯片企业的议价能力比较薄弱，在产能过剩的情况下，其产品很容易在竞争中降价，这将直接影响到上游芯片企业的盈利能力。另一方面，国内 LED 上游芯片企业的 MOCVD 的整体开机率不高，仅仅为 40%-50% 之间，这造成了 MOCVD 机台的极大浪费。同时，企业将大量资金投入到 MOCVD 的引进中，这将造成企业的资金链、资金周转率等方面的压力。大量的 MOCVD 机台的闲置，也将大大延长企业的投资回报周期。

2、LED 封装产业

就全球的 LED 封装行业格局来看，我国已经是全球 LED 封装产业最为集中的区域，也是全球 LED 封装产业转移的主要承接地，我国台湾以及美国、韩国、欧洲、日本等主要 LED 企业的封装能力很大一部分都在中国大陆实现。目前，我国有封装企业 1500 多家，以集中于中低端市场的小规模企业为主，真正具有规模效应和国际竞争力的企业还不多。

国内 LED 封装企业的特点是规模小，数量多，现有 1000 家以上。有一定规模，销售在千万元以上的企业约 100 家，主要有广州鸿利、佛山国星、厦门华联、四川九洲、惠州科锐、江苏稳润、深圳瑞丰、深圳雷曼、廊坊鑫谷等。我国 LED 封装产品经过多年努力和发展，已形成门类齐全的各类封装型号，与国外的封装产品型号基本同步，在国内基本上能找到各类进口产品的替代产品。由于在功率 LED 封装结构设计和封装工艺上采用很多创新点，使封装产品的性能和可靠性不断提高，一些企业封装的水平接近国外先进水平。另外有些条件较好的企业研发 COB 集成封装和模块封装，并取得很好成果，用于照明产品上。

（1）2011 年 LED 封装行业发展回顾

2011 年 LED 封装行业增速放缓。2011 年，我国 LED 封装产业规模达到 285 亿元，较 2010 年的 250 亿元增长 14%，产量则由 2010 年的 1335 亿只增加到 1820 亿只，增长 36%。其中高亮 LED 产值达到 265 亿元，占 LED 总销售额的 90% 以上。从产品和企业结构来看，表面贴装（SMD）LED 封装增长最为明显，已经成为 LED 封装的主流产品，所占比例有了较大提升。

图54　2007–2011年我国LED封装产业规模及增长率

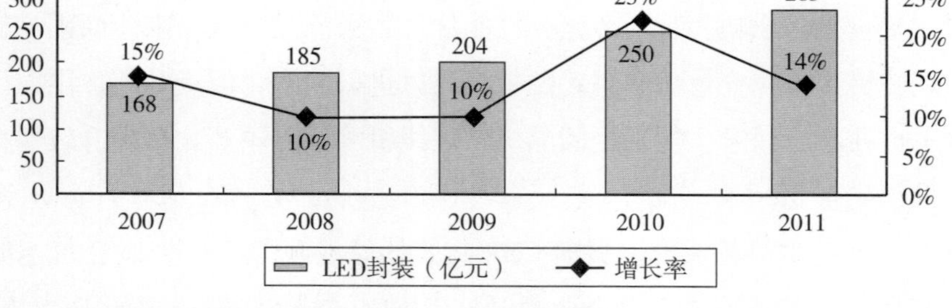

数据来源：国家半导体照明工程研发及产业联盟（CSA））

市场需求引导LED封装水平不断提高。就LED器件的封装结构来看，当前主要的封装形式包括直插式封装（Lamp LED）、表面贴装封装（SMD LED）、功率型封装（High Power LED），板上芯片封装（COB）等类型。就目前和未来的市场需求来看，背光和照明将成为最为主要应用，对LED器件的需求将以SMD LED、High Power LED和COB为主。就LED器件的品质来看，对LED可靠性、光效、寿命等的要求越来越高，小规模、低水平的封装企业已经不能满足应用领域对LED的品质需求，国内的LED封装产能呈现出集中的趋势，国内封装领域的领先企业产能和自动化水平也在快速提升。

竞争加剧促使封装企业向应用端扩展。由于上游原材料采购价格的下降以及行业竞争的加剧，LED封装公司产品平均售价呈下降趋势。为了提高竞争力掌握主动权，目前国内封装企业正向LED应用行业扩展。国内LED封装应用领域上市公司中除瑞丰光电专注于LED封装外，其余公司都在切入LED照明市场。其中鸿利光电即重视技术，又重视营销，主要发展LED照明领域；瑞丰光电追求技术领先，专注于LED封装，主要发展LED照明器件和LED背光源器件；雷曼光电以封装为核心，积极开拓下游应用市场；国星光电走垂直一体化路线。

（2）2012年LED封装行业趋势展望

LED封装配套材料产业链趋于完善。LED封装材料主要有支架、胶水、环氧树脂、荧光粉、模条、金线、透镜等。目前中国大陆的封装辅助材料的供应链已经相对完善，大部分材料已经可以在中国大陆生产供应。高性能的环氧树脂和硅胶以进口为多。随着中国LED产业在全球地方的提升，中国LED封装企业已经能用到世界上最好的和最新的封装材料。

封装设备自给率继续提高。LED封装主要生产设备有固晶机、焊线机、点胶机、封胶机、分光分色机和自动贴带机等。2011年国产设备有了较为明显的增长，但仍然有70%左右的设备，主要是自动化设备依赖进口。从目前国内设备的情况来看，封胶机已成功实现国产化，性能优良，可满足产业要求。而固晶机、焊线机、点胶机、分光分色机和自动贴带机还以进口为主，但近几年，国内设备的产品水平也在不断提升，特别是固晶机、焊线机等设备国产化率提升较快，也出现了一批领先企业。

COB封装技术日趋成熟。目前COB封装的球泡灯已经占据LED灯泡的40%左右的市场，日本及国内很多企业都开始走COB封装模式。在应用上，COB光源模块可以使照明灯具厂的安装生产更简单和方便。在生产上，现有的工艺技术和设备完全可以支持高良品率的COB光源模块的大规模制造。随着LED照明市场的拓展，灯具需求量在快速增长，根据不同灯具应用需求所形成的系列COB光源模块产品将成为主流趋势。

LED封装行业将加速资源整合。国内有1200–1500家封装企业，年销售额在1亿元以上的第一阵营有40多家，销售额在1000万元至1亿元之间的第二阵营企业不到400家，占比30%左右，大部分企业的销售额还不到1000万元。这与中国台湾八大封装上市公司平均10亿元的销售额相去甚远。截至2012年1月底，有国星光电、雷曼光电、瑞丰光电、鸿利光电、万润科技、聚飞光电、长方半导体等7家LED封装公司成功上市。2012年，国内LED封装产业在资本市场的助力下，产能将进一步释放，竞争压力加剧，最先被末位淘汰的是一批技术、市场能力偏弱的中小封装厂。

3、LED应用

（1）2011年LED应用行业发展回顾

产业政策驱动LED应用行业平稳快速发展。2011年国家发改委发布逐步淘汰白炽灯路线图，科技部启动“十城万盏”二期工程拉动LED应用需求，驱动LED应用行业平稳快速发展。2011年，我国半导体照明应用领域的整体规模达到1210亿元,整体增长率达到34%,是半导体照明产业链增长最快的环节。其中，照明应用的增长非常明显，整体份额已经占到整个应用的25%，成为市场份额最大的应用领域，背光、景观等应用也保持了较快的增长。预计在国内LED照明今后几年照明应用仍将是增长最快的应用领域，将成为带动我国整个半导体照明产业的关键要素。

图55　2007–2011年我国LED应用产业规模及增长率

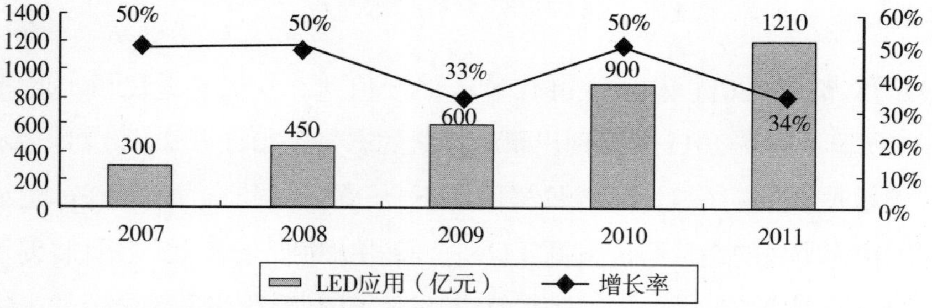

数据来源：国家半导体照明工程研发及产业联盟（CSA）

（2）LED应用行业细分市场分析

通用照明增长快于行业平均水平。LED应用领域可以分为，通用照明、背光应用、景观照明、显示屏、信号及指示、汽车照明等。其中，通用照明市应用的增长最为突出，随着中国城镇化进程的持续进行以及节能减排的迫切需求，LED照明产品的市场规模迅速扩大，2011年增长率达60.1%；LED等高效照明产品逐步替代白炽灯等低效照明产品已成为大势所趋，通用照明将是未来最具潜力的应用领域。背光应用基于LED在液晶电视等大尺寸背光领域的持续增长，LED背光行业保持高速增长，2011年我国LED背光产值的年增长率达到34.4%，其市场渗透率不断攀升。此外，LED在显示屏、景观照明、信号、指示等应用方面也继续保持了较高的增长速度。

表24 2011年我国半导体照明应用领域分布

	通用照明	背光应用	景观照明	显示屏	信号及指示	汽车照明	其他	合计
2011年	25%	18%	24%	14%	6%	1%	12%	100%
2010年	21%	18%	23%	17%	7%	2%	12%	100%

数据来源：国家半导体照明工程研发及产业联盟（CSA）

图56 2011年我国半导体照明应用领域分布

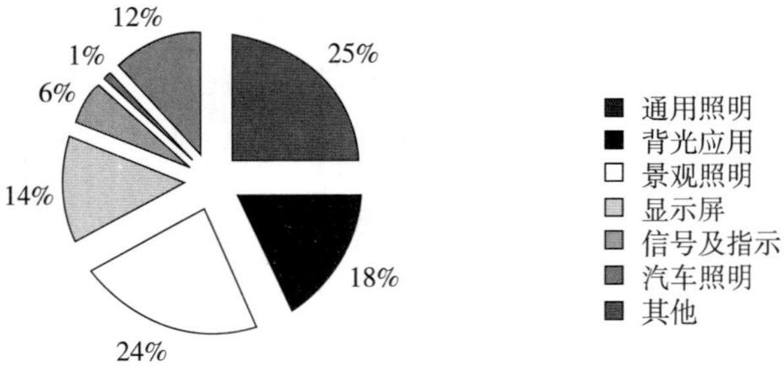

数据来源：国家半导体照明工程研发及产业联盟（CSA）

显示屏市场。2011年中国LED显示屏产值达219亿元人民币，同比增长18%。LED显示屏在2011年呈现出量增价跌的态势，2011年中国LED显示屏出货量同比增长47.5%，但显示屏价格同比下降20%。同时，国内LED显示屏市场表现出较为明显的销量与价格循环促进，价格大幅低于客户，预计将促使销量快速增加，销量增加带来的规模经济效应又进一步促使价格下跌。

路灯市场（不含隧道灯）。2011年中国LED路灯安装量共计53万盏（不含隧道灯），同比增长51.4%，预计2012年安装量达85万盏。从城市推广上看，潍坊、广州、深圳、重庆是LED路灯推广较快的城市。山东潍坊目前是国内LED路灯推广最成功的城市，全市LED路灯渗透率已达95%以上。从企业看，国内主要LED路灯企业有江苏史福特、达进东方、东莞勤上、中微光电子、厦门信达、浙江晶日等。虽然目前无论是LED光源还是驱动，与前两年相比，技术、性能上均有了较大的提高，但是在主要的技术指标上还存在缺陷，散热、光衰等问题还是不能很好的解决，而且价格相对传统光源来说还处在一个比较高的水平。这些因素都是现阶段LED路灯推广中难以突破的瓶颈。

隧道灯市场。2011年中国LED隧道灯安装量达19万盏，同比增长126%。调查发现，2011年中国新增隧道灯LED光源使用率达75%以上。目前LED隧道灯质量得到了大幅度的提高，已经完全能够满足使用需要。由于隧道灯通常需要24小时工作，同传统隧道灯比，LED隧道灯拥有长寿命、智能控制等特点，优势非常明显。

（3）国家政策推动产业加速发展

中国逐步淘汰白炽灯路线图发布。2011年11月1日，国家发展改革委、商务部、海关总署、国家工商总局、国家质检总局联合印发《关于逐步禁止进口和销售普通照明白炽灯的公告》（以下简称《公告》），决定从2012年10月1日起，按功率大小分阶段逐步禁止进口和销售普通照明白炽灯。在取代白炽灯成为照明界霸主的新光源中，LED的发展前景显得相当广阔。但作为世界最大的照明市场，我国LED上中游技术环节薄弱成为了一块硬伤。众多国内厂商缺乏核心技术，在创新研发上投入非常小，导致LED的关键技术长期被国外垄断。没有技术，狂热而无序的盲目投产，导致产能过剩、质量参差等等负面影响接连不断。

“十城万盏”二期启动。2011年5月19日，科技部发出“关于同意开展第二批十城万盏半导体照明应用工程试点示范工作的函”（以下简称“十城万盏LED工程”），明确表示将继续扩大半导体照明市场规模。这是继2009年科技部推出“十城万盏”半导体照明应用示范城市方案后，第二次启动该计划。根据科技部规划，“十城万盏”分三阶段进行，将在50个城市安装200万盏半导体示范照明，目标一年省电10亿度，由财政部与科技部规划对示范城市进行财政补贴。

（4）2012 年 LED 应用行业趋势展望

LED 产品价格将继续下降。2011 年中国主要白光 LED 价格持续降低，且降价幅度超出市场预期。据高工 LED 产业研究发布的统计数据显示，2011 年中国 LED 白光灯珠除 0805、0603 系列产品外，平均价格下降幅度在 20% 左右，其他诸如 3528、3020、3014、5050 等型号价格平均降幅均超出 25%。其中 1W 大功率价格降幅是所有统计中最大的，平均降幅达 31.3%。LED 产品价格的下降符合 LED 产业发展趋势，预计 2012 年价格仍将持续下降，而 LED 企业面临的问题是成本下降的速度如何快于价格下降的速度。

LED 照明市场渗透率仍然较低，室内照明市场潜力巨大。我国照明应用明显加速，其应用效果得到逐步认可，但其在照明市场的渗透率仍然较低，国内 LED 照明应用市场尚未成为产业发展的主导力量，形成了“有空间、无市场”的局面。国内照明应用热点正从户外照明转向室内，特别是在商业、工业、地铁等方面的应用得到推广，众多应用工程的示范效果得到认可。虽然业内一致期待的 LED 产品补贴政策尚未出台，室内照明应用还处于起步阶段，但其市场应用前景已经得到认可。

模块化是 LED 产品的发展方向。目前，国内 LED 产品种类繁多、性能各异、互换性差，这制约了半导体照明产业的健康发展，如何让 LED 产业向规格化、系列化、标准化发展，提升 LED 照明产业整体竞争能力，这成为 LED 企业首要解决问题。模块是标准的、独立运作的、并且是可置换的单元，模块化设计就是说在产品设计开发过程中，将功能运作相关的组件依据产品架构合并为单一模块，经由分析组成模块间的相关性与工作程序，设计组合所需接口并决定最佳的模块配置方式，通过模块化可以解决产品“互换性”、“兼容性”与“通用型”是照明灯具产品发展与市场接受的关键环节。为了解决模块化问题，需要国内厂家将携手合作，共同持续提升产品设计与开发能力，促进 LED 产品模块化，推动 LED 在通用照明的大规模运用。

（三）2011年LED产业热点事件回顾与解析

1、我国逐步淘汰白炽灯路线图发布

（1）事件回顾

2011 年 11 月 1 日，国家发展改革委、商务部、海关总署、国家工商总局、国家质检总局联合印发《关于逐步禁止进口和销售普通照明白炽灯的公告》(以下简称《公告》),决定从2012年10月1日起,按功率大小分阶段逐步禁止进口和销售普通照明白炽灯。其中,从2012年10月1日起禁止进口和销售100瓦及以上普通照明白炽灯。我国逐步淘汰白炽灯路线图分为五个阶段:2011年11月1日至2012年9月30日为过渡期,2012年10月1日起禁止进口和销售100瓦及以上普通照明白炽灯,2014年10月1日起禁止进口和销售60瓦及以上普通照明白炽灯,2015年10月1日至2016年9月30日为中期评估期,2016年10月1日起禁止进口和销售15瓦及以上普通照明白炽灯,或视中期评估结果进行调整。

(2)事件解析

我国是照明产品的生产和消费大国,节能灯、白炽灯产量均居世界首位。据测算,我国照明用电约占全社会用电量的12%左右,采用高效照明产品替代白炽灯,节能减排潜力巨大。逐步淘汰白炽灯,对于促进我国照明电器行业结构优化升级、推动实现"十二五"节能减排目标任务、积极应对全球气候变化具有重要意义。

然而,与先进国家相比,我国的白炽灯淘汰计划进展相对较为缓慢。按照计划,欧美将在2到3年内逐步淘汰白炽灯,日本则是直接在2012年全面禁用,而我国的淘汰之路,根据时间表,还要历经4到5年时间。作为世界最大的照明市场,我国LED产业上游与中游技术环节薄弱成为了一块硬伤。众多国内厂商缺乏核心技术,在创新研发上投入非常小,导致LED的关键技术长期被国外垄断。缺乏技术创新、盲目投产,导致产能过剩、产品质量参差不齐,目前还须建立过硬的产品质量保障体系,健全质量监督机制,才能将淘汰白炽灯、发展LED照明产品务实推进。

2、国内首颗超百公斤蓝宝石晶体在江苏扬中问世

(1)事件回顾

2011年6月28日,国内首颗超百公斤蓝宝石晶体在江苏扬中问世,长期制约我国LED产业发展的材料"瓶颈"将被彻底打破。这颗蓝宝石晶体重达101.35公斤,外型成圆柱状,直径360毫米,高260毫米,是目前国内经人工技术能够生长的最大的蓝宝石晶体。

(2)事件解析

蓝宝石晶体成长基板制造位于LED产业链的最前端,是投资最大,技术壁

垒最高，附加值最高的环节，目前国内市场几乎全部依赖进口。国内首颗超百公斤蓝宝石晶体的诞生，为我国快速增长的LED行业提供了优质材料，同时意味着我国蓝宝石晶体成长、基板制造市场长期依赖进口的被动局面正在被打破，对完善LED产业链起着至关重要的作用。

这颗超百公斤的蓝宝石晶体，由江苏吉星新材料有限公司技术团队与美国、瑞士等外国专家联合研制，它是采用“原位生长、原位退火”的独特生长工艺技术制造，为质量上乘的蓝宝石单晶，该工艺解决了以往晶体生长品质不稳定、规格不大等众多难题。第一炉的试产成功，为今后规模化生产以及升级到更大尺寸的宝石提供了可能。

3、国家管控稀土资源，稀土价格每吨涨价1千万元

（1）事件回顾

2011年5月10日，《国务院关于促进稀土行业持续健康发展的若干意见》正式出台，明确提出积极推进稀土行业兼并重组，加大稀土资源开发整合和储备力度，大幅减少稀土开采和冶炼分离企业数量。近日，工信部、监察部、环境保护部等六部门下发通知，决定自2011年8月1日至12月31日开展稀土生产秩序专项整治，无计划、超计划生产企业立即停产；划定国家规划矿区，未经国家批准不得开采；对稀土产品流向和数量造册登记；大幅减少稀土开采企业数量。政策导致稀土价格每吨上涨超过1000万元。从“白菜价”到“白银价”，以稀土为原材料的LED三基色荧光粉在三个月内由300元/公斤涨到1800元/公斤。

（2）事件解析

由于稀土是荧光粉的重要原材料，而荧光灯、节能灯、LED器件封装中都要用到荧光粉，因此其价格上涨带来的连锁反应必将对相关行业带来较大的冲击。原材料涨价因素固然会把传统照明领域的大企业带入LED照明产业，同时也会驱动更多小企业投身LED市场。目前，半导体照明产业已面临企业多，规模小，技术创新能力不足，多数企业集中于市场低端，低水平重复竞争等问题，大量传统照明企业的加速进入，势必使竞争局面变得更加激烈。

近年来传统照明企业大多开始投入LED照明产品的生产，只不过力度大小不一。但随着稀土等原材料价格的增高，传统照明产品市场竞争的进一步加剧，将使更多企业认识到向LED转型是大势所趋，有望加速这一进程。以稀土龙头企业包钢稀土为例，将在2015年提高稀土延伸产品比重到35%以上，稀土科技

应用产品比重到15%以上；而中国五矿集团已在江西成立稀土发光材料研发中心，规模较小的湖南稀土金属研究院也与外资合作，发展稀土荧光粉及LED照明。在LED项目上，国内主要照明企业阳光照明宣布计划投入约10亿元发展其LED事业。日前阳光照明以123.76万元持有日本LIREN公司30.188%的股权，正是其向LED上游原材料布局的重要举措。

4、深圳LED产业标准联盟发布了12项技术标准

（1）事件回顾

2011年8月29日，深圳LED产业标准联盟发布了12项技术标准，整个产业正从加工制造向更高层次的标准制定迈进。此次共发布的12项标准，主要包括LED产业的智能控制、隧道灯控制装置、背光组件、平板灯等12项技术标准。深圳LED产业标准联盟相关负责人说，这是深圳首批推出的LED产业地方标准，这些标准还将上报到广东省、国家标准化委员会，一旦通过审核，将成为省级、国家级的标准。

（2）事件解析

长期以来国家标准的欠缺，导致地方企业生产的LED产品规格不同，无法标配兼容，极大地影响了国内LED市场的发展及国内LED企业进军海外的步伐。深圳共有LED照明技术研发、生产及应用企业逾千家，在全国占据“半壁江山”。产业规模已超过400亿元。目前，深圳LED产业拥有完整的产业链，从上游的衬底材料、外延片、中游芯片，到下游封装、应用及配套材料、加工和检测设备等各个环节，已形成较强的产业配套能力。

深圳标准的出台，将使深圳LED产业重镇的示范效应将在不远的将来逐步显现。目前国际的产业竞争，可以说更多的是从制造业向高层次的技术标准迈进，很多国际产业巨头通过掌握标准而牢牢地扼住整个产业的“咽喉”，依靠标准和专利技术来获取高额利润。深圳此次自主推出12项LED产业领域的技术标准，是一种标准创新。在雄厚制造业的支撑下，深圳LED产业将会掌握更多的市场话语权，有利于提升整个产业的竞争力。

5、“十城万盏”二期启动

（1）事件回顾

2011年5月19日，科技部发出“关于同意开展第二批十城万盏半导体照明应用工程试点示范工作的函”（以下简称“十城万盏LED工程”），明确表示将继

续扩大半导体照明市场规模。这是继 2009 年科技部推出“十城万盏”半导体照明应用示范城市方案后，第二次启动该计划。第二批“十城万盏 LED 工程“的城市为北京市、山西省临汾市、江苏省常州市、浙江省湖州市、安徽省合肥市、安徽省芜湖市、福建省漳州市、福建省平潭综合试验区、山东省青岛市、湖南省郴州市、湖南省湘潭市、广东省广州市、广东省佛山市、广东省中山市、海南省海口市、陕西省宝鸡市等 16 个城市，较第一批中的 21 个城市有所减少。

（2）事件解析

根据科技部规划，“十城万盏”分三阶段进行，将在 50 个城市安装 200 万盏半导体示范照明，目标一年省电 10 亿度，由财政部与科技部规划对示范城市进行财政补贴。“十城万盏 LED 工程”给 LED 相关企业带来的产值将超数十亿。但是，从首次参与“十城万盏 LED 工程”的企业观察，在该工程前景光明的背后，依然不乏隐忧存在。“十城万盏”工程主要涉及公用照明设施，即路灯的替换。然而，目前 LED 路灯与传统的高压钠灯相比，在道路照明中节能效果并不明显。加之 LED 路灯属于技术含量较高的电子产品，不仅价格远远高于普通路灯，且使用寿命不稳定，日常维护难度也比较大，不管是企业还是地方政府，经济回报性并不显着。这是推进“十城万盏”LED 工程面临的一个最为显著的问题。尽管“十城万盏 LED 工程”在一定程度上促进了我国 LED 产业的发展，但政府工程是有限的，产业的长远发展最终还是要靠民用市场推动。

6、LED 企业出现“倒闭潮”

（1）事件回顾

2011 年，一轮又一轮的投资狂潮席卷 LED 产业，各种利好消息令 LED 企业振奋不已。然而在疯狂投资的背后，LED 产业危局悄然而至。2011 年全国已经有 10%~20% 的 LED 相关企业倒闭，其中珠三角占了绝大部分。钧多立、博伦特、帅亮三家企业的倒闭事件更是引发 LED 产业地震。

（2）事件解析

目前，国内 LED 企业基本扮演着“打工”角色。国内做 LED 的厂家大部分是从国外买回大量的设备、买芯片回来自己封装，这就提高了 LED 产品生产成本，降低了企业利润。而且由于国内技术水平本身达不到国际水准，在国内封装后芯片的质量下降，寿命缩短，后期维护成本非常高。此外，新的生产项目也需要厂家先投资，极容易造成资金链断裂，这也是大部分 LED 厂家生存艰难，以至于倒闭的原因。我国 LED 行业小企业居多，且相当一部分处于亏损状态。一方面，企业如潮水般涌入 LED 行业，另一方面，市场无法达到预期值，导致 LED 企业出现“倒闭潮”。产业发展过热暴露了产业缺陷，我国 LED 产业正面临核心技术掣肘、标准缺失与资金滞压等瓶颈。

未来几年，在低价竞争横行的产业背景下，整个行业发展逐步趋于理性，差异化成为厂商竞争的重要手段。巨大的产业发展机遇将伴随着更为激烈的市场竞争和格局调整，行业洗牌、企业整合将在所难免。可以预见，我国半导体照明将进入产业结构和格局调整完善的关键时期，行业将进入一个机遇与挑战并存的全新阶段。

（四）2012年LED产业发展趋势展望

展望 2012 年，显示和照明是未来 LED 应用的两个重要方面，今后 2–3 年内，我国的 LED 显示屏将以每年不低于 30% 的速度增长，2015 年我国 LED 产业规模预计将达 5000 亿元。“十二五”期间，LED 产业有望实现翻两番的目标。LED 产业作为战略性新兴产业中重要部分，政府的扶持为 LED 产业的发展创造良好的政策环境。在市场应用领域不断扩大、企业创新能力进一步提升和产业链上下游共同努力推动等有利条件下，我国 LED 产业的发展空间巨大。

1、政策支持将助推 LED 照明市场扩大

为了配合节能减排、绿色环保政策，国家发改委将半导体照明产业纳入“十二五”规划，并考虑将 LED 照明纳入国家“绿色照明工程”，有望将部分 LED 产品率先纳入补贴范围，这意味着国家补贴从商家补贴转为消费终端补贴。此项政策出台，有助于打开 LED 照明终端市场，形成 LED 照明规模推广。《国家“十二五”科学和技术发展规划》大力支持 LED 产业，力争“2015 年半导体照明占据国内通用照明市场 30% 以上份额，产值预期达到 5000 亿元，推动我国半导体照明产业进入世界前三强。”

随着“十二五”规划的出台，LED 补贴将直接从上游 MOCVD 设备补贴直接转入 LED 照明产品补贴，这将在很大程度上大幅降低 LED 照明产品价格，为打开 LED 照明市场提供了有利条件，也为 LED 产业发展提供了良好的发展机遇。至“十二五”末，我国的 LED 照明渗透率有望达到 20%，户外 LED 照明渗透率将达到 60%—80%，室内商用 LED 照明渗透率将达到 25%—30%，室内家居

LED照明渗透率将达到5%–10%，我国市场LED照明整体渗透率将达到20%左右。在政策的推动下，我国LED产业产值将稳步扩大。

图57　2009年–2012年我国LED产业产值及增长率

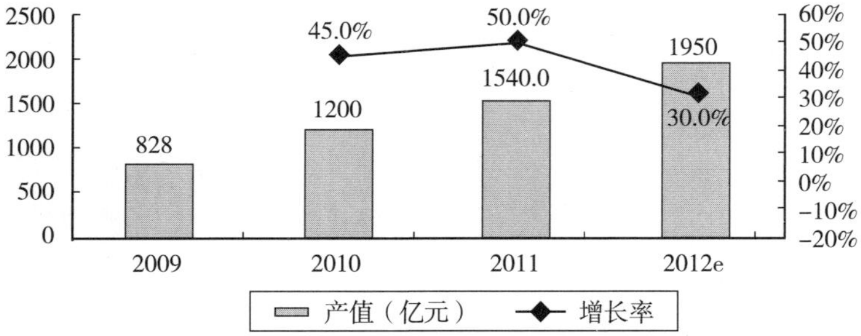

数据来源：赛迪智库整理，2012年4月

2、产业链高附加值环节比重逐步提高

通过不断的发展，我国LED产业技术水平显著提高，LED外延生长、芯片制造等上游环节与世界先进水平差距不断缩小，关键工艺技术（如图形衬底外延生长、激光剥离、表面粗化、透明电极等）取得突破，自主开发的LED器件发光效率已达120流明/瓦；器件封装等中游环节接近国际水平，功率型LED器件发光效率可达到90流明/瓦；产品应用等下游环节开始进入大尺寸液晶背光、室内照明等中高端领域。MO源、蓝宝石衬底等关键材料取得突破，并大规模应用。LED应用领域的成熟度将进一步提升，促使我国LED应用市场规模不断扩大。随着我国LED企业市场掌控能力增强，LED应用、品牌服务的附加值必然上升。我国LED产业逐步向高附加值方向发展，价值链附加值曲线将从“长尾曲线”向“微笑曲线”发展。

3、整合并购强强联合势在必行

我国LED产业具备良好发展前景，加上国家政策的大力支持，行业内开始涌现兼并整合潮。雷士照明与科锐公司在上海签署战略合作协议，在照明应用开发、技术交流合作、推动市场发展三个方面展开合作；真明丽公司以1700万美元的收购美国HCI公司；阳光照明也相继以1350万元的代价获得杭州汉光照明50%的股权，以123.76万元获得日本LIREN公司30.188%的股权。

不仅传统照明企业开始涉足LED产业，更有其他行业的企业开始进入LED

行业，如白电企业康佳集团入股瑞丰光电；中兴通讯参股聚飞光电；创维集团在开发OLED新产品；白电企业美的成立美的照明，开发LED照明家居照明用品。众多企业看好LED产业后期发展，纷纷提前布局，进一步推动着LED整合时代的到来。

4、国内LED企业面临专利壁垒

面对当前高速发展的LED产业，国际产业巨头正在大量申请专利，布局严密的专利网。2011年9月，日本日亚化工对亿光的诉讼，使得中国LED企业面临国际巨头“专利战”潜在危机浮出水面。自2010年开始，将陆续有部分重要白光LED领域专利过期，换言之，LED产业在最近几年将陷入频繁的专利诉讼以及争夺战中。据不完全统计，目前全球申请的LED专利达12.4万件，其中美国占2万件、中国占2.5万件、日本占4.9万件。关键在于，我国的2.5万件LED专利，大多集中在整个产业链的中下游，多属于外观设计、实用型专利，发明专利是少之又少。在上游产业链上虽拥有些许外围专利，但核心专利掌握度较小。国内LED企业的绝大部分发明专利都不是原创，都是在国际LED巨头原创专利的基础上做一些修补，其专利含金量也大打折扣。如果真正与国际LED巨头打起专利官司，国内企业LED发明专利近70%都可能无效。

国内LED产业发展虽然迅速，但缺少龙头企业，大型企业。随着雷曼光电、鸿利光电、奥拓电子、洲明电子、瑞丰光电的相继上市，国内LED上市企业通过资本运作，许多企业将形成规模，随之而来必然是国际巨头通过专利壁垒进行压制。我国LED企业拥有的自主知识产权相对较少，尤其具有谈判地位的核心专利非常匮乏。企业间也缺少以利益互补为基础的合作关系，反而存在以同质化产品，相同竞争手段争夺同一市场的竞争状况。在专利竞争处于弱势之际，尚在成长期的国内LED企业只有加强产业技术研发、善用行业专利联盟与争取国际合作，才能在目前的竞争格局中获得一席之地。

5、产销失衡与技术突破将促使产品价格下降

价格一直是LED取代传统光源的争议点。2011年受到应用终端市场的需求不振，对于LED的价格已经开始产生拉低的连锁效应。2011年LED产业整体产值未见明显提升，芯片供给量约为1000亿颗，而芯片需求量约890亿颗，供过于求的比率达12%;2012年在大陆地区产能大量释放后，预期供过于求的比率将扩大至21%，促使LED照明灯具产品价格出现下降趋势。

另一方面，自2011年开始的两三年内，一批重要白光LED领域核心专利将陆续度过20年的专利保护期，上游的外延片及芯片制造商赚取了整个产业链上的70%的利润，中游的LED封装则赚取了约20%的利润，处于产业链最低端的简单应用型生产加工企业则只有10%的利润。LED产品价格昂贵的主要原因是，制造专利大都控制在国外芯片厂商手里，且不愿对外授权，从而导致LED的供应商至今只有为数不多的几家。不过，此类制造专利的失效期就在近两三年内，一旦专利失效，国内将会很快出现大量LED制造商，并快速拉低产品售价。

八、电子材料、元器件及仪器设备产业

（一）2011年电子材料、元器件和仪器设备产业发展回顾

2011年是我国“十二五”规划的开局之年，也是我国电子材料、元器件和仪器设备产业调整转型的重要一年。面对国际环境新变化和国内经济运行新形势，全行业努力克服各种困难，不断巩固和扩大应对国际金融危机的成果，产业发展呈现出生产较快增长、外贸出口逐步趋稳、投资高位运行、结构调整不断深化的良好局面，在电子信息产业中的地位不断提高。

1、产业规模稳步增长

我国电子材料、元器件和仪器设备行业经历了2010年强势反弹之后，2011年产业规模实现稳步增长，但受国际经济低迷拖累，增速开始回稳。2011年我国电子材料行业实现销售产值达到2500亿元，同比增长31.4%，增速比2010年同期下降约25个百分点；电子元件行业实现销售产值1.37万亿元，同比增长19.8%，增速比2010年同期下降9.5个百分点；电子器件行业实现销售产值1.2万亿元，同比增长24.9%，增速比2010年同期下降16.6个百分点；电子仪器设备行业实现销售产值超过2600亿元，同比增长约30%，增速比2010年同期下降约35个百分点。受光电器件拉动作用，电子器件行业是拉动电子信息产品制造业增长的重要力量，销售产值对电子信息产品行业增长贡献率达到15.9%，增幅位列电子信息各行业的第二位。2011年我国电子材料、元器件和仪器设备行业销售产值占电子信息产品行业的比重达到33.4%。

主要产品产量增长明显。其中，集成电路产量为761.9亿块，同比增长13.9%；半导体分立器件产量达到3639.5亿个，同比增长12.2%；锂离子电池产量上升至29.7亿只，同比增长18.2%，光电子器件1591.6亿只（片、套），同比增长42.3%。目前我国电子元器件总产量已位居世界前列，约占全球电子元器件总产量的40%。中国生产的电容器、电阻器、电子变压器、磁性材料、压电石英晶体、电声器件、微特电机、光缆、印制电路板和锂离子电池的产量已居世界首位。其中，微特电机的产量占全球的60%，电声器件的产量占全球的60%，锂离子电池的产量占全球产量的55%，石英晶体元器件的产量占全球的50%。

图58　我国电子材料、元器件和电子设备行业销售产值

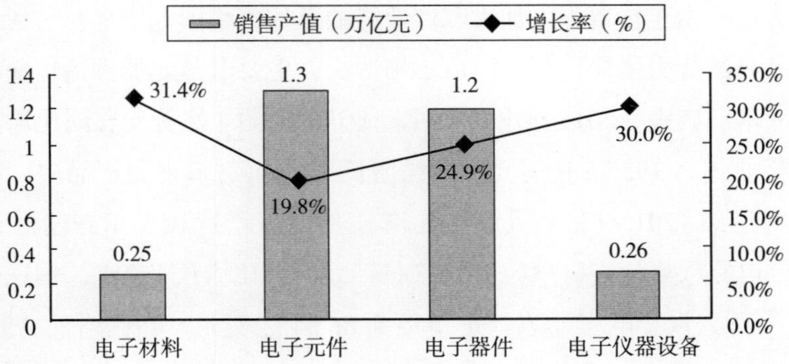

数据来源：国家统计局，工业与信息化部，2012年2月

2、外贸增速逐步趋稳

出口方面，2011年国际电子整机市场相比2010年高速增长的状态，已经明显回落。其中智能手机和平板电脑等新兴产品在经历2010年的暴增之后，增速已经有所减缓；彩电、传统手机、PC等产品市场逐渐饱和，增长空间较小。而且由于欧美地区的债务危机，经济增长的不确定性增加，企业对电子信息技术产品投入、居民电子产品消费的动力均较弱，我国电子材料、元器件和仪器设备产品出口呈现前高后低态势，增速也在放缓。2011年我国电子材料行业出口额达到64亿美元，同比增长7.3%，增速比2010年同期下降54.7个百分点；电子元件、电子器件行业全年出口额分别达到881.4和757.0亿美元，同比增长15.3%和11.0%，增速分别比2010年同期下降18.6和41.7个百分点；电子仪器设备行业全年出口额为266.4亿美元，同比增长11.6%，比去年同期下降约25个百分点。

图59 我国电子材料、元器件和仪器设备行业进口情况

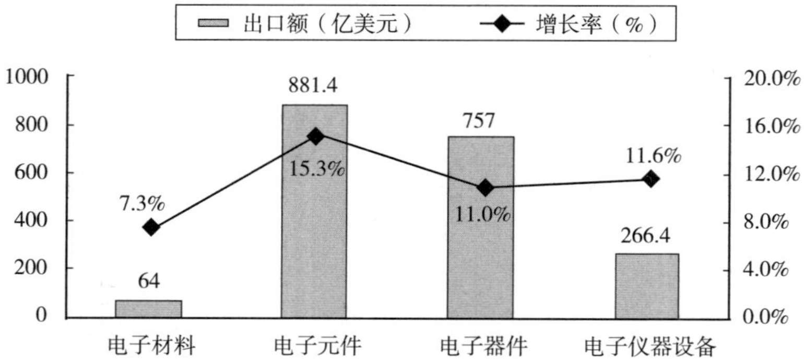

数据来源：国家统计局，工业与信息化部，2012 年 2 月

进口方面，由于投资力度加大和产业链的延伸，我国电子材料、元器件和仪器设备产品自给能力增强，行业进口小幅增长，主要电子元器件进口额增速均较上年大幅回落。其中，2011 年电子元件行业进口 960.4 亿美元，同比增长 5.5%；电子器件行业进口 1955.6 亿美元，同比增长 8.4%。进口主要产品中，我国集成电路进口额达到 1701.99 亿美元，同比增长 8.4%，增速较上年同期低 22.5 个百分点；印刷电路板累计进口额为 140.17 亿美元，同比增长 16.0%，增速较上年同期低 11.7 个百分点；电容器累计进口额为 86.54 亿美元，同比增长 9.5%，增速较上年同期低 22.3 个百分点；二极管及类似半导体器件累计进口额为 174.19 亿美元，同比增长 8.3%，增速较上年同期低 34.1 个百分点；液晶显示板累计进口额为 350.16 亿美元，同比增长 0.9%，增速较上年同期低 32.8 个百分点。

图60 我国电子材料、元器件和仪器设备行业出口情况

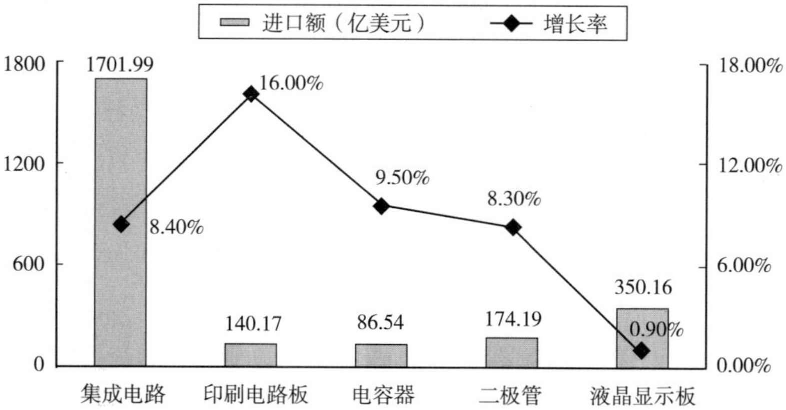

数据来源：国家统计局，工业与信息化部，2012 年 2 月

3、投资力度持续加大

2010年，受到行业产能不足等因素影响，我国电子材料、元器件和仪器设备行业甚至出现供不应求的状况，因此重点企业扩产和技改项目明显增多。2011年，上年的大量新建项目转入续建，并且很多集成电路、光电子器件、新型电子元件项目在今年上年开始开工建设，行业投资额实现高速增长。其中，2011年1～11月我国电子元器件行业新开工项目数比去年同期增长55%以上，电子器件、电子元件行业分别完成投资2072.2亿元和1448.3亿元，分别同比增长44%和54.7%，是电子信息产业中投资增长最快的领域。电子元、器件行业两个领域投资占全行业的43.02%。电子信息产业中投资最密集、增长最快的领域是电池行业，全年完成投资达1505亿元，占电子信息行业投资比重达到18.4%，同比增长111.7%。

4、结构调整不断深化

（1）产品升级换代步伐加快

电子材料逐渐向高端发展，电子元器件产品微型化、片式化、高性能化、集成化、智能化程度得到进一步加强，电子仪器设备的自主化、精密化、智能化、集约化程度提高。目前，高性能锂离子电池材料、平板显示材料、磁性材料不断涌现，占我国电子元件总量92%的阻容元件的片式化率已达到88%，电感器、频率元件、敏感元件等产品的片式化率逐年提高，控制继电器、电接插元件、电声元件、微特电机等产品的小型化和高性能化取得巨大进展，印刷电路板、集成电路等产品的集成化和智能化稳步提升，一批高端装备如大尺寸氧化炉、离子注入机等逐步实现批量生产。

（2）产业转移步伐加快，区域结构持续优化

随着中西部地区的崛起和东部地区人力成本的增加，产业向中西部地区转移加快，区域结构不断优化。电子材料、元器件和仪器设备产业增长明显的中西部地区省市有湖南、湖北、四川、重庆、河南，年产值增长率超过30%。其中，2011年我国电子元件行业实现销售产值1.37万亿元，前5个省市（广东、江苏、山东、浙江、上海）累计实现产品销售收入比重为81.7%，比2010年下降了1.1个百分点。2011年，我国电子器件行业实现销售产值1.2万亿元，其中前5个省市（江苏、广东、上海、福建、北京）累计实现产品销售收入比重为79.8%，比2010年上升了1个百分点。

（3）本土企业实力不断增强

2011 年我国电子材料、元器件和仪器设备行业实现销售产值 3.08 万亿元，其中内资企业（不包括港澳台投资企业）所占比例超过 22%，占比比 2010 年上升约 1 百分点。

5、自主创新成果显著

国家投入力度不断加大，科技重大专项持续实施，行业的创新水平大幅提升，以企业为主体的创新体系逐步形成。在 2011 年度国家科学技术奖励大会上，福建福晶科技股份有限公司、大连美明外延片科技有限公司，北京国科世纪激光技术有限公司等多家企业荣获国家科学技术进步奖和技术发明奖，清华大学和维信诺公司共同开展的有机发光显示材料、器件与工艺集成技术和应用项目更是获得国家技术发明奖一等奖。一批在新型显示技术、电子元件、关键电子材料等多个领域的关键技术突破，如京东方和华星光电的 8.5 代 TFT-LCD 面板项目正式投产、低内阻超级电容器极片制备新技术、TMR 磁传感器芯片、新型锂离子电池等，为促进产业结构调整，推进产学研体系健康发展发挥了积极作用。

（二）细分领域发展情况

1、电子元器件

（1）2011 年电子元器件行业发展回顾

2010 年，随着国内外电子整机行业的快速恢复，我国电子元器件行业出现了强势反弹，年度产销增速一度超过 40%。2011 年，美国和欧洲债务危机使得全球经济增长的不确定性增加，影响了消费，从而制约了全球半导体销售的增长。受此影响，我国电子元器件行业增长趋缓，行业虽有优惠政策支持，但产销增速仍处持续下降通道，行业增长逐步回归到常态。

销售产值增速逐月走低。2011 年以来，电子元器件行业产销增速逐月走低。2011 年，我国电子器件行业实现销售产值 1.2 万亿元，同比增长 24.9%，增速比 2010 年同期下降 16.6 个百分点。其中，光电器件成为拉动行业增长的重要力量，2011 年光电器件实现工业销售产值 0.77 亿元，占行业的 64.2%。 2011 年我国电子元件行业实现销售产值 1.37 万亿元，同比增长 19.8%，增速比 2010 年同期下降 9.5 个百分点，增速比电子器件低 5.1 个百分点左右，但增速降幅也明显低于电子器件，这是由于电子元件业产品较电子器件业更为基础、且量大面广，增长潜力和空间较电子器件业更小，因此相对来说波动较小。

整体供大于求。电子元器件行业下游应用主要包括计算机、通信设备、视听电子、工业控制等方面。2011 年，移动电话、彩色电视机、汽车、工业自动调节仪表及控制系统等主要产品产量增速均较上年同期明显回落。1 ~ 12 月，上述四类产品产量累计增速分别较上年同期低 17.38、4.42、8.93、14.84 个百分点。下游产品产量增速的持续放缓，导致行业产销复苏缓慢。3 季度旺季不旺，带来了企业库存量增加，产能缓慢的释放，短期内电子元器件行业供大于求。

电子器件产品增速分化，电子元件产品增速大幅走低。彩色显像管持续降低，光电子器件保持高速增长，半导体器件季度末回升。彩色显像管产量在 2011 年上半年出现小幅增长之后，下半年大幅下降。这主要是因为显像管技术正逐步为平板显示技术所取代，多家国内重点企业已停产彩色显像管。与之相反，光电子器件产量增速呈加快态势，尤其是在 11 月和 12 月同比增速分别为 27.34%、54.23%、51.73%，保持了高速增长速度。半导体分立器件增速保持稳定，但在 2011 年第四季度增速出现较大变化，10、11、12 月半导体分立器件产量同比增速分别为 –26.47%、–23.71%、33.33%。2011 年我国电子元件产品产量累计增速大幅低于 2010 年，1 ~ 12 月累计产量为 24042.4 亿只，同比增长 2.49%，增速较 2010 年同期下降 27.59 个百分点。

行业价格水平小幅下滑。尽管受日本地震及泰国洪水影响，电子元件行业价格水平在 2011 年的第二季度出现增长，电子器件行业价格水平在 2011 年第三季度出现增长。但受产能过剩和需求疲软影响，2011 年电子元器件行业价格水平整体呈下降趋势，全年出现小幅下滑。

主要产品进口增速持续回落。从 2011 年全年来看，主要电子元器件进口额增速均较上年大幅回落。其中，2011 年 1 ~ 12 月我国集成电路进口额达到 1701.99 亿美元，同比增长 8.4%，增速较上年同期低 22.5 个百分点；印刷电路板累计进口额为 140.17 亿美元，同比增长 16%，增速较上年同期低 11.7 个百分点；电容器累计进口额为 86.54 亿美元，同比增长 9.5%，增速较上年同期低 22.3 个百分点；二极管及类似半导体器件累计进口额为 174.19 亿美元，同比增长 8.3%，增速较上年同期低 34.1 个百分点；液晶显示板累计进口额为 350.16 亿美元，同比增长 0.9%，增速较上年同期低 32.8 个百分点。2011 年电子元件行业进口 960.4 亿美元，同比增长 5.5%；电子器件行业进口 1955.6 亿美元，同比增长 8.4%。

全年出口额增速持续低迷。2011年，受全球电子元器件需求下滑影响，我国电子元器件出口额增速出现明显下降。电子元件、电子器件行业出口全年出口额分别达到881.4和757.0亿美元，同比增长15.3%和11.0%，增速分别比2010年同期下降18.6和41.7个百分点。

集成电路进口依赖依然严重，液晶自给能力增强。我国电子元器件行业进出口结构严重不合理，贸易顺差主要集中在二极管及类似半导体器件产品等技术含量和附加值均较低的产品；而贸易逆差则主要集中在集成电路和液晶显示板方面。2011年我国二极管及类似半导体器件贸易月均顺差为13.5亿美元，全年累计贸易顺差为162亿美元；集成电路行业贸易月均逆差呈现下降趋势，但对进口的依赖依旧严重，全年贸易逆差为1376亿美元；液晶显示板则因为国内TFT-LCD项目相继投产，自给能力明显提高，贸易逆差呈收窄趋势。

电子元器件行业投资持续增长，但增速有所下降。2011年上半年，受2010年行业高速增长影响，投资保持高速增长态势；下半年，随着建设项目的大量完工、投产，旺季不旺导致产能过剩，使得投资增速放缓。2011年1～11月，电子器件制造、电子元件制造行业分别完成投资2072.2和1448.3亿元，同比增长44%和54.7%，是电子信息产业中投资增长最快的领域。电子元、器件行业两个领域投资占全行业的43.02%。其中电子器件制造业投资增速较上年同期回落了14.4个百分点，电子元件制造业投资增速较上年同期上升27.7个百分点。

企业亏损面收窄，亏损额大幅上升。2011年，电子元器件行业亏损企业较上年度有所减少，但亏损额较2010年出现大幅增长。我国电子器件亏损企业数量为380家，亏损面为19.11%，较上年末下降了1.58个百分点；电子元件亏损企业数量为831家，亏损面为17.99%，较上年末下降了0.6个百分点。2011年我国电子器件亏损企业亏损总额达到95.30亿元，同比增长66.18%；电子元件业亏损企业亏损总额达到61.22亿元，同比增长49.74%。主要原因在于下游产品需求趋缓导致主要产品销量增速下降。另外，各项成本费用出现较快增长也是原因之一。

（2）2012年电子元器件行业趋势展望

销售产值保持稳定增长。2012年在国家转变经济发展方式、积极培育战略性新兴产业的大方针下，我国电子元器件产业将迎来历史性发展机遇。战略性新兴产业的培育和发展，涉及到多个行业和领域，会带来数万亿元的投资规模，给电子元器件产业提供了前所未有的发展空间和广阔的市场前景。一批对电子元器件行业具有重大影响的“十二五”规划的发布及相关刺激政策的实施，将保证我国电子元器件行业规模持续稳定增长。

高新产品市场份额进一步提高。为了在激烈的市场竞争中生存下来，消费电子厂商不断推陈出新，向高新产品发展，这也使得电子元器件行业必须不断推出高新产品以适应市场需求。随着国家工业转型升级规划的实施，加上企业研发意识和研发实力提高，2011 年电子元器件产业投资方面向高新产品偏重，预计 2012 年电子元器件行业高新产品的市场份额进一步提高，如集成电路正向 30nm 技术发展、铅蓄电池行业整顿，锂离子电池市场份额提升、彩色显像管数量大幅下降，平板显示市场份额提升。

进出口增速下降，整体保持平稳增长。我国在电子元器件产业的“世界工厂”地位受到威胁，东南亚、印度、巴西、俄罗斯等国家和地区已逐渐成为新的电子元器件生产区，加上人民币不断升值，国际市场竞争日趋激烈。2012 年，国际经济环境复杂严峻，欧债危机依然延续，美国经济缓慢复苏，日本逐步走出“3.11”地震影响，国际电子消费品需求将保持平稳，难以出现明显增长。我国正在实施的关键元器件产品本土化战略，使得我国电子元器件行业对国外高端产品的依存度下降，自给能力增长。预计 2012 年我国电子元器件产品出口增速在 2011 年基础上进一步下降，但整体规模仍将保持稳定增长。

2、电子材料

（1）2011 年电子材料行业发展回顾

2011 年，在经受了持续上升的成本压力和较大的价格波动考验后，我国电子材料企业努力技术创新，调整产品结构，我国电子材料行业运行态势良好，朝着宏观调控的预期方向发展。电子材料行业既面临着复杂多变的外部形势，也面临着自身亟需转型升级的艰巨任务。

总体保持平稳较快增长，增速回落。经历了 2010 年行业恢复发展之后，2011 年我国电子材料行业发展基本保持平稳态势。2011 年，我国电子材料行业销售收入超过 2000 亿元，同比增长 26%。半导体材料中，国产硅片产品以太阳能电池应用为主，半导体集成电路用硅片增长平缓。据中国光伏产业联盟统计结果，2011 年，国内多晶硅总产量达到 8.4 万吨，同比增长 86%，是 5 年来首次多晶硅产量增长幅度低于 100%。销售额超过 252 亿元。预计 2012 年国内多晶硅产量将超过10万吨。中国已成为世界第一大多晶硅生产国。2011年，由于3G传输网的需求性建设，光通信市场利好消息频传，光纤市场迎来繁荣景象。世界光纤、光纤预制棒材料供应依然短缺。中国国内总产量达到800吨，国内市场自给率超过35%。新型元器件材料中，压电晶体材料，覆铜板，电子铜箔、磁性材料以及电子陶瓷材料均出现较大增长，其中覆铜板，磁性材料、电子陶瓷材料成为世界最大的生产地区和消费市场。

技术转型升级速度加快。2011年，受国际市场大环境的影响，行业整体增长速度有所放缓，电子材料行业企业采取了加快技术转型升级策略来应对。LED用半导体材料发展迅猛，国产产品在显示屏、景观照明、信号灯等市场领域已占据主流地位，在照明、中小尺寸背光，显示背光等应用领域也逐渐获得认可。蓝宝石晶体材料发展速度加快，目前生产企业采用的工艺多为泡生法和火焰法，产业化规模、技术和成本面临国外企业的竞争考验。

国际合作增多，对外贸易平稳提高。2011年，中国电子信息材料行业密切了与国外企业的合作，产品出口有较大增长。出口额实现376亿美元，比2010年增长30.1%，出口额实现646亿美元，比2010年增长45%。

全行业研发能力进一步增强。2011年，我国电子材料行业各企业更加注重企业研发能力，产品技术水平进一步提高，特别是对一些高附加值和高新技术产品的研发取得了长足进步，出现了一批技术创新成果。

天津中环领先材料技术有限公司经过不断研发，在2011年推出节能型低压IGBT器件用6英寸区熔硅抛光片。波江丰电子材料有限公司研发的300mm集成电路用Ti、Cu溅射靶材，有研亿金新材料股份有限公司取得的集成电路用超高纯铜原材料及200mm铜溅射靶材开发新成果，杭州格林达化学有限公司研发出电子级光刻胶显影液四甲基氢氧化铵。河北普兴电子科技股份有限公司掌握了8英寸快恢复二极管用双层外延片制造技术，江苏中能硅业科技发展有限公司在GCL法多晶硅超大规模清洁生产技术方面取得成果。天津市环欧半导体材料技术有限公司完成了10-2Ωcm 5英寸区熔重掺硅单晶制备方法项目。

（2）2012年电子材料行业趋势展望

行业面临低速增长，增长规模趋缓。从全球范围看，世界经济的缓慢恢复对国内电子材料行业发展带来一定影响，从国内来看，内需市场逐步扩大，行业前景看好，半导体产业持续发展，通信产业、新型平板显示产业等对电子材料的需求仍然很大，但劳动力、原材料、动力燃料费等成本的上升会给企业发展带来巨大压力。预计2012年，中国电子材料将在结构调整、产品转型上下功夫，随着新型应用市场的不断开拓，全行业发展情况将基本平缓。

硅材料行业外部环境影响较大。2012年，各国太阳能光伏产业政策调整将对国内硅材料产业发展带来一定影响，产销量、出口、成本、销售额等将受到较大冲击。贸易保护政策的出台将会致使我国多晶硅企业不能集中精力开拓国外市场，税率风险将会导致订单减少，产品出口降低，竞争力减弱。

光纤企业供求趋缓，盈利能力提高。2012年光纤供需状况将明显改善，行业总体供需呈弱势均衡、总体偏紧的态势。为光纤价格提供了极强支撑，为行业盈利改善提供了基本保障。行业内主要厂商均将在2012年实现较大规模光纤预制棒自产产能，使得此部分光纤企业盈利能力得到较大改善。从需求层面而言，在接入网及传输网的双轮驱动下，2012年光纤行业总需求将实现30%左右的大幅扩张。

3、电子专用设备

（1）2011年电子专用设备行业发展回顾

2011年，面对国内外经济运行新形势、新变化，通过调整产业结构和积极开发新产品，努力克服下半年电子专用设备行业增速明显回落的困难，行业全年呈现出持续快速增长。

产业规模持续稳定增长。我国电子专用设备仪器产业在“十一五”期间保持了较高的增速，“十二五”开年，伴随着全球经济形逐步回暖，在国内多项政策激励下，电子专用设备仪器业企稳回升，实现了生产、销售和经济效益总体平稳增长的态势。根据电子专用设备工业协会统计的行业骨干企业经济指标完成情况，2011年我国电子专用设备总产值同比增长44.9%，达到248.64亿元，销售收入同比增长39.6%，达到224.15亿元。各项主要经济指标呈现增长态势。2010年行业主营业务（电子专用设备和电子专用工模具）销售收入为128.8亿元，同比增长51.9%，行业内最具成长性的十佳企业电子专用设备增长率超过68.7%。

出口交货总值减少。受光伏产品出口急剧减少的影响，电子专用设备工业协会统计的行业骨干企业出口交货总值同比减少8%，电子专用设备和专用工模具的出口增长了18.6%，其中净化设备和电子元件设备出口大幅度增长。

龙头企业带动全行业快速发展。2011年电子专用设备行业前十名销售收入总额达到155.85亿元，占电子专用设备工业协会统计的74家行业骨干企业销售收入的69.5%，比2010年的前十名销售收入增长34%。入围行业十强的销售收入也从2010年的4.49亿元提高到2011年的6.05亿元。在龙头企业的带动下，行业利税保持同步增长。全行业骨干企业2011年实现利税34.88亿元，比2010年增长了36.5%，其中，实现利润25.83亿元，比2010年增长了31%，行业利税和销售收入保持了同步增长。行业十大利税大户的利税总额为25.27亿元，占全行业骨干企业利税的72.4%,其中利润为19.46亿元。亏损企业和亏损额继续减少。2011年行业骨干企业中亏损企业仅有两家，比2010年减少一家，亏损总额也从2010年的1716.7万元减少到823.5万元。

晶硅太阳能设备仍然是我国半导体设备的主要市场。2011年我国晶硅太阳能设备上半年延续了2010年大幅度的增长的态势，达到了2010年全年的销售收入。下半年由于受到市场制约，增速下降，但2011年我国16家主要太阳能电池设备制造商太阳能设备销售收入同比增长了72.3%，达到63.5亿元。

（2）2012年电子专用设备行业趋势展望

光伏设备面临库存压力。由于光伏产品供大于需，上半年仍需继续消化库存，光伏企业投资计划将推迟，从今年一季度行业经济运行的情况来看，大部分光伏设备制造商上半年将处在低位运转。为了提高光伏产品的转换效率和降低电池片的成本，光伏设备的升级和更换将是今年的唯一亮点。也是我国光伏设备制造商今年面临的挑战。

产业结构继续调整，产业升级势在必行。受市场的制约，2012年已经国产化的集成电路设备产业化将仍然举步艰难。但已得到市场认可的国产LED设备产业化的步伐将进一步加快。

新产品新技术有望形成新增长极。由于智能手机和平板电脑的快速发展，2012年触摸屏生产设备、LCD生产设备和SMT设备也将继续保持增长的态势。在国家新能源政策的支持下，锂离子充电电池生产设备、高性能永磁材料生产设备和薄膜电容器生产设备已经成为电子专用设备新的增长点，2012年将继续保持增长态势。

综上所述，2012年我国电子专用设备行业经济运行态势将先低后高，与2011年相比，增速将明显下降，行业的销售收入增速预计将在20%左右。

（三）2011年电子材料、元器件和仪器设备产业热点事件回顾与解析

1、电子元件“十二五”规划发布

2011 年 7 月，中国电子元件协会发布的《中国电子元件“十二五”规划》，明确提出了未来五年我国电子元件行业的发展目标、主要任务、发展思路以及发展重点。《规划》明确列出未来五年重点发展的产品和技术，包括：满足新一代电子整机发展需求的新型片式化、小型化、集成化、高可靠电子元件产品；满足我国新型交通装备制造业配套需求的高质量、关键性电子元件；为节能环保设备配套的电子元件以及环保型电子元件；为新一代通信技术配套的电子元件；为新能源以及智能电网产业配套的电子元件；新型电子元件材料以及设备。

电子元件规划的出台，有利于改善我国电子元件市场集中度较低，技术比较落后，部分核心技术以及产品仍需要进口，关键性部件国产化程度较低等不利局面；带动行业加快投资，通过对大型企业的培育将推动行业结构调整加速；通过对研发技术的支持，行业关键性技术以及共性技术的研发有望上升一个台阶，产业附加值得到大幅提升；带动下游产业链，支撑我国电子信息产业健康有序发展，有助于引导企事业单位、研究机构关注该类技术，促进产业升级，提升电子企业的核心竞争力。

2、一批产业基地相继建成

2011 年 2 月 28 日，抚顺市罕王微机电传感器项目暨微机电高科技产业园项目在抚顺经济开发区开工建设。罕王集团拟投资 30 亿元，建设罕王微机电高科技产业园，发展高端传感器和微机电系统装置，年计划生产 MEMS 芯片 5 亿只。此次开工的罕王微机电传感器项目，是罕王集团与美国资深微机电系统传感器专家合作开发、生产和销售微机电系统芯片及其应用领域配套产品。通过该项目的建设，将带动罕王微机电高科技产业园的形成，进而形成千亿元的产业规模，努力打造我国微电子传感器产业基地。

5 月 24 日，彩虹集团公司与北京经济技术开发区签约，该公司计划在“十二五”期间投资 200 亿元人民币，在北京经济技术开发区打造彩虹北京光电产业基地。彩虹集团规划 2011-2015 年期间，整合在北京地区的总部、研发、商贸、产业等相关资源，集中发展 LED 封装及应用、高世代 AM-OLED 等战略性新兴产业，

打造彩虹北京光电产业基地，预计建成后可实现年产值200亿元人民币以上。该基地位于北京经济技术开发区内，占地面积为1000亩左右，按照整体规划、分期实施的原则，建设LED封装及应用、高世代AM-OLED的研发及生产基地。

11月28日，“日本电机电子产业基地”在重庆经开区揭牌，包括电装、东芝三菱产业系统、关西涂料等日本企业签约入驻。该产业基地位于重庆经开区南部区域，占地面积3平方公里，将重点发展笔记本电脑、手机终端、物联网、“云产业”、新一代无线通信技术、半导体等电子产业，以及工业电气、家电、关键汽车零部件等电机类产业，并将培育新能源设备、新材料等新兴产业。在当天举行的项目集中签约仪式上，共有16个项目签约入驻重庆经开区“日本电机电子产业基地”，签约总金额86.7亿元人民币。预计到2015年，上述签约项目中产业项目可实现年产值192.24亿元、商贸物流项目实现年交易额334.5亿元。2011年11月28日，重庆日本电机电子产业基地落户经开区南部区域，占地面积3平方公里，重点发展电子类产业以及电机类产业，培育发展战略新兴产业。

3、中国公司并购欧洲第三大电机生产商

（1）事件回顾

2011年10月19日中国卧龙控股集团有限公司在维也纳宣布，基本完成了对欧洲第三大电机生产商ATB驱动技术股份集团的97.94%股权的收购兼并，成为ATB集团的实际控制人，并购额约1.05亿欧元（1.44亿美元）。这是继2009年12月，中国西安飞机工业（集团）有限责任公司并购奥地利未来先进复合材料股份公司之后，中国企业在奥地利的又一次大型投资活动，也是迄今中国企业在奥地利进行的金额最大的并购交易。ATB加入后，卧龙集团将依靠自己的经济实力，补充ATB正常经营所需的运营资金，并在销售、采购、物流等方面进行业务整合，实现技术与销售渠道的互补。另外，卧龙集团还将在欧洲建立集团研发中心，加快新产品开发，使卧龙集团与ATB集团实现同步发展。

据悉，ATB是与ABB、西门子齐名的欧洲三大著名电机制造商，系维也纳标准市场上市企业。ATB拥有超过120年电机驱动技术的经验，集团下属10家大型制造子公司，分布于奥地利、德国、英国、波兰、塞尔维亚5个国家，员工3700余人，其电机产品在欧洲市场占有率超过70%，应用钻井平台的大电机占有全球最大市场份额。2010年，ATB集团共实现销售收入3.14亿欧元，2011年预计可实现销售收入近4亿欧元。

（2）事件解析

中国卧龙控股集团有限公司的收购使得该集团一跃成为全球知名的、具有重要影响力的电机制造跨国企业，同时促进我国电机行业加快结构调整和产业转型升级步伐。中国电子元器件企业通过并购国外生产商获得技术上的互补、销售市场资源的共享，有利于提高中国电子元器件行业的国际竞争力，是积极响应国家关于积极鼓励“利用境外资源和市场，充分吸收借鉴境外先进管理经验，有选择地引进先进技术，提高我国电机产业技术水平，并支持有条件的企业兼并重组境外企业和研发机构”的政策导向，推动我国电子元器件产业对外发展。卧龙与ATB两强联手，充分发挥互补优势，将进一步赢得市场，增强行业话语权，可实现整体核心竞争力的全面提升。

（四）2012年电子材料、元器件和仪器设备产业发展趋势展望

在当前的产业运行中，也存在一些问题和矛盾，需要引起重视并及时采取应对措施。一是自主创新不足、缺乏核心技术，产业发展受制于人。二是国内成本优势正在逐步削弱，原材料价格、用工成本持续走高，人民币面临升值压力将加大，沿海地区土地日趋紧张，传统的制造业基地地位面临挑战。三是行业发展秩序仍待规范，部分领域重复建设现象明显；价格战等低端竞争形式依然存在；产品质量和售后服务问题仍较突出。

展望2012年，国际经济环境复杂严峻，欧债危机依然延续，美国经济复苏缓慢且正值大选之年，日本“3.11”地震影响仍然持续。国内经济发展中不平衡、不协调、不可持续的矛盾和问题仍很突出。产业发展面临着国际市场需求疲软、贸易保护主义愈演愈烈、世界范围内信息技术产业竞争加剧等挑战；同时也具有国内市场稳步增长、产业结构持续调整等积极因素。

1、产业规模不断扩大

2011年国内经济增长基本符合预期，预计2012年国内整体经济走势将会保持平稳。在国家转变经济发展方式、积极培育战略性新兴产业的大方针下，我国电子材料、元器件和仪器设备产业将迎来历史性发展机遇。战略性新兴产业的培育和发展，涉及到多个行业和领域，会带来数万亿元的投资规模，给电子材料、元器件和仪器设备产业提供了前所未有的发展空间和广阔的市场前景。一批对电子材料、元器件和仪器设备产业具有重大影响的“十二五”规划的发布及相关刺

激政策的实施，将保证我国电子材料、元器件和仪器设备产业持续稳定发展。预计 2012 年我国电子材料、元器件和仪器设备产业规模继续扩大，年销售收入有望突破 3.45 万亿元，同比增长 12% 以上。

2、外贸保持稳定增长

出口方面，尽管欧洲债务最大危机已经过去，但其影响短期内难以消退，美国经济复苏缓慢且正值大选之年，消费市场疲软，加上电子产品市场进入相对稳定阶段，短期内难有划时代产品的出现引发爆发式增长。预计我国电子材料、元器件和仪器设备产业对欧美国家的出口额在 2012 年将以较低的速度缓慢增长甚至出现下滑。作为我国主要出口对象的中国香港、日本、韩国，受影响较小，但国际经济形式并不明朗，预计 2012 年我国电子材料、元器件和仪器设备产业对这些国家和地区的出口将小幅增长。由于我国电子材料、元器件和仪器设备产业在价格和技术上的相对优势，预计 2012 年我国电子材料、元器件和仪器设备产业对新兴市场如俄罗斯、墨西哥、马来西亚、泰国等国的出口将大幅增长。总体而言，我国电子材料、元器件和仪器设备产业将保持稳定增长，预计 2012 年出口总额达到 2100 亿美元，同比增在 6.7% 以上。

进口方面，受国家大力推进产业结构调整，加快关键环节本土化代替步伐影响，我国电子材料、元器件和仪器设备产业将加大研发投入，逐步实现产品高端化，减少对国外关键、高端电子材料和元器件的依赖。2012 年我国电子材料、元器件和仪器设备产业进口总额将保持小幅增长，预计 2012 年进口总额维持在 3100 亿美元左右，同比增长约为 4%。

3、结构调整持续深化

我国是世界上最重要的电子元器件生产基地，2011 年电子元器件总产量约占全球的 40%。电子元器件作为电子产业的中游，向上关系着电子材料和电子仪器设备，下游则是主要电子产品。2011 年我国主要下游电子产品彩电、手机、计算机等产量占全球出货量的比重分别达到 48.8%、70.6% 和 90.6%，均名列世界第一。但我国电子元器件产品大多属于中低端，产品附加值低、价格低廉、利润微薄，主要原因在关键电子材料和电子仪器设备掌握在外国企业手上。为了突破这一瓶颈，我国相继制定了工业转型升级以及相关产业“十二五”规划，明确提出我国电子材料、元器件和仪器设备产业发展关键材料和关键技术。针对这一要求，我国电子材料、元器件和仪器设备产业将以战略性新兴产业为发展契机，加快配套高端产品的研发和应用进度，提升关键材料、元器件和仪器设备的质量和档次，争取在关键环节实现全面本土化代替。结合国内的产业优势和大型工程，推动结构调整和产业升级，形成高端化、完整化的基础产业体系。在推动产业升级的背景下，引导电子元器件企业与上游材料、仪器设备企业开展合作，突破原材料、设备核心技术。

4、中西部地区成为增长主要动力

我国电子材料、元器件和仪器设备产业在东部沿海地区经过多年发展，面临着劳动力成本上升、政策红利趋弱、资源及环境承载力下降等问题，与此同时中西部地区社会经济水平和产业基础明显提升，基础设施、金融物流、政策环境、人才储备等方面出现重大改善，劳动力成本较低。与此同时，国家出台政策鼓励实施产业转移，优化产业布局。上述原因造成沿海地区的包括电子材料、元器件和仪器设备产业在内的制造企业逐步开始向中西部转移，目前在四川、重庆、湖北、湖南、河南等地正在形成新的产业集群。2012 年中西部地区将成为电子材料和元器件产业增长的主要动力。

企 业 篇

一、计算机产业重点企业

（一）联想集团有限公司

1、企业简介

联想集团于1984年在北京成立，是全球第二大个人电脑品牌厂商，在全球拥有近2万名员工。目前联想的全球行政总部是位于中国北京市的联想中国的联想大厦，同时在中国北京和美国北卡罗来纳州的罗利设立两个主要运营中心，通过联想自己的销售机构、联想业务合作伙伴以及与IBM的联盟，联想集团的销售网络遍及全世界。联想集团是一间极富创新性的高科技公司，秉承自主创新与追求卓越的传统，联想持续不断地在用户关键应用领域进行技术研发投入。联想将最新的研发成果从实验室带到市场，转化为生产力并改善人们的工作和生活，建立了以中国北京、日本大和和美国罗利三大研发基地为支点的全球研发架构。拥有近2000名包括世界级技术专家在内的一流研发人才，赢得了数百项技术和设计奖项。作为全球个人电脑市场的领导企业，联想从事开发、制造并销售最可靠的、安全易用的技术产品及优质专业的服务，帮助全球客户和合作伙伴取得成功。1996年开始，联想电脑销量位居中国国内市场首位，近几年更是发展迅速，一跃占据世界电脑销售量第二的宝座。2011年1月，联想与NEC合作欲改变笔记本电脑行业格局。

在过去的十几年里，联想集团始终致力于为中国用户提供最新最好的科技产品，推动中国信息产业的发展。联想集团的业务涉及到个人电脑、服务器、主板、外设、信息家电等INTERNET接入端产品、信息服务、软件、系统集成以及以电子商务为核心的网络局端产品等多方面，各类产品和技术已成为中国政府、金融、交通、邮电、商品流通等许多重要领域必不可少的信息技术手段。

近年来，联想集团业绩成长迅速，包括智能手机、智能电视在内的移动终端业务已经成为联想集团个人电脑业务之外的新的增长引擎，成为其战略布局的重要一环。2010年，联想集团发布了移动互联网战略，面向中国市场推出了全新一代移动互联网旗舰手机乐Phone。2011年4月11日，联想集团首次对外公布了联想的“PC+”战略，将推出覆盖智能手机、平板电脑、个人电脑和智能电视四大品类的终端产品，通过与乐云服务的完美融合，实现从传统PC领域领先厂商到“PC+”领域领先厂商的过渡。

2、2011年企业发展情况

2011年上半年，联想集团PC市场份额达到13.5%，继续保持着全球PC出货量第二的位置；营业收入达到137.06亿美元，同比增长25.58%；利润达到2.66亿美元，同比增长69.43%。到2011年第3季度，联想全球市场份额再创新高，达14.0%，在所有区域、产品和客户市场继续取得均衡的增长。在中国市场继续高速领跑，市场份额亦创下历史新高，达35.3%，在新兴市场三倍于市场增速，尤其是成熟市场，在成功整合NEC和Medion业务的推动下，营业额首次超越中国市场，盈利能力大幅提升，并创下市场份额新高。

第三季度集团销售额达84亿美元，同比增长44%，毛利润达9.54亿美元，同比增长47%，全球的市场份额上升3.7个百分点达到14.0%，在中国的市场份额上升3.1个百分点达35.3%，双双创下历史新高。

3、2011年企业重点事件

2011年11月2日，联想集团董事长柳传志辞职，现任CEO杨元庆出任董事长兼CEO一职。柳传志卸任后将专注于联想集团母公司联想控股的业务，通过构建新的核心运营资产，推动联想控股在2014–2016年成功上市，并实现其更大的跨越式发展。2011年7月4日，联想集团和NEC共同组建的合资公司——NEC联想日本集团正式成立，新集团将占据日本PC市场近25%的份额，将保留联想和NEC的品牌，双方产品仍将分别通过各自的渠道进行销售。自从NEC一直在把自己的重点从欧洲和中国转移到日本以来，尽管NEC的全球市场份额在下降，NEC还是日本最大的PC品牌，年PC出货量为250万至300万台，超过了日本的索尼、东芝和富士通等全球品牌厂商。而联想NEC合作可能改变笔记本电脑行业格局。与NEC的合作将大大加强联想核心的PC业务，同时也为在日本的发展提供了新的增长机会。2011年6月1日，联想集团并购了德国消费电子公司Medion，获得了其36.66%的股份，交易总价约2.31亿欧元。收购完成后，联想在德国的市场份额将扩大一倍，成为欧洲第三大电脑厂商，该交易将使联想的销售收入增加20亿美元。根据统计数据，2011年第三季度联想在全球的市场份额达到13.7%，创出历史新高，单季度出货量首次超过1260万台，联想超越戴尔成为全球第二大 PC 厂商。主要得益于该公司在企业和消费市场开展的积极推广。2011 年以来联想发展呈现迅猛增长态势，在欧美等成熟市场及俄罗斯、印度等新兴市场均取得了创历史纪录的市场份额。由于中国市场贡献巨大，随着中国已超过美国成为全球最大的 P C 市场，今后联想的竞争优势会继续扩大。下一步，联想将会在欧美市场继续加大投入，同时在中国市场继续加大拓展力度。联想计划未来几年将其在中国市场的份额提升到 35%。

（二）中国长城计算机深圳股份有限公司

1、企业简介

中国长城计算机深圳股份有限公司成立于 1986 年，是中国电子信息产业集团有限公司通过长城科技股份有限公司控股的骨干企业。公司在深圳市南山区、宝安区、广西北海市建有自己的研发、生产基地，总面积达 128 万平方米，拥有员工达 3 万余人。长城电脑是中国第一台高级中文微型计算机长城 0520CH 的研发制造商。公司业务涵盖“计算机关键零部件、计算机整机及消费数码产品”，目前是全球最大的显示器研发制造商、全球第四大液晶电视研发制造商、国内最大的计算机电源研发制造商。拥有“长城”牌计算机、笔记本、服务器三个中国名牌，拥有“Great Wall 长城”和“AOC”（冠捷）两个“中国驰名商标”，“长城”品牌连续五年荣膺“中国十大消费电子领先品牌”。2008 年 6 月 27 日，公司荣获深圳市首批“自主创新行业龙头企业”称号；2008 年 12 月 12 日，长城电脑牵手中国航天事业，成为中国航天事业 IT 行业独家合作伙伴，旗下产品成为“中国航天专用产品”。公司下辖整机（包括 PC、显示产品）、电源、信息应用等产品事业部。公司整机业务一直坚持自主创新，目前已拥有长城牌计算机、笔记本和服务器三个中国名牌；长城自主研发的安全电脑是国内等级最高的信息安全产品，除 CPU 外，所有软硬件全部采用长城自创新技术或自有源代码，其中安全硬盘、安全 BIOS 更是填补了我国在这一领域的空白，彻底打破了国外信息安全技术的垄断，摒弃了“后门”存在的风险。长城服务器同时融合最新 INTEL 和 IBM 制造工艺及品质控制技术，成为国产服务器的名牌产品。并通过与 IBM 等国际知名 IT 企业深度合作，为政府、教育、电信 / 互联网、制造业和中小企业等行业客户提供全面的解决方案和服务，成为国内领先的服务器及解决方案提供商。在显示业务方面，公司通过并购国际知名的显示产品制造商冠捷科技，目前已成为全球最大的显示器研发制造商、全球第四大液晶电视研发制造商。公司致力于为用户提供最好的计算机系统产品，包括金长城电脑、显示器、电源、硬盘、电子板卡和全线网络产品，全面推动我国计算机产业的发展。展望长城电脑将继续秉承“创新中国电子，奉献信息未来，铸造长城辉煌”的行动理念，从产业价值链的中下游向中上游转变，从以产品生产为主向提供核心技术及整体解决方案和服务转变，以不断创新的思维推进产业优化升级，实现产品更新、产业转型，打造科技长城。

2、2011 年企业发展情况

2011 年长城公司营业总收入收入为 764.68 亿元，同比下降 8.98%；利润总额为 6.62 亿元，同比下降 42.69%。2011 年公司克服欧债危机导致全球经济（主要是欧美）复苏进程较为缓慢等的不利因素，销售规模未出现大幅下滑，但由于售价降低，人工等成本上升，致使利润下降。

3、2011 年企业重点事件

2011 年 4 月 19 日中国长城计算机深圳股份有限公司与 IBM 联合发布了“智慧云长城”战略合作计划，核心为“云智方”。一方面，长城电脑将利用 IBM 云计算中心解决方案整合内部资源，搭建自身的“私有云”环境，进而建设面向用户市场的云计算中心；另一方面，长城电脑以此为基础，与 IBM 展开进一步合作，继续云计算领域的研发，为企业用户提供云计算演示、云业务咨询、云实施等相关服务，打造我国本土云计算市场，提升长城电脑的“云实力”。2011 年 12 月 12 日，中国长城计算深圳股份有限公司宣布，长城电脑、EMC、富通三方，将通过增资富通科技发展控股（香港）有限公司（简称富通香港）的方式正式实现三方合资，整合各自优势资源，携手抢滩“云计算”领域。此次三方合资公司的成立将成为我国“云计算”领域不容忽视的一支重要力量，并将通过国际合作介入高端领域，通过引进消化吸收再创新的形式，在紧随全球科技前沿的同时提升国有企业在“云计算”领域的“自主可控”能力。2011 年，长城电脑《GDIX 嵌入式软件平台》项目荣获广东省科学技术奖励二等奖；长城世恒 S 安全电脑荣获“广东省重点新产品”；项目《LED 驱动电源的研发和产业化》荣获中国电子信息产业集团有限公司第八届科学技术进步奖三等奖。

（三）清华同方股份有限公司

1、企业简介

同方股份有限公司1997年6月25日正式成立，是由清华大学控股的高科技公司，是政府重点支持的电子百强企业。同方股份有限公司以“科技服务社会”为宗旨，同方股份有限公司密切依托清华大学的科研实力与人才平台，紧紧围绕“技术＋资本”、“合作＋发展”、“品牌化＋国际化”的发展战略，大力弘扬“承担、探索、超越；忠诚、责任与价值等同”的企业文化，在信息、能源环境两大产业方向上不断探索、创新。清华同方以自主核心技术为基础，充分结合资本运作能力，创立了信息技术、能源与环境、应用核电子技术、生物医药四大产业。在信息产业中，清华同方致力于应用信息系统、计算机系统和数字电视系统领域的技术创新与产品开发，为电子政务、数字家园、数字城市、数字教育、数字传媒等行业提供全面解决方案和成套设备。目前，清华同方在计算机产品、重大行业信息化、数字教育资源、数字电视等领域已具有国内领先的技术实力和市场份额。在能源与环境产业中，清华同方在人工环境、能源环境、建筑环境和水环境等业务领域，以烟气脱硫、垃圾焚烧、水处理、空气调节等核心技术为基础，专业从事能源利用与环境污染控制工程、人工环境工程，并在大中型空调设备方面具有显著优势。在应用核电子技术产业中，以电子加速器、辐射成像、自动控制、数字图象处理技术为核心的系列产品，已达到国际先进水平。在生物医药与精细化工产业中，生产新型成药、药品中间体、原料药品等多种产品，已成为一家新兴的生物医药高科技企业。

2、2011年企业发展情况

2011年实现营业收入209.6亿元，同比增长15%，净利润7.07亿元，同比增长48%，主要是公司数字城市产业、物联网产业、微电子与核心元器件产业、多媒体产业、安防系统等较上年同期大幅增加所致。

3、2011年企业重点事件

2011年，同方电脑获得了由国家密码管理局颁发的“商用密码产品生产定点单位”证书，使同方电脑成为了国家指定的商用密码产品生产企业，为同方的自主产品在政府、军工、金融、国防等特殊领域的推广应用提供了更强有力的保证。此外，在第十二届中国信息安全大会上，同方电脑还荣获“2011年度中国信息安全值得信赖品牌”奖。在“2011 中国医疗行业信息化建设高层论坛”上，同方计算机产业部展现了同方医疗行业终端解决方案。该方案针对医院不同的应用环境，提出高效可靠的终端部署方案，包括医院核心机密数据芯片级加密安全服务器，基于无线移动医疗应用的平板电脑，用于挂号室、护士站等场所的瘦身高效一体机等，为同方电脑全面进入医疗行业打下良好的基础。2011 年，公司把握物联网产业快速发展带来的市场机遇，利用公司原有的 IC 卡、RFID 应用以及出入控制业务方面的积累，加大投入，进一步打造“大物联网”产业概念。本年度，在 RFID 应用方面，公司成功签约“宁波探索中心 RFID 项目”，这是继承建中国科技馆 RFID 项目后，公司再次承接的涉及场馆 RFID 应用的重大项目，显示出公司在 RFID 场馆应用领域的领先地位。在由国际物联网贸易与应用促进会主办的“2011 中国 RFID 世界最有影响力评选活动”,公司还连续第四年蝉联“2011 中国 RFID 行业年度最有影响力系统集成企业”奖项。

（四）浪潮集团有限公司

1、企业简介

浪潮集团是中国领先的行业 IT 应用解决方案提供商，同时，也是中国最大的服务器制造商和服务器解决方案提供商。目前已形成服务器和 ERP 两大主导产业，计算机、软件、移动通信、智能终端、半导体等产业群组。浪潮服务器作为集团的核心业务，专注于高端商用领域，长期以来坚持以客户应用为导向打造软硬一体的解决方案。浪潮通过自主创新和协同创新，不断增强核心技术竞争力，向产业上游进发。作为英特尔全球第四家 PSR 战略合作伙伴，浪潮可分享未来 2–3 年芯片技术；2009 年，通过对全球第三大存储芯片生产商 – 奇梦达中国研发中心的收购，浪潮进一步增强了芯片级的研发设计能力。除此之外，浪潮还与 VMware 和 Citrix、Parallels 签署战略合作协议，牵头建立业界首个虚拟化战略联盟，并与国内几十家 IT 企业共同发起了国内首个云计算联盟，推动前沿技术在国内应用落地。浪潮是科技部首批认定的创新型企业，拥有 IT 领域唯一设在企业的国家重点实验室——浪潮高效能服务器和存储技术国家重点实验室，以及亚太地区最大最先进的柔性服务器生产线和研究中心，拥有首批认证的国家级企业技术中心、国家级企业博士后工作站，首批国家规划布局内的重点软件企业。浪潮服务器成为“国家 863 成果转化基地”、“国家服务器产业化示范工程”。浪潮 ERP

被列入国家 863 计划的“适合中国国情的 ERP 软件”、浪潮 ERP、SCM、CRM 三个项目全部入选国家 863 计划，浪潮还在中国香港、日本和美国硅谷设立了技术研发中心。2011 年实现营业收入 366.8 亿元人民币，同比增长 20%。

2、2011 年企业重点事件

2011 年，浪潮发布了云海集装箱数据中心、云计算操作系统浪潮云海 OS 等产品，构建了“国家信息存储工程技术研究中心”等项目。在技术专利申请方面，浪潮称去年参与制定标准 31 项，申请专利 802 项，浪潮申请的云计算专利多达 150 项，并申请了 6 项云标准。7 月 26 日，由浪潮和济南政府共同打造的国家超级计算济南中心在济南高新区正式揭牌启用，该中心装备了国内首台全部采用国产多核 CPU 构建的神威蓝光千万亿次高性能计算机系统，这标志着我国成为继美国、日本之后第三个能够采用自主 CPU 构建千万亿次计算机的国家。“济南云计算中心”由浪潮承建，浪潮拥有完整的云计算产业链，涵盖云基础装备、云操作系统、云应用中间件、云应用服务等各个领域。济南市政府 22 日还与浪潮签署共同推进云计算战略合作协议。基于浪潮在云计算领域的丰富经验，济南市将与浪潮围绕国家云计算发展战略，打造一流的云计算产业链，形成 2 至 3 个云计算产业基地和产业集群，带动相关产业发展。由国防科技大学联合浪潮（北京）电子信息产业有限公司、国家超级计算天津中心共同承担的国家“十一五”863 计划“高效能计算机及网格服务环境”重大项目“千万亿次高效能计算机系统研制”课题 12 月 11 日在国家超级计算天津中心通过验收。2011 年，浪潮的战略是全面转型云计算，着力打造中国行业云，并推出覆盖 10 多个行业的云计算整体解决方案，不断增强方案能力，提高附加值，加快向云计算整体解决方案供应商转型。在第十一届中国信息产业经济年会上，浪潮获得了“2011 信息产业云计算突出贡献奖”。此外，在由中国企业联合会、中国企业家协会共同主办的 2011 中国企业 500 强发布暨中国大企业高峰会上，浪潮在“2011 中国服务业企业 500 强”名单上位列第 84 位。

二、通信设备产业重点企业

（一）华为技术有限公司

1、企业简介

华为技术有限公司于1987年创立于深圳，是全球领先的信息与通信解决方案供应商。华为致力于为电信运营商、企业和消费者等提供有竞争力的ICT解决方案和服务，在电信网络、企业网络、消费者和云计算等领域构筑了端到端的解决方案优势。目前，华为的产品和解决方案已经应用于140多个国家，服务全球1/3的人口。2010年，华为首次入选世界500强，排名列397位，2011年继续入围，排名上升至351位。

2、2011年企业发展情况

2011年全年，华为完成2039亿元的营销收入，与2010年相比，销售收入增长37%。尽管目前国际经济形势存在很多不确定因素，但终端和企业业务成为新的增长点，华为正逐步从过去的面向运营商提供通信解决方案供应商向信息与通信融合解决方案提供商转变。

在专利标准领域，截至2011年第三季度，华为累计向3GPP（第三代合作伙伴计划）提交7900多篇LTE/EPC标准提案，其中LTE核心标准的提案通过数超过230件，位居全球第一。在无线领域，截至2011年上半年，华为已在全球部署了超过130张SingleRAN商用网络，均已具备支持LTE的能力，其中超过40家运营商宣布已经商用发布或即将发布其LTE业务。在光网络和接入网领域，华为继续保持全球第一的市场地位,在全球7个国家宽带项目中,华为共中标6个。在智能终端领域，华为终端在2011年实现强劲增长，上半年全球出货7200万台，华为终端全球销售额达到42亿美元，同比增长近40%。终端业务在华为公司所有业务中占比越来越大，已成为四大核心业务之一。

3、2011年企业重点事件

（1）华为LTE核心标准专利世界第一

截至2011年第三季度,华为累计向3GPP提交7900多篇LTE/EPC标准提案，其中 LTE 核心标准的提案通过数超过 230 件，据国际分析机构 ABI 发布的 LTE 标准专利报告显示，自 2010 年以来，华为的累计 LTE 核心标准提案数量超越了爱立信、阿尔卡特朗讯、高通等重点公司，排名全球第一。

自 2000 年以来，华为公司积极加入 3GPP，APT（亚太电信联盟）、ARIB（日本无线工业及商贸联合会），ETSI（欧洲通信标准委员会）、IEEE（电气电子工程师协会）、IETF（因特网工程特别任务组）、ITU（国际电信联盟）、TIA（电信工业协会）、WWRF（无线世界研究论坛）等国际组织的系列标准化工作，以推动技术的发展及推广。随着行业地位的提升，华为已在各种组织中担任主席、副主席、董事、工作组组长、报告人、技术编辑等 83 个核心职务，发挥了主力军的作用。

在 3GPP Rel-10 和 Rel-11 LTE-A 标准化阶段，华为担任了 6 个关键研究课题报告人职位，涉及 AAS（有源天线系统）、MTC（机器型通信）、UL CoMP（上行多点协同传输）、UL MIMO（上行多输入多输出）、MBMS（多媒体广播多播业务）等核心技术领域。这标志着在最关键的物理层技术研究和标准制定中，华为正主导着 LTE-A 标准的制定和发展。

（2）华为在多领域开发出领先业界的创新产品

2011 年 3 月，华为在美国光纤通讯展览会（OFC/NFOEC 2011）上发布业界首款光突发传送网样机。该样机采用 OBTN（光突发传送网）技术，实现了光层的分组调度，支持任意拓扑组网。该样机的成功研制大幅加速了全光交换技术的应用进程，是光网络发展史的重要里程碑。

2011 年 6 月，华为发布了业界首款超 10T 容量的 MS-OTN 样机，此款设备可升级至 20T+。这是继华为业界首发全球最大 6.4T OTN 产品后又一重大突破，再次刷新了业界 OTN 设备交叉容量的记录。

2011 年 9 月，华为创新实验室成功研制出业界首个 40G 传输速率的 PON 样机系统。该系统通过波长叠加技术实现下行 40Gbps、上行 10Gbps 的带宽传输能力，支持 1：512 分光和 20 公里传输距离。华为 40G PON 样机的发布，能够帮助运营商把未来的升级和演进问题纳入到现有 GPON 的规划部署中来，支撑运营商站以更广阔的视野统筹光接入网在整个生命周期内的总成本。

2011 年 12 月，华为创新实验室成功研制出业界首款 Giga DSL 样机，该系统划时代地在单线对双绞线上通过 TDD 全双工方式实现了上下行 1Gbps 的接入速率。在 100 米距离内，Giga DSL 技术可以在运营商现网双绞线上提供高达千兆速率的宽带业务，成为运营商建设超宽带接入网络除 FTTH 之外的又一种高性价比技术选择。

（3）华为广泛参与全球 LTE 网络建设

2011 年全球运营商加速建设 LTE 网络，华为广泛参与其中。根据 GSA（the Global mobile Supplier Association）2011 年 10 月发布的 Evolution to LTE 报告显示，纳入其统计的全球已经发布的 35 个 LTE 商用网络中，有 18 个采用华为的 SingleRAN LTE 解决方案，超过总数的 50%。

2011 年 1 月，华为宣布北欧运营商 TeliaSonera 再次选择华为扩容其 LTE 商用网络，这是继华为助力 TeliaSonera 在挪威部署全球首张 LTE 商用网络后，双方再次携手，进一步扩大 LTE 网络服务的覆盖区域。2011 年 5 月，华为宣布，将为新加坡运营商商 M1 在新加坡部署东南亚首个 LTE 商用网络。同月，华为还宣布，由其独家承建的 Omnitel（TeliaSonera 立陶宛子网）GSM/UMTS/LTE 全网建设中，首期 LTE1800MHz 网络近日已获商用，Omnite 的 LTE 网络也是全球首批在 1800MHz 频段上部署 LTE 的商用网络之一。2011 年 8 月，华为为波兰移动宽带运营商 Aero2 建设的全球第一个 LTE TDD/FDD 融合商用网络正式投入商用。华为与 Aero2 合作部署的 LTE TDD/FDD 融合网络，是全球首个 LTE TDD/FDD 共平台网络。基于其良好的商用表现，该网络获得 2011 年 GTB（Global Telecoms Business 全球通信商业）颁发的“LTE 网络基础设施创新”大奖。2011 年 11 月，华为宣布将为哥伦比亚电信运营商 UNE 建设南美地区首个全国规模的 LTE 商用网络。

2011 年 8 月，华为宣布将助力中国移动在深圳部署 TD-LTE 规模演示网络，并独家覆盖第 26 届深圳世界大学生运动会的主要场馆及周边地区。这是继 2010 年上海世博会和广州亚运会之后，华为与中国移动在 TD-LTE 演示网络方面的再次合作，TD-LTE 演示网再次为世界级盛会提供通信保障，为 TD-LTE 产业链走向成熟做出贡献。

（4）华为全资收购华为赛门铁克

2011 年 11 月，华为和赛门铁克公司宣布，双方已就华为以 5.3 亿美元收购赛门铁克持有的华为赛门铁克科技有限公司（“华赛”）49% 的股权达成协议。交易完成后，华为将完全持有华赛 100% 股权。

华赛是华为和赛门铁克2008年在香港成立的一家合资公司，该合资公司向客户提供创新的安全、存储与系统管理解决方案。在过去近4年的运营中，华赛取得了巨大成功，产品和解决方案得到客户和合作伙伴的广泛认可，收购完成后，华赛将成为华为ICT解决方案的重要组成部分，并巩固华为在云计算的领导地位。

这项交易将接受相关政府审批和其它惯例成交条件，预计于2012年第一季度完成。

（5）华为摩托罗拉诉讼达成和解

2011年1月，华为起诉摩托罗拉，要求阻止诺基亚西门子收购摩托罗拉无线网络部门。摩托罗拉和华为早在2000年就开始了广泛的合作，摩托罗拉以自有品牌向客户转售华为无线网络产品。华为称，摩托罗拉根据这一合作获得了华为的知识产品和商业秘密，华为希望得到摩托罗拉的保证，即后者被诺基亚西门子收购后，这些信息不会被诺西获得。

2011年4月，摩托罗拉与华为宣布，双方已就所有未决诉讼达成和解。摩托罗拉在进一步审核了事实后，已经同意撤回其在芝加哥联邦地区法院与Lemko的诉讼中针对华为的指控，此撤销行为将意味摩托罗拉今后不得再就此案提起针对华为的诉讼或者以相同事由对华为提起诉讼。与此同时，华为也已经同意撤回其在芝加哥联邦地区法院对于摩托罗拉和诺基亚西门子的诉讼，此撤销行为将意味华为今后不再就此案提起针对摩托罗拉和诺西的诉讼或者以相同事由对摩托罗拉和诺西提起诉讼。并且华为与摩托罗拉和诺西达成协议，同意摩托罗拉向华为支付转让费后，将摩托罗拉与华为之间的商业合同转移给诺西，使诺西能获得及使用华为的保密信息为摩托罗拉通过华为产品和技术在全球部署的网络提供服务，从而解决对摩托和诺西的指控。

（6）华为撤销3Leaf并购案申请

2011年2月在美国外商投资委员会建议下，华为放弃了对服务器科技公司3Leaf特定资产的收购。

2010年5月，华为斥资200万美元收购了3Leaf的部分资产，但是这一交易直到2010年11月仍未提交到美国外商投资委员会（CFIUS）备案。该委员会负责审查有可能涉及美国国家安全的投资交易。

2011年2月11日，美国CFIUS正式通知华为，建议华为按照其提出的条件撤回审查申请，但2月14日华为表示拒绝接受。华为方面表示，华为将坚持走完所有程序，并希望借此机会请求美国政府全面地调查华为，直到产生明确的结论，无论这个结果最终是否有利于华为。

2011 年 2 月 19 日，华为在美国发布声明撤销 3Leaf 并购申请，声明表示："这是一个艰难的决定，但是我们已经决定接受 CFIUS 的建议，撤销对 3Leaf 某些特定资产的收购申请。"随后，华为副董事长兼华为美国董事长胡厚崑发表华为公开信表示，"华为本希望走完全部的流程，以有机会还原华为的真相。但是，引起如此巨大的反响不是我们所希望的。基于这一考虑，2 月 18 日，我们最终决定接受 CFIUS 的建议，撤回'收购 3Leaf 特定资产交易'的申请。"

（二）中兴通讯股份有限公司

1、企业简介

中兴通讯成立于 1985 年，在香港和深圳两地上市，是全球领先的综合通信解决方案提供商，国内最大的通信设备上市公司。

中兴通讯拥有通信业界最完整的、端到端的产品线和融合解决方案，通过全系列的无线、有线、业务、终端产品和专业通信服务，灵活满足全球不同运营商的差异化需求以及快速创新的追求。中兴通讯系统设备已全面服务于全球高端市场的顶级运营商，为全球 140 多个国家和地区的电信运营商提供创新技术与产品解决方案。在个人消费领域，智能终端增速强劲，已成为全球知名手机厂商。中兴通讯已建成遍布全球的 107 个分支机构，在美国、法国、瑞典、印度、中国等地共设有 18 个全球研发中心。

2、2011 年企业发展情况

2011 年全年，中兴通讯实现营业收入和归属于上市公司股东的净利润分别为 862.54 亿元和 10.69 亿元，同比增速分别为 23.39% 和 –21.51%。从中兴通讯的业务收入构成来看，系统设备和终端设备是中兴通讯的收入主要来源，2011 年前三季度运营商网络和终端业务增速分别达到 15.0% 和 53.4%，与上半年相比增速进一步提高，加速动力来自与国内和亚洲市场，运营商网络设备毛利率经历第二季度下滑后，第三季度达到 31.2%，回升了 4.6 个百分点。终端毛利率基本持平，国内系统产品毛利率恢复拉高运营商网络毛利率 7 ~ 8 个百分点；国外业务毛利率提升不到 1 个百分点，起色并不明显。2011 年前三季度，中兴通讯三费所占营收比重为 19.04%，较上年同期的 19.46% 稍有下降。其中管理费用率从上年的4.18%下降为目前的3.03%，显示了较好的费用控制能力。此外，由于公司负债的增加，财务费用率从上年的1.38%增长到目前的2.51%。欧元下跌造成的汇兑损失、国民技术股价下跌造成的公允价值损失成为拖累公司利润的主要原因。

2011年9月30日，中兴通讯获得了日本软库的部分订单，将为软库兴建4G移动通讯网络，覆盖日本90%以上人口，此次中兴通讯获得该项订单有利于公司市场份额的提升和市场潜力的挖掘。日本市场是我国通信设备企业除了北美市场之外急切想取得突破的高端市场，该订单将为中兴通信稳固在日本市场地位，进一步拓展市场空间有着积极意义。据外媒2011年10月26日报道，目前中国电信设备商中兴通讯正在竞争诺基亚在欧洲的一个重要工厂——罗马尼亚工厂的收购。中兴早已有开拓东欧市场的决心，并计划在2012年上半年之前在罗马尼亚建立手机装配线。目前，中兴方面正在积极促成此项收购，希望可以利用诺基亚工厂设立智能手机装配线以扩大中兴在东欧的市场。通过终端业务全面向智能终端转型进一步提升其在欧洲的市场份额并优化产品布局，提升终端业务的整体盈利能力，是2011年中兴通讯发展的重要策略，而收购该项目就是该策略的集中体现。如果该项收购达成，将有利于中兴进一步扩大东欧市场。

3、2011年企业重点事件

（1）中兴通讯2011年国际专利申请量跃居全球企业第一

根据世界知识产权组织（WIPO）公布的2011年全球专利申请情况显示，中兴通讯凭借2826件PCT国际专利一举超越日本松下（2463件），跃居全球企业国际专利申请量第一位。在2011年的2826项PCT专利申请中，LTE/3G、云计算及物流网、智能终端等为主的新技术领域占比超过六成。目前，中兴通讯国际专利（申请）累计近10000件，重点分布于欧美等发达国家及重要新兴市场国家，全面覆盖3G、4G核心技术，在LTE/3G、云计算及物流网等为主的新技术领域的竞争中，部署了包括基本专利、核心专利在内的数千件专利，其中，中兴通讯4G LTE基本专利数量已经占到全球通信厂商的7%，取得技术领先地位及竞争话语权。近5年中兴通讯PCT年度申请量和排名持续大幅增长，从52位、38位、23位，迅速飙升到2010年的全球“第二”和2011年的全球“第一”。2011年，中兴通讯国内发明专利授权量与申请量也同样双双夺魁，申请量更是“三连冠”。

中兴通讯每年坚持将10%收入投入研发，近三年研发投入超过200亿元，中兴通讯目前拥有 3 万余名具备丰富经验的研发员工；在瑞典、美国、法国、印度以及中国的深圳、上海、北京等地设立了 15 个研发机构，2011 年更与欧美主流运营商携手建立全球 10 大国际联合创新中心，建立了一套完整的全球研发体系。目前，中兴通讯国内外专利（申请）规模已超过 4 万件，已经授权的国内外专利超过 1.1 万件，成为全球通讯产业主要专利持有者之一，所持有专利 90% 以上为具有高度权利稳定性和技术品质的发明专利，包括众多覆盖国际通讯技术标准的基本专利，以及覆盖通讯产业关键技术的核心专利。同时，在专利技术的创新高度和申请质量方面，中兴通讯已累计荣获多项国家级权威大奖，包括 4 项中国专利金奖、12 项中国专利优秀奖、4 项信息产业重大发明奖等。

此外，据 WIPO 总干事 Francis Gurry 表示，去年的专利申请数字显示，全球创新活动正从北美和欧洲向亚洲转移，来自亚洲的专利申请占全球专利申请总量的 39%。2011 年中国通讯企业在 PCT 国际专利申请方面表现异常突出。除中兴通讯去年以超过 50% 的增幅一举超越松下外，另一家中国企业华为也位列第三（1831 件），老牌欧美通讯企业爱立信（1116 件）、诺西（332 件）、阿朗（287 件）分别排名第 10、40、50 位。

（2）中兴通讯多项产品市场份额及增速全球领先

据市场研究机构 OVUM 发布的《2011 年 FTTX 产品市场份额报告》显示，2011 年，中兴通讯 PON OLT 产品全年出货总量与市场份额双双跃居全球第一。其中，PON OLT 去年出货总量达 180 万线，占全部市场份额的 40.9%，份额同比劲升 14.6%。中兴通讯的 PON ONT/ONU 产品也以接近 10% 的市场份额排名全球第二。在全球 FTTX 建设的强力推动下，作为光接入市场的主导者，近几年，中兴通讯 PON 产品的销售额一直以每年 30% 以上的复合增长率持续高速增长，2011 年实现 PON OLT 出货总量与市场份额双双跃居全球第一，正式成为业界领跑者，中兴通讯在 PON 市场快速增长势头获得业界广泛关注。

据市场研究机构 Infonetics 发布的 CPE（Customer Premises Equipment 用户终端设备）市场相关报告《Broadband CPE and Subscribers:PON，FTTH，Cable，and DSL: 3Q11》指出，在 2011 年第三季度，中兴通讯 CPE 产品销售额和出货量双双位居全球第一，在业界主流 CPE 供应商中，发展最为稳健。早在今年第二季度，中兴通讯 DSL CPE 的出货量以及销售额已超越竞争对手，跃居全球第一，分别为 22% 和 15%。第三季度，中兴通讯的 DSL CPE 依然保持较强的发展势头，份额遥遥领先其他厂商，连续两个季度的销售额和出货量双居全球第一。同时，FTTH CPE 更是有了长足的发展，全面超越了主要竞争对手，以 34% 的出货量和 20% 的销售份额成为全球第一。在全球市场方面，第三季度，中兴通讯获得多家运营商连续扩容订单，欧洲市场出货量同比增长超过 300%，拉美市场出货量同比增长超过 200%，而中国市场 FTTH CPE 更是同比劲增 360%。

（3）中兴通讯深陷与多家公司的专利纠纷

2011 年 4 月，爱立信于英国、德国及意大利向中兴通讯提出诉讼，控告中兴侵犯爱立信 2G 及 3G 无线通信技术专利权，要求有关当局颁令中兴停止在当地销售侵权手机，以及在德国停止销售中兴某些网路基础设施。随后，中兴通讯在国内对爱立信提起反诉，诉讼涉及爱立信核心网、GSM 和第四代移动通信系统相关的多项专利。

2011 年 4 月 28 日，华为以侵犯公司数据卡、LTE 专利和商标权的名义，正式在德国、法国和匈牙利对中兴通讯提起法律诉讼。4 月 29 日下午，中兴通讯发表反诉声明称，在中国针对华为侵犯中兴第四代移动通信系统（LTE）若干重要专利递交诉状。

（4）中兴通讯获得国内运营商光传输设备集采大额订单

2011 年是 OTN 规模应用和走向成熟的一年，国内三大运营商均对 OTN 设备进行规模部署。中兴通讯在中国联通和中国电信的光传输集采项目中获得大规模订单。

2011 年 9 月，中兴通讯宣布在中国联通 2011 年度省内传输设备招标中总中标份额超过 70%，显著提升了行业地位。在此次招标中，中国联通首次以实际工程项目为标段进行集采招标，共涉及山东、广东、河南等 15 个省份，采购设备涉及 OTN、WDM 以及 MSTP/SDH 等多类型设备，这也是中国联通首次大规模采购 OTN 设备，国内外主流设备厂商均积极参与了投标。在招标中，中兴通讯 ZXONE 8000 系列 OTN 设备以及 ZXONE 5800 MSTP 设备以综合优势获得联通认可，一举获得 OTN 和 WDM 项目 70% 份额以及 MSTP 项目 90% 以上份额，总中标份额位居第一。

2011 年 10 月，在 2011 年中国电信 DWDM 及 OTN 集采项目中，中兴通讯中标全类别的多个项目。本次集采是中国电信有史以来最大规模的 DWDM 及 OTN 集采，项目包含 10G OTN、40G OTN、40G 国干三大部分，涉及国干、省干、城域本地网多个层面。此次集采中，在省干和本地网部分，中兴通讯中标浙江、江苏、福建、四川等省份 OTN 建设项目，其中 10G OTN 中标份额超过 75%。在 40G 国干部分，中兴通讯将承建覆盖国内多个重要区域的国干网络。

（三）烽火通信科技股份有限公司

1、企业简介

烽火通信科技股份有限公司是国内优秀的信息通信领域设备与网络解决方案提供商，是国家科技部认定的国内光通信领域唯一的“863”计划成果产业化基地和创新型企业，同时也是国家发改委，财政部，海关总署，国家税务总局联合认定的企业技术中心。公司由武汉邮电科学研究院 1999 年底转制成立，2001 年烽火通信 A 股在上海证券交易所上市。

烽火通信主要发起人武汉邮电科学研究院是中国光纤通信工程研究中心、中国光通信的发源地。中国的第一根光纤、第一个光通信工程以及一系列重大科技成果都是在这里研制完成的。

烽火通信掌握大批光通信领域核心技术，其科研基础和实力、科研成果转化率和效益居国内同行业中之首；参与制定国家标准和行业标准 200 多项。近年来，烽火通信承担了国家“十五攻关计划”“40Gb/s SDH 光纤通信设备与系统“、”自动交换光网络“、国家 863 计划“TbpsDWDM 传输系统研制”等项目的研发与产业化，并率先实现商用，使中国光通信技术已经跻身全球领先水平之列。烽火通信是国家基础网络建设主流提供商，其产品类别涵盖光网络、光纤光缆、宽带光纤接入三大系列市场占有率均位居行业前列。在立足国内市场的同时，烽火通信还大力拓展国际市场，在海外设立了十余个办事处，产品进入 60 多个国家和地区。

烽火通信坚持走可持续发展的产业道路，在立足主业做强做大的同时，还稳健拓展其它业务领域，在数据通信、信息网络安全、计费软件、集成业务、家庭网关等领域也取得了不俗的业绩。

2、2011 年企业发展情况

2011 年全年，烽火通信实现收入 70.5 亿元，同比增长 24.1%，主营业务收入增长主要贡献为光接入网投入对公司 PON、家庭网关和 ODN 等相关产品的强劲需求；然而，受软件增值税退税确认滞后及少数股东损益提升影响，归属母公司净利润 9300 元，同比下滑 14%。2011 年，前三季度合计收入 46 亿元，同比增长 18%；归属母公司净利润 3.15 亿元，同比增长 6.2%。2011 年前三季度，软件退税未到帐，大幅影响了公司营业外收入。根据历史数据，软件增值税退税占烽火通信当年净利润的 25%，对业绩影响非常关键。今年因退税细则推出较晚，前三季度营业外收入仅 1 亿元（去年同期 1.4 亿元），明显拖累了第三季度的业绩表现。然而，目前国家退税政策没有改变，只是时间上的滞后，对公司业绩没有实质性影响。 2011 年前三季度，烽火通信费用率提升 0.9 个百分点，主要为市场与研发投入；管理费用率持续下降，销售费用率略有上升。而 2 季度较高的资产减值损失开始明显收窄，也同时说明主业增长强劲。

3、2011 年企业重点事件

（1）烽火通信一批国家“863”项目通过验收

2011 年 6 月，由烽火通信承担的“十一五”国家 863 计划“100GE 光以太网关键技术与传输实验系统”、“160Gb/s 单波长光传输关键技术与实验平台”、“基于 PCE 的多层多域光网络关键技术研究与实验系统”三个课题成功通过国家 863 专家组的技术验收。2011 年 12 月，由武汉邮电科学研究院承担、烽火通信科技股份有限公司实施的“十一五”国家“863”计划信息技术领域重大项目“低成本的多波长以太网综合接入系统（λ — EMD）”课题成功通过国家科技部验收。

“100GE 光以太网关键技术与传输实验系统”课题中涉及到的 100G 以太网及传输技术可以十倍地提高现有网络容量，满足人们在宽带上网、高清视频、无线多媒体业务等方面的需求，同时，该技术能够大大提高传输效率，大幅度降低单比特建设成本和功耗，也是实现节能减排的重要关键技术。课题在高速 FPGA 设计和 100GE 以太网实现方面的研究成果，将推动我国高速数字信号设计及高速 ASIC 芯片设计的研发。

“160Gb/s 单波长光传输关键技术与实验平台”课题中 OTDM 光时分复用技术填补了国内技术空白，能够大幅提升单波长光传输系统的传输容量，具有一定的创新价值，研制搭建的 160Gb/s 光传输平台，能够完成高速光信号的长距离传输实验，探索高速光信号在光纤中的传输特性，对高速光通信系统的开发工作具有一定的实用价值。

“基于 PCE 的多层多域光网络关键技术研究与实验系统”课题在多层多域网络统一管理和调度、多层网络 PCE 后向递归路径计算等方面取得了创新性成果，所研发的多层多域光网络节点设备具有自主知识产权，获得多项国家发明专利。该技术应用于大规模异构光传送网互联，在电路的端到端统一管理、业务快速部署的能力、提高网络的可扩展性、生存性和资源利用率方面填补了国内外的技术空白。通过应用该技术，大规模网络的电路可实现统一调度、管理和监控，可大大减少网络维护人员的数量，节省人力资源。同时，基于 PCE 的路径计算可以保证网络始终处于最优化状态，大大提高网络资源利用率，对实现节能减排有巨大促进作用。

"低成本的多波长以太网综合接入系统（λ — EMD）"项目的实施，烽火通信成功推出了业界首款单纤 32 波 波分时分混合无源光网络（WDM-TDM PON）λ-EMD 系统，每波支持 1：64 分路，传输距离达 20 公里以上，技术指标达到国际先进水平。该系统采用业界首个局远端双"无色"光模块设计，具有业界最高的单纤接入速率（对称 40G）以及业界最高的业务单板端口密度；采用 WDM 和 TDM 混合模式的 PON 结构，可以兼容现有的 1G/2.5G/10G EPON、GPON 和 P2P 等多种光纤接入技术；通过 WDM 方式可以承载现有 CATV 业务，方便实现"三网融合"业务接入，实现了我国下一代光纤接入技术研究的新跨越。

（2）烽火通信在国内三家主流运营商的 PTN 测试和集采中表现优异

随着无线数据业务的迅速增长，用户对业务带宽、稳定性的要求不断提高，这对移动通信系统和承载网带来了前所未有的挑战。国内三家主流运营商纷纷在 2011 年加大了对 PTN 设备的布局和投入，组织了系列测试，并公开集采，烽火通信在各项测试和集采项目中表现优异。

中国联通自 2010 年下半年开始在北京、大连、广州等多个城市启动分组传送新技术的外场测试，国内主流厂商均有参与，广州联通采用烽火通信 PTN 设备搭建 PTN 试验网，对 PTN 现网业务承载能力和 L3 相关功能进行现网测试。烽火通信于 2011 年 3 月宣布，已率先完成广州联通 HSPA+ 承载测试和 PTN 现网综合业务测试，测试结果验证了 PTN 分组传送网可以对现网的 2G、3G、固网等多业务、以及 HSPA+、LTE 等提供完美承载。2011 年 8 月，中国联通启动了 2011 年 PTN/IP RAN 大规模试商用项目，烽火通信凭借领先的技术实力成功获得广州、武汉等多个重点省会城市的分组传送网承建权。

2011 年 8 月，中国电信 PTN 全量测试圆满结束，烽火通信率先通过全部测试项目，且 L3 VPN 功能、同步功能、网络保护等实测效果优异，再次验证了烽火通信加载三层功能的 PTN 技术方案的成熟性及先进性。中国电信 PTN 全量测试的首要测试重点是 L3 功能，烽火 PTN 设备以 100% 的通过率率先完成了 L3 功能所有测试项，支持 L3 业务所需的静态、动态路由协议，相关保护倒换功能，并显现出完美的 L2 到 L3 的平滑升级能力。

2011 年 6 月，中国移动进一步加快了 PTN 的建设步伐，启动了第三期 PTN 大规模集采，总量在 13 万套左右，其巨大的市场空间吸引了众多现网厂家和新进厂家积极参与。2011 年 10 月，备受业界关注的中国移动 PTN 第三期大规模集采结果揭晓，通过对商务、技术、质量及服务后评估、企业综合实力等多方面的综合评比之后，烽火通信在激烈的角逐中综合排名第一，不仅成为中国移动 PTN 新建部分唯一供货商，还成功进入 PTN 扩容厂商之列，其它扩容厂商分别为中兴、爱立信、华为、上海贝尔。

（3）藤仓烽火公司光棒制造基地全面投产

2011 年 11 月 16 日，藤仓烽火公司光纤预制棒生产基地在汉隆重举行开业投产庆典。作为我国唯一一家拥有世界先进的"管外法"完整光棒生产工艺体系的企业，该公司生产基地的顺利建成，实现了光棒的国产化、低成本量产，将为扭转我国光棒长期依赖进口的被动局面发挥积极作用。

在光纤光缆产业链中，预制棒是最关键、最核心的环节，有极高的技术和资金门槛。长期以来，用于通信领域的光纤生产所需要的光纤预制棒的核心技术一直被欧美日等少数国家所垄断。我国只有少数企业能自主研制和生产光纤预制棒，但与世界先进水平相比在技术性能指标和成本方面仍有明显差距，始终没有形成规模生产，所需的光棒主要依赖海外进口。在当前我国信息通信行业飞速发展的今天，迅速掌握国际先进的光纤预制棒完整生产工艺，并实现低成本、规模化、国产化的生产，对于改变我国光纤光缆产业长期依赖进口、打破国外垄断，抢占市场发展主动权具有十分重要的意义。

2009 年 3 月，烽火与日本藤仓公司在光纤光缆领域经过多年合作后再度携手，合资成立了藤仓烽火光电材料科技有限公司，共同建设国内一流的光棒制造基地。该项目将分期建设，在起步阶段已实现了年产 500 万芯公里的目标，即将进入 1000 万芯公里的扩产阶段。后期，还将进一步扩大产能，在满足国内需求的情况下，将具备向全球市场供应的能力，成为国际重要的光棒制造基地，跻身全球光棒产业的先进行列。

（四）大唐移动通信设备有限公司

1、企业简介

大唐移动通信设备有限公司是国务院国资委所属的大型高科技央企——大唐电信科技产业集团的核心企业，是我国拥有自主知识产权的第三代移动通信国际标准 TD-SCDMA 的提出者、核心技术的开发者及产业化的推动者。大唐移动始终致力于 TDD 无线通信技术（及后续技术）与应用的开发，专注于 TDD 无线通信解决方案与物联网、移动互联网多网协调发展的融合。大唐移动面向国内和国际市场，全力推动 TD-SCDMA 及其后续演进 TD-LTE 产业化进程。

大唐移动作为 TD 系统设备主流供应商之一，协同合作伙伴占据了中国 TD-SCDMA 设备市场 30% 的份额，为全国 20 余个省份的移动运营商提供了高质量的 TD 网络解决方案和综合服务，在为中国移动建设全国 TD-SCDMA 网络过程中，大唐移动与中国移动紧密合作进行了数百项创新课题研究，为 TD-SCDMA 系统的完善、多场景的应用发展以及网络的持续优化发挥了中坚作用。同时，大唐移动自主开发的 TD-LTE 产品与解决方案，目前已在全球多个国家开展商用准备，并与全球主流的电信运营商实施全球化的发展战略。大唐移动现有员工约 3000 名，其中研究生以上学历比例为 60%，并汇聚了众多国内外知名的通信技术专家。

2、2011 年企业重点事件

（1）大唐移动完成南京 TD-LTE 试验网建设

2011 年 3 月，中国移动启动 6+1 城市规模试验，到 2011 年底，初步完成第一阶段测试内容，包括无线网络的性能，多芯片测试，室内覆盖，终端四大部分的测试，以及核心网和承载等测试。在此次规模试验中，大唐移动基于多年 TD-SCDMA 现网的优势积累，承担了东南沿海重镇南京的 TD-LTE 规模试验网建设，区域包括江宁科技园、江宁大学城、湖南路及唯一一个高速公路测试场景。

3 月底，大唐移动获准开始建设南京 TD-LTE 试验网；4 月 8 日成功实现了 TD-LTE 规模试验网业务开通；5 月 17 日首先启动核心网测试；6 月 23 日，完成 EPC 测试，启动无线测试；9 月 21 日，完成无线网络性能与网络质量测试中的容量测试；9 月 23 日，率先通过中国移动 LTE 规模试验网网管功能测试；9 月 24 日，完成第一阶段测试。

（2）大唐移动取得多项 TD 技术创新

2011 年，中国移动 TD-SCDMA 四期网络建设完成，TD 五期的大规模网络建设拉开序幕，TD-SCDMA 发展已步入快车道。面对 2011 年 TD 扩容工程，大唐移动在增强室内及特殊场景等的深度覆盖上进行了积极探索，推出了支持 F+A+E 三频段的射频拉远新产品，有效提升了 TD 网络用户的感知度，作为支持 F+A+E 三频段的射频拉远新产品，大唐移动 TDRU331FAE 充分满足三频段混合组网的应用要求，具有发射功率大、体积重量轻的优点，并能很好地支持 TD-SCDMA 及 TD-LTE 的共模工作。

2011 年，大唐移动推出全新一代 TD-LTE 终端协议一致性测试仪 ECT7310，全面支持核心测试规范，用例的开发和验证严格遵循 GCF 要求，在提供 TD-LTE 终端协议一致性测试解决方案的基础上，亦可扩展与 TD-SCDMA、GSM、FDD-LTE 等制式之间的互操作测试，其射频和基带模块均采用大唐移动最新的通用仪表平台，同时，ECT7310 后向可扩展兼容 LTE-Advanced 4G 标准，可以为用户提供完备的协议一致性测试解决方案。大唐移动的 TD-LTE 协议一致性测试仪表 ECT7310 作为国内首款 TD-LTE 认证仪表，已经应用于工信部电信研究院 MTNet 实验室中。

2011 年 8 月，大唐移动正式宣布推出 TD-LTE 一体化小基站商用产品 EBS5132D。作为分布式基站的差异化产品，一体化小基站 EBS5132D 用于满足全场景覆盖需求。它体积小于 15L，重量小于 15Kg，主要特点是快速部署，适应能力强、发射功率大、时钟传输灵活、维护更方便。从应用场景来讲，它的应用范围、场景覆盖更丰富，可用于大网、重要场馆的补盲、补热，也可以用于交通沿线、风景名胜、商业中心、偏远地区以及应急通信。一体化小基站自然散热、静音运行，可部署在对噪音敏感的特殊场景。此外，小基站产品运维成本降低，相比分布式站点建设，单站投资可以节省 35% 左右，维护成本可以节省 40% 左右，建设周期大幅缩短 35% 左右。

三、视听产业重点企业

（一）TCL集团股份有限公司

1、企业简介

TCL 集团股份有限公司创立于 1981 年，是中国最大的、全球性规模经营的消费类电子企业集团之一，旗下拥有三家上市公司：TCL 集团（SZ.000100）、TCL 多媒体科技（HK.1070）、TCL 通讯科技（HK.2618）。目前，TCL 已形成多媒体、通讯、华星光电和 TCL 家电四大产业集团，以及系统科技事业本部、泰科立集团、新兴业务群、投资业务群、翰林汇公司、房地产六大业务板块。

1999 年，公司开始了国际化经营的探索，在新兴市场开拓推广自主品牌，在欧美市场并购成熟品牌，成为中国企业国际化进程中的领头羊。在发展壮大过程中，TCL 确立了在自主创新方面的优势和能力，在 TCL 诞生了中国第一台免提式按键电话、第一台 28 寸大彩电、第一台钻石手机、第一台国产双核笔记本电脑等很多具有划时代意义的创新产品。

TCL 集团旗下主力产业在中国、美国、法国、新加坡等国家设有研发总部和十几个研发分部。在中国、波兰、墨西哥、泰国、越南等国家拥有近 20 个制造加工基地。在全球 40 多个国家和地区设有销售机构，销售旗下 TCL、Thomson 等品牌彩电及 TCL、Alcatel 品牌手机。

2、2011 年企业发展概况

2011 年 TCL 在全球各地销售 1086 万台液晶电视机，4361 万部手机。2011 年 TCL 品牌价值达 501.18 亿元人民币，继续蝉联中国彩电业第一品牌。

2011 年 TCL 全年营业收入达历年最好水平。据中国 500 强发布的数据显示，2011 年全年，TCL 实现营业收入 518.7 亿元。据 TCL 发布的业绩报告显示，净利润约为 155，000 万元 –180，000 万元，较上年同期增长约 230%–280%。TCL 液晶电视销量达 1086 万台，相比 2010 年 746.48 万台销量，增长达到 45.48%。其中，国内市场销量达到 660.64 万台，同比增长 28.94%，而海外市场销量达到 425.35 万台，同比增长 81.69%。

3、2011 年企业重点事件

（1）TCL 在意大利获得近 3 亿欧元的经贸项目大单

2011 年 6 月，TCL 与意大利多媒体、通讯、家电 3 大领域共 9 家客户举行了经贸合作签约仪式，共签署近 3 亿欧元的经贸项目，这是 TCL 集团正式进军欧洲市场以来在意大利市场所获得的最大一笔大单。

TCL 已经建立了全球供应链，完善了全球生产布局，进入到全球主流市场，并在部分市场取得了领先位置。欧洲市场作为 TCL 国际化发展的战略重地，此次经贸合作将进一步促进 TCL 在意大利乃至整个欧洲境内的销售，TCL 将加大在欧洲市场的资源整合力度，持续提高 TCL 的行业地位和品牌影响力。

据公开资料显示，受益于公司产品竞争力提升以及有效的市场拓展等因素，2010 年以来，TCL 海外市场销售增长非常迅猛。2011 年，TCL 在欧洲市场通过聚焦关键市场和重点客户的策略，积极推广 TCL 品牌电视，并应市场趋势引进 LED 背光液晶电视，使得法国、西班牙、瑞士等市场份额呈现增长。

（2）TCL 发布云电视

2011 月 8 月 28 日，TCL 在广州举行云电视发布会，发布四大系列超级智能云电视，全面进军云时代。TCL 云生活战略是以互联网、广电网、通讯网为云通路；以云计算、云存储、超级智能为核心技术；以丰富的云软件、Android+ 云平台、超级智能云电视为驱动；提供七大超级智能云服务，并无限扩展；将为消费者带来海量、共享、便捷、立体的精彩云生活。

为了迎接云时代的到来，TCL 与国际 IT 巨头同步，从 2008 年开始就组建了互联网电视门户（TV portal）项目组，从事云端的研发。2009 年底，成立广州欢网技术有限公司，为用户提供内容服务。与此同时，TCL 还启动了承载云的平台性软件研发，开始对 Android 软件技术的攻关。2010 年中期，TCL 开始致力将基于 Android 的软件平台使用在电视上。目前，经过 TCL 深度开发的全球首个电视版 Android+ 系统，已经全面应用于 TCL 超级智能云电视。

2011 年 3 月，TCL 启动了全球 Android+ 软件开发大赛，历时 6 个月，收到基于电视深度定制开发的 Android 应用软件作品千余个，这也是全球第一次在电视上大规模验证基于 Android 系统的应用软件，也极大的丰富了 TCL 超级智能云电视的云应用，让用户体验到海量的云生活。

此外，依托强大的 IT 技术和 IT 资源，腾讯将为 TCL“云生活”战略提供丰富精彩的“云服务”。不久的将来，QQ、腾讯微博、QQ音乐、天气等海量应用将植入到TCL超级智能云电视中，让广大用户享受到前所未有的便捷与快乐。

（3）华星光电8.5代液晶面板线开始进入量产阶段

2011年10月12日，华星光电8.5代液晶面板线开始进入量产阶段，这是迄今为止国内首条完全依靠自主创新、自主团队、自主建设的高世代液晶面板生产线，标志着TCL在实现构建液晶显示全产业链的战略目标上又迈进一步。

深圳华星光电项目总投资245亿元，2009年由TCL集团和深超公司合资成立，是深圳建市以来投资规模最大的工业制造项目。华星光电在建厂同时，同步致力于市场的开发，积极建立和发展客户关系，同时，依托作为华星光电的控股股东TCL，华星光电的产能可以得到有效消化。国内面板厂在四季度产能最多为月产1万—3万片，但今年全球平板彩电需求量为2.01亿台，国内市场为3880万台，国内面板企业发展空间还很大。华星光电项目顺利进入量产，标志着集团上下游液晶全产业链垂直整合优势初步形成，这不仅有助于集团在未来液晶电视的市场竞争中取得优势，而且对建立中国彩电业整体的转型升级和在全球的核心竞争优势奠定基础。

（4）国家级数字家庭互动应用工程实验室落户TCL

由TCL集团联合中山大学组建的“数字家庭互动应用国家地方联合工程实验室”经国家发改委组织论证，于2011年11月获得发改委立项批复。

数字家庭互动应用工程实验室落户TCL，将进一步提升TCL在数字家庭与数字电视领域的技术创新能力与产业发展能力，以此为契机，推动企业向“互联网+终端+内容服务”的新型互联网消费电子企业加速转型。并在智能电视、多屏互动及三网融合等领域形成核心竞争力和持续发展能力。

2011年中国数字家庭开始步入大规模产业化发展阶段，“数字家庭互动应用国家地方联合工程实验室”将发挥越来越重要的创新作用，在新一轮数字家庭产业发展方面担当其科技领航的重任，同时也必将促使中国消费类电子企业自主创新能力再迈上一个新的台阶。

（二）海信集团有限公司

1、企业简介

海信集团是特大型电子信息产业集团公司，成立于1969年。海信坚持“技术立企、稳健经营”的发展战略，以优化产业结构为基础、技术创新为动力、资本运营为杠杆，持续健康发展。进入21世纪，海信以强大的研发实力为后盾，以优秀的国际化经营管理团队为支撑，加快了产业扩张的速度，形成了多媒体、家电、通信、IT智能系统、现代家居和服务等产业版块。海信是国家首批技术创新示范企业，国家创新体系企业研发中心试点单位，中宣部、国务院国资委和中宣部共同推举的全国十大国企典型，全国唯一一家两获“全国质量奖”的企业，拥有国家级企业技术中心、国家级博士后科研工作站、国家863成果产业化基地、国家火炬计划软件产业基地、数字多媒体技术国家重点实验室。海信在青岛、深圳、顺德、北美、比利时等建有研发机构，初步确立全球研发体系。科学高效的技术创新体系，使海信的技术创新工作始终走在国内同行的前列。目前，海信在南非、埃及、阿尔及利亚等地拥有生产基地，在全球设有15个海外分支机构，产品远销130多个国家和地区。

2、2011年企业发展情况

根据海信集团2011年度业绩报告显示，海信全年营业收入716亿元，同比增长12.29%；实现利润42.85亿元，同比增长16.74%。中怡康数据显示，2011年1–11月，海信液晶电视的累积销售量占有率为15.68%，海信智能电视的累积销售额占有率为19%，均位居行业全国第一，海信电器已连续8年稳居全国平板电视销量第一。海信品牌在世界品牌价值实验室（World Brand Value Lab）编制的2011年度《中国品牌500强》排行榜中排名第38位，品牌价值已达300亿元。

3、2011年企业重点事件

（1）海信连续获得各项大奖

2011年初，美国CES期间，海信被《Twice》杂志评为全球液晶电视品牌第五位。2011年9月2日，由中国电子视像行业协会主办的“2011中国数字电视年度盛典”上，海信成为唯一获得中国彩电业最具权威大奖——“2011年度成功品牌奖”的品牌；2011年9月28日，海信电视有获得了亚洲质量最高奖项——“亚洲质量卓越奖”。在“2011年度中国消费电子产业发展高峰论坛暨年终评选颁奖典礼”上，海信I’TV凭借其产品跨界创新性以及良好的使用体验，当选中国消费电子年度“十大创新产品”。

（2）海信发布智能化战略，宣布将全面进军智能产业

2011年4月，海信全球首家推出的XT68、XT69系列智能3D影院电视，创

新性地实现了海信自主开发的 HITV-OS 操作系统兼容时下最为流行的 Android 系统，可以提供 QQ 聊天、微博互动、体感游戏、实时资讯等丰富的应用。5 月份，海信在北京发布了智能化战略，宣布将全面进军智能产业，努力打造国内最前沿的智能多媒体生态链。截至 2011 年 6 月，海信智能商店的应用数量已经超过 1000 个，海信电视的智能应用下载量已经突破千万大关。2011 年 10 月 31 日，在“2011 年彩电产品智商等级评价结果发布会”上，海信智能电视在本次智商评测中表现最为突出，海信 XT710 系列、K510、T36、XT69 等四大系列智能电视全部达到了五星级标准。12 月海信又发布了 I’TV 二代产品。

根据中怡康的统计数据显示，截至 2011 年 6 月份，海信智能电视的销售量和销售额累计占有率分别达到 22.9% 和 21.4%，双双高居行业第一位，分别比第二位高出 2.6 和 4.6 个百分点；海信平板电视的零售量占有率为 15.53%，连续 8 年高居行业第一位。

（3）海信 26-42 寸模组和整机一体化制造线投产

2011 年度公司新投产 26-42 寸模组和整机一体化制造线两条，提升了黄岛制造基地的制造能力。贵阳基地模组一期项目正式投产，实现了平板电视核心部件本地化生产，增强了产品综合竞争力。广东模组整机一体化生产基地计划于 2012 年中期投产，届时将大大提升广东基地的内配能力和制造水平，促进整机供需链的进一步优化。

海信模组的建设投产将为海信的跨越式发展奠定坚实的基础，推动产品升级换代，降低生产成本，提高产品综合竞争力。模组占整机成本的 70% 以上，可以说是液晶电视的“心脏”。长期以来，海信的液晶电视模组完全依赖外购，核心技术和生产成本及物流费用难以得到有效控制。海信进军上游产业链，完善供应链，掌握上游模组技术，对平板产品的核心技术和成本控制能力将大大加强，也必将增强产品的综合竞争力。

此次投产的模组生产线能生产最新 LED 背光源模组和一体化屏，起点高、技术领先，不仅填补了相关地方在这个领域的空白，推动了电子信息产业的升级，还将带动地方关联配套的塑料、橡胶、电子、机械制造等相关产业的发展，带动相关地区关联产业的聚集和升级。

（三）创维集团有限公司

1、企业简介

创维成立于1988年，拥有2万多名员工。创维立足中国、面向全球，是以研发制造消费类电子、显示器件、数字机顶盒、安防监视器、网络通讯、半导体、冰洗、3C数码、LED照明等产品为主要产业的大型高科技集团公司，2000年在香港主板上市（HK00751）。经过24年发展，创维已跻身世界十大彩电品牌、中国显示行业领导品牌和中国电子百强第十四位，2011年创维品牌价值达281.69亿元。

创维以香港创维数码控股有限公司为龙头，旗下设深圳创维-RGB电子公司、海外发展公司、数字技术公司、群欣安防科技公司、液晶器件公司等十多家产业公司。拥有成都、南京、宜春三大物流中心；广东、内蒙古、江西、江苏等五大生产基地；美国、中国香港、深圳、北京、广州、南京等七大科研机构。创维在国内设有42个分公司、200个办事处，拥有超过2万个签约客户，完善的分销和服务体系渗透到县镇（乡）市场。创维数字技术公司为中国最大机顶盒企业，年销量超一千万台，居国内业务第一，全球第五。旗下创维软件有限公司为国家规划布局重点软件企业。

2、2011年企业发展情况

在截至2011年9月30日的中期业绩中，创维集团的营业额达到130亿7千4百万港元，比去年同期增加17.3%，毛利接近27亿7千1百万港元，较去年同期大幅增长40.6%。集团整体毛利率显著增长3.5个百分点，达21.2%。2011年，公司实现营业总收入203.4亿元，利润总额8.78亿元，同比增长9.5%。

3、2011年企业重点事件

（1）创维进军白色家电领域

2011年3月7日，创维集团在南京白电生产基地一期工程正式投产，正式加入白电战团。该基地由国内顶尖设计院进行整体规划设计，采用德国、日本一流制造设备，并导入国际先进的生产管理和供应链管理系统，设计总年产能500万台。

在做强彩电主业的同时，创维瞄准了白色家电这一新战场主要原因是“市场规模大、成长性好、利润率稳定”。数据显示，在过去的10年里，中国电冰箱的年产销量从 1280 万台增长到 7600 万台，洗衣机年产销量从 1443 万台增长到 4500 万台，分别增长 4.36 倍和 2.75 倍。

事实上，受制于外资在彩电核心技术上的控制，国产厂商始终没能全部掌控彩电生产工艺。在国内彩电市场中，夏普、三星、索尼的强势地位无人打破，而国产彩电创维、TCL、海信等品牌的竞争日趋激烈，彩电毛利率急剧下滑。相比之下，白电产品无论在竞争还是毛利方面国产厂商均有绝对优势。

2011 年前两个月，创维彩电销售几年来首次出现了负增长。白电的产业链上游资源共享，没有垄断，选择自由度大，价格也相对稳定，没有系统性风险，适合大资金规模化运作，且相对稳定，成为吸引家电巨头争相抢进的重要因素。

（2）创维推出首台云电视

2011 年 8 月，创维集团通过技术革新，首次将云计算技术融入电视行业中，在全球首家推出云电视，意味着创维集团继 3D 电视、智能电视之后，再次开启了电视行业革命性发展新时代。2011 年 12 月 29 日，创维集团宣布推出全球首款 Android4.0 电视，并公布三大系列多达十款产品的量产上市计划。

近年来，电视机经历着急剧的转型换代，从液晶、LED、3D 到智能，短短几年时间里出现目不暇接的众多技术创新。但是，这些转变从本质上来说，还是以单台电视为一个单位，没能实现电视之间以及与手机、电脑之间沟通。在 3C 融合日渐成熟的背景下，云电视的诞生，将给电视行业的发展带来革命性的飞跃。

在第 45 届国际消费电子展（CES）上，创维凭借稳健发展的市场业绩、快速增长的品牌竞争力荣获“2011 — 2012 中国消费电子领先品牌 Top10”称号，并名列全球电视品牌 20 强榜单，向世界展示了中国品牌的优质品质和智慧思想。奥维（AVC）公布的数据显示，2011 年，创维整体彩电零售量、创维液晶彩电零售量和创维偏光式 3D 彩电零售量的市场占有率分别为 15.1%、16.7% 和 38.6%，三项指标均名列全国第一。

（3）创维携手晶元、台达打造华南最大 LED 外延片、芯片基地

2011 年，3 月 26 日，创维集团、台湾晶元光电股份有限公司、台达电子工业股份有限公司在增城正式签订了 LED 外延片、芯片项目落户协议书，揭开了三大工业巨头强强联合，打造华南最大 LED 外延片、芯片生产基地的序幕。

该项目位于增城经济技术开发区内，由晶元光电、台达电子和创维集团三方共同投资，占地面积 120 亩，总投资 6 亿美元，投入 MOCVD 设备 60 台，预计

项目投产后年产芯片可达 180 万片，年经营收入 12.8 亿元，年创税 2 亿元。该项目将打造成为华南地区最大的 LED 外延片、芯片生产基地。该项目主要从事光电子、LED 发光二极管、LED 外延片、LED 芯片、LED 光源模组、LED 灯源、LED 灯具和 LED 应用产品的研发、封装、生产制造和销售等。

LED 技术节能潜力大，符合低碳环保的时代需求，被广泛应用于众多的领域，其产业带动性极强。因此，LED 产业得到国家的大力扶持，近几年来高速发展，其产值年平均增长率为 35%，2010 年甚至超过 40%，预计未来几年还会以 35% 以上的增长率快速发展。创维与 LED 外延片、芯片厂商台湾晶元光电、LED 应用厂商台达电子合资，将在 LED 芯片制造上弥补广东省在上游产业链不完整之缺口，增强自主创新能力。

晶元光电主要生产超高亮度 LED 外延片及芯片，其外延片产能全球第一，四元超高亮度磷化铝镓铟红光、橙光及黄光发光二极管世界市场占有率超过 40%，是全球最大的四元 LED 生产厂商。台达电子则是世界第一的交换式电源供应器与风扇产品的领导厂商，且在多项产品领域居于世界级的领导地位，其中包括提供电源管理的整体解决方案、视讯显示器、工业自动化、网路通讯产品与可再生能源相关产品。

（4）创维率先上市全球最低价 CCFL 背光智能 3D 电视

2011 年 3 月 2 日，创维集团率先上市全球最低价 CCFL 背光不闪的智能 3D 电视，该系列 3D 首创 CCFL 背光 3D 面板，解决了 3D 电视价格高企的难题。创维率先吹响 3D 普及号角，标志着 3D 电视迈入普及的实际性阶段。

3D 电视高昂的价格让众多消费者望而止步。在创维推出 CCFL 背光不闪的 3D 之前，市面上的 3D 电视均为 LED 背光或 PDP 3D，前者价格偏高，后者画质一般，3D 视觉效果差，均为 3D 普及的绊脚石。彩电市场在寻求合理的产品和价格，以实现 3D 成为消费者家庭“标配”。创维在发布会称，此次率先推出 CCFL 不闪的背光 3D，创维的目的很明确，就是要利用平民化的价格推动 3D 普及。而通过“智能 3D 引擎”和“不闪的 3D”两项突破性技术，确保 3D 画质和性能达到 LED 背光水平。

（四）四川长虹集团

1、企业简介

长虹始创于1958年，公司前身国营长虹机器厂是我国“一五”期间的156项重点工程之一，是当时国内唯一的机载火控雷达生产基地。历经多年的发展，长虹完成由单一的军品生产到军民结合的战略转变，成为集电视、空调、冰箱、IT、通讯、网络、数码、芯片、能源、商用电子、电子部品、生活家电及新型平板显示器件等产业研发、生产、销售、服务为一体的多元化、综合型跨国企业集团，逐步成为全球具有竞争力和影响力的3C信息家电综合产品与服务提供商。

长虹现有员工七万余人，其中拥有包括博士后、博士在内的专业人才一万五千余人，拥有现代化的培训中心、国家级技术中心和博士后科研流动工作站，被列为全国重点扶持企业、技术创新试点企业和创新型企业。2011年入选首批“国家技术创新示范企业”。长虹在广东和江苏等地建立数字工业园，在北京、上海、深圳、成都设立研发基地，在中国30多个省市区设立200余个营销分支机构，拥有遍及全国的30000余个营销网络和12000余个服务网点；长虹在印尼、澳大利亚、捷克、韩国等国投资设厂，在美国、法国、俄罗斯、印度等10多个国家和地区设立分支机构，为全球100多个国家和地区提供产品与服务。

2、2011年企业发展情况

2011年上半年，公司实现营业总收入229.88亿元，同比增长23.51%，实现利润总额3.8亿元，同比增长63.58%，净利润2.52亿元，同比增长51.29%，其中归属于上市公司股东的净利润2.3亿元，同比增长469.19%。2011全年营业收入为417亿元，利润达2.92亿元。

3、2011年企业重点事件

（1）长虹自主知识产权3D等离子显示屏全面量产

2011年4月27日，我国首条拥有自主知识产权、国际领先的42英寸以上的高清和全高清3D等离子显示屏生产线全面量产，产品月综合良品率达到90%以上，单日最高产品综合良品率达到95%，单日产能实现0.6万片。

3D等离子显示屏成为中国电子信息产业核心技术的重大突破，标志着中国彩电产业在全球新型平板显示技术上已具有参与国际竞争的核心竞争力，并将为未来中国3D电视发展提供强大的产业带动和技术支撑。在当前主流平板显示技术中，等离子显示器件凭借高发光效率、超精细显示、节能及大屏幕等技术优势，成为3D显像、运动高清、护眼等技术应用与互联网音视频娱乐应用的最佳载体。

根据Display Search《3D显示器市场与技术分析报告》显示，预计2018年立体3D显示器在全球市场的需求将从2008年的70万台迅猛增长至1亿多台，市场容量也将从9亿多美元增长至220亿美元。3D电视将会是3D显示器中最大的应用，随着3D标准即将出台，这一市场将进入快速增长通道。

（2）长虹推首台多屏互动3D电视

2011年3月28日，长虹在北京发布2011年春季新品，包括多个系列二十余款3D电视。此次长虹彩电发布的3D电视新品，全部具备“多屏互动”功能。长虹多屏互动智能电视的推出，正式诠释了真正智能电视的定义，智能与全高清3D电视的融合使彩电产品达到新高度。

2010年，国内市场互联网电视市场快速发展，而Google智能电视的问世，更是引发了业界对互联网电视的反思，各彩电企业全面转型智能电视领域。然而，目前国内市场上早期销售的互联网电视在一定程度上还不能完全定义为智能电视。事实上，智能电视除了可以观看传统电视节目之外，还需要具备搜索功能，从而浏览海量的网络视频；更重要的是，电视变得可以连接互联网享受整个网络世界的资源，和电脑一样进行视频点播、视频聊天、玩游戏和网络购物等更多精彩体验。真正的智能电视更应将智能平台、智能应用、智能操作三位一体的功能全面整合。

长虹此次推出的938系列、928系列、758系列、738系列、880系列、860系列、650系列3D电视将智能平台、智能应用、智能操控全面整合。以智能电视为基础，率先实现电视、电脑、智能手机间互相控制，凡是采用Android系统的电脑、智能手机、平板电脑，均可以与同样搭载Android系统的长虹智能电视无线连接，从而实现多屏互动。

（3）拟投资1亿元建液晶模组子公司

四川长虹2011年9月1日发布公告，称公司董事会已全票同意与子公司长虹创投共同投资建立液晶模组子公司。公告称，四川长虹董事会同意，公司与控股子公司四川长虹创新投资有限公司共同投资组建子公司。新公司暂定名四川长虹光电有限公司，将从事液晶模组规划、研发、生产、采购、配套、质量控制以及对外销售等业务。

合资公司注册资本10，000万元人民币，其中四川长虹以现金出资9，000万元人民币，占注册资本的90%，长虹创投以现金出资1，000万元人民币，占注册资本的10%。通过该公司的组建，长虹将掌握液晶电视市场上游资源话语权、降低液晶电视整机成本与增强市场盈利能力。

（五）康佳集团股份有限公司

1、企业简介

康佳集团成立于1980年5月21日，前身是“广东光明华侨电子工业公司”，是中国改革开放后诞生的第一家中外合资电子企业，初始投资4300万港元。1991年，康佳集团改组为中外公众股份制公司。1992年，康佳A、B股股票同时在深圳证券交易所上市，现有总资产近百亿元，净资产近四十亿元，总股本12.04亿股，华侨城集团为第一大股东。

康佳集团主要从事彩色电视机、手机、白色家电、生活电器、LED、机顶盒及相关产品的研发、制造和销售，兼及精密模具、注塑件、高频头、印制板、变压器及手机电池等配套业务，是中国领先的电子信息企业。康佳集团拥有覆盖面广、服务完善的营销服务网络，在国内建立了50多个营销分公司、数百个销售经营部及3000多个维修服务网点，海外业务也已拓展到世界100多个国家和地区。康佳彩电国内零售市场占有率连续六年位居第一，手机也进入国产品牌三甲行列，“KONKA康佳”商标被国家认定为“中国驰名商标”，并入选“中国最有价值品牌”，品牌价值达150多亿元。

2、2011年企业发展情况

根据康佳集团年报显示，公司共实现营业总收入162.18亿元，同比下降5.22%；实现归属于母公司所有者的净利润2497.28万元，同比下降70.25%；实现每股收益0.0207元。公司主营业务收入同比有所下降，销售净利率有所降低。

由于国内彩电、手机、白电业务竞争激烈，产品价格不断下降；同时受各地最低工资标准上调、CPI上涨、融资成本上升等因素的影响，成本和费用有所增加，导致2011年前三季度本公司盈利水平较2010年同期大幅下降。面对不利的经营形势，公司在2011年年中对彩电体系的营运架构进行了重新调整，实现了研、产、供、销的策略一体化，形成系统合力，快速应对市场变化。从2011年下半年的经营情况来看，这次调整的效果已经显现出来，公司在营销推广、产品研发、生产效率、质量控制等各方面都有了明显的改善，并实现了经营上的成功反转，进入了一个盈利的上升通道。2011 年第四季度与 2010 年同期相比，盈利能力大幅提高。但综合 2011 年全年看，盈利能力仍较 2010 年度有所下降。

3、2011 企业重点事件

（1）康佳 Android 智能电视面世

2011 年 3 月 15 日，康佳 Android 智能电视面世，该款电视是国内首款搭载 Android 操作系统的智能 3D 电视，康佳智能电视由此实现了升级换代。

智能电视最重要的就是实现了平台开放、技术共享的理念，Android 操作系统便是其最佳的呈现载体。智能化与 3D 化是未来几年内彩电业的两大核心趋势，3D 是电视机硬件显示技术的变化，智能则是整个电视产业的形态变化，两者的均衡发展对未来具有决定性的意义。康佳 Android 智能电视的上市就是构筑 3D 电视中国第一品牌的重要一步。借助康佳网锐智能电视的强大平台，康佳还将有针对性地开发个性化、差异化的系列 Android 智能 3D 电视产品，满足消费者不同层次的需求。

（2）康佳推出首款物联网电视

2011 年 11 月 22 日，康佳集团携手银联及百事通，推出国内首款具有电视在线支付功能的智能彩电，这意味着智能电视在线支付成为继互联网支付、手机支付后的又一个金融支付渠道。

从互联网电视到智能电视、云电视，彩电的娱乐功能几乎被发掘了最大潜力，电视行业下一步又将如何进化 —— 康佳推出了物联网电视。康佳牵手银联和 SMG（上海东方传媒集团有限公司），推出了独有的“银视通”服务，电视再次突破娱乐范畴，深入家庭生活的根基，由电视为核心构建的物联网平台已经初具规模。此次三方合作横跨金融业、电视内容方、电视终端制造商三方面，由中国银联提供智能电视支付技术标准，康佳提供基于支付标准的智能电视终端，SMG 旗下百视通提供互联网电视播控平台服务，从而搭建起一个集合多种生活服务的支付平台。

（3）康佳参股公司瑞丰光电创业板首发通过

2011 年 5 月 26 日，康佳发布消息称，康佳集团下属全资子公司东莞康佳有限公司的参股公司—瑞丰光电子在创业板首发通过。公告内显示，瑞丰光电目前总股本为 8000 万股，东莞康佳持有瑞丰光电 25.87% 的股权成为第二大股东。瑞丰光电在SMD LED细分市场是国内前三大制造商之一，其主营业务为LED封装技术的研发，以及LED封装产品制造、销售。

目前，深康佳直接持有东莞康佳75%股份，并通过全资子公司香港康电投资公司持有东莞康佳25%股份。此次瑞丰光电在创业板首发通过，今后将为深康佳带来远高于电视主营业务的巨大收益。

（4）联合闪联共同推出基于闪联享屏技术的智能电视

2011年10月18日，康佳联合闪联共同推出基于闪联享屏技术的智能电视8000系列。

享屏是闪联国际标准的核心应用，闪联"享屏"的诞生跨越了技术瓶颈，实现了在3G、互联网等网络环境下终端产品（如智能电视、手机、平板电脑、笔记本等）之间的无线互联、内容之间的共享以及用户之间的互动。闪联享屏的推出，一方面加速了智能电视产业的升级，另一方面也为消费者带来更多人性化的操作体验。康佳作为闪联技术的主要发起方，一直致力于通过打破产业标准垄断，来夺取未来产业发展的制高点，而基于闪联享屏技术的智能3D电视开始量产，更标志着康佳开始步入标准的产业化阶段。

如何更好地实现不同智能设备之间的无线互联互通，是家电、IT乃至通讯行业共同的发展诉求，也是普通消费者的消费期待。康佳新一代智能3D旗舰产品8000系列创新采用闪联标准的"享屏"技术，实现了视频、音频无线传输、操控的多屏互动功能，使3C融合应用更完美。

未来，以康佳为代表的闪联产业联盟核心厂商，将通过多屏互动、跨屏互动等功能在智能终端的完美应用，为用户带来更多便捷、高效的使用体验，推动享屏技术的加速发展，引导产业的创新变革。

四、集成电路产业重点企业

（一）深圳市海思半导体有限公司

1、企业简介

海思半导体有限公司成立于2004年10月，前身是创建于1991年的华为集成电路设计中心。海思公司总部位于深圳，在北京、上海、美国硅谷和瑞典设有设计分部。海思的产品包含无线网络、固定网络、数字媒体等领域的芯片及解决方案，应用于全球100多个国家和地区，并成功开发出100多款自主知识产权的芯片，申请专利500多项。海思近期重点发展数字媒体领域，推出网络监控芯片及解决方案、可视电话芯片及解决方案、DVB芯片及解决方案和IPTV芯片及解决方案。

2、2011年企业发展情况

2011年上半年，海思半导体销售收入达到32.5亿元，居国内芯片设计企业首位。全年营业收入突破10亿美元，成为国内第一家达到10亿美元的IC设计企业。

3、2011年企业重点事件

海思获得最新的ARM多核处理器授权，提升产品竞争力。2011年8月，海思半导体获得一系列ARM多核处理器授权，用于3G/4G基站、网络设施、移动计算应用。授权内容包含高性能、高功耗效率的ARM Cortex-A15多核处理器、ARMCoreLinkCCI-400高速缓存一致性互联IP以及ARM Cortex-M3微控制处理器。此次授权，将为海思半导体带来创新的多核心技术平台，并有助于海思半导体推出富竞争力的解决方案。

4、2012年展望

SVAC标准发布，2012年海思重点布局安全视频监控领域。随着2011年5月国家标准化管理委员会批准的GB/T25724-2010《安全防范监控数字视音频编解码技术要求》国家标准（简称SVAC）正式实施，长期以来数字监控领域标准、协议无法统一的难题得到解决。2011年10月海思以"高清"与"智能"为主题发布H3高清监控芯片平台，并在2011年第十三届中国国际社会公共安全产品博览会上，携手ObjectVideo、英特尔liVision、银瀑、维得利等四家智能分析算法合作伙伴，集中展示了基于海思H3高清监控平台的多种成熟的智能监控解决方案，应用于周界防范、视频异常诊断、车牌识别、物体遗留报警等。

（二）展讯通信（上海）有限公司

1、企业简介

展讯通信有限公司（“展讯”）成立于2001年4月，总部位于我国上海张江高科技园区，在美国硅谷、圣地亚哥和我国的北京、深圳、天津等地设有分公司和研发中心。展讯的产品包含新一代的专用基带芯片、多媒体芯片、射频芯片、协议软件和软件应用平台，产品支持GSM、GPRS、EDGE、TD-SCDMA、W-CDMA、HSDPA、HSUPA等多个宽带无线通信标准，为终端制造商及产业链其它环节提供多种产品方案选择。

2、2011年企业发展情况

2011年展讯3G和2.5G产品销售均保持高速增长，预计实现营业收入43亿元，增长70%，国内芯片设计企业销售额排名居第二位。在TD-SCDMA领域，展讯推出了世界首颗40nm TD-SCDMA基带芯片，得益于全球和国内手机制造商的带动，在TD - SCDMA的市场份额已超过了50%，占据了手机芯片领域国内的主导位置。

3、2011年企业重点事件

展讯将TD-SCDMA智能手机市场作为发展重点。TD-SCDMA市场由于网络覆盖增长以及低价功能手机和智能手机的推出一直在持续稳步增长。2011年1月展讯与台积电共同宣布其全球首款40纳米TD-SCDMA商用基带处理器，该处理器运用TSMC40纳米低耗电技术（40LP），为移动通信创造了更长的电池使用寿命。2011年9月，展讯TD-SCDMA版基带芯片SC8802G应用于三星最新的GALAXY S Ⅱ智能手机，这是展讯第一次涉足TD - SCDMA智能手机市场，也是第一次成功将基带芯片销售给一个全球一级的OEM厂商。2011年12月展讯宣布，代号为「SC8805G」和「SC6810」的低价Android智能型手机平台已可量产，分别适用于TD-SCDMA与GSM / EDGE / WiFi手机，这标志展讯将正式抢进低价智能型手机市场。由于联发科专攻TD-SCDMA的智能型手机芯片也预定明年第二季量产，两家厂商将在TD市场交手。

4、2012年展望

2012年展讯将继续拓展产品线，或推TD+WCDMA芯片解决方案。2011年6月，2011年展讯完成对WCDMA厂商摩波彼克（MobilePeak）85.6%的股权收购。

上海摩波彼克致力于 WCDMA（3G）标准的低成本全功能的基带和射频芯片解决方案。在此之前，展讯推出的芯片产品主要集中在 TD 和 GSM 领域，这起收购说明展讯将进入 WCDMA 领域。展讯 CEO 曾公开表示 TD+WCDMA 芯片解决方案将成为展讯未来推出产品的主流，计划于 2012 年推出基带射频于一体的单芯片，并在未来提供支持 TD-LTE/FDD LTE/TD-SCDMA/GSM 的多模单芯片方案。

（三）锐迪科微电子（上海）有限公司

1、企业简介

锐迪科微电子（上海）有限公司成立于 2004 年 4 月，公司总部位于上海浦东张江高科技园区，并在北京设有研发设计分部，主要从事射频 IC 的设计、开发、制造、销售并提供相关技术咨询和技术服务。锐迪科在无线通信和消费电子等领域持续推出多款具有开创意义的集成电路产品，打破了阻碍我国通信产业发展的“短板”和瓶颈。是目前能提供 3G（TD-SCDMA）、2G/2.5G（GSM/GPRS）、大灵通（SCDMA）、小灵通（PHS）全系列移动通信核心射频芯片的我国集成电路设计公司，是国内能够提供包括收发器芯片、功率放大器芯片、天线开关在内的完整射频前端解决方案的 IC 厂商。

2、2011 年企业发展情况

锐迪科已成为国内手持终端市场，蓝牙芯片、射频前端模组、手机功率放大器等手机芯片产品的最大供应商。2011 年 12 月，锐迪科微电子推出 Wi-Fi、蓝牙、调频收音三功能集成芯片方案。该方案采用 55 纳米 CMOS 工艺，以更高的集成度、更低的功耗、最小化电路板空间和更低的成本为全球智能手机市场带来一款高性能产品。

3、2011 年企业重点事件

2011 年锐迪科创新技术、开发新产品深耕智能手机芯片市场。3G/4G 的智能机市场将带来比 2G 功能手机更多的市场机会，推出的“Wi-Fi、蓝牙、调频收音三功能集成芯片方案”代表锐迪科加大努力进一步进入不断增长的 3G/4G 智能手机市场。智能手机对于无线互联的要求越来越高，大部分智能手机都会提供 Wi-Fi、蓝牙、调频收音功能，锐迪科将这三种三功能集成在一颗芯片上，可以大幅度的降低功耗减小芯片成本。

4、2012 年展望

2012 年，手机芯片设计公司锐迪科将涉足电视芯片市场。2012 年 1 月锐迪科微电子宣布与多媒体集成电路供应商泰鼎微系统（美）签署了一项 IP 特许和开发协议。锐迪科微电子将支付 1600 万美元现金来获得一项非排他性的、不可转移的全球特许权，以开发、生产和销售派生版本的 Trident SX5 数字电视 SoC 平台，有效期为 10 年。 这项专利技术的获得意味着锐迪科将在未来进入数字电视芯片市场。

（四）中芯国际集成电路制造有限公司

1、企业简介

中芯国际集成电路制造有限公司成立于 2000 年 4 月，总部位于上海，是我国内地规模最大的集成电路晶圆代工企业，向全球客户提供 0.35 微米到 40 纳米晶圆代工与技术服务。中芯国际在上海建有一座 300mm 晶圆厂和三座 200mm 晶圆厂，北京建有两座 300mm 晶圆厂，天津建有一座 200mm 晶圆厂，深圳有一座 200mm 晶圆厂在建中，并代武汉新芯集成电路制造有限公司经营管理一座 300mm 晶圆厂，在美国、欧洲、日本和我国台湾地区提供客户服务和设立营销办事处，在中国香港设立了代表处。

2、2011 年企业发展情况

2011 年中芯国际预计实现销售收入 13 亿美元，与 2010 年的 15.5 亿美元相比，下降了 16.1%。一季度实现盈利 3070 万元、二季度净亏 362 万元，三季度业绩大幅滑坡，净亏损 8785 万元。业绩的大幅下降一方面源于全球经济环境转差影响整体产业调节库存，芯片制造企业业绩整体下降。另一方面源于公司内部，6 月 27 日原中芯国际董事长江上舟逝世，7 月 13 日中芯国际原总裁兼 CEO 王宁国正式辞职，企业高层的频繁变更一定程度上影响了中芯国际对市场形势剧变的应对能力。

中芯国际的销售额构成从产品分类看，主要是消费类电子与通信芯片，两类产品销售额占比均超过 40%。从客户类型看，无工厂的芯片设计企业为主要客户，销售额占比约 80%，垂直整合芯片厂商销售额占比 15%。从客户地区分类看，北美客户销售额占比 55%，国内客户销售额占比 30%。从技术工艺水平看，65nm

工艺销售额占比达到20%，90nm 工艺销售额占比为10%，130nm 工艺销售额占比20%，180nm 工艺销售额占比35%。

2011年中芯国际面对内忧外患的局面重新陷入亏损境地。中芯国际是国内集成电路产业的龙头和标杆企业，2010年刚刚终结连续5年的亏损，完成"扭亏为盈"的阶段性任务，但今年又步入亏损重回起点。现在中芯国际的人事调整基本到位，文化的重建也在稳步进行，期待中芯国际有个新起点的同时亦审时度势，继续保持业内的领头地位。

3、2011年企业重点事件

中芯国际与国内外多家半导体企业合作研发先进工艺技术。2010年11月中芯国际与上海灿芯半导体（一家上海 ASIC 设计以及 Turnkey 服务公司）达成战略性合作协议。该协议允许灿芯为客户提供基于中芯国际领先的代工制造和 IP 技术的完整的设计以及制造方案。2011年6月，灿芯半导体与新思科技（Synopsys）及中芯国际深度合作，使灿芯自主研发的40nm 芯片一次性流片成功。这颗芯片集成了 Synopsys 嵌入式存储器和逻辑库，以及中芯国际自主研发的 PLL、I/O 等关键 IP 部件，成果证明了中芯国际40nm 先进工艺平台已具备支持尖端设计项目的能力。2011年5月，全球领先闪存厂商 Spansion 与中芯国际扩展代工协议，中芯国际将扩大65纳米产能并制造 Spansion 45纳米闪存记忆体。Spansion 将预付中芯国际5000万美元用以日后的晶圆采购，并与中芯将于本月开始45纳米闪存技术转移，并预计在2012年上半年进入量产。

4、2012年展望

2011年中芯国际面对内忧外患的局面重新陷入亏损境地。现在中芯国际的人事调整基本到位，企业文化的重建也在稳步进行，期待中芯国际有个新起点的同时亦审时度势，继续保持业内的领头地位。

2012年，中芯国际有望继续整合资源、转移内陆。2011年5月中芯国际成功托管武汉新芯。中芯国际通过与湖北省科技投资有限公司先合资、后回购的方式，实现对武汉新芯12英寸集成电路生产线的资源整合。中芯国际已经完成了65纳米逻辑制造工艺技术向武汉新芯12英寸芯片生产线的技术转移，各项技术指标均达到国际主流技术水平。五年内新的"武汉新芯"将形成月产4.5万片12英寸芯片的生产能力，未来该企业将有望成为先进的国际主流代工厂。

（五）华虹（宏力）半导体

1、企业简介

关于华虹半导体有限公司：华虹半导体有限公司是我国领先的半导体制造服务企业之一，专门为国内外客户提供高品质集成电路产品和增值服务。公司注册地为中国香港，通过在我国设立的运营子公司从事半导体制造业务。公司在嵌入式非易失性存储器、0.13 微米 BCD、锗硅 BiCMOS、分立器件等工艺和产品方面具有业内领先水平。

关于宏力半导体制造公司：宏力半导体制造公司是我国先进 8 英寸半导体生产技术的领导者，专注于高品质的制造服务和高附加值的技术。公司注册地为开曼群岛，通过在我国设立的运营子公司从事半导体制造业务，在 NOR 闪存技术方面具有世界级领导地位，同时在逻辑、非易失性存储器、混合信号、射频、高压器件、及静态存储器等方面提供先进的技术工艺平台。

2、2011 年企业发展情况

根据华虹半导体在公报中的数据显示，2011 年两家公司实现销售收入约 6 亿美元，利润约 1 亿美元。截至到 2011 年年底，华虹拥有两座 8 英寸芯片代工厂，晶圆总产能为每月 8.6 万片；宏力拥有一座 8 英寸芯片代工厂，晶圆产能为每月 4.4 万片，合计产能达到 13 万片 8 英寸晶圆。就产能而言，合并后的新公司已经超过中芯国际成为国内最大的 8 英寸晶圆代工企业，而 6 亿美元的销售收入将在全球晶圆代工行业中列第 5 位。

3、2011 年企业重点事件

我国半导体制造行业的两大企业华虹半导体有限公司（简称“华虹”）和宏力半导体制造公司（简称“宏力”）于 2011 年 12 月 29 日联合宣布双方已完成了合并交易。

此次合并的交易结构为全股票交易。根据合并协议条款，华虹向宏力现有股东发行新股，换取宏力全部的已发行股份。

4、2012 年展望

华虹宏力成为国内晶圆代工业的新巨头。华虹和宏力都是我国半导体制造行业内有影响的企业，两家工厂都地处上海浦东，双方合并能够实现厂房、设备、技术、人力资源等方面的整合，在工艺技术方面形成互补优势，扩大产品和客户的覆盖面，提高规模效益。此次交易完成后，合并后的公司将能提供更广泛的服务，具备更大的产能，更强的研发能力。合并后的公司将继续为客户提供高品质的产品和服务，有利于抓住国内外市场新的业务增长机会。

（六）江苏长电科技股份有限公司

1、企业简介

江苏新潮科技集团有限公司，成立于2000年9月，至2010年末总资产70亿元。主要从事集成电路的封装测试、半导体芯片、智能仪表的开发、生产、销售并对高科技行业、服务业等投资，连续多年荣获“中国电子百强企业”。集团每年科研投入超过1亿元，已拥有700多项国内外专利（其中发明专利244项），是江苏省重点知识产权保护单位。

子公司江苏长电科技股份有限公司是我国著名的半导体封装测试生产厂商，为客户提供芯片测试、封装设计、封装测试等全套解决方案，是国家重点高新技术企业和中国电子百强企业，拥有国家级企业技术中心、博士后科研工作站和国内第一家高密度集成电路国家工程实验室。

2、2011年企业发展情况

长电科技2011年上半年实现营业收入19.77亿元，比上年同期增加了20.62%，营业利润1.17亿元，比上年同期下降14.09%。全年营业收入37.62亿元，同比增长4.04%。由于人民币持续升值，主要原材料价格、劳动力成本增加，能源价格攀升，部分产品价格出现下调趋势，导致公司营业收入同比增长，利润却同比呈现较大幅度下降。

3、2011年企业重点事件

企业合作方面，2011年5月，长电科技与东芝半导体（无锡）合资成立江阴新晟电子有限公司。双方将在高端影像模组的技术和制造领域内展开深度合作，致力发挥合资公司在中国本土化的最大优势，积极提高在相机模组市场的占有率。长电科技在现有与东芝公司往来的业务基础上；进一步与东芝公司形成战略合作伙伴，将提供长电科技优良的半导体封装技术；并结合东芝公司先进的元器件开发、制造及管理能力，预期将创造出融合双方能力的核心竞争优势。

4、2012 年展望

项目获专项立项批准，取得国家资金支持，推动企业技术升级。2011 年 11 月，长电科技申报的“重布线 / 嵌入式园片级封装技术及高密度凸点技术研发及产业化”项目获“极大规模集成电路制造装备及成套工艺”专项的立项批准。公司该项目中央财政核定资金预算总额为 1.45 亿元，将在 2011 至 2013 年分别获得 9353 万元、4758 万元和 417 万元。

投巨资实施技术改造，降低制造成本。长电科技上半年利润减少的主要原因是原材料价格和国内人工成本的上涨，其中黄金价格不断上涨导致封装成本高是主要原因之一。2011 年 8 月，长电科技宣布投资约 5.21 亿元实施三个技改项目。公司此次对现有封装生产线进行铜制程技术改造，主要是为了降低成本，减少集成电路封装产品的黄金消耗，加快集成电路铜制程的推进，该项目实施达标后，预计新增利润总额 1，515.8 万元；另外，公司此次还投入了片式功率器件封装生产线技改项目，这主要是由于市场对新型节能型表面贴装式功率器件等有较大需求，公司通过此次改造将扩大对 MOSFET、IGBT 等芯片的封装产能，该项目实施达标后，预计新增利润总额 1，444 万元。

（七）南通华达微电子集团有限公司

1、企业简介

南通华达微电子集团有限公司地处江苏省南通市崇川区。公司 40 多年来专业从事半导体功率器件封装、测试、销售业务，是国内一流的功率器件封装测试厂，为国家第一批集成电路认定企业。子公司南通富士通微电子股份有限公司于 2007 年 8 月在深圳证券交易所上市。股票代码：002156。主要股东：南通华达微电子集团有限公司（36.93%），富士通（中国）有限公司（24.62%）。公司专业从事集成电路封装、测试，由中方控股并负责经营管理。公司具有较强的海外市场开发能力和竞争力，出口占比 70%。公司是我国电子信息百强企业（2011 年排名第 52 位），我国十大集成电路封装测试企业，我国进出口额最大企业 500 强。

2、2011 年企业发展情况

2011 年上半年子公司南通富士通销售收入达到 8.42 亿元，与去年同期的 8.48 亿元相比，下降了 0.69%。实现利润 5910 万元，比去年同期下降了 29.1%。

企业合作方面，2011 年 6 月 9 日，南通富士通微电子股份有限公司与日本卡西欧微电子签署协议，接受卡西欧晶圆级封装（WLP）先进封装产品和技术转移，卡西欧微电子将南通富士通作为未来五年在我国境内唯一委托生产晶圆级封装产品的制造商。此举标志着双方的合作迈上新台阶，也将帮助南通富士通更快进入国际高端封装领域。

3、2011 年企业重点事件

获重大专项支持，有望突破高端封装关键技术。2011 年南通富士通申报的“十二五”国家科技重大专项“极大规模集成电路制造装备及成套工艺”项目中的“高集成度多功能芯片系统级封装技术研发及产业化”项目获得国家立项批准，此项目总投资 4.72 亿元。南通富士通作为责任单位，联合中科院微电子所、清华大学、南通华达微电子集团、沈阳中科博微自动化技术有限公司共同承担。到 2013 年项目完成后，将突破系统级封装、晶圆级系统封装、高压大功率 IGBT 产品及模块封装等关键技术，实现规模生产，形成年新增 1.5 亿块项目产品，实现产值 10 亿元，实现专利 300 余项。

4、2012 年展望

南通富士通晶圆级封装产品将于 2012 年实现量产。卡西欧微电子将 6 英寸晶圆级封装的专利使用权许可给南通富士通，并转移 6 英寸及 8 英寸晶圆级封装大生产技术，预计 2012 年 1 月完成样品考核并开始批量生产，到 2013 年卡西欧微电子委托南通富士通生产晶圆级封装产品至每月 1 万片以上。据测算，在技术转移完成后，可为公司每年新增销售收入约 2000 万美元，有利于提升南通富士通的圆片封装市场份额。

（八）天水华天电子集团

1、企业简介

天水华天微电子股份有限公司位于甘肃省天水市，是我国最早研制和生产集成电路的企业之一。公司现有员工 4500 多人，各类技术人员 700 多人，拥有各类设备 2000 多台（套），总资产达 16.78 亿元。天水华天电子集团公司主要产品有塑封集成电路、模拟集成电路、混合集成电路、DC/DC 电源、集成压力传感器、变送器共五大类 400 多个品种，其中主导产品塑封集成电路年封装能力已达 30 亿块。产品广泛应用于航天、航空、军事工程、电子信息、工业自动控制等领域。

子公司天水华天科技股份有限公司,是国内重点集成电路封装测试企业之一,公司的封装能力和技术水平在内资及内资控股企业中位居第三,为我国西部地区最大的集成电路封装基地和富有创新精神的现代化高新技术企业。

2、2011 年企业发展情况

2011 年天水华天销售收入达到 6.46 亿元,与去年同期的 5.48 亿元相比,增长 17.8%。实现利润 7528 万元,与去年同期的 6694 万元相比,增长 12.4%。

3、2011 年企业重点事件

2011 年天水华天成功参股昆山西钛微电子科技股份有限公司,正式进入 TSV 封装领域,成为国内少数几家掌握 TSV 技术的封装测试企业。华天通过收购昆山西钛的股权,抢占集成电路封装技术的制高点———TSV(硅穿孔)封装技术,将为华天科技实现整体战略输送更多的发展资源。

4、2012 年展望

2012 年天水华天布局西安,定位高端封装市场。目前天水华天已形成了以天水为基地、西安天胜和昆山西钛为前沿的发展格局。天水作为生产大本营的地位不断强化,符合产业转移趋势,更加容易实现成本控制目标。天水华天出资成立西安天胜电子有限公司,将西安作为高端封装业务的研发和生产基地,便于兼顾西安人力资源及高校、科研院所集中的研发优势,也便于开展国际间业务合作。

五、平板显示产业重点企业

(一)京东方科技集团股份有限公司

1、企业简介

京东方科技集团股份有限公司创立于 1993 年 4 月,是一家显示产品与解决方案的供应商。经过多年的技术积累与创新,京东方已完整掌握了 TFT – LCD 的核心技术,年自主申请新专利数量超过 1000 余项,居国内同业前列,已成为中国大陆显示领域最具综合实力的高科技企业。目前,京东方拥有一条月产能为 4.5 万片玻璃基板的第 4.5 代 TFT–LCD 生产线(成都)、一条月产能为 10 万片玻璃基板的第 5 代 TFT-LCD 生产线（北京）、一条月产能为 9 万片玻璃基板的第 6 代 TFT-LCD 生产线（合肥）、一条月产能为 9 万片玻璃基板的第 8.5 代 TFT-LCD 生产线（北京）、一条月产能为 5.4 万片玻璃基板的第 5.5 代 AMOLED 生产线（鄂尔多斯，建设中）。

2、2011 年企业发展情况

2011 年受全球终端电子消费市场持续低迷影响，京东方主要液晶面板产品价格继续走低，致使公司连续三季度亏损，据公司 2011 年财报显示，京东方全年实现营业收入 127.41 亿元，同比增长 58.77%；前三季度，实现营业收入 85.15 亿元；累计亏损 21.43 亿元，2011 年全年亏损额超过 30 亿元。

2011 年 5 月，在“2011 深圳光电显示周暨深圳彩电节”期间，京东方正式发布 AM-OLED 发展规划，并积极布局新型显示技术。依托成都第 4.5 代 TFT－LCD 生产线，京东方已开始 AM-OLED 生产线改造，同时积极推进 AM-OLED 高世代线的布局。公司于 2011 年 7 月份成功实现 8.5 代生产线量产。目前，京东方已经构建了 4 条液晶生产线，其中包括：成都 4.5 代线、北京 5 代线、合肥 6 代线和北京 8.5 代线，先后投资 100 亿元人民币、31 亿元人民币、90 亿元人民币、280 亿元人民币。2011 年 8 月，京东方在鄂尔多斯获配 10 亿吨煤炭探矿权。并成立了京东方能源和淏盛能源两家公司作为其在鄂尔多斯所获煤炭探矿权的具体获配单位。预计在未来的 3 到 5 年内，京东方还将陆续推出 IT 和 TV 等信息、视像终端用 AM-OLED 显示面板。

（二）天马微电子股份有限公司

1、企业简介

公司成立于 1983 年，1995 年在深交所上市，是专业生产、经营液晶显示器（LCD）及液晶显示模块（LCM）的高科技企业。经过二十多年的发展，现已发展成为一家集液晶显示器的研发、设计、生产、销售和服务为一体的大型公众上市公司，成员企业包括深圳天马、上海天马、成都天马、武汉天马、欧洲天马、美国天马、韩国天马等，拥有 STN-LCD、CSTN-LCD、TFT-LCD 及 CF 生产线及模块工厂。公司营销网络遍布全球，产品广泛应用于手机、MP3/MP4、车载显示、仪器仪表、家用电器等领域，在技术水平、产品质量、产品档次及市场占有率等方面均居国内同行业前列，已成为中小尺寸显示领域的领军企业。

2、2011 年企业发展情况

截至 2011 年 12 月 31 日，公司净资产 29.2 亿元，总资产 80.5 亿元，员工人数 8，195 人。2011 年营业总收入 46.1 亿元，同比增长 33.6%，其中主营业务达到了 45.3 亿元。利润总额为 2.8 亿元，同比增长 57.1%。2011 年，公司实际控制人中国航空技术深圳有限公司及其股东中国航空国际控股有限公司成功收购 NEC 旗下液晶公司 NLT，并委托公司经营管理。由子公司上海天马微电子有限公司托管的厦门天马微电子有限公司前期建设顺利进行，公司的产业规模优势逐步确立，市场地位逐步提高。厦门天马的投建，填补了公司液晶面板显示产业战略布局上的空缺，确保了公司在全球中小尺寸液晶显示领域的领先地位。上海天马微电子有限公司 2011 年 02 月 20 日成功点亮了第一款彩色 AMOLED 样品，2011 年 12 月成功点亮了 12 寸 AMOLED 样品。

在 2011 便携式产品创新技术展上，天马微电子宣布 2011 年 2 月收购 NEC 液晶株式会社后，并于下半年开始在厦门投资 70 亿元建设 5.5 代 LTPS 工厂，旨在为便携式电子产品提供 AMOLED 中小尺寸显示屏。目前天马已完成了 OLED 中试线的调试，并研制出全色 AMOLED 样品。10 月 26 日，天马微电子参加日本横滨平面显示器展，并推出其最新产品 7’WXGA。未来天马微电子的战略中心将专注于平板电脑及智能手机使用中小尺寸显示屏领域。

（三）深圳市华星光电技术有限公司

1、企业简介

深圳市华星光电技术有限公司（以下简称华星光电）是 2009 年 11 月 16 日成立的一家高新科技企业，公司注册资本 100 亿元，项目总投资规模达 245 亿元，是深圳市建市以来单笔投资额最大的工业项目，也是深圳市政府重点推动的项目。2012 年初，华星光电被认定为“广东省第一批战略性新兴产业基地“。公司坐落于深圳市光明新区高新技术园区，是迄今为止国内首条完全依靠自主创新、自主团队、自主建设的高世代面板线。截至 2012 年 3 月，公司拥有员工 3200 余人，其中技术、研发、管理人员超过 1000 人。

2、2011 年企业发展情况

深圳市华星光电技术有限公司于 2011 年 7 月至 8 月试产，其主要产品为 26 英寸、32 英寸、46 英寸以及 55 英寸液晶面板，设计产能为每月 10 万张，年产约1400万块。华星光电第8.5代液晶面板生产线项目于2011年7月投产并于9月份实现量产，此举将彻底改变我国平面显示产业“缺芯少屏”的现状。目前公司实现月产玻璃基板约2万张，预计2012年底达到月产10万张的规划目标。为支持TCL公司第8.5代液晶面板项目（华星光电）的建设，深圳市财政委员会、深圳市引进高新技术重大项目领导小组办公室于2011年中旬同意向公司下达高世代液晶面板项目专项资金2000万元。是目前深圳市政府建市以来单笔投资额最大，也是深圳市政府重点推动的项目。2012年3月，华星光电自主研制的全球最大110寸四倍全高清3D液晶显示屏“中华之星”，于3月9日在北京正式发布，展示了华星光电在“集成创新”的道路上所取得的又一重大创新成果，奠定了依靠自主创新的华星光电在国内平板显示行业的领先地位，并具备了比肩世界一流企业的创新潜力。这标志着我国显示器时代往前迈出历史性一步，实现了中国视像行业先进显示技术的历史性突破，使中国继日韩后成为掌握自主研制高端显示科技的国家。

（四）维信诺公司

1、企业简介

维信诺公司是基于清华大学有机发光显示器（Organic Light Emitting Display，简称OLED）技术成立的，集自主研发、规模生产、市场销售于一体的高科技企业。依托清华大学的科研实力和人才优势，经过十余年技术研发，维信诺系统掌握了OLED材料、器件、工艺和驱动等关键技术；成功开发了单色、多色和彩色OLED显示屏，OLED白光照明器件及OLED柔性显示器件；成功开发出新型电子注入技术，突破了外国专利的限制；在国际上率先采用有机无机复合技术，大大提高了器件效率和寿命。

2、2011年企业发展情况

2009至今，公司已经实现销售收入近4亿元人民币，出口创汇近3500万美元。2011年，公司营业收入达1.8亿元人民币，出口创汇1500万美元，实现税后利润2700多万元。据Displaysearch的调查数据显示，自2011年年第二季度开始，维信诺PMOLED产品出货量一直稳居全球前两位。

2002年，维信诺在北京建成中国大陆第一条OLED中试生产线。从2003年开始，维信诺OLED产品开始小批量供应市场，广泛应用于便携式消费电子、工控仪表、医疗设备等产品，还通过了严苛的使用环境条件验证，性能指标达到并超过了目前市场上的常规 OLED 产品。2008 年，维信诺自主设计的 OLED 大规模生产线在昆山建成投产，这一事件入选《科技导报》“2008 重大技术进展”。此后，维信诺大生产线产品很快进入国内国际市场，具备了 OLED 产品大批量生产和销售的能力。2009 年至 2010 年，维信诺公司相继推出了 OLED 装饰照明产品和 OLED 便携式灯具，已经实现小批量销售。2010 年，维信诺公司与昆山工研院联合成立的昆山平板显示中心建成了国内首条 AM-OLED 中试生产线，最大可生产 17 英寸的 OLED 显示屏；在 OLED 照明领域，维信诺也取得了多项技术突破，自主研发的 OLED 照明产品已经可以小批量供应市场。2011 年，维信诺 OLED 产品出货量步入全球前三位。截至目前，维信诺和清华大学已申请国内外专利 300 余项。维信诺与清华大学还是 OLED 国际标准的重要参与者和 OLED 国家标准的主要制定者。截至 2011 年年底，维信诺已申请国内外专利 370 项，其中发明专利 295 件（国内 256、国外 39 件）。维信诺与清华大学还是 OLED 国际标准的重要参与者和 OLED 国家标准的主要制定者，负责制定完成了 OLED 国际标准一项、国家标准 3 项。

（五）中电熊猫信息产业集团有限公司

1、企业简介

2007 年 5 月 15 日，中国电子（CEC）会同江苏省国信集团、南京市国资委，根据国务院《关于推进国有资本调整和国有企业重组的指导意见》，组建中电熊猫信息产业集团有限公司。公司注册资本 34.48 亿元人民币。主要投资企业为熊猫电子集团有限公司、南京中电熊猫液晶显示科技有限公司、南京长江电子信息产业集团有限公司、南京华东电子集团有限公司、南京三乐电子信息产业集团有限公司、南京金宁电子集团有限公司、南京科瑞达电子装备有限责任公司、南京中电熊猫贸易发展有限公司、南京中电熊猫置业有限公司、南京中电熊猫物业管理有限公司、南京中电熊猫照明有限公司、廊坊中电熊猫晶体科技有限公司、南京中电熊猫家电有限公司等二级企业。

2、2011 年企业发展情况

中电熊猫集团现有员工 4.3 万人，其中核心企业现有员工 2.28 万人。截至到 2010 年底，公司总资产 200.81 亿元，净资产 81.07 亿元。2010 年，中电熊猫集团实现营业收入 320 亿元，利税 12.6 亿元；核心企业实现营业收入超过 100 亿元，利润总额 3 亿元。

公司主要有电子装备、电子元器件，消费类电子（液晶显示）和现代服务业四大业务板块，涵盖了通讯、雷达、电子对抗、工业自动化装备、城市轨道交通系统、元器件、显示器件、数字家电、贸易、房地产、物业等产业。中电熊猫拥有实力较强的科研开发机构，所属企业共有国家级技术中心 4 个，省级工程技术研究中心 7 个，市级工程技术研究中心 7 个，博士后工作站 4 个，国家级计量检测中心及实验室 6 个，省级计量检测中心 2 个。在高新电子装备、真空电子器件、SMD 石英晶体、触控面板等业务领域的科研水平整体处于国内领先地位，部分技术达到国际先进水平。

（六）昆山龙腾光电有限公司

1、企业简介

昆山龙腾光电有限公司（以下简称“龙腾光电”）成立于 2005 年 7 月 12 日，位于国家级昆山经济技术开发区、国家级光电产业园内。由昆山经济技术开发区资产经营有限公司与龙腾控股有限公司共同出资组建，投资总额 15.69 亿美元，中方控股 51%，是中国第三座从事五代线液晶面板产品的研发、生产和销售的高新技术企业。

2、2011 年企业发展情况

龙腾光电目前产能为 11 万片 / 月以上的玻璃基板处理能力，是国内最具生产规模的五代线 TFT-LCD 生产企业。公司员工总数约 5000 人，其中本科以上学历占 70% 以上，同时拥有来自日本、我国台湾的 TFT-LCD 专业技术精英及国内一大批产业研发、生产管理人才。

龙腾光电汇集了众多具五代线研发、生产及管理经验的海外干部，拥有着研发中心的自主先进技术和先进企业高效率的管理、制造模式。集两者优势于一身，以全球市占率 10% 的长期目标，同步开展台式显示器、笔记本电脑、及液晶电视所需面板的研发及制造，为全球市场提供更多样化的产品选择。龙腾光电本着沟通、融合、传承、创新、领先的理念持续的追求成长，始终致力于自主技术与核心专利的研发，引进消化吸收再创新，制定知识产权战略发展规划，积极从事专利申请、将专利申请数视为绩效评核标准，不断创造企业自主知识产权。以较大的研发资金投入构建科研技术平台，于2007年12月18日获准成立江苏省薄膜晶体管液晶显示工程技术研究中心，此外，于2008年3月25日获批成立江苏省（龙腾）平板显示技术研究院，全力打造中国自有的液晶产业，成为中国液晶显示面板的领航者。

（七）深超光电（深圳）有限公司

1、企业简介

深超光电（深圳）有限公司（以下简称“深超光电”），由深圳市政府国资委下属深超科技投资公司（土地入股）与富士康科技集团（设备,厂房,技术和管理）合资，公司汇聚中国台湾光电产业的业内人士（全部管理层为台湾人，且是富士康集团转调人员）,致力于笔记本电脑、PC显示器及液晶电视机等产品的A-Silicon /Poly-Silicon TFT-LCD显示面板的研发及制造，是国家十一五规划和863计划重点发展及地方政府重点扶持的高科技项目。

2、2011年企业发展情况

继京东方、上广电、龙腾光电之后，深超光电项目即中国内地第四条5代TFT-LCD生产线，也是珠三角地区第一条中大尺寸液晶面板生产线，已于2008年第四季度投产。这一项目的建成投产，结束珠三角地区没有中大尺寸液晶面板生产线的历史，包括深圳在内整个珠三角地区的平板显示产业将迎来新的发展时期。深超光电项目会促使大量的平板显示上游企业以及为项目提供相关原材料及服务的企业来深圳投资建厂，从而进一步增强深圳平板显示产业的积聚效应。根据初步估算，深超光电项目年产值将达30亿美元，年拉动上下游配套产业产值约150亿美元。

深超光电生产线总投资15亿美元，初期月产玻璃基板6万片，未来可扩展至12万片。深超光电主要面向17英寸~19英寸显示器市场，产品定位于笔记本电脑、PC显示器及液晶电视用显示面板，以代表产品19英寸面板产品计算，该生产线年产液晶显示面板约800万块。

（八）芜湖长信科技股份有限公司

1、企业简介

芜湖长信科技股份有限公司（以下简称“长信科技”）系2000年4月10日成立的中外合资高新技术企业，2006年1月整体变更为芜湖长信科技股份有限公司，2010年在创业板上市。长信科技通过ISO9001质量管理体系、ISO14001环境管理体系、TS16949管理体系和SONY绿色伙伴认证，并荣获安徽省外商投资先进技术企业、出口创汇和经济效益“双优企业”、安徽省民营企业200强企业、安徽省民营企业出口创汇50强企业和安徽省信息工作先进集体等诸多荣誉。

2、2011年企业发展情况

截至2011年12月31日，长信科技注册资本2.51亿元，净资产12.8亿元，总资产14.95亿元，员工人数1，276人。2011年营业总收入5.89亿元，同比增长21.99%。利润总额为1.78亿元，同比增长29.55%。2011年，长信科技的研发大楼投入使用，一条“触控面板用ITO导电玻璃生产线和一条高档STN生产线分布投入使用并满负荷生产。

长信科技自成立以来一直从事高技术含量和高附加值的电子显示材料ITO导电膜玻璃的研发生产经营。经过近十年的发展，长信科技已成为国内重要的平板显示关键基础材料生产基地。长信科技年产销各类ITO透明导电玻璃3千万片，市场份额为20%以上，生产经营规模在国内同行业位居前列，也是国际ITO透明导电玻璃行业的龙头企业之一。

长信科技是国家级火炬计划重点高新技术企业、安徽省高新技术企业、安徽省创新型试点企业、安徽省真空薄膜材料与技术“115”产业创新团队和“安徽省真空薄膜材料工程技术研究中心”的依托单位。近三年公司科技成果转化共计近二十项，全部实现了产业化生产；承担多项部、省级科技计划和产业化项目；获得安徽省科技进步三等奖3项，芜湖市科技进步一等奖1项、二等奖3项。长信科技2011年共申请专利8项，其中发明专利4项、实用新型专利4项；2项实用新型专利获授权专利证书。

六、光伏产业重点企业

（一）尚德电力控股有限公司

1、企业简介

无锡尚德太阳能电力有限公司是集晶硅太阳能电池、薄膜太阳能电池、组件以及光伏发电系统集成的研究、制造、销售、服务于一体，以自主创新为核心的高新技术企业、国家创新型企业。2005 年 12 月 15 日（纽约时间）在美国纽约证券交易所挂牌上市，成为中国大陆首家在国际主流资本市场上市的民营高科技企业。

2、2011 年企业发展情况

自公司 2001 年成立至今，生产能力与日俱增，2009 年，尚德完成产量近 700MW，同比增长达到 39%；纳税销售收入超 200 亿元，利税 18 亿元。2010 年无锡尚德光伏组件出货量达到 1585MW，产能突破 1800MW，收益额达到 29 亿美元，跻身世界光伏前三强，电池组件生产能力跃居世界第一。到 2010 年底，其产品的全球市场占有率达 5.8%，具有良好的银行信用等级。2011 年，尚德电力电池和硅片产能分别达到 2.4GW 和 1.6GW，虽然受全球光伏组件价格急剧下跌的影响，尚德第四季度销售情况欠佳，同比下跌 33%，但全年出货量仍达到 2GW，平均毛利率 12.3%，净收入为 31.5 亿美元，全年销售亏损 6.33 亿美元，平均每股收益 –5.58 美元。到 2011 年底，资产总额 45.5 亿美元，负债总额 35.8 亿美元，净收入 31.5 亿美元，同比下降 33%；净利润由前一年的 3.58 亿美元，转为净亏损 1.369 亿美元；营业亏损 6.33 亿美元，亏损率为 20.1%。

受全球光伏市场寒潮影响，进入 2011 年，尚德营业情况开始大幅下滑，第四季度较第三季度有所回升，实现净收入 6.29 亿美元，同比下跌 33%，毛利率同比下跌 62%，营业利润同比下跌 153%，亏损 5230 万美元。但全年尚德光伏出货量仍达到 2096 MW，同比增长 33%，产能突破 2400 MW，以出货量计算，在国际光伏行业内已经成为真正的世界第一。预计 2012 年，出货量将达到 2.5GW。

图61　2005年-2011年尚德太阳能电池产能和产量情况

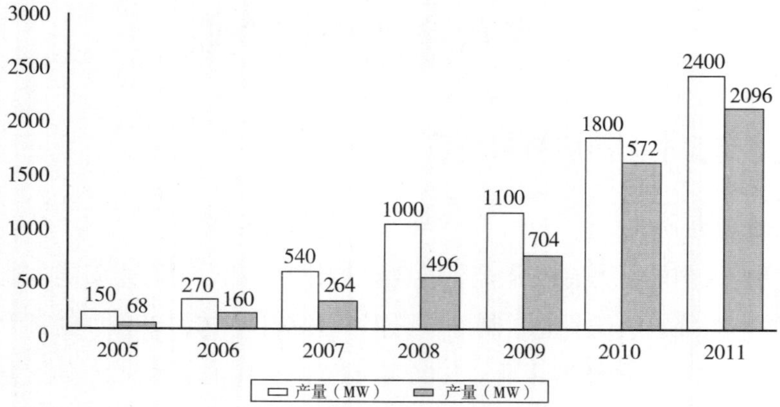

数据来源：CPIA，2012 年 4 月

无锡尚德拥有自主知识产权的国内外授权专利 115 项，在国内外光伏能源技术领域学术期刊发表上百篇论文，获得国家科技进步奖二等奖、国家创新型企业称号等数十项省部级以上荣誉。尚德电力的产品以晶硅电池及组件为主，其单晶硅和多晶硅太阳能电池转换率分别高达 18% 和 16.53%，最近冥王星技术又进一步将转换率提高到单晶 19% 多晶 17.2%。而晶硅电池产品的平均售价也由 2009 年的每瓦 2.4 美元降至了 2010 年的每瓦 1.82 美元。预计 2011 年，尚德的产品销售均价将会下降 17-20%。另外，公司硅片 / 组件的非硅类生产成本在 2010 年达到每瓦 51 美分，其总裁施正荣博士表示，尚德的目标是要在 2012 年将非晶类成本下调至 45 美分以下，同时在今年内将硅片成本由 25 美分（内部设备满负荷运转）下调至 22 美分以下。

技术方面，无锡尚德在第一代高效低成本晶硅太阳能电池技术开发与产业化应用方面不断取得新的突破，尤其是近年自主开发的具有原创意义的太阳能电池 Pluto 技术、高效太阳能电池工艺设计和产业化制造技术，克服以往国际实验室及商用高效电池结构设计工艺繁复、成本过高等致命缺点。2008 年，无锡尚德承担了江苏省科技成果转化项目——高效低成本 P 型太阳能电池 Pluto 技术与关键设备研发及产业化，Pluto 技术的推广应用使无锡尚德生产的 125 多晶硅和 125 单晶硅 Pluto 电池产业化平均转换效率分别达到了 17.2% 和 18.8%，并在当时刷新了 125 多晶硅组件转换效率世界纪录 16.53%（仅按电池的采光面积计算），这一效率远远高于之前所有的纪录。目前，Pluto 技术已投入规模化生产，建成 2

条 Pluto 电池专用生产线，形成年产 125 单晶硅 Pluto 电池 60MW 的产能。Pluto 组件累计销售 43.6MW，销售额 5.8 亿元，出口创汇 4831 万美元。其中，江苏省科技成果转化项目的实施为本项目的实施奠定了良好的技术和产业化基础，为本项目的顺利实施提供了保障。

尚德拥有一流的研发团队和国家级企业技术中心，有来自澳洲和美国近十名光伏技术专家为核心的国际一流的研发团队，企业技术起点高，发展模式与众不同。在短短几年的时间内，尚德发展成为产业规模位居全球第一，技术水平国内领先、国际先进的品牌企业。另外，尚德十分重视研发队伍的建设，江苏省（尚德）光伏技术研究院的成立就是一项重要成果。几年来培养和引进了大批的科技人才，人才队伍进一步优化，目前从事研发科技人员 511 人，博士 11 名，硕士 38 名。从事的专业技术领域包括太阳能电池工艺技术和设备技术、硅材料、太阳能电池器件物理、检测与理论模拟、机电一体化等方面。

2008 年尚德被认定为国家级企业技术中心；同年，在“江苏省光伏能源工程技术研发中心”的基础上又承担了江苏省重大科技基础建设项目—“江苏省（尚德）光伏技术研究院”的建设任务。目前，尚德研究院已取得了令人瞩目的成绩，建有国际一流的化学实验室、物理实验室、光刻实验室、扩散实验室、镀膜实验室、激光实验室、检测分析室等实验室，配置了国际一流的研发和试验检测设备；建成 20340m^2 的研发场所，并拥有技术处于国际先进水平的中试生产线，研发和试验检测仪器设备五百余台，其中大型仪器设备一百余台。

产品方面，无锡尚德在第一代晶硅太阳能电池、第二代硅薄膜电池高端产品及第三代量子点超高效太阳能电池的基础研究方面也开展了大量工作、积累了丰富经验并取得了重要技术进展，先后承担了省级以上科技项目 26 项。

（二）天合光能有限公司

1、企业简介

常州天合光能有限公司成立于 1998 年，是由天合光能有限公司投资成立的外商独资企业，当时属于中外合资企业。2006 年 4 月，常州天合光能有限公司变更为由天合光能有限公司（TrinaSolarLimited）投资设立的外商独资企业。随着天合光能有限公司对常州天合光能有限公司的几次增资，常州天合光能有限公司目前的注册资本为 42000 万美元，2011 年资产总额 28.77 亿美元、债务总额 17.3

亿美元，亏损 3782 万美元。

天合光能是目前拥有相对完整产业链的为数不多的光伏厂家之一，产品涵盖了硅棒、硅片、电池和高品质组件的安装。天合光能已经与瑞士、意大利、德国的领先设备供应商达成了长期合作关系，这些合作伙伴为天合光能提供最先进的技术和生产设备，为客户提供更清洁、更可靠的太阳能质量保证和解决方案。天合光能的国际化发展趋势主要体现在公司在巴塞罗那、慕尼黑和上海分别设立了办事机构，同时在欧洲各主要市场有常驻的销售经理，为客户提供及时有效的专业服务。此外，天合光能为亚洲、欧洲和北美洲的客户提供售后技术支持。

2、2011 年企业发展情况

常州天合光能有限公司 2011 年资产总额 28.77 亿美元、债务总额 17.3 亿美元，亏损 3782 万美元。天合光能是目前拥有相对完整产业链的为数不多的光伏厂家之一，产品涵盖了硅棒、硅片、电池和高品质组件的安装。天合光能已经与瑞士、意大利、德国的领先设备供应商达成了长期合作关系，这些合作伙伴为天合光能提供最先进的技术和生产设备，为客户提供更清洁、更可靠的太阳能质量保证和解决方案。天合光能的国际化发展趋势主要体现在公司在巴塞罗那、慕尼黑和上海分别设立了办事机构，同时在欧洲各主要市场有常驻的销售经理，为客户提供及时有效的专业服务。此外，天合光能为亚洲、欧洲和北美洲的客户提供售后技术支持。

常州天合光能有限公司是光伏产业全球领导者之一。2011 年，太阳能电池和组件的实际销售量已超过 1.5 GW，全球市场占有率由 3.3% 增加到 6.5% 左右，增幅远远超过同行业，在关键技术指标（硅料用量 / 瓦）方面，也带动国内企业超越了欧洲企业水平，公司目前市值 5.65 亿美元。

2009 年，天合太阳能光伏组件销量达到 399MW，总销售收入为 8.451 亿美元。2010 年光伏组件销量达到 1060MW，总销售收入达到 18.6 亿美元。截至 2011 年底，公司共有电池片和光伏电池组件生产线 50 条，产量分别为 1.55GW 和 1.7GW，产能均达到 1.9GW，硅锭和硅片产量分别为 978MW 和 971MW，产能均达到 1.2GW。预计 2012 年底，电池片和组件产能都将达到 2.4GW。同时，公司计划将在 2011 到 2013 年间共投资大约 8 亿美元在常州天合光伏产业园进行公司产能扩张和研发工作。

图62 天合光能2008-2011年产能发展情况

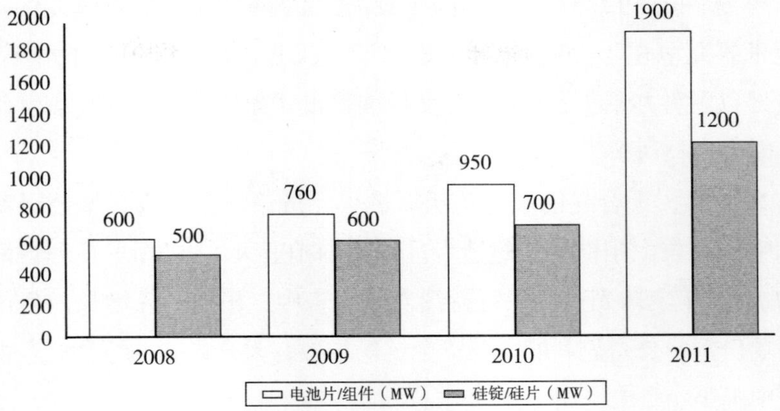

数据来源：CPIA，2012 年 4 月

在垂直一体化的创新技术模式下，公司取得了卓有成效的创新成果。2010 年单晶组件推出“高迈”Quadmax 新产品，电池效率最高达 19.5%，72 片组件功率达到 211W（德国 TUV 和 ISE 第三方测试结果），技术水平世界前三、中国第一。同年，多晶体组件实验室达成电池效率最高 18.3%，组件功率达成 257.2W（TUV 第三方权威测试等同 2010 年 9 月德国世界纪录 258W）。组件效率达到 15.7%，超过“冥王星”15.6% 组件效率。

到 2011 年底，天合在测试生产线中生产的多晶硅和单晶硅电池效率已分别达到 18.1% 和 19%，而这一数据在 2009 年则分别是 17.5% 和 18.8%，而实验室效率已分别达到 19.6% 和 19.9%。2012 年其测试生产线中生产的多晶硅电池效率有望达到突破性的 20%。目前天合与新加坡太阳能研发所（SESRI）携手研发细胞接触背面印刷高效率太阳能电池，增加暴露在阳光下的前表面面积，已实现实验室转换效率 18.8%，天合光能预计未来三年内可完成该项目 21.5%的生产效率和和 23.5%的实验室测试效率。在 2011 年第四季度，天合从硅料到组件的非硅成本已从年初的 0.73 美元 / 瓦降到约为 0.64 美元 / 瓦。

近五年来，在各级政府的支持下，公司共承担完成“光伏与风力发电商业化技术开发”等 17 个项目，取得了一系列重要成果。公司十分重视专利工作，截至到 2011 年 12 月 31 日，公司在国内共拥有有效专利 252 件，专利应用 330 项，光伏同行业国内第一。同时，科研成果转化率达到了 80%，不仅造就了太阳能光伏龙头企业，而且成功应用于多项国家重大示范工程，为科技型企业的发展起到了很好的示范作用。公司是国家“高新技术企业”具有良好的科技创新平台优势，2007年江苏省科技厅以苏科技【2007】227号文批准设立“江苏省光伏垂直一体化工程技术研究中心”；2009年批准设立了“江苏省企业院士工作站”；2010年国家科技部以国科办基【2010】2号文批准建设“光伏技术国家重点实验室（常州天合光能有限公司）”。

2011年1月，天合光能成为达沃斯世界经济论坛全球成长型公司新能源行业首位和唯一一位太阳能行业塑造者。在美国柏亚天（PRTM）管理咨询公司最新出版的2010年全球光伏产业可持续发展报告中，根据收入增长，公司领导者地位、市场份额、公司盈利能力及资金链等指数，天合光能的综合竞争力排名全球第二、中国第一。

（三）英利绿色能源控股有限公司

1、企业简介

英利集团创建于1987年，是目前中国最大的从硅材料、铸锭、切片、电池、组件到光伏应用系统的完整垂直产业链企业、国家重点高新技术企业、国家创新型试点企业。掌握从硅材料、晶体硅生长、切片、太阳电池、光伏组件到光伏应用系统的各个环节的研发和生产能力。

1999年公司承担国家高技术产业化示范工程——多晶硅太阳能电池及应用系统示范项目，总投资15700万元，成为我国首条具有国际先进水平的多晶硅太阳能光伏产品示范生产线。2003年12月一期项目通过国家验收，到2004年5月一期工程全面投产，填补了我国不能商业化生产多晶硅太阳能电池的空白。2004年12月投资4亿元启动了二期扩建工程，2006年二期工程建成投产，形成了铸锭、硅片、电池、组件100兆瓦的产能。在国际光伏产业快速发展同时，公司抓住机遇，于2006年4月29日启动了投资33亿元、占地500亩的500兆瓦光伏产业园工程，英利在多晶硅铸锭、硅片、光伏电池片和光伏电池组件等环节的产能均已达到600兆瓦。2009年7月27日，四期600兆瓦扩建工程奠基。2010年7月8日，公司在海南总投资12亿元的一期年产100兆瓦多晶硅太阳能电池完整产业链项目正式投产。同时，集团公司还于2011年3月启动了天津、衡水异地建厂的工程。预计到十二五末，整个集团公司产能将达6.5吉瓦。

2007年6月8日，在美国纽交所成功上市，在国际市场上树立了

YINGLISOLAR（英利太阳能）的良好形象。公司在国内有北京、上海、成都、西藏、兰州、广州等分公司和办事处，在全球设有包括美国、德国、西班牙、意大利、希腊等地的分公司或工厂。目前，公司总资产 43.67 亿美元，2011 年销售收入 23.3 亿美元，营业亏损 4.3 亿美元，员工 18000 人。

2010 年，英利成功赞助南非足球世界杯，成为首家赞助世界杯足球赛的中国公司及可再生能源公司。世界杯期间，英利股价涨幅达48.6%，总市值增加了6.12 亿美元。藉此，英利的品牌知名度得到进一步提升。

2、2011 年企业发展情况

英利 2009 年创造销售收入 80 亿元，出口创汇 10.3 亿美元，利润 7.4 亿元；2010 年创造销售收入 127.8 亿元，出口创汇 10.6 亿美元，利润 20.9 亿元，一直保持着跨越式的增长势头。但受国际光伏市场寒潮影响，2011 年营业额 23.3 亿美元，营业亏损 4.3 亿美元。2011 年，英利 700MW 扩产项目完成，公司太阳能电池片、组件、硅锭、硅片产能分别达到 1.7GW，全年电池及组件总产量 1.638GW，另有 750MW 扩产项目正在海口、天津、衡水、保定建设，预计 2012 年底总产能将达到 2.45GW。英利 2005 年至 2011 年的太阳能电池组件产量情况如下图所示。

英利在 2010 年第四季度获得了"金太阳工程"272MW 光伏项目中大约 70% 的光伏产品供货资格，相关产品的交付主要集中在 2011 年下半年完成。英利 2011 年全年的光伏产品发货量为 1603.8MW，较 2010 年增长 51.1%，实现销售收入 23.3 亿美元。通过不断发展创新，英利在国际太阳能主流市场树立了良好信誉，成为国际太阳能光伏市场最具竞争力的制造商之一，并形成了完善的国内外销售网络。公司以独资、控股、参股、工程承包、技术服务等多种方式，积极开拓国内外市场，不断扩大公司产品市场。目前，英利已先后在美国、德国、西班牙、法国、意大利、希腊、新加坡成立了海外分公司，在西藏、海南、山东、昆明、北京、上海、苏州、广州、兰州、天津等地建立了国内分公司。其中海南、西藏、北京等几个大型分公司已形成了从光伏产品生产、技术研发、工程安装到维修服务的基地。欧洲是英利最大的光伏产品消费市场，2011 年的总营收主要部分仍来自欧洲。预计这一份额将由于其德国市场的销售份额的大幅降低而逐渐减少。英利也在积极开拓美国和中国市场，英利在 2010 年第四季度获得我国"金太阳工程"272MW 光伏项目中大约 70% 的光伏产品供货资格。

图63　2005-2011年英利集团组件产量增长情况

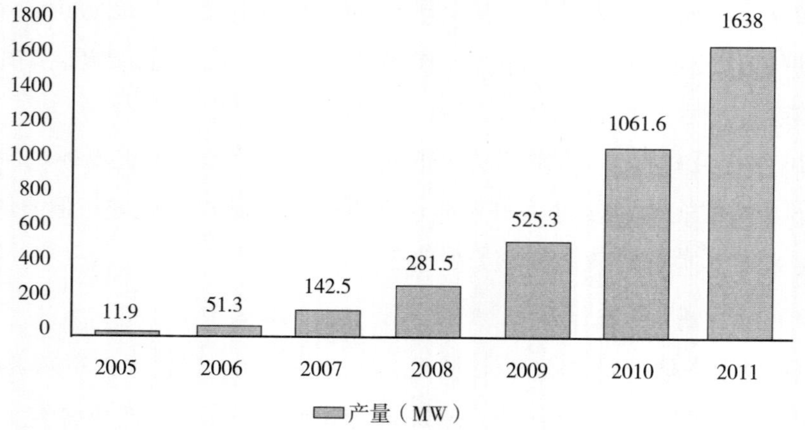

数据来源：CPIA，2012年4月

2011年，英利集团公布其应用“PANDA”技术生产的单晶硅电池转换效率在大规模生产上的平均转换效率已达到了19%，实验室电池效率则达到了20%。英利集团在产品生产中的非硅成本呈现出了逐年稳步降低的趋势。2008年单位非硅成本是0.92美元，2009年降至0.81美元，2010年下降到了0.74美元，而2011年第四季度则继续下降到了0.64美元/瓦。英利从而跟天合一起成为产品非硅成本最低的光伏厂商。公司于2011年3月启动了天津、衡水异地建厂的工程。预计到十二五末，整个集团公司产能将达6.5吉瓦。

从1998年进入光伏行业以来，英利集团一直将技术创新作为提高自身核心竞争力的根本手段，积极投入研发，建有多个国家和省级的研发平台。目前英利集团拥有“光伏材料与技术国家重点实验室”、“河北省光伏工程技术研究中心”、“河北省企业技术中心”、“企业博士后科研工作站”，“院士工作站”等科技创新平台。公司研发中心拥有专职研发人员115人，其中引进海外高层次学术带头人5人，博士及高级职称人才占50%;在线研发人员962人，研发辅助人员1820人。

依靠对完整产业链的整体技术优化和关键环节的技术创新，英利集团的主要技术指标已经达到国际领先水平。5.6克的每瓦耗硅量远远领先于7-8克的世界平均水平；非硅成本0.8美元/瓦，为同行业最低。

“十一五”期间英利集团共有450多项科技创新项目立项，仅2010年科技创新项目就达到了150多项，平均每两天就有一项科研成果问世，主要的科技创新成果包括：

①在引进消化硅烷法基础上，自主研发新硅烷法多晶硅制造工艺。填补了我国在该项技术领域的空白，被列为科技部国家科技支撑计划和河北省自主创新重大成果转化项目。

②研发及产业化的低成本高效率“熊猫”N型单晶硅电池。“熊猫”电池代表了晶体硅太阳电池的发展方向，处于国际领先水平。目前该项目被列入国家973科技计划。

③高效率、长寿命、大容量储能技术已成为新能源产业发展的重大技术瓶颈。目前英利集团已掌握飞轮储能关键技术并拥有自主知识产权，其中已申报10项发明专利，将逐步实现商业化生产，到2015年将实现50KWH/100KW以上飞轮储能装置45万套的年生产能力。

④在同行业中率先研发成功180微米硅片切割及相应太阳电池和组件的生产技术，并实现大规模生产。以英利集团2010年1000MW光伏组件的产量计算，采用180微米硅片比传统的200微米硅片每年多产生利润2.8亿元人民币。

⑤在研发基础上设计建造了全球第一座光伏建筑一体化五星级酒店—电谷锦江国际酒店，成为我国光伏发电系统应用的示范工程。

⑥研发高性能光伏组件自动化生产及质量控制工艺与设备，生产的自动化水平居全球领先，生产过程碎片率低于1%。

⑦在整个产业链上实现清洁生产，被国家环境保护部评为光伏行业唯一的“国家环境友好企业”。

⑧“十一五”期间，英利集团共获得23项目在国家和省科技计划立项。其中国家级的科技项目包括863项目，973项目，科技部重大国际合作项目，科技支撑项目，金太阳示范工程项目等。

2011年，英利集团公布其应用“PANDA”技术生产的单晶硅电池在大规模生产上的平均转换效率已达到了19%，实验室电池效率则达到了20%。

英利集团在产品生产中的非硅成本呈现出了逐年降低的趋势。2008年非硅成本是0.92美元/瓦，2009年降至0.81美元/瓦，2010年下降到了0.74美元/瓦，而2011年第四季度则继续下降到了0.64美元/瓦。英利从而跟天合一道成为产品非硅成本最低的光伏厂商。

（四）晶澳太阳能有限公司

1、企业简介

晶澳太阳能成立于2005年5月，总部设在河北省宁晋县。由河北晶龙实业集团有限公司、澳大利亚光电科学工程公司、澳大利亚太阳能发展有限公司三方共同出资创建。晶澳太阳能有限公司主要从事于单晶硅棒、硅片，高效太阳能电池、组件的加工、制造和销售。自2006年3月投产以来，凭借强大的技术优势，迅速占领国内外部分市场，产品已经在德国、日本、韩国、美国和西班牙等国家实现批量出口，赢得了良好的声誉。

2、2011年企业发展情况

2011年晶澳公司全年营业收入3.09亿美元，营业亏损7747万美元，全年净亏损390万美元。截至2011年底，公司电池片年出货量达到1.69GW，比2010年增长15.8%，总收入17亿美元，同比下降8.7%。电池片总产能达到2.8GW；在上海奉贤拥有组件生产基地，组件产能达到1.2GW；在东海拥有多晶硅片生产基地，硅片产能达到600MW。预计2012年，公司电池片产能将维持2.8GW，而组件产能在第二季度达到1.7GW，并于年底达到2GW。

图64　晶澳太阳能2006-2011年产量发展情况

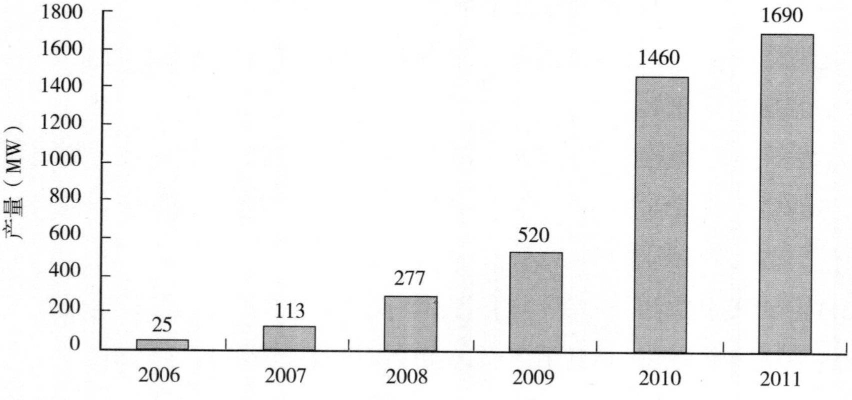

数据来源：CPIA，2012年4月

此外，位于江苏扬州的太阳能光伏科技研究中心致力于开发新一代的高效太阳能电池技术，目前已经研发出转换效率超过19.1%的单晶太阳电池以及转换率超过18.5%的准单晶太阳能电池。晶澳的晶枫高效电池生产技术获得了

2011 年由国资委和能源杂志主办的“中国能源企业高层论坛”的能源年度装备科技进步奖。产品质量在满足企业标准的基础上，达到欧美质量标准，满足 UL、CE、TUV、IEC 等一系列国际认证要求。

（五）保利协鑫能源控股有限公司

1、企业简介

保利协鑫能源控股有限公司成立于 1996 年，原本是中国保利集团旗下公司，最初的业务是经营锅炉、发电厂、电厂管理，其后收购太阳能相关业务，总部设于中国香港。保利协鑫能源于 2007 年在香港交易所上市，当前总资产 675 亿港元。

保利协鑫的光伏业务主要来自江苏中能硅业科技发展有限公司，由保利协鑫主席兼创办人朱共山先生创立，并由保利协鑫能源在 2009 年以 263.5 亿元收购，相关资产包括：太阳能光伏电力站、多晶硅与硅片生产等。

江苏中能硅业科技发展有限公司（以下简称中能硅业）目前是由协鑫（集团）控股有限公司与苏源集团、林洋集团、晶龙集团等国内外知名多家能源企业共同投资设立的中外合资经营企业，专业从事半导体元器件、太阳能电池等专用材料——多晶硅产品的研究、开发、生产和销售。公司于 2006 年 3 月在江苏省徐州市经济开发区成立。目前拥有员工人数 8000 余人。

2、2011 年企业发展情况

公司从 2006 年开始，整体引进德国、美国、日本 3 个国家的成套技术，建成世界先进的万吨电子级多晶硅生产线。通过 2 年多的建设和运行，引进、消化、吸收改良西门子法工艺，采用具有自主知识产权的氯氢化工艺，将生产过程中的副产物全部转化为多晶硅原料，实现全流程的闭路循环，环保排放和物料循环达到世界领先水平。2010 年 7 月，中能 20 万吨冷氢化技术改造项目投产。2011 年，保利协鑫的多晶硅成本为每公斤 18.6 美元，硅片成本为 0.13 美元 / 瓦。截至 2011 年 12 月，保利协鑫硅片产能达到 6500MW，预计 2012 年中期多晶硅产能将达到 65000 吨，硅片产能达到 8GW。2011 年集团年收入 255 亿港元，毛利润 4.57 亿港元，净利润 40 亿港元。

（六）洛阳中硅高科技有限公司

1、企业简介

公司目前拥有两个生产基地和一个国家工程实验室，以及一个省级研发中心。主要经营高纯多晶硅、高纯四氯化硅、高纯硅化合物产品、无水氯化氢等产品，并提供硅化合物技术服务。中硅高科是拥有自主知识产权的多晶硅生产企业，工艺技术具有能量综合利用、物料闭路循环两大特点，符合大规模、低单耗、高品质、清洁生产的发展方向。

2、2011 年企业发展情况

生产建设方面，2003 年 6 月，投资 2.4 亿元，在偃师高龙工业园建设年产 300 吨多晶硅国家高技术产业化项目，2005 年 12 月，竣工投产。2005 年 12 月，在 300 吨 / 年多晶硅项目基础上，投资 3.6 亿元，建设二期年产 700 吨多晶硅项目，2007 年 5 月建成投产。2007 年 12 月，投资 14 亿元，在洛阳市洛龙工业园建设三期年产 2000 吨超高纯多晶硅集成新工艺高技术产业化项目，2008 年 12 月建成投产。公司 2007 年 12 月 18 在洛阳市洛龙区三期工程的基础上开工建设，四期年产 2000 吨多晶硅工程，2010 年建成投产，目前中硅公司已经形成年产 5000 吨多晶硅的能力。中硅高科目前正在进行 5000 吨技改扩建项目，计划 2011 年底投产，届时产能将达到 10000 吨。

洛阳中硅 2005 年投产的 300 吨多晶硅项目，是国内采用完全自主知识产权和国产设备建设的百吨级多晶硅生产线，并成功应用了 12 对棒节能型多晶硅还原炉成套装置。2007 年，洛阳中硅在国家 863 计划的支持下，在国内首次研制成功了“24 对棒节能型多晶硅还原炉成套装置”，并在年产 1000 顿多晶硅扩建项目中成功进行了应用。此外，年产 2000 吨多晶硅项目也在应用现有技术成果的基础上还应用了研制成功的新技术。为此，洛阳中硅获得了多晶硅材料制备技术国家工程实验室授牌。

目前洛阳中硅正在研发进一步降低物耗、能耗的多晶硅生产技术以及副产物回收利用技术，承担的项目有国家 863 计划重点科技攻关项目“多晶硅副产物利用关键技术研究”，“氯硅烷生产气相白碳黑技术”和“多晶硅高纯破碎技术”，充分利用已有的成熟技术和经验，降低多晶硅生产的物耗，进而降低成本，提高多晶硅产品综合竞争力，同时为保护环境提供技术支撑。

（七）江西赛维LDK太阳能高科技有限公司

1、企业简介

江西赛维 LDK 太阳能高科技有限公司于 2005 年在中国成立，是一家垂直一体化的光伏产品制造商和供应商，也是目前全球产能最高的太阳能硅片生产商和领先的高纯度多晶硅和太阳能组件制造商。为满足太阳能行业对高质量和低成本太阳能材料和解决方案的需求，公司不断扩大业务。公司于 2007 年在美国上市，目前在全球拥有员工 2.19 万余人。

2、2011 年企业发展情况

2010 年 2 月，赛维 LDK 太阳能收购 BestSolar 的硅晶组件生产厂。2010 年 5 月，马洪多晶硅生产厂完成第二批 5000 公吨生产线安装。第一批 5000 公吨生产线开始全线达产。2010 年 6 月，年硅片产能达到 2.3GW，使赛维 LDK 继续稳坐全球最大多晶硅片制造商。2010 年 8 月，赛维 LDK 太阳能在安徽合肥增设新的太阳能电池和组件生产厂。截至 2010 年底，赛维 LDK 太阳能公司实现：多晶硅产能达到了 1.1 万吨、产量 5068 吨，硅片产能为 3GW、组件为 760MW，而电池的产量也达到了 120MW。

2011 年第三季度，江西赛维 LDK 太阳能公司净销售额 4.72 亿美元，硅片出货量 292.5MW，组件出货量 192.1MW，多晶硅产量 2883 吨，电池片产量 296MW。预计 2011 年全年销售额为 22 亿美元到 22.5 亿美元，硅片和组件出货量分别为 1.55GW-1.65GW 和 550MW-650MW，多晶硅和电池片产量预计为 10000 吨 -11000 吨和 600MW-700MW。

赛维 LDK 多晶硅项目采用国际最先进的“改良西门子法”，优化整合了欧洲和美国的技术工艺，建立了国际最先进的全闭环循环系统，生产线的控制全部采用先进的分散控制系统实时监测、控制，所有的工艺成分及废弃物将全部进行回收，不仅节约了成本，而且保护环境，解决我国现有技术生产多晶硅的最大技术瓶颈。项目全部达产之后，生产成本和能耗指标处于世界领先水平，甚至优于国际主要的多晶硅生产厂商。

七、LED 产业重点企业

（一）厦门三安光电科技有限公司

1、企业简介

三安光电股份有限公司 2000 年 11 月成立，在国内最早涉足 LED 芯片制造，是目前国内成立最早、规模最大的全色系超高亮度发光二极管外延及芯片产业化生产基地，主要从事全色系超高亮度 LED 外延片、芯片、化合物太阳能电池、高倍聚光光伏产品等的研发、生产与销售。三安光电是国家发改委批准的“国家高技术产业化示范工程”、国家科技部认定的“半导体照明工程龙头企业”。承担国家“863”、“973”计划等多项重大课题，并拥有国家级博士后科研工作站及国家级企业技术中心。

2、2011 年企业发展情况

三安光电 2011 年度实现营业总收入 17.47 亿元，同比增长 102.56%，实现营业利润 5.22 亿元，同比增长 79.24%，实现净利润 9.36 亿元，同比增长 123.29%。三安光电与地方政府合作紧密，获得地方政府支持力度加大。公司获得与收益相关的政府补助有科技三项财政补贴、财政贴息补助、高倍聚光太阳能销售补贴、科技进步奖、优秀产品奖等各项奖励、厦门市国家、省引才计划入选者工作生活补助经费，合计 7.986 亿元。与资产相关的政府补助，有 MOCVD 设备政府补助、日芯光伏购买设备政府补助、企业技术中心创新能力建设项目政府补助、三基色 LED 照明红光大功率倒装芯片开发及产业化项目政府补助（购置设备），约 3989 万元。

表 25　2008-2011 年三安光电营收状况

	2011年	2010年	2009年	2008年
营业收入（万元）	174731.20	86261.08	47029.38	21316.11
营业利润（万元）	52190.74	29118.54	14888.92	6197.12
营业外收支净额（万元）	84460.07	25373.50	5579.19	0.41
利润总额（万元）	136650.81	54492.04	20468.11	6197.53
销售毛利率（%）	40.44	42.01	41.28	62.67

数据来源：赛迪智库根据三安光电财报整理，2012 年 4 月

3、2011年企业重点事件

与地方政府紧密合作，积极争取扶持。2011年9月与福建省安溪县人民政府签订了《三安光电安溪县蓝宝石衬底项目投资合作合同》，在福建泉州（湖头）光电产业园投资从事蓝宝石衬底的研发与制造。获得福建省安溪县人民政府一系列优惠扶持措施，仅在项目土建工程开工5日内，就获得产业技术研究与开发专项基金3亿元奖励。三安光电还与泉州市城建国投公司和安溪县国投公司签定了《LED应用产品销售合同》，从三安光电采购大功率LED路灯及其他照明产品，总额16亿元。与淮南市人民政府签定的《关于地面应用高倍聚光太阳能发电系统及组件项目投资合作协议》，淮南市人民政府提供补贴款5亿元购买相关生产设备。2011年10月，三安光电总投资25亿元的蓝宝石衬底项目在福建开工建设，标志着总投资150亿元、年产值500亿元以上的福建泉州（湖头）光电产业园首期正式启动。该项目每年生产规格为2寸的衬底1200万片，年产值可达26亿元。

通过垂直整合向衬底上游领域扩张。我国衬底生产还处于起步阶段，衬底材料的制作、切割等技术水平还有待提高。早进入衬底行业的企业将取得先发优势，在生产过程中会积累相关的技术，有望在大量扩产的厂商中领先一步、在衬底价格下降前获取较高的利润。三安光电作为国内芯片龙头企业，通过建立LED产品主要原材料生产基地，保证主要原材料正常供应，进一步稳定公司LED产品质量和优化生产成本，为公司发展提供有力支撑；同时凭借丰富的LED行业经验，结合公司生产特点，实施LED产、供一体化，降低生产经营风险，提高公司竞争力，强化公司在国内光电领域的龙头地位及光电领域的影响力。

4、2012年展望

三安光电的发展优势在于LED芯片和外延片生产能力、政府补贴以及融资渠道通顺。2012年三安光电将进一步扩大产能，提升盈利能力。公司全资子公司天津三安光电有限公司设备已陆续投产，通过不断改善生产条件，已获得一定经济效益。安徽三安光电有限公司（芜州全资子公司）购买的设备全部到达公司，截至2011年12月31日，安徽三安光电有限公司芜湖光电产业化（一期）项目部分设备已投产，本年度产生净利润32573.26万元。芜湖安瑞光电有限公司购买的设备已经到位，即将进入安装调试期，预计上半年可投产运行。随着天津、安徽募集资金投资项目的逐步达产，将有效解决公司产能瓶颈，有助于进一步提高市场占有率。

（二）杭州士兰微电子股份有限公司

1、企业简介

士兰微电子成立之初定位于集成电路设计，2000 年起公司战略转型，开始 IC 设计和芯片制造并重的发展模式，此后又成功跨入 LED 芯片制造领域。目前公司立足芯片设计、硅芯片制造、LED 芯片制造三大主业，从规模、质量、品牌上都已经成为国内行业领先企业之一。目前公司又在功率模块封装和 LED 封装等新的领域加大投入，并且已经取得一定进展，成为公司业务上新的亮点。2010 年 11 月公司在成都阿坝工业园成立成都士兰半导体制造有限公司，在西部组建半导体制造基地。士兰微电子旗下士兰明芯是国内主要的 LED 显示屏芯片企业，LED 芯片主要用于彩屏市场，是内资中最大的彩屏芯片供应商，市场份额仅次于日亚和科锐。公司的小功率白光芯片的光效已达 120 流明每瓦，在商用照明领域已经具备竞争力。士兰明芯生产的 LED 芯片的质量较高，价格高于同行约 10%。

2、2011 年企业发展情况

士兰微电子 2011 年营业总收入为 15.46 亿元，与 2010 年基本持平。营业利润为 1.39 亿元，同比减少 48.35%。利润总额为 1.68 亿元，同比减少 42.81%。2011 年士兰微电子实施高亮度 LED 芯片生产线技改项目，总投资 5 亿元，达产后蓝绿光 LED 芯片的生产能力将提升至 11 亿只（每月）以上。同时，大规模扩大 LED 产能，新订购买 8 台 MOCVD 解决芯片和外延片产能瓶颈，全部达成后外延产能将提高至 6 万片，2011 年外延片的自给率将由 50% 逐步提高到 70%。

表 26　2008-2011 年士兰微电子营收状况

	2011年	2010年	2009年	2008年
营业收入（万元）	154599	151882.70	95986.54	93309.58
营业利润（万元）	13864	26842.96	5947.39	278.78
营业外收支净额（万元）	2917	2498.1	1924.7	2248.36
利润总额（万元）	16781	29341.06	7872.09	2527.14
销售毛利率（%）	30.92	35.48	28.13	24.02

数据来源：赛迪智库根据士兰微电子财报整理，2012 年 4 月

3、2011 年企业重点事件

定位高端 LED 封装市场。士兰微电子将美卡乐品牌定位于高端 LED 封装市场，意在打造品牌影响力。美卡乐从事 LED 芯片封装，主要是彩屏产品，定位于能够与日亚、科锐等世界第一方阵的公司进行竞争。由于定位于高端市场，封装的价格要远高于国内同行，公司目的在于打造品牌，不急于为了收入而降价销售。在封装质量上，美卡乐的产品与国际品牌日亚并无较大差异，并开始和全球最大的 LED 显示屏厂商达科合作。

转型为在芯片制造领域具备优势的 IDM 模式。从半导体行业的发展历程看，在集成电路领域，由于制造门槛的提高，及技术的快速进步，行业正在 IDM 模式走向行业分工模式，形成 IC 设计、晶圆代工、封装测试三个环节。但是在模拟电路及混合电路领域，仍然是以 IDM 模式为主。士兰微电子经过多年的探索，建成了自己独特的制造工艺，并在 5 寸、6 寸芯片制造上具备国内最先进的工艺，成功转型成 IDM 模式，为公司后继的发展打下了良好的基础。未来其产品将不仅仅是芯片，还有成品，且计划完全采用自主芯片。

4、2012 年展望

士兰微电子上市初期是一家集成电路设计企业，但是由于公司在早期进入的是低端市场，随着国内设计公司越来越多，竞争也越来越激烈，公司在传统领域面临很大挑战。2012 年士兰微电子将继续优化设计产品线，形成自身特色。

（三）广东德豪润达电气股份有限公司

1、企业简介

德豪润达 1996 年 5 月成立于珠海，2004 年在深交所上市，主营业务是小家电。2009 年通过并购正式进入 LED 行业，开始了战略转型之路。至今已建立芜湖、大连等 6 个 LED 基地。公司的主营业务为开发、生产、销售家用电器及其配件；以及开发、生产、销售 LED 外延片、LED 芯片、LED 照明产品、LED 显示屏及安装工程等 LED 系列产品。德豪润达正在加大市场开拓力度，力争 LED 业务在公司营业收入中的比重提升到 30% 左右。

2、2011 年企业发展情况

德豪润达 2011 年实现营业收入 30.7 亿元，同比增长 18.12%。实现营业利润1.46亿元，比上年大幅增长2633.23%。实现净利润3.9亿元，同比增长100.44%。2011年，德豪润达LED业务市场开拓取得重要进展：芜湖外延片基地部分MOCVD机台顺利量产，大连芯片基地产能部分释放，使公司的芯片事业从无到有，已实现小批量对外销售；LED照明产品特别是路灯产品持续放量，通用照明产品新产品线定型上市，已开始搭建国内外销售渠道。2011年，德豪润达的芜湖子公司与美国Veeco公司、德国AIXTRON AG公司分别签署的70台、30台MOCVD设备的采购合同将在年底之前分批交货，芜湖德豪润达已到货MOCVD设备48台，其中12台已调试完成开始量产，其余设备正处于安装调试过程中，2012年，产能将持续扩大，公司的转型之旅正稳步向前。

表27　2008-2011年德豪润达营收状况

	2011年	2010年	2009年	2008年
营业收入（万元）	306548.07	259529.38	192183.29	252253.44
营业利润（万元）	14574.34	533.23	7390.14	–6950.57
营业外收支净额（万元）	30614.68	26058.27	1883.11	—
利润总额（万元）	45189.02	26591.50	9273.25	–6240.08
销售毛利率（%）	38.40	20.87	21.33	13.79

数据来源：赛迪智库根据德豪润达财报整理，2012年4月

3、2011年企业重点事件

LED全产业链投资。豪德润达在LED全产业链（外延片、芯片、封装、应用产品）的投资上，已经取得了实质性进展和成果，公司计划购置150台套MOCVD及其配套研发检测和生产设备，达产后将形成年产180万片4英寸LED外延片的产能，将新增年税后利润15.87亿元。截至2011年底，德豪润达在LED产业中将投入50亿元，凭借全产业链中仅次于于三安光电的大规模投入，伴随着芜湖基地的投入使用，发展前景值得期待。

依托LED产业发力国际市场。2011年10月，德豪润达正式发布公司的全球化品牌与市场战略，并推出公司新研发成功的大功率芯片及创新性照明产品。为加快拓展国际市场的步伐，德豪润达与世界500强企业之一的瑞典伊莱克斯公司进行品牌的合作。德豪润达发布的两款LED新产品，一款是拥有自主知识产权的大功率LED芯片，另一款是依托专利风管散热系统的新型LED照明产品。LED大功率芯片的核心参数为4545/350MA和110lm/w，拥有完全自主知识产权，

成为其进军 LED 上游外延片、芯片产业的标志性产品。

4、2012 年展望

2012 年，德豪润达继续向 LED 产业转型升级。其在芜湖、扬州的产业基地基建全线展开，新布局了大连 LED 光电产业基地，引进了大量 LED 行业的高端人才。一方面，计划将芜湖基地的外延片、芯片实现量产，封装业务实现规模化经营，显示及照明业务实现大的提升。另一方面，积极推进大连、扬州 LED 产业基地的建设进度，力争项目 2012 年上半年内进入试生产阶段。德豪润达的芜湖子公司与美国 Veeco 公司、德国 AIXTRON AG 公司分别签署的 70 台、30 台 MOCVD 设备，已到货 MOCVD 设备 48 台，其中 12 台已调试完成开始量产，其余设备正处于安装调试过程中，2012 年，公司产能将持续扩大，转型之旅正稳步向前。

（四）厦门乾照光电股份有限公司

1、企业简介

乾照光电是一家民营高新技术企业，成立于 2006 年 2 月。公司拥有 25 台德国 AIXTRON 公司的 MOCVD 外延炉，也是目前国内最大的四元系红，黄光 LED 芯片供应商之一。乾照光电专注于高亮度四元系红黄光 LED 外延片、芯片及三结砷化镓太阳电池外延片的研发生产，掌握了四元系红黄光 LED 外延片、芯片生产的核心技术，建成了先进的四元系 LED 外延片生产线。公司四元系红光 LED 芯片产品主要技术指标处于国内领先水平，部分达到国际先进水平，是国内仅有的几家初步具备 LED 外延片和芯片工业化生产能力的企业。

现旗下 2 家公司，分设在福建厦门和江苏扬州，其中扬州子公司是目前国内最大的红黄光四元系 LED 外延、芯片生产基地。乾照光电产品广泛应用于数码、点阵、显示屏、交通信号灯等领域，其生产的高效砷化镓太阳电池外延片达到了国际先进水平，是国内空间飞行器的主电源。

2、2011 年企业发展情况

乾照光电 2011 年度实现营业总收入 3.76 亿元，同比增长 26.85%。净利润 1.77 亿元，同比增长 29.70%。在 LED 红黄光芯片行业，公司的技术优势非常明显，全球能与之竞争的对手也不多，行业结构相对比较稳定，毛利率一直能维持在较高水平。

表 28　2008-2011 年乾照光电盈利状况

	2011年	2010年	2009年	2008年
营业收入（万元）	37690.80	29713.44	19245.79	15527.61
营业利润（万元）	17784.10	14123.73	8735.74	6183.54
营业外收支净额（万元）	3131.28	2376.58	1060.83	224.19
利润总额（万元）	20915.38	16500.31	9796.56	6407.73
销售毛利率（%）	59.98	61.24	58.95	56.64

数据来源：赛迪智库根据乾照光电财报整理，2012 年 4 月

3、2011 年企业重点事件

业务发展主攻细分行业。乾照光电作为民营企业，规模较小，其发展战略定位于成为细分行业龙头。目前众多企业进军 LED 外延片 / 芯片领域，但大多企业定位于 LED 背光及通用照明市场，加快蓝绿光 LED 芯片扩产速度，而下游市场需求量持续增加的红黄光 LED 芯片产能扩充速度缓慢，出现结构性供不应求的局面，公司专攻红黄光 LED 芯片细分领域的优势得以显现。其封装后产品已经广泛应用于背光源、夜景工程等众多领域，发展成为国内四元系红黄 LED 芯片和 GaAS（砷化镓）光伏芯片制造的龙头企业。尽管乾照光电和三安光电、士兰微电子等企业属于同一行业，但是三家公司所生产的产品有所差别。其中，士兰微以蓝绿光产品为主，乾照光电主攻红黄光，而三安光电产品链覆盖全色系，但仍然以黄绿光为主导产品。乾照光电生产的黄光 LED 芯片产品，刚好和蓝、绿光线错开，属于价格与技术上更显优势，中低端产品，使其毛利率得以持续保持 60% 左右高位。

采用重技术轻产能战略。虽然乾照光电起步较晚，但是公司的研发实力却沉淀已久，乾照光电在 5 年时间内已经成功的完成了核心技术的积累和升级。2011 年公司 MOCVD 设备仅有 25 台，与包括三安光电、士兰微在内的国内重点 LED 企业不低于 240 台的 MOCVD 外延炉相比，这样的规模在行业中并不算突出，但是，乾照光电将设备从开始进行安装调试到实现满负荷生产的平均周期最大缩短至 5 天，远远优于行业平均水平。在高亮度四元系红、黄光 LED 芯片的生产方面，国内绝大多数企业均处于空白阶段，而乾照光电已经研发出了最高可达到 200mcd 的超高亮度标准芯片，达到国际先进水平；而在三结砷化镓太阳能电池

外延片方面，乾照光电的电池产品更是达到了35%-39%左右的光电转化效率。公司高亮度四元系红、黄光LED芯片产品由于产能的限制，只能满足下游核心客户50%的需求，随着未来产能的扩大，发展前景良好。

4、2012年展望

乾照光电是目前国内极少数同时生产四元系LED外延片和芯片及空间用三结砷化镓太阳能电池外延片和芯片的企业，这种基于MOCVD外延炉设备，形成了“四元系红黄光LED外延片和砷化镓太阳电池外延片”极具竞争力的半导体光电产品组合，不仅有利于持续技术积累，提高设备管理效率，而且大大降低了市场波动给企业带来的经营风险。2012年，乾照光电将扩大产能、拓展市场。通过“无荧光粉LED外延生长技术研究（2011AA03A112）”项目的实施，公司将获得高光源品质照明用芯片并在通用照明领域将占一席之地。公司在厦门、扬州两地实施高亮度四元系LED外延片及芯片项目，引进了以德国AIXTRON特定型号的MOCVD外延炉为主的外延设备和配套芯片设备，项目满产后将使公司每年新增189亿粒四元系红、黄光LED小芯片和5亿粒功率型四元系红光LED芯片生产能力，在进一步扩大其在四元系红、黄光LED芯片规模优势的同时，增加公司功率型四元系红光LED芯片高端产品在全部产品中的比重，调整公司产品结构、提升产品档次，扩展和延伸现有产品。

（五）佛山市国星光电股份有限公司

1、企业简介

国星光电注册于广东省佛山市，专业从事研发、生产、销售LED及LED应用产品，是国内LED封装行业龙头企业。现有主要产品为LampLED器件与组件、SMD LED器件与组件，同时也为日本三洋电波提供调谐器和锂电池电源管理器的来料加工。目前为我国大陆最大LED封装企业之一，以及国内SMD LED产量最大的封装企业，在LED封装领域已经居于国内领先地位。

国星光电是国家火炬计划重点高新技术企业，广东省优秀高新技术企业。其产品广泛应用于消费类电子产品、家电产品、计算机、通信、平板显示及亮化工程领域。国星光电是我国第一家上市的LED封装企业，在LED领域具有30多年的技术沉淀，技术水平在国内同行业中处于领先地位。器件封装方面，国星光电首创了国际上基于PCB的大功率LED器件结构，基板材料、生产工艺等方面实现了自主创新。

2、2011 年企业发展情况

国星光电 2011 年实现营业总收入 10.75 亿元，同比增长 22.58%。净利润 1.2 亿元，同比下降 17.97%。

表 29　2008-2011 年国星光电盈利状况

	2011年	2010年	2009年	2008年
营业收入（万元）	107563.89	87746.55	62791.09	56672.39
营业利润（万元）	13193.32	17159.99	13272.11	12382.61
营业外收支净额（万元）	1593.97	388.95	470.72	45.75
利润总额（万元）	14787.29	17548.94	13742.83	12428.36
销售毛利率（%）	22.14	30.73	33.43	34.81

数据来源：赛迪智库根据国星光电财报整理，2012 年 4 月

3、2011 年企业重点事件

立足封装延伸产业链，实现垂直一体化整合。国星光电作为 LED 产业链中游的封装行业龙头企业，在稳固当前封装业务的同时，开始向上下游产业链的延伸。公司具有强烈的垂直整合意愿，上下游延伸初见成效。下游方面，凭借其高质量的 LED 器件和组件产品，向下游应用进行延伸，已经在照明应用产品上有所突破，为市政工程、亮化工程等项目提供照明应用产品。在向产业链上游延伸方面，公司与 SemiLEDs 等公司合资成立旭瑞光电，从事 LED 外延、芯片生产，目前项目处于建设期。进入 LED 上游外延及芯片领域，与下游应用产品领域体现出国星光电向上下游延伸、进行产业链垂直一体化的强烈意愿，其全产业链布局已经初见端倪。

着力发展照明用 LED 器件。国星光电的 LED 照明产品以室内照明为主，如 LED 灯管，射灯等，室外产品主要是广告发光方面的光源模块。2011 年公司抓住国家支持 LED 照明市场发展的有利机遇，在研发、人力资源等投入方面加大力度，重点发展照明用 LED 器件。

4、2012 年展望

2012 年，国星光电积极拓展 LED 照明领域，培育新增长点。从目前的产品构成来看，国星光电的主营业务是 SMD LED 组件和 SMD LED 器件，主要应用于白色家电及指示型应用方面。目前，白电已经进入成熟阶段，指示型应用的

LED，在现有领域渗透率已经非常高。国星光电战略布局转向照明应用产品，积极培育新增长点。从研发、人力资源等投入都朝此方向倾斜，已斥资组建三条LED照明灯具生产线，购买一批专用设备、检测设备及可靠性试验设备，提高生产工艺水平，同时建立半导体照明灯具性能检测评估中心。项目达产后将形成大功率LED路灯3万盏/年、各种通用LED灯具100万套/年、各种亮化工程用条形灯12万米/年的生产能力，分别销售给通用照明、特种照明和景观装饰照明等领域的客户。LED芯片计划2011年底能开始试生产，2012年二季度项目第一期正式投产。

八、电子材料、元器件及仪器设备产业重点企业

（一）福建福晶科技股份有限公司

1、企业简介

福建福晶科技股份有限公司（CASTECH，简称“福晶公司”）主要从事光电子晶体材料及其器件的研发、生产和销售，其产品广泛应用于激光及光通讯领域。公司总部位于福州市区，拥有一幢现代化的8层办公和生产大楼，总面积超过10，000平方米，员工近500人。经过近二十年的不懈努力，福晶公司成为目前世界上领先的LBO、BBO、Nd:YVO4以及Nd:YVO4+KTP胶合晶体的生产商。公司发展了熔盐法，提拉法和水溶液法等多种晶体生长技术，拥有IAD，IBS，EB等多种镀膜加工工艺适应不同的应用需求。公司的检测技术和设备也处于业界领先地位，拥有Zygo，Nikon，Prism Master等多台检测仪器，与世界上主要的激光公司建立了良好的检测信息交流平台。公司2001年通过ISO9001质量体系的认证。同时公司多年来致力于品牌的建设，在世界上主要工业国家和地区都设有代理或分支机构。公司产品90%以上出口美、日、德等国家和其他美洲、欧洲、亚洲地区，被国际业界誉为中国牌晶体。其中LBO晶体在中国，美国和日本拥有晶体生长和器件应用专利。

2、2011年企业发展情况

（1）积极推进新厂房和募投项目建设：2011年公司完成了新厂区建设，并

于2011年底基本完成除熔盐生长车间以外公司主体的搬迁，解决了经营场地限制的瓶颈，为今后公司产能继续扩充提供了场地保障。随着公司新厂区的建成以及相关生产设备的引进，公司募投项目各生产线基本建成。

（2）持续保持技术创新：公司加大研发投入，全年申请专利20项，其中发明专利11项，实用新型专利9项，获得授权专利4项，其中发明专利1项，实用新型专利3项，研发中心获得福建省科技进步一等奖（企业自主创新奖）。2011年度，公司高新技术企业复审获得通过，公司参与完成的“高质量晶体元器件和模块与全固态激光技术”项目获得国家科学技术进步二等奖，同时，公司还被认定为“国家火炬高新技术企业”和“国级创新型企业”。

2011年，福晶科技实现营业收入1.92亿元，比去年同期增长3.26%，营业利润0.71亿元，同比下降1.28%，归属于母公司所有者的净利润0.64亿元，比去年同期增加5.90%。截至2011年12月31日，福晶科技的总资产达到6.88亿元，其中净资产为6.22亿元，分别比上年同期增长4.29%和4.71%。

3、2012年展望

（1）完成预定投资计划：完成新厂区扫尾工程建设和熔盐生长车间建设，优化生产线，完成非线性光学晶体元器件制造项目、激光晶体元器件制造项目、激光光学元器件制造项目、新晶体材料及器件研发中心建设项目四个募投资项目建设，同时，积极关注行业动向，争取并购或投资参股一些优质公司，扩大经营规模。

（2）重点针对非线性光学晶体和激光晶体的升级换代展开开发，同时根据市场需求趋势开展新晶体材料及器件研发，保持公司产品的领先优势。

（3）继续推进激光光学系列产品开发，加大力量拓展激光光学和通讯光学元器件产品市场。

（4）进一步降低生产成本，努力保持胶合晶体等组件、器件市场的地位。

（5）进一步开展各生产线技术改造、工艺改善项目开发，提高产品品质、生产效率、和降低生产成本。

（6）进一步推进公司质量管理体系建设，力争年内通过ISO14000评审。

随着技术的逐步成熟，激光技术将与众多新兴学科相结合，将更加贴近人们的日常生活，激光产品也将在工业生产、交通运输、通讯、信息处理、医疗卫生、军事及文化教育等领域得到更深入的应用，激光行业在2012年仍将保持比较稳定的增长势头，对其核心元器件的需求保持旺盛。预计公司在募集项目完工的带动下，2012 年的营业收入将保持增长势头，营业利润有望实现较大幅度增长。

（二）上海飞乐股份有限公司

1、企业简介

上海飞乐股份有限公司（以下简称“上海飞乐”）成立于 1987 年 9 月，是新中国最早的上市公司之一。公司总股本为 7.55 亿元，其中上海仪电控股（集团）公司占 15.2%，社会公众占 89.8%。 公司通过近二十年的稳步发展，已成为研发和制造电子元件、科学仪器、信息通信产品的高科技集团公司，主要产品有汽车电子、汽车电器、布线系统、分析仪器、电化学仪器、天平仪器、物理光学仪器、电子机械设备、无线通信设备及系统、用电管理系统等。

2、2011 年企业发展情况

2011 年，上海飞乐营业收入 13.2 亿元，比去年同期增长 14.35%，归属于母公司所有者的净利润 1.03 亿元,比去年同期下降 4.73%。截至 2011 年 12 月 31 日，上海飞乐的总资产达到 21.5 亿元，其中净资产为 12.9 亿元，分别比上年同期增长 22.5%和 12.7%。2011 年企业运行情况：

（1）汽车电子产业发展态势良好

我国汽车行业经历了两年高速增长后，2011 年，随着一系列刺激政策的退出和一些限购政策的出台，中国汽车业高速增长的态势渐渐放缓，汽车市场也趋于疲态。受此影响，以上海飞乐所属控股企业上海沪工汽车电器有限公司（以下简称“沪工汽车”）为主体的汽车电子生产企业增速也呈平缓回落态势，但总体保持平稳增长势头。2011 年沪工汽车已与一汽大众、上海汽车、北汽乘用车、观致汽车等客户提供配套，实现销售 5500 万元，成为新的增长点。2011 年，公司汽车电子板块销售收入比上年同期增长 17%。

（2）加快业务整合，提高市场竞争力

根据上海飞乐战略规划，为了重点发展汽车电子产业，2011 年，公司对三家生产经营线束的子公司进行了业务整合和调整。通过合并、托管和产品结构调整，集中精力、人力、物力和财力，加快发展汽车线束，提高生产规模。目前，汽车线束业务整合工作仍在平稳进行中。

（3）实施收购兼并，做大主营产业

为使汽车电子产业有突破性的发展，上海飞乐加快收购兼并项目的实施。

2011 年，上海飞乐收购了上海德科电子仪表有限公司（以下简称“德科电子”）97.5% 的股权。德科电子收购完成后，上海飞乐将基本形成汽车仪表、汽车电子电器，汽车线束三大业务板块，主营业务收入将有较大幅度增加，盈利能力得到增强。

3、2012 年展望

（1）继续推进战略的有效实施，继续加快收购兼并项目的实施。通过收购兼并，整合公司产业链，带动公司汽车电子产品的升级，能力的提升，市场的拓展，促进汽车电子产业的快速发展。

（2）加强科技创新，加快新技术的应用和新产品投放市场的进度，扩大市场份额。同时加快完善研发体系，加大研发投入力度，提高产品技术能级，提高综合竞争力。

（3）加强人才队伍建设，搭建统一的人才招聘、引进平台，多渠道吸纳人才。深化核心人才管理办法，留住、用好高素质人才，满足公司发展需求。

（4）继续加快非主营产业的退出，集中资源发展汽车电子产业。

（5）不断完善内控体系建设，确保内部控制制度的健全和完善，并建立长效检查、监督机制，加强责任落实，进一步提升治理水平。

（三）广东生益科技股份有限公司

1、企业简介

广东生益科技股份有限公司（以下简称“生益科技”）创建于 1985 年，注册资本 9.57 亿元，坐落在东莞市松山湖科技产业园区北部工业园和万江经济开发区，占地面积 480 亩，目前公司东莞总部职工 2500 多人。生益科技是一家由香港伟华电子有限公司、东莞市电子工业总公司、广东省外贸开发公司等几大股东投资建立的中外合资股份制上市企业。主要产品有阻燃型环氧玻璃布覆铜板(FR—4)，（含 UV 板、高 Tg 板、高 CTI 板、低 CTE 板、Anti-CAF/Q1000 板、高频板、环保板、高密度互联用板等）、涂树脂铜箔（RCC）、挠性板（FCCL）、复合基材环氧覆铜板（CEM—3，CEM—1）及多层板用系列半固化片。产品主要供制作单、双面线路板及高多层线路板，广泛用于手机、电脑、航空航天工业、通讯设备以及各种高档电子产品中。主导产品已获得西门子、三星、摩托罗拉、索尼、诺基亚、华为等众多国际知名企业的认证，形成了较大的竞争优势。

2、2011 年企业发展情况

2011 年，生益科技实现营业收入 58.77 亿元，比去年同期增长 7.12%，营业利润 5.13 亿元，同比下降 16.78%，归属于母公司所有者的净利润 4.50 亿元，比去年同期下降 15.43%。截至 2011 年 12 月 31 日，生益科技的总资产达到 67.47 亿元，其中净资产为 40.88 亿元，分别比上年同期增长 21.26% 和 54.58%。主营业务运行情况：

2011 年虽然上半年需求旺盛，但也隐藏了巨大的危机。宏观上，国际性的通胀不但使原材料成本上升，更重要的是中国经济面对巨大的通胀压力，中国政府制定了强硬的抑制通胀的措施。国家对经济发展速度的调整，也极大的影响到通讯等基础投入的不活跃，而打击房地产又影响了家电的销售，这些因素在下半年开始显现出来。受此影响，生益科技 2011 年生产各类覆铜箔板 4，572.64 万平方米，比上年同期增长 0.60%；生产半固化片 6，254.94 万米，比上年同期增长 1.80%。销售各类覆铜箔板 4，572.83 万平方米，比上年同期增长 1.41%；销售半固化片 6，247.46 万米，比上年同期增长 2.39%。实现营业收入 587，690.40 万元，比上年同期增长 7.12%；

（1）陕西生益科技有限公司生产各类覆铜箔板 808.94 万平方米，比上年同期增长 9.50%；销售各类覆铜箔板 828.67 万平方米，比上年同期增长 17.20%；营业收入为 91，905.35 万元，比上年同期增长 24.67%；

（2）苏州生益科技有限公司生产各类覆铜箔板 1，054.35 万平方米，比上年同期降低 1.96%；生产半固化片 1，999.71 万米，比上年同期增长 5.15%；销售各类覆铜箔板 1，039.21 万平方米，比上年同期降低 3.74%；销售半固化片 1，982.38 万米，比上年同期增长 3.89%；营业收入为 120，682.55 万元，比上年同期降低 0.33%；

（3）连云港东海硅微粉有限责任公司生产各种规格硅微粉 28，573.14 吨，比上年同期降低 13.96%；销售各种规格硅微粉 27，726.92 吨，比上年同期降低 8.00%；营业收入为 9，312.45 万元，比上年增长 8.89%。

在完成主营业务的生产经营外，生益科技还完成了以下工作：1）定向募集工作；2）挠性板管理架构的调整；3）按计划完成原定的投资项目；4）二十五周年厂庆；5）“企业技术中心”认证；6）组建“国家电子电路基材工程中心”。

3、2012 年展望

由于 2011 年四季度，原材料供应商普遍亏本，因此，在调整完成库存后，原材料厂家已逐步采取了减产措施。在 2012 年生益科技在原材料成本控制上将会面对两难局面，其一是国际大宗商品涨价，原材料厂家均会采取保本策略，这将极大地限制公司销售策略的应用；其二是若公司出现了一时性的需求上升，需大量补充原材料时，供应商价格策略会十分强硬，公司将会被迫承受成本上升的结果，从而蚕食公司的利润，或者限制公司的市场竞争力。

总体上讲，2012 年存在太多的不明朗因素和突变因素，要在这种环境中做好生产经营并不简单，所以，生益科技的基本态势是积极面对、谨慎处之、争取最好。

（四）横店集团东磁股份有限公司

1、企业简介

横店集团东磁股份有限公司（以下简称“横店东磁”）是 1999 年 3 月 30 日由横店集团作为发起人，联合东阳市另外四家企业法人共同发起设立的股份制企业，是一家集生产、经营、科研、技术开发及信息服务为一体的科技先导型国家大型企业、全国磁性行业的龙头企业。公司主要从事磁性电子元件的研发、生产和销售。公司是全球最大的永磁铁氧体生产企业；是我国最大的软磁铁氧体生产企业之一。“东磁”牌磁性材料为“中国名牌”产品及“国家免检产品”。“东磁”商标为“中国驰名商标”。公司被誉为“中国磁都”。主营业务包括永磁、软磁和光伏。

2、2011 年企业发展情况

2011 年，横店东磁实现营业收入 35.21 亿元，比去年同期增长 17.37%，营业利润 1.29 亿元，同比下降 69.40%，归属于母公司所有者的净利润 0.75 亿元，比去年同期下降 79.35%。截至 2011 年 12 月 31 日，横店东磁的总资产达到 41.28 亿元，其中净资产为 30.31 亿元，分别比上年同期增长 9.66% 和 10.33%。三大主营业务 2011 年运行情况如下：

（1）永磁业务：2011 年，永磁事业部深受原辅材料涨价、货币政策收紧、人民币汇率升值、劳动力成本提高及电力供应趋紧等因素影响。面对诸多困难，永磁事业部以低成本为中心，以“精益生产”管理和基础管理为基本点，把降成本、降费用、拓市场、保增长作为首要任务。2011 年，该部抓住了铁氧体取代钕铁硼的市场机会，开发了 22 家新客户，新客户大都集中在机壳、高性能磁瓦、钕铁硼取代等新领域，使得该部的业务在 2011 年实现了逆市增长，各种产品供不应求。永磁业务营业成本较去年同期略有增长，主要系销售扩大所致。

（2）软磁业务：2011 年，该部销售收入和利润下降都比较明显，一是全球经济不景气使得订单量急速下滑；二是原材料采购成本和职工工资增加导致总成本增加。在这样的情况下，该部加强与重点核心客户的战略合作；推动精益管理和省人化进程；完成十大重点开发。

（3）光伏业务：该部在 2011 年出现严重亏损，其主要产品有单多晶电池片、硅片、组件和石英坩埚等。2011 年，全球经济低迷，光伏产能过剩，太阳能行业全球产能 50GW，需求仅为 27.7GW，价格出现大幅下跌光伏产业的各个环节均处在亏损状态，货款回笼的难度很大，加大了经营风险。再加上贸易壁垒和贸易保护逐步加重，主流市场政府的政策支持力度下降，由于汇率变动导致的汇兑损失的风险在增加。光伏业务营业成本较去年同期增长近 50%，主要是系销售收入增加、原材料价格大幅波动所致。

3、2012 年展望

2012 年，横店东磁将以“做强磁性、发展能源、适当投资”的战略目标来优化产业结构，加快培育出东磁新的经济增长点，要把公司的全部资源、精力集中到做强磁性和发展能源上，为此横店东磁要求永磁部、软磁部和太阳能事业部等部门就各自的发展重心、技术突破、管理提升等方面做了详细的计划，在此基础上公司预计 2012 年完成销售收入约 36 亿元，同比略有上升，归属于母公司股东的净利润比上年同期增长 130% -180%。

（五）江苏中天科技股份有限公司

1、企业简介

江苏中天科技股份有限公司（以下简称“中天科技”）在 20 世纪 90 年代初进入光纤通信领域，现已形成电信、电力两大主营产品产业链，涉足投资、置业、酒店服务等行业，成为拥有 15 家公司的现代企业集团。作为我国光电线缆领域的龙头企业之一，中天科技 1995 年起承担国家火炬项目，1997 年被国家科技部和中国科学院评为国家重点高新技术企业，现已跻身中国电子信息百强、中国通信业综合实力 50 强、中国光通信最具综合竞争力 10 强和中国光纤光缆金牌企业之列；产品荣膺中国名牌，拥有近 50 项国家专利；商标被认定为中国驰名商标。公司主营的光纤通信产品，已形成 10 多个系列、100 多个品种，并拥有 20 多项专利，成为国内光电缆品种最齐全的专业公司。“特种光缆找中天”在业界广为流传。公司产品广泛应用于中国电信、中国网通、中国联通、中国移动、中国铁通、国家电力、国电通信中心一级干线。中天 ADSS、OPGW、SOFC、960 芯光纤带光缆和软光缆分别被列为国家火炬项目和国家级新品。

2、2011 年企业发展情况

2011 年，中天科技实现营业收入 48.74 亿元，比去年同期增长 12.12%，营业利润 4.05 亿元，同比下降 22.45%，归属于母公司所有者的净利润 3.52 亿元，比去年同期下降 19.35%。截至 2011 年 12 月 31 日，中天科技的总资产达到 69.08 亿元，其中净资产为 43.45 亿元，分别比上年同期增长 21.49% 和 66.74%。

国家对通信基础设施建设投入的加大，城市、农村电网改造的加速及智能电网的推广，使公司主营产品光纤光缆、电力电缆市场需求量进一步增加，但光纤光缆产品价格略有下降、电力电缆原材料价格上升，导致产品毛利率有所下降。三大主营业务中，光纤及光缆业务实现营业收入 26.58 亿元，营业利润 6.55 亿元，分别比去年同期增长 17.14% 和 22.77%；导线及电缆业务实现营业收入 17.04 亿元，营业利润 2.46 亿元，分别比去年同期增长 16.88% 和 18.42%；射频电缆业务实现营业收入 4.14 亿元，营业利润 0.22 亿元，分别比去年同期减少 19.19% 和 13.60%.

3、2012 年展望

目前，公司经营范围涉及光纤光缆、海底光缆、射频电缆、电力导线等行业，主营业务将继续依靠通信线缆产品和电力线缆产品两轮驱动。

光纤光缆产业是公司的传统行业，一直是公司的主导产品，长期以来积累了丰富的生产和管理经验。公司长期以来坚持“特种光缆特种经营”的理念，2012 年，国家三网融合、光纤到户数量的增加将给光纤、光缆产品大发展提供平台，公司会抓好发展机遇，提高产品市场占有率。

电力线缆是公司近年来主要发展的产品，公司凭借上海铝线厂的技术水平及成熟工艺，已成功发展出了耐热铝合金导线、60% 导电率的铝合金线，产品品质处于国内领先水平，其中耐热铝合金导线填补了国内空白，实现从普通导线生产销售向特种导线生产销售的转变。2012 年随着海底光电缆、电缆、力缆等产品市场扩大，电力线缆产品将成为公司的骨干产品，其经济效益已经逐步显现。

中天海缆通过几年的发展建设，已经成为国内海缆领军企业，产品通过了国家鉴定，并获得国际 UJ、UQJ 认证，在海洋维权、海洋资源开采、岛屿通信通电、石油钻井平台、海上风力发电等需求的进一步拉动下，公司各海缆产品积极获取定单，海缆系列产品为公司的发展开拓了新的领域和提供了新的利润增长点。

（六）吉林华微电子股份有限公司

1、企业简介

吉林华微电子股份有限公司（以下简称“华微电子”）坐落在吉林高新技术产业开发区，为国家级重点高新技术企业，并被确立为国家级企业技术中心、国家博士后科研工作站。公司现拥有员工近 2000 人，研发人员占公司总人数的 20%。公司占地面积近 30 万平方米，建筑面积 13.5 万平方米，净化面积 17000 平方米，主要净化级别为 0.3 微米百级。公司于 2001 年 3 月在上海证券交易所上市，为国内分立器件行业首家上市公司。

华微电子拥有四十余年功率半导体器件设计研发、芯片加工、封装及销售的生产经营历史。公司现有 4 英寸、5 英寸与 6 英寸功率半导体芯片生产线，芯片加工能力为年产 220 余万片，封装能力为 22 亿只 / 年。主要产品有机箱电源用双极型功率晶体管、彩色电视机行输出管及电源管、节能灯、镇流器、变压器用双极型功率晶体管、VDMOS 场效应功率晶体管、半导体放电管、单 / 双向晶闸管、肖特基、快恢复二极管等产品。产品广泛应用于各类家电、绿色照明、计算机、汽车电子、网络通讯、工业控制等多种领域。近年来，通过与国际知名企业 PHILIPS、FAIRCHILD 公司良好的合资、合作，华微电子已成为中国最大的半导体功率器件制造基地之一。

公司各项管理体系完善，先后取得了质量管理体系、环境管理体系和职业健康安全管理体系三大体系认证，产品全部符合欧盟 ROHS 指令要求，被欧普、雷士、飞华等企业评为“优秀供应商”，被长虹、TCL、康佳、创维、海信等企业评为“A 级配套企业 ”、“品质优秀供应商”、“十佳供应商”及“免检供应商”。产品连续十年荣获吉林省名牌产品称号，被评为“电子行业知名品牌”、“全国用户满意产品”，销往国内百余个城市和地区及韩国、印度、中国台湾和香港等十几个国家和地区。

2、2011 年企业发展情况

2011 年公司在收缩与行业弱相关业务的同时，进一步深化半导体分立器件业务“市场结构、客户结构、产品结构”，的调整，即通过高端二极管、新型电力电子器件领域新产品的开发、量产带动公司产品结构的升级与优化，同时，通过产品结构的升级与优化拉动公司向更高层次市场、更优质更具战略合作价值的客户方向进行调整。

2011 年，公司的六英寸新型功率半导体器件生产线项目正式投产。目前，公司已形成了一整套较为成熟的 MOS 产品的产品设计、生产制造、生产管理和品质保障体系，具备月产 4 万片的生产能力，并先后推出了四代产品，产品性能达到或接近国外同行的水平，产销规模稳步提高。2011 年是该项目投产后的第一年，达产率和产品合格率经历了一个逐步提升的过程，同时由于受项目建设期内建筑材料价格及人工费上涨等不可控因素的影响，项目的实际投资规模和折旧费用有较明显的增加，加之四季度受欧债危机影响市场又出现了波动，项目在 2011 年度未能如原预想实现盈利。

新品研发方面，在 MOS 产品领域，公司成功开发 0.45um Spacer 工艺，并在此平台上试制了 JCS24N50H、JCS20N60、15N60 三个系列产品，同时公司通过科技攻关，开发出 TRENCh 工艺平台，TRENCH 平台的开发建设成功意味着公司可以大幅降低现有产品的外形尺寸，并提供更高的使用效率，对于 MOS 系列产品性能提升、成本降低具有重要作用。在 IGBT 领域，公司已成功研发并批量产出 1200V15A 产品，目前正研制开发 1200V20A，600V40A、360V50A、3300V400A 产品，目前部分产品已进入小批量试流阶段。在肖特基二极管领域，公司已成功开发出 HBR30100，HBR3200、HBR5100、HBR5150、MBR540、MBR560、HBR3150 等 DO 系列产品，NMBRS1245AG、MBRS1245AG、SBLS3045AG 等太阳能用系列产品以及 200V 超势垒产品。在快恢复二极管领域，公司已成功开发出 400V-600V 系列 5A/8A/10A/15A/30A/50A/75A/200A 产品及 1200V 系列 8A/30A/75A 产品。上述技术与产品的成功研发将推动公司产品结构及市场、客户结构的进一步优化，为公司后续发展铺垫了良好的技术基础。

2011 年，华微电子实现营业收入 10.98 亿元，比去年同期减少 4.34%，营业利润 0.69 亿元，同比下降 34.05%，归属于母公司所有者的净利润 1.02 亿元，比去年同期增加23.34%。截至2011年12月31日，华微电子的总资产达到32.47亿元，其中净资产为16.72亿元，分别比上年同期增长4.11%和6.02%。

3、2012年展望

2012年全球经济复苏减缓且下行趋势风险加大，尽管美日经济缓慢复苏、新兴经济体保持较快增长但增速放缓，然而欧洲主权债务危机继续深化，在经济全球化深入发展和各国经济依存度加深的条件下，将会严重影响欧洲经济甚至存在拖累全球经济复苏的可能。如此扑朔迷离的宏观经济形势，使得市场趋势和企业经营面临的不确定性和复杂性大大增加，国内半导体行业受经济萧条预期的影响，市场需求萎靡不振、波动异常剧烈！面对如此的市场环境与经营背景，公司将采取主动的经营策略，坚定地融入市场、参与竞争。

2012年，公司将抓紧进行设备的进一步磨合和工艺的进一步完善，以进一步提高产品合格率，降低废片率，降低成本，同时抓紧新产品的开发和工艺调试，增加产品型号，提高产品性能，进一步加强市场拓展的深度和广度。随着公司MOS技术工艺更趋成熟，产品型号更加丰富，产品性能更加优化，客户认可度进一步提高，产销规模将得到进一步提升，规模效应将得到更充分的发挥，生产成本将得到有效降低，同时加强技术管理、质量管理、安全管理、产品管理和运营管理，拓展营销渠道，提高公司盈利水平。预计2012年营业收入会有小幅增长，扭转下滑趋势，同时净利润保持稳步增长。

区 域 篇

我国电子信息制造业集中分布在东部沿海地区，东部地区电子信息制造业产值占全国份额80%以上，初步形成了以上海为龙头的长三角地区、以深圳为龙头的珠三角地区和以北京为龙头的环渤海地区三大产业集群。近年来，在国家宏观政策牵引下，中西部地区产业发展环境不断改善，电子信息制造业新增投资加速向中西部地区转移，以重庆、成都、西安、武汉、郑州、合肥为代表的中西部重点城市电子信息制造业取得了高速发展，形成了一批产业亮点，中西部地区正在加速成为我国电子信息制造业的新增长极。

一、长三角区域

（一）长三角区域电子信息产业发展总体概况

长三角地区地理范围包括上海、江苏和浙江两省一市，位于长江入海口及杭州湾三角地区，已经成为我国经济增长中最具有活力、增长潜力和竞争力的区域之一。

长三角地区是我国规模最大的电子信息制造业聚集区，产业比重占到全国总量的近四成，长三角地区的计算机、集成电路产业在全国具有突出优势，在通信、电子元器件领域也具备较强实力。其中，上海在研发和制造方面均具有强大实力，集成电路设计和制造业全国领先，计算机制造业规模突出，通信设备制造业具有传统基础；江苏电子信息制造业规模仅次于广东，排名全国第二，产业主要分布在南京至上海一线，形成了南京、苏州、昆山等一批产业强市，江苏计算机产业规模全国第一，此外在平板显示、电子元器件、通信、集成电路等产业领域也具有较强实力；浙江电子信息制造业主要分布在杭州湾一带，在电子元器件及材料、通信设备制造业领域具有传统优势。

截至2011年，长三角地区电子信息产品制造业实现主营业务收入2.75万亿元，占全国比重达到36.7%；利润总额1229.56亿元。受到电子信息制造业向内陆转移影响，近5年主营业务收入增长缓慢，占全国比重逐年下滑。

表 30　2007-2011 年长三角地区电子信息制造业主营业务收入情况（单位：亿元）

	2007	2008	2009	2010	2011年
江苏	10750	13092.66	12224.74	15147.21	17841.24
浙江	2319.33	2540	2360.32	3115.72	3211.87
上海	5446.22	5496.27	5556.83	6549.75	6434.28
合计	18515.55	21128.93	20141.89	24812.68	27487.39
占全国比重	40.8%	41.2%	39.3%	38.8%	36.7%

数据来源：工业和信息化部运行监测协调局，2012 年 4 月

图65　2007-2011年长三角地区电子信息制造业利润情况

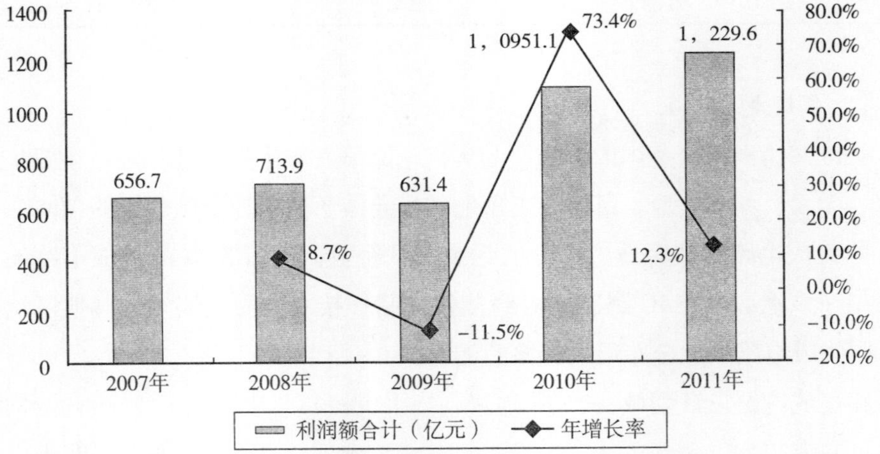

数据来源：工业和信息化部运行监测协调局，2011 年 12月

（二）主要产业及企业发展情况

目前长三角地区电子信息产业区域协调发展的状况良好，基本建立起较为合理的区域分工体系，形成了一批产业链相对完善的特色产业，部分产业显现出了很强的集群竞争力。

1、计算机产业

90 年代中后期以来，以台资为主的计算机代工企业相继落户苏州、上海沿线，同时吸引了相关零部件企业陆续投资，不断扩张的产业规模向昆山、吴江、淮安等地辐射，逐渐在长三角地区形成了规模庞大、配套齐全的计算机制造产业集聚

带，富士康、广达、仁宝、纬创等台资代工企业的规模最大的产业基地均设立在长三角地区。2011 年，台资代工企业向中西部投资力度加大，对于长三角的产业布局则加快了产业转型步伐，上海服务器和打印机产量同比增长均超 60%。

表 31　长三角地区的主要计算机企业布局

名称	产品领域	所在地
达功（上海）电脑有限公司	笔记本	上海松江出口加工区
达丰电脑（上海）有限公司	笔记本、服务器	上海松江出口加工区
英业达（上海）有限公司	笔记本、服务器	上海漕河泾开发区
仁宝电脑工业（中国）有限公司	笔记本	昆山经济技术开发区
纬创资通（昆山）有限公司	笔记本	昆山经济技术开发区

2、集成电路产业

长江三角洲地区是国内最重要的集成电路研发和生产基地，产业主要集中在上海、无锡、苏州等地。目前长三角地区半导体产值接近全国份额的 70%，国内 55% 的集成电路制造企业、80% 的封装测试企业以及近 50% 的集成电路设计企业集中在该地区，在 IC 制造、IC 封测领域制程技术方面遥遥领先其他区域，也是全国集成电路产业链布局最完整的地区。

在集成电路设计领域，长三角地区围绕手机核心芯片形成了较完善的产业链，在手机基带芯片、射频芯片、摄像头 CMOS 传感器、SIM 卡、音频、背光、电池等各类驱动电路领域均具有全国领先的设计开发能力，此外，长三角地区在数字电视芯片、模拟电视接收芯片领域也具有传统优势，在集成电路设计服务方面培育了芯原这样的实力突出的 IC 设计服务企业。2011 年，开发显示面板驱动电路的谱瑞，及电池驱动的昂宝先后在中国台湾上市，谱瑞中国台湾上市不久股价即超越联发科，成为中国台湾股市 IC 设计第一股；展讯 TD-SCDMA 芯片被三星旗舰智能手机 GalaxyS Ⅱ采用，获得中移动终端集采 57% 的合同份额；澜起科技的 DDR3 内存缓冲器芯片通过 Intel 认证，向知名内存厂家供货超过 100 万片，在数字电视产品线上，澜起还完成了对杭州摩托罗拉的收购，更加巩固了其在数字电视芯片领域的市场优势。

在集成电路制造领域，长三角地区是全国最大规模和最高工艺的产能集中区，聚集了中芯国际、台积电、华虹 NEC、宏力半导体、先进半导体等大规模制造企业。2011 年，我国首条国有控股 12 英寸线，“909”工程升级改造项目华力微电子在 4 月实现试产，年底月产能已达到 1 万片；上海新进半导体在美国纳斯达克成功上市，融资 8600 万美元；中芯国际与灿坤半导体、新思半导体合作，一次性成功流片灿芯自主研发的 40nm 芯片，显示了中芯国际 40nm 先进工艺平台已具备支持尖端设计项目的能力，2011 年，中芯国际还与湖北省科技投资集团签订合同，合资经营武汉新芯半导体，并完成了对武汉新芯 12 英寸线的资源整合。

表 32　长三角主要半导体集成电路类企业布局

名称	产品领域	所在地
芯原	IC设计服务	上海张江科技园区
上海展讯通信	IC设计	上海张江科技园区
锐迪科微电子	IC设计	上海张江科技园区
华润微电子	IC设计、制造	无锡滨湖区
上海华力微电子	12”芯片生产线	上海张江科技园区
中芯国际	12”芯片生产线	上海张江高科技园区
松江台积电	8”芯片生产线	上海松江出口加工区
三星电子	封装、测试	苏州工业园区

3、平板显示产业

长三角地区平板显示产业起步较早，具有传统优势。

长三角在面板模组方面形成了全国规模最大的产业聚集区，凭借全球 60% 的显示器和笔记本电脑在此进行 OEM 加工的优势，从材料到模组，长三角集合了 FPD 产业相关的众多环节。此外，作为集成电路制造的聚集区，位于上海的中芯国际、华虹 NEC，位于宁波的中纬，位于苏州的和舰，都可近距离地向平板显示产业供应相关的 IC 驱动产品。几乎全球前十大的 TFT-LCD 面板厂的面板模组、背光模组及显示器产品都在此建立了生产基地，重点企业包括南京的 LG 飞利浦、瀚宇彩晶、统宝光电，无锡的索尼、夏普，苏州的友达、三星、日立，吴江的中华映管，以及宁波的奇美。

长三角面板产业发展也一直走在全国前列。上广电曾投建国内第一条液晶面板5代线，在高世代面板生产线方面，长三角拥有昆山龙飞和苏州三星两条高世代线。2011年，投资30亿美元的苏州三星7.5代线正式开工建设；中国台湾友达以7.96亿美元参股昆山龙飞光电，其8.5代TFT-LCD面板生产线项目于2011年8月获得国家发改委批复。在OLED面板领域，长三角发展也领先全国，2011年8月，昆山维信诺公司宣布启动AMOLED产业化项目，计划投资建设一条4.5代以上AMOLED生产线，公司还于2011年开发成功国内首款12英寸AMOLED全彩显示屏，和清华大学共同完成的“有机发光显示材料、器件与工艺集成技术和应用”项目获得教育部高等学校科学研究优秀成果奖技术发明奖一等奖。

表33　长三角主要平板显示企业布局

名称	产品领域	所在地
乐金飞利浦	液晶显示模组	南京市新生圩港经济技术开发区
友达光电	液晶显示模组	苏州工业园区
苏州三星	液晶显示模组、液晶显示器、液晶面板	苏州工业园区
华映视讯	液晶显示模组	吴江经济开发区同里分区
无锡夏普	液晶显示模组	无锡高新区
索尼电子	背投、等离子电视、笔记本	无锡高新区
龙腾光电	液晶面板	昆山经济技术开发区
龙飞光电	液晶面板	昆山经济技术开发区
昆山维信诺	OLED面板	昆山经济技术开发区

4、通信设备产业

长三角通信设备制造业在全国也具有突出特色，在通信技术研发和设备制造两方面均具有较强实力，与珠三角以内资企业为主导相比，这里吸引了更多国际领先的外资企业，产业分布主要集中在上海、南京、杭州三地。长三角地区通信技术研发力量较强，吸引了大批国内外领先的通信企业在这里建立研发中心，包括南京的华为研究所、中兴研究所，上海贝尔阿尔卡特、杭州华三通信、南京爱立信等。长三角地区还聚集了较大规模的手机代工产能，南京华宝通讯手机代工产能超过1亿部，2011年，HTC宏达电对上海威宏电子增资3200万美元，扩充产能，使得上海2011年手机产量同比增长7倍。

表 34 长三角地区的主要通信企业

名称	产品领域	所在地
上海贝尔阿尔卡特	数字程控交换机、ADSL、基站、传输设备	上海金桥出口加工区
上海威宏电子	手机	上海浦东新区
南京华宝	手机	南京江宁开发区
华为3Com	数据通信产品	杭州高新区
华为南研所	通信技术研发	南京雨花软件园
中兴南研所	通信技术研发	南京雨花软件园

5、光伏产业

长三角地区是我国主要的光伏产业聚集区，主要分布在江苏和浙江两省。江苏省现有光伏企业数百家以上，已形成了从高纯硅、硅棒（硅锭）、硅片、电池到组件生产的完整产业链，并具有单晶炉、多晶硅铸锭炉、切方机等设备的生产能力，在每个产业链环节江苏省在国内都占据着举足轻重的地位。在多晶硅生产上，江苏省拥有全国产能最大，世界产能第三的企业保利协鑫（GCL），其产能与产量至 2011 年底已经分别达到 4.6 万吨与 3.1 万吨，占了全国的 28.7% 与 34.4%，硅片产能与产量也分别达到 6.5GW 与 5.5GW，位居全国首位。在电池片及组件生产上，江苏省拥有全国数量最多的龙头企业，尚德、天合、阿特斯的电池组件 2011 年产量在国内分别位于第一、三、五位。其中有境外上市公司 7 家，数量占全国的 50%，仅 7 家企业 2011 年光伏组件产能就达 10GW，占全国的 27.8%。浙江省太阳能光伏产业已形成一定的集聚区，目前光伏企业在 100 家以上。仅 2010 年，全省太阳能企业数量较之上一年翻了将近一番。浙江光伏企业主要以民营企业为主，与江苏光伏企业多为较大规模企业不同，浙江企业数量众多但企业规模大多较小。而且由于具有巨大的资金优势，在光伏热大量兴起的 2008 年至 2010 年间，又投资了许多中小规模企业的电池小厂。涌现出了昱辉阳光、宁波太阳能、正泰太阳能、东方日升、向日葵、横店东磁等企业，太阳能组件生产能力多已达到百兆瓦。

表 35　长三角地区的主要太阳能电池片及组件企业

企业名称（中文）	2011产能（MW）	2011年出货量（MW）
无锡尚德太阳能电力有限公司	2400	2000
常州天合光能有限公司	1900	1400
苏州阿特斯阳光电力科技有限公司	2000	1300
韩华新能源有限公司	1500	835
中电电气（南京）光伏有限公司	1200	410
江阴浚鑫科技有限公司	1000	——

二、珠三角区域

（一）珠三角区域电子信息产业发展总体概况

珠三角地区位于广东省中南部，地处珠江出海口，濒临南海，毗邻港澳，已经成为我国高端电子产品制造业的核心区域。

珠三角地区是改革开发以来，最先成长起来的电子信息制造业产业聚集区，围绕广州至深圳一线，形成了覆盖佛山、东莞、肇庆、惠州一带的配套完善的电子信息制造业基地。珠三角在通信设备制造、视听、电子元器件领域具有突出优势，电子信息制造业中内资企业发展水平较高，本地培养壮大了华为、中兴、TCL、康佳、创维、酷派、比亚迪等一批民族品牌企业。其中，深圳是珠三角电子信息制造业的核心，在技术研发和生产制造环节均具有领先实力，是华为、中兴、康佳、创维多家本土企业的发源地。

2011 年，珠三角地区电子信息产品制造业实现主营业务收入 2.28 万亿元，占全国比重达到 30.4%；利润总额 775.08 亿元。由于部分电子信息制造企业向内陆转移，近 5 年主营业务收入增长缓慢，占全国比重基本不变。

表 36　2007-2011 年珠三角地区电子信息制造业主营业务收入情况（单位：亿元）

	2007	2008	2009	2010	2011年
广东	14387.04	16112.69	15632.49	20209.54	22758.02
占全国比重	31．67%	31.44%	30.47%	31.6%	30.4%

数据来源：工业和信息化部运行监测协调局，2012 年 4 月

在利润额方面，2008 年和 2011 年珠三角地区分别出现了负增长，这是由部分电子信息制造业企业转出造成的，是该地区产业转型升级过程中的必经阶段。

图66　2007-2011年珠三角地区电子信息制造业利润情况

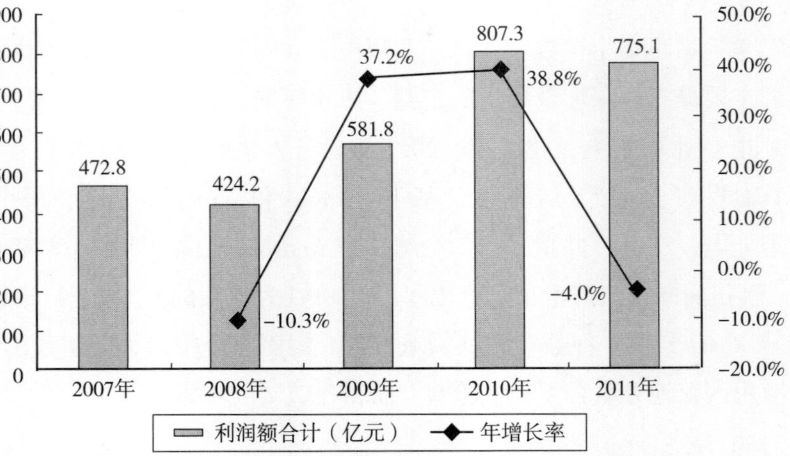

数据来源：工业和信息化部运行监测协调局，2012 年 4 月

（二）主要产业及企业发展情况

1、通信设备产业

珠江三角洲地区是全国实力最强的通信设备制造业基地，以深圳为核心，集合了包括华为、中兴通讯、宇龙酷派在内的一批本土品牌企业。华为、中兴的海外收入占总营收比重已超过 50%，合作及服务的全球 50 强电信运营商数量均达 40 余家，产品及解决方案均应用到全球 140 多个国家和地区。2011 年华为营收超 320 亿美元，仅次于爱立信（2011 年营收 336 亿美元）成为全球第二大通信设备制造企业。在光通信领域，华为联合美国康宁展示了支持 3000 公里超长距离（ULH）传输的相干 100G 波分技术，在全球发布了业界首个 40G 传输速率的 PON 样机系统；在移动通信领域，参与印度、日本、哥伦比亚等国家 LTE 网络建设。2011 年 11 月，华为成功收购赛门铁克网络及存储设备业务，“走出去”战略又进一程。2011 年，中兴通讯全年提交国际专利申请 2826 件，位居全球第一，PON OLT 出货量达 180 万线，占全部市场份额的 40.9%，位列全球第一，公司还相继参与奥地利、瑞典、菲律宾等国 LTE 网络建设，在全球 CPE 产品销售额和

出货量双双位居全球第一。2011 年，华为、中兴、酷派均发布多款智能手机产品，华为、中兴智能手机产量进入全球前十，酷派多款产品进入中国电信、中国移动集采目录。

2、视听产业

珠三角地区也是全国数字视听产业规模最大的地区。珠江三角洲地区数字视听产业群主要分布在深圳及周边的东莞、惠州等地，包括 TCL、康佳、创维等国内骨干彩电企业均聚集在此区域。2011 年，各大企业纷纷加紧布局智能电视新产品，TCL 发布全球首台单芯片、基于 Android 和 Windows 系统、采用 3D 操作界面的智能电视产品，并正式启动全球首个 Android 电视应用程序商店，2011 年 3 月份，康佳面向主流彩电市场推出了以 988PD 为代表的五大系列、三十余款网锐智能健康 3D 电视。在数字家庭领域，TCL 集团联合中山大学组建的“数字家庭互动应用国家地方联合工程实验室”获得发改委立项批复。

3、平板显示产业

珠三角地区平板显示产业近年发展较快，在 OLED 和液晶面板两条产品线上均实现重要突破。珠三角 OLED 产业已初具规模效应，目前已有、在建或筹建的 OLED 生产线项目共有五条，分别是汕尾信利小尺寸 OLED 生产线（2003 年投产）、佛山中显科技的“低温多晶硅 TFTAMOLED 生产线项目”、东莞宏威的“OLED 显示屏示范生产线”项目、惠州茂勤光电公司 LTPS TFT-LCD4.5 代线以及 AM-OLED 光电项目、彩虹在佛山顺德建设的 OLED 生产线项目。在液晶面板方面，2011 年 10 月，华星光电自主建设的 8.5 代液晶面板（TFT — LCD）生产线开始量产，是继京东方后，国内第二条实现量产的高世代液晶面板生产线。在玻璃基板方面，2011 年 4 月，彩虹集团投建的国内首条 8.5 代 TFT-LCD 基板玻璃项目落户广东顺德，将分期建设 8.5 代 TFT-LCD 基板玻璃生产线 12 条以上。

三、环渤海区域

（一）环渤海区域电子信息产业发展总体概况

环渤海地区地理范围包括北京、天津、河北、山东、辽宁两市三省，地里位置处于东北亚地区中心地带，毗邻日本、韩国，是东北、华北、西北和华东地区主要的出海口，是中国与160多个国家和地区贸易往来的通道。

环渤海地区是我国第三大电子信息产业集中区，电子信息产业基础雄厚，各种产业资源在此高效整合和交汇。其中，北京在集成电路、平板显示、通信设备、计算机及网络等领域具有较强的产业实力，尤其在技术研发能力上具有全国领先优势，培育成长了联想、大唐等一批知名企业，电子信息产业集聚发展成效显著，中关村科技园是我国第一家自主创新示范区，在创新体系建设、配套服务、节能环保等方面具有较高发展水平；天津在通信终端、电子元件、视听、集成电路等领域具有传统优势，企业所有制构成以外商投资企业占主要成分，近年，天津新一代信息技术产业发展取得较好成绩，国家超级计算天津中心、中国RFID产业联盟纷纷落户天津；山东在视听产业领域具有较强实力，培育成长了海尔、海信等优秀本土品牌企业，近年来，山东在高性能计算、集成电路领域也取得了重点突破；辽宁电子信息制造业主要集中在沈阳和大连两地，沈阳近年手机产业发展迅速，大连在LED、集成电路、应用电子领域具有传统优势；河北电子信息制造业近年发展较快，廊坊相继引进华为、富士康、中兴通讯等有实力企业，形成了较强的通信产品制造及技术服务能力，此外，河北在太阳能光伏、电子元器件、军工电子领域具有较强实力。

截至2011年，环渤海地区电子信息产品制造业实现主营业务收入1.18万亿元，占全国比重达到15.8%，利润总额636.83亿元，近5年主营业务收入和利润额呈现先抑后扬的稳步增长态势。在主营业务收入方面，北京和天津两市增长相对缓慢，而河北、辽宁和山东三省增长迅速，其中河北省从2008年的255.82亿元增加到2011年471.38亿元，增长最为明显，年增长率达22.6%。表37给出了2007至2011年环渤海区域电子信息制造业主要指标及占比。

表 37　2007-2011 年环渤海地区电子信息制造业主营业务收入情况（单位：亿元）

	2007	2008	2009	2010	2011
北京	2918.21	2466.59	2601.14	2762.45	2485.03
天津	1962.21	1734.94	1541.8	1855.09	2173.62
河北	182.34	255.82	263.91	406.35	471.38
辽宁	668.91	792.11	747.42	1095.13	1236.4
山东	2804.12	3500.11	4315.15	4881.12	5471.7
合计	8535.79	8749.57	9469.42	11000.14	11838.13
占全国比重	18.8%	17.1%	18.5%	17.2%	7.6%

数据来源：工业和信息化部运行监测协调局，2012 年 4 月

在利润额方面，经历了 2008,、2009 连续两年利润额负增长的情况下，2010 年利润额同比增长 60%，达到 489.53 亿元，2011 年更是达到了 636.83 亿元。

图67　2007-2011年环渤海地区电子信息制造业利润情况

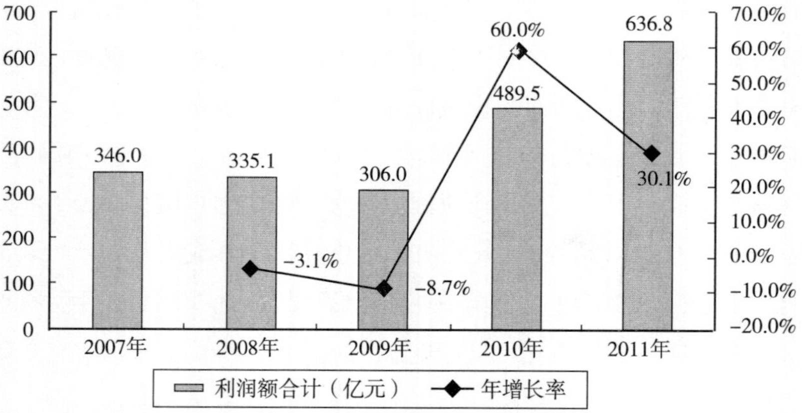

数据来源：工业和信息化部运行监测协调局，2012 年 4 月

（二）主要产业及企业发展情况

1、集成电路产业

在集成电路设计领域，北京是全国集成电路设计实力最强的城市之一，聚集了中星微电子、华大集成电路、大唐微电子等实力领先的集成电路设计企业。2011 年，受智能手机、平板电脑等移动智能终端产业快速发展带动，一批围绕智能终端核心芯片环节开发设计的企业取得了较好业绩，兆易创新的闪存

产品已开始给三星供货，北京君正与 MIPS 共同发布全球首款基于 MIPS 架构的 Android4.0 平板电脑，创毅视讯推出 40nm TD-LTE FDD/TDD 共模芯片。2011 年，展讯通信北方研发生产基地正式入驻天津空港经济区，计划总投资约 5 亿元，天津将成为展讯开发全球最具竞争力产品的重要基地。

在集成电路制造领域，环渤海地区是仅次于长三角地区的全国集成电路制造企业聚集区，拥有中芯国际分设北京、天津的 12 英寸和 8 英寸线，大连英特尔的 12 英寸线。

在集成电路封测领域，环渤海地区聚集了威讯、瑞萨半导体等大规模企业。2011 年，山东华芯收购的奇梦达 12 英寸封装测试生产线正式投产使用，该生产线的投产进一步壮大了浪潮在高端存储产品方面的产业实力。

2、计算机及网络设备产业

环渤海地区计算机及网络设备产业主要集中在北京、山东两地，是我国自主品牌计算机及网络产品的聚集地，汇集了联想、浪潮、长城电脑、清华同方、海尔电脑等品牌。2011 年，联想在全球计算机产品市场取得重要突破，先后并购日本 NEC、德国 Medion 电脑业务，跃升至全球计算机市场份额第二位置，浪潮为济南超算中心提供了海量高端双控存储设备和百万亿次高性能计算机，海尔电脑独家中标圭亚那“一家一台电脑项目”的全球招标，长城电脑募资 18 亿元收购冠捷科技股权，实质性控股冠捷，成为全球最大的显示器制造商。

3、移动终端产业

环渤海地区是全国移动通信终端产业最发达的地区，主要分布在北京、天津、廊坊、烟台、沈阳等地。2011 年全球手机市场份额排名第一、二、四位的诺基亚、三星、LG 分别在北京、天津、烟台、青岛建立了全球研发和生产基地。2011 年诺基亚在全球范围调整手机业务，削减基地和人员规模，这些调整不仅没有波及北京基地，诺基亚同时还宣布将在未来 18 个月内扩大北京的研发团队，位于北京经济技术开发区的诺基亚基地将诺基亚中国总部、研发中心、整机制造及星网工业园合作伙伴集合在一起，形成了全球最具规模的手机产业基地。2011 年，天津三星也扩大了在天津的投资规模，累计投资额由 2900 万美元增加到 1.97 亿美元，手机产能由 2400 万部增至 4200 万部，韩国三星宣称将“把天津工厂打造成为三星手机在中国和海外最大的手机生产和研发基地”。2011 年，LG 将其位于北京的 LG 手机研发部门与位于山东烟台、青岛的生产工厂合并，手机研发部门并入烟台工厂。此外，环渤海地区较有代表性的终端企业还包括廊坊富士康和北京天语。廊坊富士康是富士康集团手机产品代工的重要基地，该基地2009年投产，2010年即进入全国出口200强榜单。北京天语是目前国内为数不多的具有自主研发能力、独立品牌、全市场运作的手机企业之一，近年发展迅猛。

表38　环渤海地区移动通信产品制造企业

名称	产品领域	所在地
诺基亚	手机	北京
富士康	手机	廊坊
天津三星	手机	天津
LG	手机	烟台
LG	手机	青岛
天语	手机	北京

4、视听及平板显示产业

环渤海地区视听及平板显示产业主要聚集在北京和山东青岛两地，其中青岛是我国传统视听产业聚集地，海信、海尔均发源并成长于此；北京视听及平板显示产业以京东方为核心，在相继在国内率先量产5代、8.5代TFT-LCD面板生产线后，围绕京东方在北京经济技术开发区打造了数字电视产业园，已初步形成从面板配套件及材料到面板，再到显示模组、整机的完整产业链。2011年，京东方8.5代TFT—LCD生产线在北京经济技术开发区实现量产，打破国外企业对我国40英寸以上液晶屏的垄断；海信发布智能化转型战略，推出个人智能电视产品I’TV，并继续保持国内彩电市场占有率第一的位置；联想也高调进军智能电视领域。

四、中西部区域

（一）中西部区域电子信息产业发展总体概况

我国中西部地区电子信息制造业基础较弱，整个中西部地区电子信息制造业规模仅占全国总量的一成多。近年来，在国家宏观政策牵引下，中西部地区产业发展环境不断改善，电子信息制造业新增投资加速向中西部地区转移，以重庆、成都、西安、武汉、郑州、合肥为代表的中西部重点城市电子信息制造业取得了高速发展，形成了一批产业亮点，中西部地区正在加速成为我国电子信息制造业的新增长极。

截至 2011 年，中西部地区电子信息产品制造业实现主营业务收入 9915.29 亿元，占全国比重达到 13.2%；利润总额 512.2 亿元。中西部地区在国家电子信息产业由东部地区向中西部转移的战略方针指引下，近五年主营业务收入增长较快，占全国比重逐年提升，利润额增长迅速，始终保持在 30% 以上。在主营业务收入方面，四川、湖北等中部地区延续了在计划经济时期是全国电子信息产业基地的优势，主营业务收入在中西部地区占比较大，2011 年分别达到 22.8% 和 12.1%。

表 39　2007-2011 年中西部地区电子信息制造业主营业务收入情况（单位：亿元）

	2007	2008	2009	2010	2011年
四川	592.9	864.5	1036.2	1343.8	2262.91
重庆	48.2	96.4	158.7	273.7	922.25
贵州	47.6	59.2	65.9	73.6	72.75
云南	11.6	13.9	13.8	13.9	22.63
西藏	0	0	0	0	0
陕西	178.5	243.0	224.4	273.9	398.42
甘肃	18.1	18.2	16.1	22.7	27.96
青海	2.0	1.6	0.8	1.6	19.49
宁夏	0.5	6.7	6.8	2.0	26.75
新疆	11.8	10.6	10.5	15.3	18.83
广西	48.0	126.4	102.2	217.7	321.05
内蒙古	90.3	119.0	142.8	62.5	111.37
山西	66.9	101.7	97.4	127.3	193.66
吉林	32.4	57.9	75.9	90.0	105.68
黑龙江	19.4	24.8	33.7	32.3	30.23
安徽	272.4	350.6	492.5	673.0	1072.58
江西	153.6	236.2	376.5	580.0	1183.2
河南	241.2	351.1	394.1	494.3	1131.72
湖北	334.1	523.3	614.4	718.1	1204.17
湖南	150.3	198.3	225.3	399.3	789.64

（续表）

	2007	2008	2009	2010	2011年
总计	2319.8	3403.5	4088.1	5414.8	9915.29
占全国比重	5.10%	6.64%	7.97%	8.47%	13.2%
全国总量	45424.7	51253.1	51312.3	63945.5	74909.16

数据来源：工业和信息化部运行监测协调局，2012年4月

中西部地区近五年利润额始终保持高速增长，由此可以看出电子信息制造产业由东部地区向中西部转移已经取得明显成效。

图68　2007-2011年中西部地区电子信息制造业利润情况

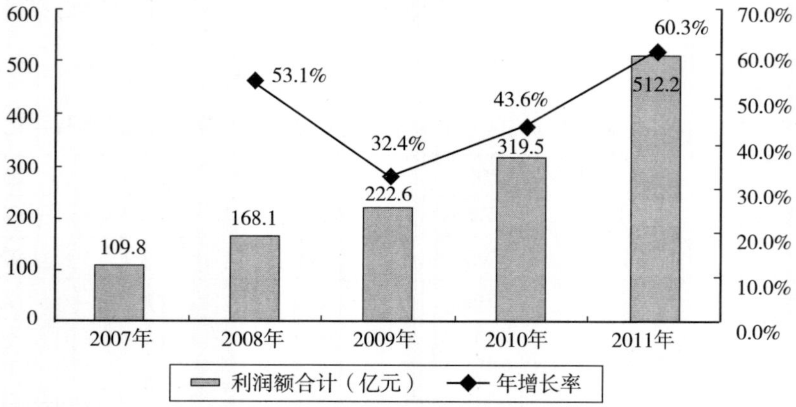

数据来源 工业信息化部运行监测局，2012年4月

（二）主要产业及企业发展情况

1、计算机产业

随着东部沿海城市资源及劳动力的日益短缺，中西部重点城市产业配套环境的日益完善，笔记本电脑产业加快向中西部地区转移，在中西部地区已形成了以成都、重庆为重点的计算机产业集群。2010年，广达投资重庆，建设广达中国第三制造基地，至2011年底，广达重庆厂的NB出货量已达整体出货量的三分之一，并开始获利。2011年，华硕电脑全球生产基地暨中国第二营运总部落户重庆。2011年初，联想西部产业基地在成都开工，2011年底，第一台“成都造”联想台式电脑和第一台“成都造”联想笔记本电脑分别在联想、仁宝成都项目基地成功下线，2011年2月，纬创成都制造基地开工，预计2012年投产。2011年

上半年，成都出口便携式电脑403.5万台，价值17.3亿美元，同期内销便携式电脑33.2万台，价值1.3亿美元，成为继江苏、上海、广东之后的第四大便携式电脑生产基地。2011年上半年重庆生产电脑818万台，其中笔记本电脑728.7万台，同比增长111.3倍，其中西永笔记本电脑整机和零部件共出货约4293.8万台，产值537亿元，为老工业基地转型升级、解决沿海内陆发展失衡提供了可实践的途径。

2、集成电路产业

近年来中西部地区发展较快，集成电路产业聚集于成都、重庆、西安、武汉等重点城市，新建的12英寸、8英寸生产线及封装测试企业纷纷落户中西部地区。其中，成都已成为我国中西部区域最大的综合性集成电路基地，聚集了英特尔、德州仪器、友尼森、美国芯源、中芯国际等80多家IC企业；武汉初步形成包括设计、芯片制造以及封装测试在内的较为完整的集成电路产业链；西安拥有以英飞凌科技西安有限公司为代表的38家设计企业。

在芯片制造方面，德州仪器（TI）在成都设立我国地区的第一家芯片制造厂，月产能30万片，年营业额达到10亿美元。中芯国际注资并托管武汉新芯，将形成月产4.5万片12英寸芯片的生产能力。中国台湾茂德在重庆兴建8英寸生产线。在集成电路封装测试方面，以成都为中心已形成了英特尔、中芯国际、联合科技等投资的封装测试产业群，加之美光在西安、菲尼克斯在四川乐山投资的封装测试企业，中西部地区的封装测试产业规模也显著增大。

表40　中西部地区的主要集成电路企业

名称	产品领域	所在地
英特尔	CPU芯片	成都高新区
飞思卡尔	IC设计	成都高新区
德州仪器	芯片制造	成都高新区
中芯国际	芯片封装、测试	成都高新区
英飞凌科技	汽车芯片	西安信息技术孵化基地
成都华微电子	数模混合芯片	成都高新区
成都登巅电子	数模混合芯片	成都高新区
四川南山之桥	网络芯片	成都高新区

3、平板显示产业

中西部地区平板显示产业主要分布在合肥、武汉、成都等地。尤其是合肥近年发展迅速，已形成了覆盖等离子和液晶TFT-LCD，从玻璃基板、光学薄膜、电子化学品、大宗气体、背光源、浆料到显示面板的较完善的平板显示产业链条，聚集了京东方6代线、彩虹玻璃基板、鑫昊等离子等龙头项目。此外，京东方、深天马在成都建有两条4.5代线，深天马在武汉还建有一条4.5代线。2011年，东旭集团与湖北省科技投资集团签约，共同投资52亿元在光谷建设国内最大的TFT液晶玻璃基板项目，东旭集团同时还与天马微电子签署了战略合作协议。东旭集团武汉液晶玻璃基板项目首期建设6条生产线，计划2012年底投产后年产值在30亿元以上，后期该项目还将再建设6条生产线，建成后将成为国内最大的液晶玻璃基板生产基地。

4、移动终端产业

中西部地区手机终端产业基础较弱，但自2010年下半年富士康投资郑州以来，在短短一年间，郑州已成长为国内重要的手机终端制造基地之一，也是苹果iPhone产品的最主要生产基地之一。2011年6月，郑州富士康实现当月出口1.44亿美元，拉动外商投资企业、加工贸易、机电产品上半年出口分别实现增长57.5%、53.2%、49.3%。2011年河南电子信息制造业收入同比增长130%，其中郑州富士康贡献巨大。2011年底，富士康宣布将于2012年扩大郑州工厂规模，增加投资11亿美元使郑州基地成为全球最大的智能手机生产基地，将郑州工厂生产线扩充到95条，员工数超过13万名，预计iPhone日产量可达40万台，年销售额将达200亿美元。

5、光电子产业

中西部光电子产业发展领先全国，以国家光电子产业基地“武汉－中国光谷”为核心，形成了全国最具规模的光电子产业基地。该地区集合了众多家光电子领域的领头羊企业，包括全国最大的光纤光缆制造企业长飞光纤光缆、全国光通信领域核心科研机构武汉邮电科学研究院、全球光器件领域排名第六的武汉电信器件公司，以及全国知名的激光设备生产企业华工激光、楚天激光等等。2011年11月16日，藤仓烽火公司光纤预制棒生产基地在武汉正式投产，作为我国唯一一家拥有世界先进的“管外法”完整光棒生产工艺体系的企业，该公司生产基地的顺利建成，实现了光棒的国产化、低成本量产，将为扭转我国光棒长期依赖进口的被动局面发挥积极作用。2011年12月，中国电信正式启动100G系统测试，烽火通信作为首家接受测试的厂家，率先于2011年底顺利完成了测试，标志着烽火通信 100G 设备已具备成熟商用条件。

表 41　中西部地区的主要光电子企业

名称	产品领域	所在地
烽火通信	光通信设备、光纤光缆	武汉光谷
长飞光纤光缆	光纤光缆	武汉光谷
藤仓烽火	光棒	武汉光谷
WTD	光器件	武汉光谷
光迅	光器件	武汉光谷

6、光伏产业

中西部地区也是我国光伏产业的重要聚集区，受光伏产业特色影响，在内蒙、青海、宁夏等传统电子信息制造业基础薄弱的地区，光伏产业也得到了较快发展，形成了突出的产业特色。西部地区是我国硅矿储量丰富地区，同时也是光伏电站建设的重点地区，在光伏电站建设及当地资源优势带动下，西部地区积极发展多晶硅产业。

表 42　西部地区的主要多晶硅企业

	投资（亿元）	已建及在建产能（吨）	2010年产量（吨）	2011年产量e（吨）
青海黄河上游水电开发有限责任公司	34.7	2500	25.6	700
亚洲硅业（青海）有限公司	25	5000	1218	2292
内蒙古盾安光伏科技有限公司	18.8	3000	0	500
内蒙古神舟硅业有限责任公司	43.2	4500	890	1800
内蒙古锋威硅业有限公司	27.4	4500	590	1950
国电内蒙古晶阳能源有限公司	28.3	3000	0	18
宁夏宁电光伏材料有限公司	6.9	2000	0	930
宁夏银星多晶硅有限责任公司	7.1	2200	311	300
国电宁夏太阳能有限公司	49.7	5000	0	1500
宁夏阳光硅业有限公司	35	4500	840	1400

数据来源：CPIA，2012 年 2 月

园 区 篇

一、国家级电子信息产业园区概况

（一）国家电子信息产业基地和产业园

1、基地和产业园的申报背景

国家电子信息产业基地和产业园建设任务的提出是一个反复酝酿过程。2002年11月，原信息产业部召开了电子信息产业战略规划研讨会，通过研讨形成以下共识：我国电子信息产业规模虽已跃居世界前列，但我们仍处于全球产业分工的末端，核心技术匮乏、核心产业薄弱，企业实力还不强建议将“实施世界电子信息产业强国战略，力争用10年至15年将我国建设成为世界电子信息产业强国”作为今后一个时期我国电子信息产业发展的总体目标和行业管理的核心任务。同时，会议建议，应首先从“建设国家级电子信息产业基地和产业园区”入手，统筹规划、合理布局、引导产业发展。

在全国电子信息产业工作会议上，全行业对此思路进一步给予了肯定。原信息产业部在两次召开10省市电子信息产业主管领导征求意见的基础上，于2003年7月正式发布了《关于建设国家电子信息产业基地和产业园的意见》。该文件的发布引起了行业内外，政府、企业和专家们的热烈反响。在2004年全国信息产业工作会议上，国务院领导同志明确提出推动我国迈向世界电子强国的总体目标。会后部党组将“推进国家电子信息产业基地和产业园建设工作”作为2004年的27项重点工作之一，正式提到工作日程上来。

2、基地和产业园的区域分布

为规范国家电子信息产业基地和产业园的申报、认定和管理工作，在地方行业主管部门、专家学者共同参与下，按照科学、公开、透明的原则，2003年12月，原信息产业部制定并颁布了《国家电子信息产业基地和产业园认定管理办法（试行）》。该办法共五章十七条，从管理机构、认定条件、认定程序、管理与考核等方面对认定工作做出了明确的规定。产业基地的认定条件主要包括区域产业销售收入、工业增加值、骨干企业数量、研发实力、配套服务体系、三年滚动规划、当地政府配套资金等六项规定；产业园的认定条件主要包括园区产业规模、主要产品的技术和规模，纳入行业管理等三项规定。

2004年3月，国家电子信息产业基地和产业园的申报认定工作正式启动。经各地主管部门推荐，支撑机构和有关专家对资料核实和实地考察，部内有关司局会审，部专题会和部长办公会讨论通过等几个环节，批准了北京、天津、上海、青岛、苏州、杭州、深圳、福厦沿海、广东珠三角共九个符合条件的地区为国家电子信息产业基地，并于2004年9月28日在北京隆重举行了授牌仪式。

与此同时，国家电子信息产业园的申报、评审、认定工作也在紧锣密鼓的开展。经各地产业主管部门推荐，支撑机构和有关专家对资料核实，部内有关司局会审，部专题会讨论通过等环节，批准了覆盖通信、计算机、家用电子、电子元件、电子器件、集成电路、电子材料及其他共七大分类，包括北京经济技术开发区等31家园区在内的国家电子信息产业园，于2005年6月底在湖北武汉举行了国家电子信息产业园授牌仪式。到2005年底，又有无锡新区等3家符合条件的园区被认定为国家电子信息产业园。

表43　34家国家电子信息产业园名单

序号	申报单位	国家电子信息产业园名称
1	北京经济技术开发区管委会	国家（北京）通信产业园
2	天津经济技术开发区管委会	国家（天津）通信产业园
3	山东青岛高新技术产业开发区管委会	国家（青岛）通信产业园
4	浙江杭州高新技术产业开发区管委会	国家（杭州）通信产业园
5	北京实创高科技发展总公司	国家（北京）计算机与网络产品产业园
6	浙江杭州经济技术开发区管委会	国家（杭州）计算机与网络产品产业园
7	福建福清融侨经济技术开发区管委会	国家（福清）显示器产业园
8	山东青岛经济技术开发区管委会	国家（青岛）家用电子产品产业园
9	广东佛山市顺德区人民政府	国家（顺德）家用电子产品产业园
10	广东省惠州市人民政府	国家（惠州）视听产品产业园
11	天津新技术产业园区管委会	国家（天津）化学与物理电源产业园
12	河南新乡市人民政府	国家（新乡）化学与物理电源产业园
13	贵州贵阳国家高新技术产业开发区管委会	国家（贵阳）片式元件产业园
14	天津经济技术开发区管委会	国家（天津）片式元件产业园
15	浙江嘉兴市信息产业局	国家（嘉兴）机电元件产业园
16	浙江富阳市人民政府	国家（富阳）光纤光缆产业园
17	安徽铜陵市电子材料产业园管委会	国家（铜陵）电子材料产业园

（续表）

序号	申 报 单 位	国家电子信息产业园名称
18	湖北宜昌市人民政府	国家（宜昌）电子材料产业园
19	河南安阳市人民政府	国家（安阳）显示器件产业园
20	陕西咸阳市发展计划委员会	国家（咸阳）显示器件产业园
21	江苏南京市经济技术开发区管委会	国家（南京）显示器件产业园
22	福建福州经济技术开发区管委会	国家（福州）显示器件产业园
23	广东佛山市人民政府	国家（佛山）显示器件产业园
24	江苏吴江经济技术开发区管委会	国家（吴江）显示器件产业园
25	上海张江（集团）有限公司	国家（上海）集成电路产业园
26	北京中关村科技园区管委会	国家（北京）集成电路产业园
27	江苏苏州工业园区管委会	国家（苏州）集成电路产业园
28	浙江宁波保税区管委会	国家（宁波）集成电路产业园
29	天津经济技术开发区管委会	国家（天津）集成电路产业园
30	湖北武汉东湖新技术开发区管委会	国家（武汉）光电子产业园
31	河南许昌市人民政府	国家（许昌）电力电子系统产业园
32	无锡新区管理委员会	国家（无锡）液晶显示产业园
33	绵阳市人民政府	国家（绵阳科技城）视听产品产业园
34	成都市经济技术开发区管理委员会	国家（成都）电子元器件产业园

（二）国家电子信息类新型工业化产业示范基地

1、示范基地的创建背景

一是工业园区（集聚区）已经成为工业发展的重要载体，提升工业园区发展水平是探索中国特色新型工业化道路的重要切入点。近年来，产业集聚已成为我国产业发展的重要特征。作为产业集聚的重要载体，工业园区（集聚区）得到迅速发展，在推动工业化进程、繁荣区域经济方面，作用日益突出。东部沿海省市工业产值 50% 以上来自工业园区，中西部地区新增工业产值 50% 以上来自工业园区。工业园区快速发展的同时，也存在着产业发展雷同、产业特色不鲜明、土地集约利用程度不高、产业配套体系不完善、公共设施和服务平台共建共享程度不高等突出问题，面临着由传统工业化发展模式向新型工业化发展转型的迫切要求。开展国家新型工业化产业示范基地创建工作，促进现有工业园区的改造提升，不仅是实现工业园区持续健康发展的客观要求，也是贯彻落实科学发展观，走中国特色新型工业化道路的积极探索，对于加快推动我国工业化进程具有重要意义。

二是示范基地创建工作充分体现了中国特色新型工业化道路的内涵要求，是加快工业转型升级和转变发展方式的重要举措。国家新型工业化产业示范基地是指以可持续发展为前提，以产业集聚为主要特征，以工业园区为主要载体，主导产业特色鲜明、水平和规模居全国领先地位，在产业升级、“两化”融合、技术改造、自主创新、军民结合、节能减排、效率效益、安全生产、区域品牌发展和人力资源充分利用等方面走在全国前列的产业集聚区。示范基地的内涵充分体现了三方面要求：一是“科技含量高、经济效益好、资源消耗低、环境污染少、人力资源优势得到充分发挥”的新型工业化要求；二是“结构优化、技术先进、清洁安全、附加值高、吸纳就业能力强”的现代产业体系要求；三是“推进信息化与工业化深度融合”、“推进军民结合、寓军于民”的要求。按照上述内涵要求，工业和信息化部制定了示范基地的管理办法和认定条件，在全国范围内开展了示范基地创建工作，目的是培育和发展一批具有国内领先地位和国际先进水平的产业基地，充分发挥其在提高工业园区发展水平、加快工业转型升级中的示范、引领和带动作用，促进产业结构的调整和发展方式的转变。

2、示范基地的创建条件

示范基地要符合国家有关法律法规和产业政策的规定，符合国家土地利用总体规划、城市总体规划、主体功能区规划及国家相关产业规划。在此前提下，要达到以下九项条件：

一是集约程度高，规模效益好。主体园区内工业建筑容积率一般应大于0.6，单位土地平均投资强度3000万元/公顷以上、平均产值（销售收入）3000万元/公顷以上。企业销售收入达200亿元/年以上，年上缴税收2亿元以上，全员劳动生产率居国内同行业前列。骨干企业辐射力强，专业化配套体系完善，主导产业突出，规模和水平居国内同行业前列。

二是资源消耗低，环境污染少。切实推进资源节约、清洁生产和循环经济。超额完成国家或省级政府下达的年度节能目标。主体园区单位产值能耗、单位工业增加值用水量和污水集中处理率处于国内同行业先进水平。工业“三废”排放、固体废物综合利用率指标全部达到国家或行业标准。主体园区内规模以上企业全部达到清洁生产企业水平，强制清洁生产审核实施率达到100%。

三是创新能力强。产业集聚区内研发投入占销售收入比重原则上不低于2%

（国家另有规定的从其规定）。有 1 家（含）以上主导产业方面的国家级企业技术中心或研发机构，或 3 家（含）以上主导产业方面的省级企业技术中心或研发机构。有效发明专利拥有量居国内同行业前列。

四是技术水平高，产品质量优。主体园区内骨干企业工艺技术和装备先进，企业普遍采用国际质量管理体系认证，产品质量处于国际或国内同行业先进水平，拥有国际国内知名品牌。

五是安全有保障。企业安全生产管理体系完善，安全生产责任制健全，达到安全生产国家标准或行业标准，近三年未发生重大安全生产事故。

六是信息化水平较高。主体园区信息基础设施比较完备，规模以上企业宽带接入率达到 100%，企业在研发设计、生产制造、企业管理、电子商务、物流配送等主要环节信息化应用达到国内同行业先进水平。

七是人力资源充分利用。产业集聚区所在地有健全的人才工作领导体制，较完善的人才培养、评价、流动、激励等工作机制，设有职业教育或专业培训机构。认真贯彻执行《劳动合同法》，社会保障体系健全，劳动关系和谐。

八是公共服务体系完善。产业集聚区内技术开发、检验检测、金融服务、市场开拓、现代物流、人才培养等公共服务设施齐全，功能完善。

九是所在地政府大力支持。产业集聚区所在地各级政府在发展规划、财政政策、政务服务和人才发展等方面进一步加大对产业集聚区的支持力度，产业集聚区政府管理机构或地市（县）政府设立一定规模（每年原则上不低于 1000 万元）专项资金，用于技术改造及公共服务平台建设。

3、示范基地的发展情况

目前全国主导产业为电子信息的示范基地共 28 家，主要分布在广东、江苏、浙江、北京、上海、天津等 17 个省区市；从区域分布看，东部地区相对集中，有 20 家，中、西部地区相对较少，分别仅有 3 家和 5 家。截至 2010 年 12 月，全国 22 家电子信息示范基地保持了平稳发展，产业规模不断扩大，全年实现销售产值 2.15 万亿元，平均销售收入达 2301.5 亿元，同比增长 23.2%；工业增加值达到 8433.6 亿元，同比增长 23.9%，高出全国规模以上电子信息产品制造业工业增加值增长比例近 7 个百分点。具体发展呈现以下特点：

一是若干具有全球影响力的世界级加工制造基地不断涌现。据统计，22 家示范基地 2010 年实现工业增加值占全国电子信息产业工业增加值总量的 47%。

江苏昆山经济技术开发区、北京中关村科技园区和广东深圳市高新技术产业园区三家示范基地分别以963亿元、900亿元和764.5亿元，位列前三甲，占全国电子信息产业工业增加值的比重分别为5.0%、4.7%和4.0%。其中，江苏昆山经济技术开发区形成了以TFT-LCD面板生产为核心、上下游延伸拓展的较为完善的产业链，借助长三角地区强大的配套能力和庞大的市场，成为国内TFT-LCD产业链竞争力最强的集聚地；北京中关村科技园充分发挥人才、区位等优势，在移动通信、计算机与网络、集成电路、数字视听、软件及信息服务业等领域形成了较好的产业集聚；深圳高新区围绕产品配套，形成了通信设备研发制造、数字视听产品研发制造和计算机及外设产品等多条在国际国内具有相当竞争力、上下游配套较为完善的电子信息产业链。示范基地的发展壮大对整个电子信息产业的持续发展起到了巨大的带动作用，我国在全球电子信息产业发展中的地位进一步巩固。

二是一批具有较强竞争力的骨干企业快速发展壮大。目前，华为、中兴、海尔、海信、联想等一批拥有自主品牌、多年来位列全国电子企业百强前列的企业均已汇聚示范基地，经过近几年的发展，上述企业逐渐发展壮大为世界级企业。华为2010年销售收入达1852亿元，同比增长24.2%，其中海外市场销售额达1204亿元，同比增长33.8%，海外市场销售额占公司全部收入的65%；截至2010年底，公司在美国、德国、瑞典、俄罗斯、印度及中国等地设立了20个研究所，并与领先电信运营商成立了20多个联合创新中心，已获授权专利达17765件，其中海外授权3060件，其中在LTE/EPC领域，公司基本（核心）专利数全球领先。中兴2010年销售收入达702.62亿元，同比增长16.6%，公司产品出口亚洲、非洲等地，并突破德国、比利时、等欧洲高端市场，海外市场销售额达380.66亿元，同比增长27.5%，海外市场销售额占公司全部收入的54%，公司在深圳、北京、上海、重庆、西安、武汉等地设立了研发中心，技术实力不断提高；海尔、海信、联想等企业规模和实力也不断壮大，海外市场拓展也得到积极进展，如2010年度海尔和海信海外市场占公司全部销售收入的11.4%和20%。此外，随着互联网经济的发展，腾讯、百度等一批企业成为流通市值超百亿美元的境外上市的中国企业，其中腾讯流通市值不仅超过美国的EBAY、雅虎等早期IT行业巨头，并且全面领先于德州仪器、戴尔、施乐等传统IT制造业龙头企业，在业界形成了较高的知名度和行业影响力。

三是部分具有行业重大影响力的项目相继开工建设。近年来，一批具有行业重大影响力的项目积极在示范基地布局，填补国内多项空白，对提升我国产业竞争力、调整产业结构、促进产业又快又好发展起到了积极促进作用。如北京示范基地的京东方 8.5 代线是中国大陆依靠自主技术建设的首条 8.5 代线，围绕该生产线，以康宁、住友化学为代表的上游企业，以及冠捷显示为代表的下游企业等一批国际知名企业在示范基地集聚。该项目的建设不仅将结束我国大尺寸液晶面板几乎全部依赖进口的局面，还将促进高世代液晶面板产业链在北京示范基地的形成。位于上海基地的 909 工程升级改造，成为国内第一条国资控股的 12 英寸集成电路生产线项目，技术水平为 45–90 纳米，为提高集成电路的国产化率、发展自主可控的集成电路产业做出积极贡献。该项目的建设，不仅极大提高我国集成电路制造水平，还将对我国集成电路设计业和装备业产生积极的支撑作用。

四是物联网等产业融合新业态实现快速发展。目前，物联网、传感网等新业态正加快与电子信息制造业、软件与信息服务业及电信运营业的融合发展，极大地带动了信息产业的快速健康发展。以无锡传感网示范基地为例，该基地内不仅拥有美新半导体、爱锡量仪、敦南科技等一批高端传感网器件制造商，还聚集了中兴光电、泛达通讯零部件等为代表的传感网器件衍生产业群，以及江苏省嵌入式软件工程中心、紫光科技、海辉、大展、浪潮、中软国际等国内外知名软件及信息服务企业。此外，基地还与中国电信合作建设了国内最高水平 T4 级的中国电信国际数据中心（IDC），积极拓展了电信运营业务。

表 44　国家电子信息类新型工业化产业示范基地名单（截至 2011 年 12 月）

序号	基地名称	批次
1	电子信息・北京中关村科技园区	第一批
2	电子信息・江苏苏州工业园区	第一批
3	电子信息（光电显示）・福建厦门火炬高技术产业开发区	第一批
4	电子信息（通信设备）・山东烟台经济技术开发区	第一批
5	电子信息（光电显示）・广东佛山市	第一批
6	电子信息（传感网）・江苏无锡高新技术产业开发区	第一批
7	电子信息（光电显示）・江苏昆山经济技术开发区	第一批
8	电子信息（显示器）・福建福清融侨经济技术开发区	第一批
9	家电及电子信息・山东青岛市	第一批
10	电子信息（光电子）・湖北武汉东湖新技术开发区	第一批

（续表）

序号	基地名称	批次
11	电子信息·广东深圳高新技术产业开发区	第一批
12	电子信息（数字视听）·四川绵阳高新技术产业开发区	第一批
13	电子信息·四川成都高新技术产业开发区	第一批
14	电子信息·西安高新技术产业开发区	第二批
15	电子信息·上海漕河泾新兴技术开发区	第二批
16	电子信息·大连经济技术开发区	第二批
17	电子信息·天津经济技术开发区	第二批
18	电子信息（太阳能光伏）·乌鲁木齐高新技术产业开发区	第二批
19	电子信息（物联网）·重庆南岸区	第二批
20	电子信息（太阳能光伏）·江西新余高新技术产业园区	第二批
21	电子信息·南京江宁经济开发区	第二批
22	电子信息（太阳能光伏）·河北邢台经济开发区	第二批
23	电子信息·沈阳高新技术产业开发区	第三批
24	电子信息·上海金桥开发区	第三批
25	电子信息（光电子）·江苏吴江经济技术开发区	第三批
26	电子信息（物联网）·杭州高新区（滨江）	第三批
27	电子信息（新型平板显示）·合肥新站区	第三批
28	电子信息（专用通信设备）·福建泉州丰泽区	第三批

二、重点电子信息产业园区

（一）中关村国家自主创新示范区

1、园区概况

中关村国家自主创新示范区起源于二十世纪八十年代初的“中关村电子一条街”，中关村发展历程中先后 5 次获得国务院重要批示。1988 年 5 月，国务院批准成立北京新技术产业开发试验区（中关村科技园区前身），由此中关村成为中国第一个高科技园区；1999 年 6 月，国务院要求加快建设中关村科技园区；2005 年 8 月，国务院做出关于支持做强中关村科技园区的决策；2009 年 3 月 13 日，国务院批复建设中关村国家自主创新示范区，要求把中关村建设成为具有全球影响力的科技创新中心，这也是我国第一个国家自主创新示范区；2011 年 1 月 26 日，国务院批复同意《中关村国家自主创新示范区发展规划纲要（2011–2020 年）》，成为中关村发展新的重大里程碑。

2011 年初步统计数据，中关村企业总收入 1.92 万亿元，约占全国高新区的七分之一，同比增长 20.9%，对北京市经济增长的贡献率达到 24%。中关村聚集了以联想、百度为代表的高新技术企业近 2 万家，形成了以电子信息、生物医药、能源环保、新材料、先进制造、航空航天为代表，以研发和服务为主要形态的高新技术产业集群。中关村是我国科教智力和人才资源最为密集的区域，拥有以北京大学、清华大学为代表的高等院校近 40 所，以中国科学院、中国工程院所属院所为代表的国家（市）科研院所 200 多所；拥有国家级重点实验室 67 个，国家工程研究中心 27 个，国家工程技术研究中心 28 个；大学科技园 24 家，留学人员创业园 29 家。中关村每年发生的创业投资案例和投资金额均占全国的三分之一左右；截至目前，上市公司总数达到 210 家，其中境内 131 家，境外 79 家，50 家企业在境内创业板上市，初步形成了创业板中的“中关村板块”。中关村围绕国家战略需求和北京市社会经济发展需要，取得了大量的关键技术突破和创新成果，获得国家科技进步一等奖超过 50 项，承接的“863 项目”占全国的四分之一，“973 项目”占全国的三分之一；创制了 TD–SCDMA、McWill、闪联等 86 项重要国际标准；中关村技术交易额达到全国的三分之一以上，其中 80% 以上输出到北京以外地区。中关村已经形成“一区多园”的空间格局，包括海淀园、丰台园、昌平园、电子城、亦庄园、德胜园、雍和园、石景山园、通州园、中关村大兴生物医药基地等十个园区。“十二五”期间，中关村将继续完善“一区多园”各具特色的发展格局，重点建设“两城两带”，即中关村科学城、未来科技城和由海淀北部、昌平南部和顺义部分地区构成的北部研发服务和高技术产业带，以及由北京经济技术开发区、大兴和通州、房山的部分地区构成的南部高技术制造业和战略性新兴产业带，促进高端产业集群发展。

电子信息制造业是中关村的重点核心产业，在通信终端、平板显示、集成电路等领域具有全国领先实力，形成了星网工业园、数字电视产业园、移动谷等产业聚集区，汇聚了诺基亚、京东方、中芯国际、大唐、摩托罗拉、爱立信、索爱等大批国内外行业领军企业。

2、2011年发展情况

2011年1月26日，国务院批复原则同意《中关村国家自主创新示范区发展规划纲要（2011–2020年）》，指出中关村示范区要坚持以提高自主创新能力为核心，以深化体制机制改革为动力，按照“需求拉动、机制创新、重点突破、开放合作”的建设原则，大力营造良好创新环境，切实把创新作为发展的核心动力，推动激励自主创新政策的先行先试，搭建中关村创新平台，发挥在推进创新型国家建设、探索中国特色自主创新道路中的示范作用。

中关村“1+6”先行先试新政全面推进。2011年，在中央有关部委的大力支持下，北京市委、市政府坚决贯彻落实党中央、国务院的重大决策部署，依托中关村创新平台的集中统筹工作机制，北京市与科技部等6部委建立了部市会商机制；与财政部等4部委在中关村联合率先开展现代服务业试点；进一步完善了重大科技成果转化和产业项目资金统筹机制；由中央部委牵头出台了支持中关村先行先试政策文件12项；北京市出台了20余项配套实施文件，实现了制度设计的突破性进展。

2011年3月4日，中组部、国家发展改革委、教育部等15个中央和国家部委与北京市委市政府联合发布《关于中关村国家自主创新示范区建设人才特区的若干意见》，提出了到2015年在中关村全面建成国家级人才特区的总目标。为全面贯彻落实人才特区的建设任务，7月12日，北京市对外发布《加快建设中关村人才特区行动计划（2011–2015年）》，中关村创新平台于11月30日公开发布人才特区有关扶持政策办理流程，北京市相关部门在《中关村人才特区若干意见》的指导下整体联动，进一步细化、完善实施具体扶持政策的长效机制，并做好相关配套服务工作。

2011年9月27日，中国大陆首条最高世代液晶面板生产线——京东方8.5代TFT－LCD生产线实现量产，标志着我国在新型显示这一战略性新兴产业取得重大突破性发展。该生产线由京东方科技集团股份有限公司自主设计建设，2011年6月底投产后3个月即实现量产，目前产品综合良品率已经达到85%。一举打破国外对我国内地40英寸以上液晶屏的绝对垄断。标志着京东方完整掌握了液晶显示核心技术，可以实现从1.8英寸到55英寸全系列液晶屏的国产化，成为中国液晶显示产业领军者，也标志着中国大陆具有了生产大尺寸液晶显示屏的能力，中国大陆液晶显示产业自此驶入液晶屏全面国产化时代。

（二）深圳高新区

1、园区概况

深圳高新技术产业园区始建于1996年9月，规划面积11.5平方公里，是国家“建设世界一流高科技园区”的六家试点园区之一。深圳高新区被国家认定为“高新技术产品出口基地”，“亚太经合组织（APEC）科技工业园区”、“先进国家高新技术产业开发区”、“中国青年科技创新行动示范基地”和“国家火炬计划软件产业基地”等。2011年，高新区深圳湾园区实现工业总产值3630.12亿元，同比增长20.16%，占深圳市工业总产值的17.78%；工业增加值1095.90亿元，同比增长36.78%，占深圳市工业增加值的21.94%；出口179.03亿美元；实现税收255.96亿元。高新区每平方公里工业总产值315.66亿元、工业增加值95.29亿元。

截至目前，在深圳高新区内宽带信息网已基本建成覆盖全区的光缆物理网络，实现了电信网、电视网、计算机网的三网融合，与中国电信10G的带宽互联、并与教育网CERNET 2G接入，为高新区内用户提供了宽带接入服务。已基本实现政务信息化、企业信息化、商务信息化和警务信息化，建设了园区行政审批电子平台、知识产权和标准化服务信息平台、企业产品展示信息平台、企业管理服务信息平台、人力资源管理服务平台，降低了企业在信息化方面的费用，提高了企业的工作效率和管理水平，提升了高新区的核心竞争力。

深圳高新区通过体制机制的有效创新，加速自主创新要素的合理流动和高效配置，目前已初步建成以市场为导向、产业化为核心、企业为主体、国内外大学和研究所为依托、辐射周边地区、拓展国内外、自主创新公共技术平台和服务平台比较完备的技术创新和公共服务体系。以研究院群、企业研发中心群为技术支持，以孵化器群、加速器群为产业依托，以创新人才群为人才支撑，形成创新要素高新区内小循环、高新区内外大循环的全新创新格局。

电子信息制造业是高新区的核心产业，尤其是在通信和视听产业两个方面，深圳高新区是我国通信和视听本土骨干企业的发祥地，培育成长了华为、中兴通讯、创维、康佳等著名企业。

2、2011年发展情况

2011年，深圳高新区企业竞争力进一步提升。华为、中兴通讯两家通信企业继续开拓国际市场，国际竞争力和影响力进一步扩大。TCL、创维、康佳积极推动彩电产品转型，纷纷进军智能电视领域。华星光电自主建设的8.5代液晶面板（TFT－LCD）生产线开始量产，是继京东方后，国内第二条实现量产的高世代液晶面板生产线。深圳迈瑞先后控股收购深科股份、Greenlander、光典医疗。

2011年，高新区国际商务平台大力推进“引进来”、“走出去”工作，取得了显著的成绩，引进了韩中新科人才交流中心、法国驻广州总领馆商务处、日本商工会等3家机构，组织了82个代表团赴境外参展或商务考察，协助21家深圳企业在海外设立分公司或机构，协助深圳企业与境外的39家机构和企业建立了商务合作关系，还协助深圳企业出口，总金额超过6亿美元，进口总金额超过1.2亿美元。进一步规范国际平台管理工作，出台了《国际平台管理办法》和《国际沙龙、国际技术对接会资助管理办法》。高新区创投广场举办近40期“项目剖析沙龙”、“项目定向推介会”、“创投广场交流酒会”等各类活动，为加强高新区创业投资环境作出积极贡献。

（三）苏州工业园区

1、园区概况

苏州工业园区于1994年2月经国务院批准设立，同年5月实施启动，行政区划面积288平方公里，其中，中新合作区80平方公里，下辖三个镇，户籍人口37.2万，常住人口69.9万。

作为中国和新加坡两国政府间重要的合作项目，园区开发建设一直得到了党中央、国务院的高度重视和亲切关怀。为顺利推进园区开发建设，中新双方建立了三个层面的领导和工作机构：第一层面是中新两国政府联合协调理事会，由两国副总理分别担任理事会中新双方主席，我国商务部、财政部、外交部等部门和新加坡内阁有关部门及江苏省、苏州市政府的相关负责人为理事会成员，协调园区开发建设和借鉴新加坡经验工作中的重大问题。第二层面是中新双边工作委员会，由苏州市长和新加坡裕廊镇管理局主席共同主持，苏州市政府、园区管委会和新加坡有关部门、机构负责人组成，协商园区开发建设中的重要问题，并向理事会双方主席报告工作。园区管委会作为苏州市政府的派出机构在行政辖区范围内全面行使主权和行政管理职能。第三层面是联络机构，由新加坡贸工部软件项目办公室和苏州工业园区借鉴新加坡经验办公室组成，负责日常联络工作。此外，中新双方财团合资组建了中新苏州工业园区开发有限公司（简称CSSD）负责开发建设，主要是基础设施开发、招商引资、物业管理、项目管理、咨询服务、产业开发等业务;2009年6月公司更名为中新苏州工业园区开发集团股份有限公司。

自园区开发建设以来，主要经济指标年均增长30%左右，2011年，园区实现地区生产总值1560亿元，比上年增长13.5%；地方一般预算收入164.3亿元，增长23.4%；新增实际利用外资19.35亿美元，增长4.6%；完成进出口总额770亿美元，增长4.3%；完成全社会固定资产投资666亿元，增长21%；实现社会消费品零售总额203亿元，增长20.1%；城镇居民人均可支配收入和农村居民人均纯收入分别达到3.97万元、2.24万元，增长15.3%和16%。目前，园区以占苏州市3.4%土地、5.2%人口创造了15%左右的经济总量，成为了全市经济社会发展的重要增长极。园区连续两年名列“中国城市最具竞争力开发区”排序榜首，综合发展指数位居国家级开发区第二位。

电子信息制造业已成为苏州工业园区工业经济的第一大产业。工业园区电子信息产业结构分布均衡，主要集中在计算机及外设、平板显示、电子元器件、通信制造、集成电路、应用电子、电子专用设备几个领域，聚集了三星、苏州和舰、伟创力、苏净等企业。

2、2011年发展情况

2011年，全球半导体光学设备制造商以色列奥宝科技（Orbotech）在苏州工业园区投资设立的奥宝精密电子（苏州）有限公司正式开业。投资7.5亿元的聚灿光电科技（苏州）有限公司在园区开业，主要从事大功率半导体照明（LED）外延及芯片设计产业化。苏州新海宜和中科院苏州纳米所孵化企业新纳晶光电首批外延片批量试制成功。国内第一家外资控股的液晶面板项目，由三星电子、苏州工业园区国控公司、TCL集团三方共同成立的苏州三星电子液晶显示科技有限公司开工建设，工厂首期投资规模为30亿美元，预计于2013年1月正式投产，将主要生产40寸以上的大型TV面板等，每月预计产能为10万片。三星半导体全球分拨中心在苏州工业园区启动投用，预计2012年该中心进出口额将超200亿美元，分拨中心是专门从事分拨活动的经济组织，是集加工、理货、送货等多种职能于一体的物流据点，目前三星半导体拥有韩国仁川、中国苏州两个全球分拨中心。苏州工业园区安科医疗系统有限公司自主研发的国产超导1.5T磁共振成像系统成功装机，该超导磁共振是国内首个具有完全自主知识产权的医用超导1.5T磁共振系统，它的成功装机标志着国产超导磁共振系统的产业化迈出了坚实的一步。

2011 年，苏州市软件和集成电路企业服务中心在苏州国际科技园正式成立，将致力于推动苏州软件和集成电路产业的跨越发展，为打造“高成长性、高带动性、高附加值”的产业发展高地提供动力。

（四）武汉东湖新技术开发区

1、园区概况

武汉东湖高新区始建于 1988 年 10 月；1991 年 3 月，被国务院首批批准为国家级高新技术产业开发区；2001 年，被原国家计委和科技部批准为国家光电子产业基地（即“武汉 · 中国光谷”）；2006 年以来，被国家有关部委批准为国家服务外包基地城市示范区、国家生物产业基地，国家科技兴贸创新基地；全国建设世界一流科技园区试点；2009 年被国务院批准为国家自主创新示范。目前下辖关东光电子产业园、关南生物医药产业园、汤逊湖大学科技园、光谷软件园、佛祖岭产业园、机电产业园等几大产业园，区内高新技术企业 2000 余家。目前以光电子信息产业为主导，能源环保、生物工程与新医药、机电一体化和高科技农业竞相发展。

东湖新技术开发区已经成为我国在光电子信息产业领域参与国际竞争的重要基地。集聚了光通信、激光、集成电路等特色产业，光电子信息产业链逐步完善。其中，光通信产业链上游的光纤光缆的生产规模上升到全球第二位，国内市场占有率超过 50%，国际市场占有率提高到 12%；光电器件的国内市场占有率提高到 40%，国际市场占有率达 6%；光通信产业链下游的光传输设备国内市场占有率 10%。激光加工设备的国内市场占有率一直保持在 50% 左右，有部分产品已进入国际市场。同时，在集成电路、汽车电子、信息服务、新型显示等重点领域实现了突破，也具有了较好的研发优势和产业基础。随着武汉新芯 12 英寸集成电路、富士康科技工业园、武汉天马 TFT-LCD、普天诺基亚 TD-SCDMA 基站设备、微软技术中心、EDS 外包服务中心、金融后台服务中心等一批重大项目的相继建设和投产，武汉光电子信息产业的优势将进一步显现。

2、2011 年发展情况

2011 年，湖北省科技投资集团有限公司与中芯国际集成电路制造公司签署合资合同，双方将对武汉新芯集成电路制造有限公司 12 英寸芯片生产线项目实施合资经营。烽火通信与日本藤仓公司合资成立的藤仓烽火光电材料科技有限公司在东湖高新区开业投产，藤仓烽火公司投产后，实现了光纤预制棒的国产化、低成本量产，标志着东湖高新区在光纤光缆领域，真正形成了从制棒、拉丝到成缆的完整产业链。东旭集团与湖北省科技投资集团签约，共同投资 52 亿元在光谷建设国内最大的 TFT 液晶玻璃基板项目，东旭集团同时还与天马微电子签署了战略合作协议。

2011 年，东湖国家自主创新示范区发展规划通过科技部高新司在京召开的专家论证会。东湖国家自主创新示范区公共服务中心奠基，项目主要包括行政办公、会议会务、窗口服务、展示接待、档案收藏、后勤管理、餐饮服务、商业配套等功能，预计于 2013 年底竣工。第八届 " 中国光谷 " 国际光电子博览会暨论坛（简称光博会）在东湖高新区顺利召开。“武汉三网融合及数字家庭协会（产业技术创新联盟）”、" 武汉中国光谷制造业信息化技术创新产业联盟 " 等一系列以高新区企业、机构为主要成员的行业组织相继成立。

（五）昆山经济技术开发区

1、园区概况

昆山经济技术开发区于 1984 年起自费开发建设，1992 年被列为国家级开发区。今天已发展成为全球资本、技术、人才的集聚地，海峡两岸产业合作的集聚区，中国对外贸易加工和进出口重要基地，综合发展实力连续八年位居全国开发区前四。

目前开发区集聚了一大批世界知名企业，支撑起了电子信息、光电显示、精密机械、民生轻工、装备制造并举的多元化产业格局。截至 2010 年 10 月底，昆山开发区累计批准来自欧美、日韩、港澳台等 43 个国家和地区客商投资的 1642 个项目，合同外资 149 亿美元，实际到帐资金 84 亿美元。其中投资额超过 1000 万美元的项目有 516 个，上亿美元的项目有 41 个，独资项目 1372 个。世界 500 强企业在开发区投资创办了 54 个项目。2009 年开发区实现地区生产总值 965 亿元，完成工业总产值 3753 亿元，进出口总额 533 亿美元，其中出口 365 亿美元。实现全口径财政收入 120 亿元，地方一般预算收入 43 亿元。2010 年完成工业总产值 4000 亿元，进出口总额 620 亿美元，实现全口径财政收入 120 亿元，地方一般预算收入 40 亿元，各项主要指标均保持了高位增长态势。

在众多投资商中，台资企业占主导地位，昆山开发区是台商投资最密集的地区之一，也支撑起了昆山开发区电子信息、光电显示、精密机械、民生轻工、装备制造并举的多元化产业格局，笔记本电脑、液晶面板和显示器及电视整机等产品形成完备的产业链和重要的出口基地全区出口总额占全国总量的三十分之一。昆山开发区建有中国大陆第一个封关运作的出口加工区，全国首家基于出口加工区直接转型的综合保税区，将为出口加工贸易的转型提供载体支撑和政策动力，昆山留学人员创业园打造出“引进一个人才带动一个产业”的多项成功案例。

以特色基地承载主导产业壮大，引进民族品牌企业，推动内外资经济融合发展，是昆山开发区转型升级战略的重要着力点。笔记本电脑研发、制造和出口已占全球产能“半壁江山”，国际影响力不断提升。以龙腾光电为龙头的国家级光电产业基地，抢占国家产业战略高地，以康佳电子为代表的民族品牌企业嵌入产业链核心环节，为中国“彩电革命”和面板产业发展注入浓烈的“中国色彩”。以华恒焊接为龙头的精密机械产业基地、以三一重机为龙头的装备制造基地，将电子信息与特种机械、精密机械、仿生学等进行集成创新，将自动化焊接、挖掘和吊装机械领域的民族品牌旗帜高扬于国际市场。

2、2011 年发展情况

2011 年，东电光电半导体设备（昆山）有限公司昆山开发区光电产业园开工建设，东京电子株式会社是全球最大的半导体设备、液晶显示设备与装备制造商。东电昆山项目投资总额 4 亿美元，其中一期投资总额 9900 万美元，首期建筑面积 10 万平方米，项目达产后，年产各类设备 500 台套，年销售收入逾百亿元。太极能源科技（昆山）有限公司一期启用，二期开工，太极能源首期投资总额 9900 万美元，主要生产多晶硅太阳能电池模块，一期用地 200 亩，产能 300 兆瓦，太极能源项目最终投资额将达到 4.6 亿美元，用地 350 亩，实现产能 1300 兆瓦。旭硝子显示玻璃（昆山）有限公司在昆山光电产业园开业，旭硝子显示玻璃（昆山）有限公司首期总投资 2.5 亿美元，最终投资总额约为 10 亿美元，主营 8 代 TFT－LCD 用玻璃基板及其有关配套产品的研发与生产，项目全部建成将拥有 6 条研磨切割生产线，可月产玻璃基板 600 万平方米。

2011 年，由工业和信息化部电子信息司指导，中国电子信息产业发展研究院、中国工业设计协会、中国计算机行业协会、昆山市人民政府联合主办，昆山经济技术开发区和赛迪传媒承办的 2011 中国计算机产业发展峰会暨第三届“昆山杯”

中国笔记本·平板电脑设计评比大赛在昆山开发区顺利举办。昆山开发区获得商务部、环保部、科技部联合授牌“国家生态工业示范园区”。昆山开发区在北京召开的2011中国信息产业经济年会上荣获“2011中国笔记本·平板电脑最佳产业基地”的称号。

（六）青岛高新技术产业开发区

1、园区概况

青岛高新技术产业开发区是1992年11月经国务院批准设立的国家高新区之一，现为“一区五园”模式。2006年8月在胶州湾北部扩区，形成高新区胶州湾北部主园区。2007年11月，青岛市委、市政府调整成立新的青岛高新区工委、管委，作为派出机构统筹推进胶州湾北部主园区开发建设，并对青岛高科技工业园、青岛新技术产业开发试验区、青岛科技街、市南软件园进行协调指导，赋予了市级经济管理权限。

开发建设中的高新区胶州湾北部主园区，坚持以科学发展观为指导，以“世界眼光、国际标准、本土优势”谋划和推进各项工作，紧紧抓住半岛蓝色经济区建设上升为国家战略的历史机遇，对标“世界一流高新园区”的发展目标，以打造“全市体制机制创新的先行区、高新产业的集聚区、生态文明的示范区”为重点，坚持“高起点规划、高标准建设、高效能管理、高层次招商、高水平服务”，加快推进基础设施建设，不断加大高端项目和科技要素引进力度，全力营造便捷高效的发展环境。青岛高新区以综合管沟、中央智力岛、水系景观整治为代表的环境建设已成为园区的靓丽名片，昔日的盐滩虾池成为滨海区域宝贵的投资沃土，高新区被国家商务部评定为“中国最具投资潜力经济园区”。

青岛高新区北部园区重点发展新一代信息技术、生物、高端装备制造与节能环保及现代服务业“3+1”产业。电子信息制造业是青岛高新区的核心产业，最突出的是视听产业，海信、海尔两大本土视听产业知名品牌都成长于此。

2、2011年发展情况

2011年3月，高新区签约一批科技项目，包括总投资2.2亿元的电容式触摸屏研发生产基地项目，该项目依托与航天五院的技术合作成果，建设AR镀膜生产线、多点液晶触摸屏产品研发生产基地，年生产触摸屏200万片、镀膜液晶屏500万片，年销售额3.5亿元；节能照明物联网系统产业化项目，将在青岛市光电工程技术研究院设立电子光源技术研究室，开展集成电路设计、封装、测试到产品的应用开发，形成年产10亿片集成电路/模组的生产规模，推动光电集成电路产业发展。2011年5月，由青岛赛瑞达电子科技有限公司投资的IC、光伏产业设备制造基地在高新区开工建设。项目一期占地50亩，投资1.2亿元人民币，建筑面积3.5万平方米，计划2012年3月投产，主要生产太阳能电池片专用扩散炉、PECVD、烤盘炉、烧结炉等设备，达产后年产值将达到10亿元人民币，上缴税收1亿元人民币。该项目二期计划2012年下半年开工建设，总投资5亿元人民币，主要建设LED、太阳能电池片生产线，建成后将成为国内综合实力最强的IC、光伏专用设备制造商，将有力推进青岛高新区电子信息产业和新能源产业的发展。

2011年，青岛高新区设立创业投资引导基金，着力推进科技创新创业，引导基金总规模为1亿元，全部为财政投资，首期安排3000万元。在基金的管理运作上，青岛高新创业投资有限公司是高新区管委直属的国有独资公司，受青岛高新区创业投资引导基金理事会委托作为引导基金名义出资人和基金管理机构，对外行使引导基金的相关权益和义务，负责引导基金的日常管理和运作。同年，青岛高新区出台了《青岛高新区国家创新型科技园区建设科技创新项目管理暂行办法》，根据《办法》规定，高新区将设立科技创新专项资金对高新区科研机构、科技型企业、中介服务机构开展技术创新和新产品开发、研发（技术）中心建设、人才引进等科技创新活动给予资金资助。该项资金的设立，将极大促进高新区科研机构和科技型企业的自主创新热情，推进青岛高新区高新技术产业的快速发展以及国家创新型科技园区的建设。11月，青岛高新区新型数字家电创新型产业集群在科技部火炬中心召开的创新型产业集群建设工程工作会上被认定为首批国家创新型产业集群建设工程试点。

（七）天津经济技术开发区

1、园区概况

天津经济技术开发区于1984年12月6日经中华人民共和国国务院批准建立，为国内首批国家级开发区之一。开发区位于天津市东60公里，紧邻塘沽区。总规划面积33平方公里。此外，还分别在武清区、西青区和汉沽区辟建了逸仙科学工业园、微电子工业区和化学工业区等三个区外小区。

天津经济技术开发区具有得天独厚的区位优势，依托京、津，辐射三北，其所在的环渤海区域是一个人口密集、城市集中、交通便利、工商业发达、市场容量大、购买力高的黄金地带，具备发展工商业的良好条件。以“21世纪现代化国际工业新城区”为目标，天津经济技术开发区致力于塑造与国际惯例和国际市场接轨的投资环境。经过十几年的开发建设，天津经济技术开发区投资环境日臻完善，经济实力迅猛发展，已成为中国乃至整个亚洲最具吸引力的投资区域。

目前，天津经济技术开发区已有3300多家外商投资企业落户，投资总额超过150亿美元。以摩托罗拉、雀巢、SEW、诺和诺德等跨国企业为代表，形成了电子通讯、食品、机械、生物医药四大支柱产业，经济飞速发展，人均生产总值已达中等发达国家水平，综合实力在全国57个国家级开发区中排名第一，成为“滨海新区”的龙头和天津市重要的经济增长点。自1997年以来，商务部对全国国家级经济技术开发区进行的综合经济实力、基础设施配套能力、经营成本、人力资源及供给、社会与环境、技术创新环境、管理体制建设、发展与效率等8大类指标的投资环境综合评价中，天津经济技术开发区综合排名连续十二年位居全国之首。此外，天津开发区位列联合国工业开发组织世界范围评选出的一百个工业发展最快的地区之一。

2、2011年发展情况

2011年，天津三星视界移动有限公司新工厂竣工，新工厂满足了天津三星视界移动的增资扩产需求，厂房占地面积4.03万平米，建筑面积7.43万平米。天津三星视界移动有限公司自2007年10月引进了OLED产品以来，通过几年的试生产，技术不断成熟，于2010年3月起实现了批量生产。新工厂将进一步扩大三星视界移动的AMOLED市场份额。天津开发区管委会与美国晶体技术公司晶体合成与晶片加工项目签约，美国晶体技术公司主要从事砷化镓、磷化铟和锗单晶片的生产加工，此次签约的晶体合成与生长及晶片加工项目选址在在开发区逸仙科学工业园，项目投产后产品将广泛应用于云计算、4G通讯终端、移动电话、卫星广播、雷达系统及其它尖端电子产品。

2011年，滨海新区云计算产业联盟成立，联盟共吸纳成员单位35家，联盟的成立将联合所有滨海云计算企业、组织、机构及相关单位，整合产业发展资源，打造滨海新区云计算行业影响力，促进滨海新区云计算产业发展。

（八）厦门火炬高技术产业开发区

1、园区概况

厦门火炬高技术产业开发区（以下简称“厦门火炬高新区”）是经国务院批准设立的国家级开发区。开发区基于创新和孵化集群的优势，在电子信息、光电、电力电器等主导产业具有较强区域配套能力，依靠海峡西岸经济区的区域背景和规范、以及高效、快捷的服务及亲商、安商、富商的发展政策，在全国56个国家级高新技术开发区中列全国投资环境竞争力十强高新区第4位。

2011年，厦门火炬高新区规模以上工业产值1569亿元。1992年至2011年，厦门火炬高新区工业总产值从1.46亿元增加到1569亿元，增长1074倍，占厦门市工业产值37.17%。先后荣获“先进国家高新技术产业开发区”、“全国科技兴贸工作先进单位”、“全国科技管理系统先进集体”、“国家火炬计划软件产业基地先进管理单位”等称号。

目前，厦门火炬高新区呈现“一区多园”发展格局，形成两个大型综合园区（火炬园、火炬（翔安）产业区）；两个国家级创业孵化基地（创业园、软件园）；四个专业园区（富士康海沧火炬工业园、同集园、信息光电园、北大生物园），同时，拥有国家海外高层次人才创新创业基地、国家火炬计划软件产业基地、国家科技兴贸创新基地、国家火炬计划电力电器特色产业基地、国家光电显示产业集群试点、国家高新技术创业服务中心、国家留学人员创业园、国家大学科技孵化园、国家技术转移示范机构、国家新型工业化产业示范基地等10多个国家级产业发展基地与科技创新平台，成为国家高新技术产业战略布局的重要支撑环节。不仅吸引了DELL、松下、ABB、联想等20余家世界500强企业，并且培育了科华恒盛、三五互联、三维丝、乾照光电、美亚柏科、易联众等20多家本土上市企业，精心孵化出8家“全国百强高成长高科技企业”，各类企业数量达到2100多家，其中产值过百亿元企业3家，亿元企业69家。其中，随着友达光电等液晶模组大厂及其配套企业落户高新区，高新区光电显示以整机为龙头的产业链已显雏型，为今后的发展奠定了较好的基础。友达光电、冠捷科技的加盟大大加强了厦门光显示领域的技术优势。除此以外，厦门火炬高新区国家级LED应用产品检测中心，可为企业和科研院所提供技术开发等方面的技术支持，构架共用的技术平台，实现资源共享，解决长期困扰企业的检测手段欠缺等问题，帮助企业加快自主研发进程，促进产品质量提高，增强企业活力，使半导体发光器件（LED）应用产品生产企业真正做强做大。

2、2011 年发展情况

2011 年，宸鸿科技火炬（翔安）厂房在厦门火炬高新区动工。开发晶照明（厦门）有限公司在厦门火炬（翔安）产业区奠基。戴尔中国客户中心第五千万台产品下线。中船重工厦门材料研究院及产业基地、中电科技三十研究所厦门分所及产业化基地落户厦门火炬高新区。

2011 年 1 月，厦门火炬高新区获准建设国家创新型科技园区。7 月，厦门科技创新园全面开工，厦门（火炬）海西股权投资中心挂牌成立。11 月，以高新区为主体申报的海峡西岸经济区海洋与生命科学产业集群入选国家首批“创新型产业集群试点（培育）”。12 月，高新区管委会出台了《厦门火炬高新区种子基金管理试行办法》，旨在引导银行增加对园区企业的信贷额度，增加企业的现金流，确保高新区经济平稳增长。办法规定，种子基金由火炬高新区管委会出资，首期资金 1000 万元，用于与火炬高新区管委会合作的银行对高新区中小企业贷款实施担保和风险代偿，合作银行给予园区企业不少于 5 倍种子基金的信贷规模。

（九）成都高新技术产业开发区

1、园区概况

成都高新技术产业开发区筹建于 1988 年，1991 年批准为首批国家高新技术产业开发区，2000 年批准为中国亚太经济合作组织（APEC）科技工业园区，2001 年成为中国西部第一个通过 ISO14001 中国认证和英国皇家 UKAS 国际认证的区域，2006 年成为全国首批“创建世界一流园区”试点单位。2011 年在全省率先迈入“千亿工业园区”行列。近几年，在科技部举行的综合评比中，成都高新区连续保持全国第四名、中西部第一位。开发区现有规划面积 130 平方公里，由南部园区和西部园区组成。南部园区规划面积 87 平方公里，按照“现代商务中心、高端产业新城”和以金融、总部为主导的成都中央商务区（CBD）的定位，重点发展软件外包、科技创新、现代商贸、文化会展等高端产业，建设宜业宜居宜人的现代化新城；西部园区规划面积 43 平方公里，按照“业态完整的高科技工业发展区”的定位，重点发展集成电路、光电显示、通信、生物医药等高技术制造业。西部园区内建有一个国家级综合保税区。

成都高新区成立以来，秉持“发展高科技、实现产业化”的宗旨，统筹推进经济社会持续快速健康发展，在产业发展、成果转化、招商引资、新城建设、改善民生等方面，均取得了长足进步。2011 年，成都高新区完成产业增加值 706.5 亿元，增长 25.2%；规模以上工业增加值 408.7 亿元，增长 36.4%；全社会固定资产投资 489.6 亿元；地方财政一般预算收入 61.39 亿元，增长 41.67%；到位外资 11.97 亿美元，增长 32.76%；外贸出口 116.1 亿美元，增长 222.5%；区内重新认定的高新技术企业达到 563 家，占四川省 40%，占成都市的 53%，聚集世界 500 强企业及国际知名企业百余家。成都高新综合保税区进出口总额 184.5 亿美元，占全省加工贸易进出口总额的 88%，居中西部海关特殊监管区首位，继昆山、苏州之后排名全国第三。

电子信息、生物医药和精密机械制造是成都高新区的三大主导产业。近年来，先后引进了英特尔、德州仪器、富士康、西门子、飞利浦等一批全球高科技产业的重大项目，三大主导产业集约集群发展态势明显，在全部工业增加值中的比重提升到 80.6%。其中，电子信息产业已形成集成电路、光电显示、软件及服务外包、电子终端制造四大产业集群。

成都高新区高度重视推进自主创新，构建了涵盖载体、平台、资金、技术、人才等各个方面，较为完整的科技服务体系。建成了以 6 家国家级孵化器为骨干、共 24 家孵化器构成的科技企业孵化器群体，建成了一批电子信息公共技术服务平台，已认定公共技术平台 20 余家。构建了天使投资、风险投资、股权融资等梯形融资服务体系，设立了总规模达 15 亿元的创业投资引导基金，打造了“盈创动力”一站式投融资服务平台，管理资金规模超过 330 亿元。

2、2011 年发展情况

2011 年，成都中光电科技有限公司 0.5mm 厚度液晶玻璃基板生产线实现量产，开始一年 365 天，一天 24 小时全天候生产。一期项目全部 3 条生产线建成后，年产量将达到 400 万片。飞利浦（中国）投资有限公司与成都市人民政府签订 LED 项目投资合作协议，宣布在成都高新区投资兴建飞利浦 LED 专业照明项目，项目投资将超过 2500 万欧元。联想（西部）产业基地建成投产，研发中心也同期落成。其中，生产中心已经进入试投产阶段，2012 年四月份将进行量产，五年内年产能将达到 1000 万台。研发中心将专注于移动互联网服务和高可靠系统加固技术等领域的创新研发。中电科航空电子产业园基地在成都高新区开工建设，中电科航空电子产业园基地项目总投资 20 亿元，计划用地面积 150 亩，总建设面积105000平方米，航电产业园整体项目建设预计2013年9月完工。航电产业园项目完成投入使用后，预计将形成民机通信导航系统和机载娱乐系统批量生产能力，为国产C919大型客机提供通信导航产品，为国产C919及波音、空客后续机型提供机载娱乐系统。届时，中电科航空电子有限公司与国际一流的航电公司柯林斯及泰雷兹公司成立的合资企业也将落户该产业园。

（十）南京江宁经济技术开发区

1、园区概况

江宁开发区创办于1992年6月，1993年被批准为省级开发区，1997年经国家科委批准按一区多园设立5平方公里国家级高新技术工业园（其中1.5平方公里在科学园），2002年经省委、省政府批准赋予国家级开发区经济审批权限。2010年11月11日，被国务院批准升级为国家级开发区。

作为长三角地区对外开放的示范区，江宁开发区积极抢抓电子信息产业发展机遇，把发展电子信息产业作为新形势下园区加快转变发展方式、推动产业结构优化升级的重要举措，将电子信息产业明确定位为开发区优先扶持和重点发展的主导产业。园区创办十多年来，累计吸引来自美国、日本、德国、瑞典、韩国、中国台湾、中国香港等42个国家和地区的1800多个项目，其中千万美元以上项目300多个，世界500强企业有福特、马自达、西门子、摩托罗拉、爱立信、日立等42家，累计实现合同利用外资70亿美元，实际利用外资40亿美元。目前，开发区已初步步入收获期，GDP、财政收入等主要经济指标年均增长35%以上。

其中，通信设备制造产业形成了从手机基站到通信设备终端产品的较为完整的链条，拥有尖端技术和良好市场，已成为全世界产能最大的手机制造中心之一。平板显示产业独拥全球小尺寸面板产能第二的统宝光电。智能电网产业集聚了国网电科院、南瑞继保、国电南自、西门子电力自动化等60多家智能电网相关企业，产品产能、市场占有、技术水平保持全国同行业领先位置。

2、2011年发展情况

2011年，由保利协鑫能源控股有限公司总投资3.5亿美元的协鑫硅切片项目正式开工建设，此次协鑫硅切片项目主要从事太阳能级及电子级多晶硅片、单晶硅片的生产，项目总规划2000兆瓦，总建筑面积约16万平米，项目达产后的年产值预计将达到135亿元；一期项目规划600兆瓦，总投资5.2亿元，注册资金1.74

亿元，建筑面积51230.52平方米。总投资30亿元的国电南自（江宁）智能电网产业园项目开工建设，这是开发区继国家电网智能电网科研产业基地后引进的又一重大智能电网产业项目，加快了园区智能电网支柱产业的培育步伐。由曙光信息产业公司投资建设的曙光南京云计算中心项目在江宁开发区签约落户，将建成千万亿次规模南京云计算中心。南京中国未来网络谷签约落户江宁开发区，网络谷由市经信委、江宁开发区联合中国工程院刘韵洁院士等领导的来自北京邮电大学、中国科学院计算研究所、清华大学等科研团队共同建设，推动科研成果就地转化，形成从芯片设计、设备制造、系统集成到应用服务的完整产业链。中国物联网–智能物流产业国家标准研制暨南京（江宁）智能物流产业联盟成立，联盟共吸纳企业成员20多家，今后将致力于搭建公共合作与共同发展的平台，全面提升南京全市乃至全国智能物流产业的整体技术水平和市场竞争力。

（十一）上海漕河泾新兴技术开发区

1、园区概况

上海漕河泾开发区自1984年创建以来，始终坚持“以发展工业为主、以利用外资为主、以出口创汇为主，致力于发展高新技术产业”（三为主，一致力）发展方针，在科学规划、集约开发，致力于发展高新技术产业，提高经济与社会效益等方面取得了辉煌业绩，依托上海现代化、国际化都市的区位优势，加快产业结构调整和经济建设步伐，以外资带动内资，增强自主创新能力，对上海经济发展起到了积极有效的窗口、示范、辐射和带动作用，成为上海经济社会发展新的重要区域之一。在全国国家级开发区中发挥了“排头兵”作用，成为全国国家级经济技术开发区和高新技术产业开发区中发展速度较快、技术含量较高、经济效益较好的开发区之一。

开发区现有规划面积14.28平方公里，目前拥有中外高科技企业1500多家，其中外商投资企业500多家。50多家世界500强跨国公司在区内设立90多家高科技企业。2011年开发区实现销售收入完成2331.6亿元，工业总产值1178.8亿元，地区生产总值（GDP）752.5亿元，进出口总额179亿美元，单位面积经济效益在全国开发区名列前茅。

电子信息产业是开发区的支柱产业，共有各类企业500多家。开发区电子信息产业主要集中在计算机、集成电路、光电子及通信设备、电子元件等领域。计算机制造方面，主要包括计算机整机、网络设备、外部设备及附件等。拥有英业达、英顺达、英源达、英华达、英村科技、华北科技、中电打印、中晶科技等众多高科技企业，英氏企业由全球最大的服务器制造商和前五大笔记本电脑生产商英业达集团设立，产品主要包括笔记本电脑、中大型计算机、服务器等。集成电路方面，已经形成从 IC 设计、制造、封装测试到集成电路专用设备和配套生产设备的较为完整的产业链，主要产品为 6 英寸 0.35 微米芯片、8 英寸 0.25 微米芯片、6 英寸 BiCMOS 芯片、光掩模、高纯气体、薄膜防尘罩等。拥有先进半导体、新进半导体、贝岭股份等芯片生产企业，意法半导体、泰鼎、日冲、IDT、澜起、微开、先驱、新茂、盛扬、百利通、矽映等研发企业及由凸版光掩模、液化空气、爱立发封装、爱德万测试、印科防尘罩等组成的配套企业。光电子及通信设备方面，以发展光机电、光纤通信、激光产业及通信设备为主，包括光通信、光显示、光存储、光器件、通信传输交换设备和通信终端设备等，产业链已基本形成。集聚了光通信公司、康宁光纤、霍普光通信、飞利浦建兴、联合光盘、交大高清、激光研究所、上广电、史迈诺等光电子企业和研究机构，以及思科系统、飞利浦电子、诺基亚西门子通信传输、贝尔企业通信、捷普科技、艾维思通讯、美络通、三星、智邦、上海普天邮通、大唐移动、联芯、英华达、龙旗、晨讯、展英通、精佑、优思、迪妙移动等众多通信设备研发和制造企业。电子元件方面，拥有瑞侃电子、安普泰科电子、毕诚电子等代表企业。

2、2011 年发展情况

2011 年，漕河泾开发区国际孵化中心正式启用，孵化中心集科技创业苗圃、大学生创业园、留学生创业园、国际企业孵化器、科技企业加速器等于一体，是漕河泾开发区致力于创新驱动转型发展，发展原创经济的重要载体，也是努力打造第六代品牌孵化器、推动自主创新品牌拓展的重要举措。根据《上海市经济信息化委关于进一步规范上海市信息服务产业基地管理工作的通知》及有关工作方案，上海市经济和信息化委员会组织进行了首批市信息服务产业基地的审核，漕河泾开发区等四家园区被认定为首批“上海市信息服务产业基地”。同年，漕河泾开发区还获批成为国家级海外高层次人才创新创业基地。

（十二）无锡新区

1、园区概况

无锡新区自1992年启动开发建设，现辖无锡（太湖）国际科技园、无锡空港产业园、吴文化博览园、工业博览园、无锡新加坡工业园、无锡出口加工区等若干功能园区和六个街道，行政区域220平方公里，户籍人口30万，外来暂住人口约35万。

无锡新区现已成为无锡市重要的经济增长极和对外开放窗口。无锡新区累计批准注册外资突破100亿美元，实际到位外资70亿美元，世界500强跨国公司已有60多家投资了80多个项目。传感网研发应用跻身世界先进行列；光伏太阳能电池组件制造技术和产值居世界首位；集成电路制造技术和产值居全国第一，成为全国最大半导体生产基地。综合实力和创新能力跻身全国各类国家级高新区的先进行列，是国家火炬计划实施20周年先进开发区，也是江苏省唯一首批进入中央命名的海外高层次人才创新创业基地。

“十一五”时期，无锡新区经济总量稳步增长，“十一五”末期实现地区生产总值930亿元，比“十五”期末增长145%，年均增长19.7%；人均GDP达到20000美元，是2005年的1.6倍；财政收入181亿元，其中地方财政一般预算收入83亿元，年均增长25%。产业结构持续优化，服务业增加值占GDP比重年均提升2个百分点，达到30%；高新技术产值超过2000亿元，高新技术产业产值占规模以上工业比重达到60%，高于全省30个百分点，建立各类销售和研发总部近50家，建立各类区级以上工程研发中心、工程技术中心220余家。创新创业步伐加快，科技研发投入占GDP的比重达到3.8%，高于全省2个百分点；已引进国家“千人计划”6人、国内外院士38人。国家生态工业示范园区和生态文明先驱园区建设强力推进，万元GDP能耗达到全国平均水平的三分之一，是无锡全市平均水平的一半。

2、2011年发展情况

2011年，中航工业深南电路与无锡新区正式签订投资协议，中航工业深南电路项目包括半导体封装基板制造基地和研发总部。海力士启动实施四期技术升级项目，利用自有折旧资金进行12英寸晶圆生产线技术升级，生产技术从44纳米提升至30纳米级并全力提升至20纳米级。中兴智能交通（无锡）有限公司入驻中国传感网国际创新园，中兴智能交通是中兴通讯股份有限公司子公司，是具备国际领先技术水平并拥有自主核心知识产权产品的创新型智能交通物联网高新企业。无锡松下能源有限公司新增投资12亿日元，增加锂电池正极材料生产，公司还将在下半年进一步增加投资，继续引进锂电池前道生产。无锡新区与韩国LNS金属株式会社签署韩虎半导体洁净系统项目投资协议，韩虎半导体洁净系统项目将针对海力士半导体（中国）有限公司、海太半导体（无锡）有限公司及三星半导体（苏州）有限公司等进行半导体洁净系统服务。住化电子材料科技（无锡）有限公司启动LCD制造用工程材料项目建设，项目利用无锡公司现有的空余地块增加投资，达产后增加10亿元年销售额。

2011年，由曙光信息产业股份有限公司投资承建的云海创想云存储产业基地和无锡城市云计算中心——曙光云计算大厦奠基，这是自2010年无锡被国家发改委和工信部列为五个云计算创新发展试点城市之一以来在云计算产业发展中的重要举措。建成后的云计算中心大厦将成为“无锡城市云”的主体中心，成为云计算的服务中心、研发中心、工程技术中心，为无锡城市云计算中心暨中国物联网云计算中心的后继发展提供有力支撑。云海创想云存储产业基地项目，总投资5亿元，占地73亩，建筑面积约10万平方米，建成后将成为国内集云存储产业研发、运营、市场应用为一体的产业园区。

（十三）合肥新站综合开发试验区

1、园区概况

合肥新站综合开发试验区于1992年12月与国家重点工程合肥铁路新客站同步开工建设。1995年4月，安徽省政府正式批准设立试验区。1996年2月，国家建设部将试验区列为全国首家城市综合开发试点区。新站试验区原规划面积10平方公里，2003年3月，瑶海区七里塘镇（现为七里塘街道）划归新站试验区代管，辖区面积增至34平方公里。为进一步拓展发展空间，2006年11月，新站试验区与长丰县签订合作发展协议，长丰县南部六个村居约27平方公里交由新站试验区托管开发。2009年10月，新站试验区与长丰县再次达成协议，合作范围由原来约27平方公里增至约57平方公里。2010年9月，安徽省委、省政府正式提出“将合肥市建设成为充满活力、独具魅力、创新发展、宜居宜业的区域性特大城市”的奋斗目标，合肥市委、市政府随即确定将新站试验区作为合肥市承接产业转移示范园区。2010 年 10 月，市委、市政府对新站区进行区划调整，将原由新站区托管的部分街道和社居委整建制划归瑶海区管辖；瑶海工业园、磨店乡划入试验区，同时托管长丰县三十头镇以及肥东县四个行政村。自此，新站综合开发试验区成为合肥市承接产业转移示范园区，目前园区面积由成立之初的 10 平方公里迅猛增加到 204.73 平方公里，常住人口 20.29 万人。

近年来，新站试验区已初步形成了以新型平板显示、太阳能光伏、LED 等为主导的现代产业体系。从 2006 年起，欧力电器、尊贵电器、乐凯光学膜等一批项目先后落户，并成功引进了京东方六代线、鑫昊 PDP、彩虹高世代玻璃基板、彩虹光伏玻璃、蓝光 LED 等一批重大核心项目，聚集了数十家为其配套的上游原材料及下游应用知名企业，也为新站区打造国家级新型平板显示产业基地打下了坚实基础。以新型平板显示为代表的泛半导体产业已成为试验区的支柱产业。招商引资总量从 2006 年的 25.8 亿元增加至 2010 年的 181.5 亿元，年均增幅达到 94.74%。全区地区生产总值从 2006 年的 25.32 亿元增长到 2010 年的 101.5 亿元，年均增长 32%，综合经济实力大幅提升。2009 年全区实现社会消费品零售总额 157 亿元，总量位居全市第二。

2、2011 年发展情况

2011 年，新站试验区加紧推进海润光伏项目、彩虹光伏玻璃项目、彩虹蓝光 LED 项目、鑫虹整机项目的建设施工工作。海润光伏项目主要建设 100 条光伏电池组件生产线，产能 3.6GW；一期投资 25 亿元，上马 40 条生产线，产能 1.3GW；彩虹光伏项目计划总投资 28 亿元，其中一期 19.83 亿元，建设三座日熔化能力为 500 吨的玻璃熔窑，并配套 12 条 125T/D 压延玻璃生产线和相应产能的玻璃镀膜、钢化生产线，总占地 600 亩；彩虹蓝光项目总投资 100 亿元人民币，总用地面积 500 亩，计划用三年时间分两期建设共 200 条 MOCVD（45 片以上机）及配套芯片生产线；鑫虹整机项目计划总投资 11 亿元人民币，总用地面积 108 亩，设计产能 480 万台，远期计划扩大产能至 1000 万台。

（十四）杭州国家高新技术产业开发区

1、园区概况

杭州高新技术产业开发区（简称杭州高新区）始建于 1990 年 3 月。1991 年 3 月经国务院批准成为全国第一批国家级高新技术产业开发区，同时也成为浙江省唯一的国家级高新区。1996年12月，国务院批准设立滨江区，1997年6月，滨江区正式挂牌成立。2002年6月，杭州市委、市政府对高新区、滨江区进行管理体制调整，实行两块牌子、一套班子、全交叉兼职，既按开发区模式运作，又行使地方党委、政府职能。管理体制调整后的两区合二为一，简称杭州高新区（滨江）。

高新杭州高新区（滨江）总规划面积85.64平方公里。其中，江北区块位于西湖区境内，面积11.44平方公里。经过十几年的建设，江北区块已经成为拥有创业服务中心、专业孵化器、创新基地和完善的社会中介服务的高新技术研发、生产基地。下沙区块1.2平方公里，位于杭州经济技术开发区内。江南区块即滨江区面积73平方公里，位于钱塘江南岸，是未来的杭州市城市副中心，目前正在建设成为“以高新技术产业为骨干，集教育、商贸、居住等功能为一体的高科技、多功能、园林化的科技新城”。滨江区辖西兴、长河、浦沿3个街道、28个行政村、7个社区。目前常驻人口31.9万人。

2010年全区实现生产总值341.7亿元，增长13.1%，技工贸总收入1810亿元，增长18.8%，财政总收入84亿元，增长17%，其中地方财政收入46亿元，增长24.7%；在全国80个国家级高新区中综合排名第八。

近年来，杭州高新区（滨江）以13个国家级产业基地为核心载体，积极谋划建设中国互联网经济示范区、浙江省物联网产业核心区、杭州白马湖生态创意城等产业平台，在新一轮产业发展布局中抢得先机、走在前列。高新技术产业和战略性新兴产业增加值占地区生产总值比重达70%，初步形成了软件和服务外包、电子商务、物联网、文化创意、通信设备制造、太阳能光伏、集成电路设计和数字电视等八大产业集群，引领和带动了杭州乃至浙江省转型升级和产业结构的调整，特别是在新兴产业的发展上在浙江省起到了龙头、领跑和示范作用。其中，集成电路设计、电子商务产业占浙江省的90%，软件信息业占浙江省的80%，动漫游戏产业占浙江省的75%，物联网产业占浙江省的60%，数字电视产业占浙江省的50%。

2、2011年发展情况

2011年7月，高新区（滨江）物联网产业园感知中心项目开工建设，杭州高新区（滨江）物联网产业园于2010年正式启动建设，目前已有海康威视视频监控智能系统软件研发中心、正泰量测智能电网项目、聚光科技环境和安全物联网项目、芯图科技物联网智能芯片项目、和仁科技医疗物联网项目以及感知中心、诚高科技云计算与绿色数据中心、大华物联网技术研发中心、中威电子数字视频光纤传输研发中心等 9 个项目入驻园区，总投资 22 亿元，总用地面积 250 亩，总建筑面积 60 万平方米。杭州高新区（滨江）物联网产业园感知中心项目总投资 3.1 亿元，总用地面积 13835 平方米，总建筑面积 50854 平方米（其中地上面积 38738 平方米，地下面积 12116 平方米），建筑容积率 2.8 是物联网产业园的核心建筑。感知中心以物联网产业项目集聚为重点，集项目孵化、研发办公、会议会展、公共技术平台等功能为一体，将引进物联网科技研发、网络信息服务、软件等产业的中小企业，成为物联网中小企业成长和壮大的孵化基地。建成后的感知中心可引进中小型物联网孵化企业 20 多家。

2011 年 11 月，思科（中国）杭州研发中心开业，思科中国研发中心已成为思科海外第二大战略研发中心，总投资达 1 亿美元。

（十五）张江高科技园区

1、园区概况

张江高科技园区成立于 1992 年 7 月，位于上海浦东新区中南部，是国家级高新技术园区。科技园经过近二十年的开发 构筑了生物医药创新链，集成电路产业链和软件产业链的框架。目前，园区建有国家上海生物医药科技产业基地、国家信息产业基地、国家集成电路产业基地、国家半导体照明产业基地、国家 863 信息安全成果产业化（东部）基地、国家软件产业基地、国家软件出口基地、国家文化产业示范基地、国家网游动漫产业发展基地等多个国家级基地。在科技创新方面，园区拥有多模式、多类型的孵化器，建有国家火炬创业园、国家留学人员创业园，一批新经济企业实现了大踏步的飞跃，目前的张江正向着世界级高科技园区的愿景前进。

2010 年园区经营总收入达到 1100 亿元，年总收入增速达 15% 左右，成为中国高科技产业化的龙头区域。目前，上海张江高科技园区正在全力打造 10 大拥有自主创新能力的国家级高科技战略产业平台，即集成电路制造与装备平台；移动终端产品集成平台；多元化多模式显示终端；生物医药研发、产业化；物联网基础设施技术；商用大飞机设计研发；数字内容与互联网技术；金融后台服务平台；低碳技术、高端价值链；现代农业示范推广平台。“自我设计、自主经营、自由竞争”

和“鼓励成功、宽容失败”的园区文化和创业氛围正逐渐形成。

2、2011年发展情况

2011年，国务院已正式批复同意张江高新区建设国家自主创新示范区，张江园区一批自主创新及产业化成果捷报频传。展讯通信与TSMC共同宣布，其全球首款40纳米的TD-SCDMA商用基带处理器这一合作成果，通过优化设计、工艺和生产方式取得了一次性流片成功的佳绩；我国首台代表国际尖端水平的薄膜太阳能电池关键生产设备——等离子体增强型化学气相沉积设备（PECVD）在理想能源公司成功下线，打破了高端薄膜太阳能电池设备一直被国外厂商垄断的局面，并有望大幅降低太阳能发电成本；上海舜宇海逸光电技术有限公司，经过三年时间研发成功的光电互感器，今年年底将迎来首批销售，该技术目前在中国属于领先水准；由盛美半导体设备（上海）有限公司研发的高端半导体清洗设备Ultra C，在韩国海力士通过为期10个月的24小时不间断生产线测试后，取得量产订单，这是我国首次将具有自主知识产权的高端12英寸半导体清洗设备销售至韩国市场；由国资控股的12英寸集成电路生产线项目华力微电子12英寸全自动芯片生产线55纳米工艺产品开始试流片，标志着这一国家电子信息产业的重大工程进入了新阶段。

后 记

《中国电子信息产业发展蓝皮书（2012）》由赛迪智库电子信息产业所和光伏产业所联合编撰，力求为中央及各级地方政府、相关企业及研究人员把握产业发展脉络、了解产业前沿趋势提供参考。

本书由罗文担任主编，丁颐、高宏玲、李珽等统稿。章节撰写人员如下：综合篇、政策篇：李珽；行业篇、企业篇：王世江、张伟、耿怡、于明、李珽、江华、林雨、温晓君、乔维、李晓昕、余雪松、薛楠；区域篇：丁颐、乔维；园区篇：丁颐、李珽、林雨。在写作过程中，本书得到了工业和信息化部电子信息司丁文武司长、中国软件行业协会顾问委员会杨天行主任委员、中国光伏产业联盟王勃华秘书长、院科技委陈新主任、清华大学液晶技术工程研究中心李军主任等多位领导和专家的倾力指导和帮助，在此一并表示诚挚的感谢。

古谚有云：学然后知不足，思而后知路远。本书虽亦是经过了研究人员及专家的严谨思考与不懈努力，但囿于资料及水平所限，其间或有观点有失偏颇，愿以此就教于同道，热切欢迎来自于各界的一切批评指正，以便博采众长、不断进步。

机构名称：工业和信息化部赛迪研究院
通讯地址：北京市海淀区万寿路27号电子大厦4层
邮政编码：100846
联 系 人：纪丽斌　王宏伟　宋宇
联系电话：010-68200734　13520485978
010-68208785　18610316506
010-68200725　18601152947
传　　真：010-68200759
网　　址：www.ccidthinktank.com
电子邮件：jilibin@ccidthinktank.com

机构名称：工业和信息化部赛迪研究院
通讯地址：北京市海淀区万寿路27号电子大厦25层
邮政编码：100846
联 系 人：纪丽斌　王宏伟　宋　宇
联系电话：010-68200734　13520485978
010-68208785　13671313625
010-68200725　18601152947
传　　真：010-68200759
网　　址：www.ccidthinktank.com
电子邮件：jilibin@ccidthinktank.com